国家社会科学基金项目优秀成果

GUOJIA SHEHUI KEXUE JIJIN XIANGMU YOUXIU CHENGGUO

王玲玲 冯 皓／著

发展伦理探究

人民出版社

目　录

伦理学家心中的"发展"

——序王玲玲教授的《发展伦理探究》

万俊人

不知是因为世道嬗变之故,还是因为自己年过天命而心理渐趋保守,抑或是个人有限的亲身感受和经验所致,我对于我们这个时代的伦理学和伦理学家的信心也在渐趋减弱,心情也渐趋悲观了。当我们的伦理学变得越来越像经济学、社会学、法学和政治学,当我们的伦理学家面对诸如"范跑跑"一类的现象只能沉默寡言,或者,对贫穷、灾难、不幸和各种各样的危机已然习以为常甚至无动于衷时,我们还有理由对我们的伦理学和伦理学家保持乐观和信心么?

可是,偶然读到江西王玲玲教授庚寅初春通过电子邮箱发来的《发展伦理探究》书稿后,我却开始怀疑自己是否因某种或者某些自我蔽障而变成了一个道德怀疑主义者甚或道德悲观主义者?据王玲玲教授说,这部新作是她十年磨一剑的初步成果,而且她还准备继续这样"磨"下去。难得如此慧心啊!原本我还担心作者发给我书稿存有求我为之序唱的意图,见到"发展伦理"四字便有些心生疑窦,心想一定又是一部应时之作罢。可待我匆匆浏览目录,便有些急切地寻找某些章节选读,而急急选读其中一些章节之后,又深为作者的许多见解所打动,继而感慨,而后沉思,直至最后,我竟然不顾自己对于发展伦理的学识阙失,第一次主动向作者请缨,欲为之序言唱和一二。幸运的是,承蒙作者不弃,愿意留给我几周时间为其新著忝列数语,以述心意。但愿这不是作者出于礼数或顾我情面而答应我的主动请求罢!

王著首先吸引我的是，作者对“发展”所持有的全面而持重、理解而不失理性甚或反省的思想视野。是书开篇，作者即从多个不同的视角给“发展”以多层次、多角度且逐层深入展开的概念分析，从“经济增长”式的发展，到综合的社会发展，最后到“科学发展”，从而首先确立了一个复杂的全景式的“发展观”。显然，作者所取的不是一种单纯物质主义或技术主义的论说姿态，而是一种复杂分析的、综合的因而也应该——就我的理解而言——恰当合理的理论姿态。这其中，不仅仅是对社会物质文明进展的客观性描述，也有多视角多层次的理论分析，更蕴涵着冷静而积极的社会价值评价、尤其是道德伦理的评价。因此可以说，作者从一开始就确立了自己独立且充足的“发展伦理”的价值立场。藉此，作者随后对全书主题的展开便不单有了坚实可信的“事实”依据和分析论证，也有了进一步提出有关社会发展的价值分析、价值评价和价值期待的坚实前提。

从这种基于事实而又兼顾事实分析与价值评价的理论预制出发，作者关于“发展代价”的深刻分析如同逻辑学中的“必然地得出”，自然而合乎情理。其“理”由事实而立，其“情”尽含于价值分析和价值评判之中。现代人和现代社会始终笃信着现代进步主义的信念，因而“发展”被理所当然地当成“硬道理”。一般而论，这一信念是无可厚非的，对于仍然处在社会急剧转型和快速发展之中的当代中国来说，这一信念及其持守无疑显得更为重要而意义深远。但另一方面，我们在追求尽可能快速发展的同时，还应该抱有足够谨慎的成本意识或代价意识：我们必须明白，我们为现有的发展付出了多少？发展本身是否就是我们全部行动的终极目的甚至是唯一的终极目的？换言之，我们不懈奋斗而追求发展究竟是为了什么？是为发展而发展？还是发展为了某种或某些独立远大的价值目的？而且，在某种意义上说，只有了解了“付出”，才能真正了解“发展”。进而，只有当我们所获得的“发展”大于或远远大于我们所为之付出的“代价”时，我们才能有理由说，我们是真的获得了“发展”，为这样的“发展”付出代价才是值得的。这并非仅仅是基于单纯“经济理性”的推理，因为这一论断中的“代价”或“成本”并不仅仅是经济的，还有社会的、环境的、甚至是人类精神心理的，而此中的所谓“发展”也决不限于经济增长，至少还应该包括社会政治、文化和精神道德的成长。很显然，作者已然充分意识到这一复杂推理及其社会伦理含义。作者关于发展之生态环境代价和其他诸多社会成本的细致考量，引发了我们关于社会发展的代价意识。事实上，只有首先唤醒人们的这种代价意识，才有可能真正唤醒人们对于环境生态、社会政治文明和文化道德进步等其他非经济因素的发展所应该持有的责任意识、道义态度和谨慎行动的正当方式。就此而言，王著的基本伦理学立场其实是或者至少首先是社会道义论的，而非价值目的论的。

我因之有充分的理由确信，正是这种深沉的社会道义感和责任伦理立场，使得作者在全书有限的篇幅里花费了大量的笔墨，集中分析了当代社会的贫困问题。我还以为，没有一种富有责任担当的代价意识，作者乃至我们大家就很难顾及当代社会发展进程中的贫困问题！在人类社会的发展中，富裕始终伴随着贫困，如同幸福与不幸总是相伴相随一样，这仿佛是人类的“天命”。可作者明确的断论：“贫困不是天命！”耐人寻味的是，作者这一果断的口号式断言并非发自某种简单的道德义愤，而是一种理性反思后的伦理断定。作者发问：贫困究竟是“天作孽”？还是“人作孽”？抑或是别的什么原因所致？我以为，作者的发问是意味深长的伦理学问题，更是我们必须解答的社会政治问题！

的确，人类似乎从来就没有真正摆脱过贫困的厄运。或者确切地说，我们人类中总有一些人、一些地区在一些时候无法摆脱贫困的纠缠。人类社会发展的历史记录告诉我们，如果说，人类远古的祖先之所以难以摆脱贫苦的压抑，乃是因为自然的过于强大和他们的过于弱小，那的确是人类的一种“天命”；可是，对于今天的人类来说，对于已经掌握着先进生产技术和发展手段的现代人类社会来说，贫苦却可能更多的是因为人类社会自身过于不公，人类共同分享与分担的过于欠缺，因此可以说更多的是由于“人作孽”。当然，贫困有绝对与相对之分。绝对的贫困是生活资源的绝对缺乏，是真正的“一无所有”；相对的贫困则是生活资源的相对匮乏，而且这种“相对”正是人类生活历史诸种复杂变化中的一种不断变动着的价值刻度。也许，在今日之中国我们已经很难找到“上无片瓦，下无立锥之地”的“赤贫者”，可是，当我们中的一些人每日豪宴、步步豪车甚至独占“二奶”、“三奶”，而另一些人却并非因为自身的懒惰或不作为而依旧餐无饱食、寒无暖裹、孤寂无伴时，我们就没有理由说我们的社会已经告别了贫困。甚至，即使有朝一日这样强烈的贫富对比不再实在，只要有人病不能医、衣食紧张，我们还是不能说贫困已经远离我们的生活世界。在此意义上说，即便是相对的贫困，也足以让我们对社会的现代化发展保持一种人类共同分享和分担的公义之心，道义之心。

不错，社会的现代化发展为我们创造了空前丰富的物质财富，马克思、恩格斯曾经在《共产党宣言》中不无感慨地说，19 世纪中期的资本主义社会所创造的物质财富，比前现代人类社会所创造的物质财富的总和还要多得多。但马克思、恩格斯同时指出，剥削和压迫的存在使得贫困、甚至是普遍贫困依旧是这个富裕社会无法摆脱的厄运：它在创造空前丰富的物质财富的同时，也同时创造了资产阶级和无产阶级，而且贫困的无产阶级必将成为资本主义社会的掘墓人，这便是马克思主义关于无产阶级革命的理论证明逻辑。也许，关于阶级革命和社会革命的主题已经远远超越了发展伦理的研究范畴，但它以政治的方式提醒我们注意，对发展问题的反思和探讨必须基于一种社会伦理的价值批评立场。我们不仅要反省发展的代价，还应反省社会发展过程中所出现——甚至是不断出现——的贫困问题！

有了这样一种深厚的社会道义感和责任感，基于一种清晰而全面的“发展”概念及其细致的分梳，作者便可以深入地探讨诸如“发展伦理是否可能?”且“如何可能?”这类宏观主旨了。事实上，王玲玲教授的这部新作对上述问题都提出了很好的解答，其间不乏精彩的分析论证和理论论断。难能可贵的是，作者通过详细论证“科学发展伦理”，从伦理学的角度阐释了“科学发展伦理”的具体内涵。作者指出，伦理学向度上的“科学发展”必须是公正的发展、可持续的发展、和谐的发展，依据这样的价值目标或价值评价标准，消除贫困、追求社会公平、寻求科学合理的和“绿色生态发展方式”，应是发展伦理的必然要求和学理内涵。对于上述发展伦理的“基理”，作者不仅做出了令人信服的理论论证，而且还援用了大量实证材料，包括调研数据、实例个案等等，来印证和强化其发展伦理的基本主张。我相信，对于发展伦理研究这样的前沿课题，理论证明的功夫固然重要，经验实证或典型例证的方式也不可或缺，在某种意义上，比如，在前沿探索和社会现实关切的意义上，这种经验实证可能比理论论证成更为重要。

诚然，如同多数前沿探究一样，王玲玲教授的这部发展伦理新著也还带有很明显的探索性，一些论题仍然是开放的，并没有既定的真理性结论。因此，其中的一些分析论证、甚至是某些具体的结论很可能还不够充分，还有待今后更深入更广阔的讨论，而有的问题也许还将伴随着整个社会现代化的始终，成为人类社会生活中永恒的现代性问题，诸如，生态环境保护与现代化发展的持续紧张，这种紧张可能并不完全来自人类自身的发展行动，甚至更多的是来自地球自然资源的有限性本身。正因为如此，发展伦理的研究才显示出她持久、深刻、复杂而又极为内在的人类价值关切的意味。对此，本书的作者也许早有觉悟，而本书出版的意义也在于，作者以其领先的理论洞见和学术责任感提示着当代中国伦理学人：关注中国乃至世界的现代发展，我们需要足够的理论探索勇气，更需要真诚的学术责任感和道德良知。海德格尔曾经告诫我们，面对人的生存所隐含的沉沦与绝望之险，我们需要听从良知的召唤！此当至理，岂能片刻相忘于江湖乎？

姑言之如是，且为序，所望焉！

庚寅初春谨识于北京西北郊悠斋

前　言

发展既是当今世界的主题,更是人类面临的难题。深入研究发展问题以及由发展衍生的一系列问题,无论是对发达国家还是对发展中国家都具有十分重要的现实意义。1962 年,美国海洋生物学家雷切尔·卡逊具有深远影响却又饱受争议的著作——《寂静的春天》问世。作者以生物学家对大自然特有的感情和敏感,详细介绍了经济发展对地球生态环境造成的恶劣影响,提醒漠然的人们关注一个可怕但却悄然而迅速的环境变化:春天原本是鲜花盛开、百鸟齐鸣的季节,然而,忽然有一个春天的早晨,当人们从睡眠中苏醒时,却再也听不到燕子的呢喃、黄莺的啁啾、麻雀的叽喳声了,树林、田野、大地忽然间变得寂静无声……一切让人心怡的声音和美景都荡然无存了。2009 年完成的美国大片《2012》,更是以形象而生动的影视形式集中了地球灾难的所有元素,特大地震、火山喷发、超级海啸、城市的毁灭、生命的脆弱、吞噬一切的天崩地裂……影片向人们描绘了工业革命以来经济发展带来的地球无法承载的碳排放等各种污染,使地球温度迅速提升,地心内部因为急速升温引发了地球磁场的倒转,造成了整个地壳的畸形运动,最终导致了地球和人类文明的毁灭。在人定胜天的口号下,人类用了几千年的时间才创造出来的所有文明,在大自然狂暴的力量面前,显得如此脆弱和无力——无论多么坚固的建筑、多么美丽的城市、多么壮观的创造……在几分钟、几秒钟甚至眨眼之间,就被自然之力变成了一堆瓦砾、一片狼藉甚至无影无踪。这一切,都在向人们昭示着不远的将来世界可能出现的恐怖景象。如果说《寂静的春天》直接对人类流行的口号——“征服大自然”、“人是万物的中心和主宰者”提出了挑战,由此揭开了环境保护运动序幕的话,那么,《2012》则从更深刻的层面敲响了发展的警钟,并引发了众多学科对发展问题更深层的反省、更为系统的探索和更紧迫的对策研究。

人类日益清晰地感受到农业文明、工业革命和科学技术的迅速发展给人类带来战胜自然的喜悦和优越感的同时，自然与人类社会自身却均出现了前所未有的发展问题和发展障碍。基于传统发展理念的传统发展模式是引发当今世界一系列发展问题的罪魁祸首，它不但导致生态被破坏和环境被污染，而且还引发了人自身的生存危机。诸如：自然资源极度匮乏、环境污染极其严重、地球温度日趋升高、地表躯体千疮百孔。在物质财富丰裕的同时：理想失落、艺术媚俗；规范失效、情趣粗陋；物欲横流、情感匮乏；行为失范、社会失控。社会的贫富差距在日趋拉大："蚁族"、"蜗居"的生活窘迫和"富二代""飙车族"的奢侈霸道；发达国家和发展中国家天壤之别的生存状态……人类正面临精神的荒原和人文的失落带来的困惑、焦虑和压抑的痛苦感……传统的发展模式只有动力机制——一个不断自我强化的正反馈机制，而没有发展的自我评价机制和矫正机制。结果在实践层面上"假发展"、"伪发展"、"虚发展"等反发展的态势，彰显了发展的异化——发展结果与发展初衷严重相悖。

长期以来，人们总是习惯于将发展等同于经济增长和工业化进程，关注的只是"如何发展"的技术问题，而对于"为什么而发展?"和"什么样的发展才是好发展"等目的论、价值论的问题熟视无睹、漠不关心。人们总是津津乐道于发展理论的技术科学性，而忽视了对之进行人文哲学——伦理道德的思辨考量，以至于发展始终被包裹在经济和科技的学科中。因此，很长时间里，人们几乎完全不考虑为什么发展、为谁发展、什么样的发展以及发展的终极价值是什么等关乎人的意义、生活的意义和社会的意义等重大问题，而只是将发展简单地等同于经济的增长、等同于工业化的进程、等同于现代化。其价值预设是：发展，尤其是经济的发展一定是向上的、进步的。发展的最终目的就是生产的高效率、经济的高增长、产品的高消费。这种发展观无视对发展进行道德规约和伦理评判，将发展本身作为目的而乐不思蜀，淡忘了发展的价值本源和目的指向，对于手段的迷恋和对价值的遗忘遮蔽了发展的价值清理和伦理审视，直接引发了发展的价值危机。最终不可避免地导致了发展目的和发展手段的双重迷失，使发展走向了异化——反发展。结果，我们的物质产品日益丰盈的同时，我们的精神空间却日益走向萎缩和平庸。古朴的幸福渐趋远去，现代人在歇斯底里的生理发泄过程中寻求“凡人的幸福”，人被遗忘在发展的视野之外，发展迫切需要找寻一座精神城堡，一个价值之基，一个内在的自我免疫机制。

当经济学、哲学、政治学、社会学、人类学以及自然科学等学科对这些问题找不到解答和解决的路径时，换一个视角，从发展伦理学的视阈去梳理和思考发展异化的问题就势在必然。发展伦理学力图通过抛弃不同利益主体的对抗、发展目标的偏差、人类责任意识的欠缺等局限，本着对自然、对社会、对人类自身负责任的真诚态度和认真精神，以价值审视为基本路径，通过对人类发展进程中那些看似明晰和确定的发展理念、发展前提、发展理论、发展模式、发展实践等进行分析和解剖，对“发展”进行价值意义上的解蔽和超越，探寻发展的终极价值目标，讨论地球上所有利益主体应该共同承担的社会责任、资源责任、环境责任和绿色经济的发展责任，以使发展得以保持生机勃勃的求真意识、向善意识和创美意识。在对发展给予伦理审视的同时，发展伦理学理论体系的科学建构问题也被急迫地提到了发展理论研究和伦理学学科发展的议事日程上来了。无疑，正是发展已经被异化的事实，构成了发展伦理学产生的现实动因，也促进了发展伦理学的迅速发展。

本书的初衷无意于所谓的学术创新，更不敢狂妄到想要建构什么体系，只是面对人类至今不仅未能解决，反而愈益严重的发展异化现象，尽一个伦理工作者理应担当的社会责任——研究发展现象、分析发展问题、探索可持续的科学发展模式。当然，不敢张狂地去建构一个学科的理论体系，并不意味着无所作为，更不意味着不作为。发展的诸多问题客观上需要建构发展伦理学的理论体系，为此，伦理学领域的所有专家、学者、教研战线的工作者们以及所有热爱人类、热爱这个蓝色星球的人们都有义务和责任有所作为。正是基于这样的宗旨，我们也算是比较勇敢地做了我们应该做的一些探索工作，并将我们探索的结果通过这本小书呈现在读者面前。

本书共有9章，外加一个前言和结语。第一章提出问题，并强调发展不应该也无法逃逸在伦理审视和道德规约之外，确证了“正确的经济学同高尚的伦理学是不可分离的”，以及“中国的现代化还应该包括社会的公平、正义和道德的力量”等理论。[①] 第二章从道德哲学的视阈考证了发展伦理得以可能

① 2010年3月14日温家宝总理在人民大会堂答中外记者问。

的现实依据和学理依据，并力图阐释发展伦理的理论内涵。第三章通过论证发展的价值维度，强调只有全体人民幸福美好的生活才是发展的终极目标，才是真实的发展。第四章通过剖析发展进程中“恶”的不可避免性，讨论如何立足于“善”的基点实现对发展的代价——“恶”的超越，并力图由此展开生存权利和发展责任之间辩证关系的梳理。第五章基于“只要社会还有大量的贫困存在，发展就不可能是真实的，也不可能是持续的和科学的”这一理论前提，重点论证了“贫困不是天命”，消除贫困是一切发展的第一目标。第六章探讨了发展伦理的路径以及科学发展的价值向度必须是制度公正、经济公正和政治公正的问题。第七章、第八章和第九章是通过拓展思路，讨论了发展伦理和经济伦理、生态伦理等其他应用伦理之间的辩证统一关系。结语具有概括的性质。力图通过梳理发展的历史脉络，从发展伦理的视角对发展进行价值层面的反思和批判，以期对发展的终极价值目标有一个明晰的认知，探索人类社会更合理、更有利于社会可持续发展的发展模式。并得出结论：发展伦理学的建构，可以指导我们实现科学的可持续发展。在终极价值目标上，发展伦理学研究的根本宗旨和科学发展的最终目标是完全一致的，都是为了全体人民的幸福美好生活。在结语的最后，提出了一系列本书没有完成的有待继续开发和深化的研究课题。

小书虽然十分的粗糙和浅陋，但毕竟是在做一种理论尝试，这一尝试的学术价值和意义，似乎可以说是力图完成一种研究视角上的超越。视角的独特性常常会因其不落窠臼而得到思想和学术上意外的收获，对此，我们似乎有一些体会和感悟。所以，倘若硬要追问本书的独到之处，或许就在于此吧。

庚寅仲春于洪城一觉斋

第1章

发展:一个必须予以伦理检视的问题

发展是一个历史范畴,在不同的历史形态,有不同的时代内涵,彰显着不同时期人之本质力量的特征。纵观历史,人类对发展的认识与社会历史形态的变迁一样,经历了由混沌到自觉的过程。然而,无论社会处在什么样的发展阶段,无论社会的文化和制度有着怎样的差异,发展总会涉及一系列的价值问题——为什么要发展?发展就是经济增长吗?发展就是天然合理吗?发展就是普遍公正吗?发展就是必然良善吗?等等。对这些问题的反思,使人们忽然意识到,时至今日,发展似乎并没有带给人类更多的幸福,反而因为发展的异化使人自身变得越来越功利化,并因此而越来越世俗化,越来越工具化,越来越边缘化,越来越不完整。为什么科学愈发达,物质越丰裕,人类发展的困境反倒越深,幸福似乎也离我们愈来愈远?当自然科学、传统经济学、传统哲学和社会学等学科无法解答这些困惑时,人类才顿悟:原来,"发展"不应该逃逸在道德哲学的反思和伦理价值的评判之外,它是一个必须予以伦理检视的问题,这一检视在发展的现代化进程中具有终极价值目的的意义。

1.1 发展理念的历史背景

作为人类生存的前提,发展是人类的必然。在历史唯物主义看来,发展是历史前行的一个过程和产物。所谓"发展的"总是参照于某一时期、某一阶段或某一事物而言的,对"发展"的界定和解读也必然要放在作为发展本体支撑的社会历史观中去加以理解。人类的发展本质上是因着生产力水平的提高始终渐进地朝着不断进步的方向展开的。按照唯物史观关于社会存在决定社会意识的理论，人类的发展理念是基于人类社会的发展实践形成的。迄今为止，人类大抵经历了原始文明和农业文明的谋生性发展、工业文明的增长性发展以及后工业文明的科技性发展等发展阶段。在人类的每一个发展阶段都伴随着与之相应的发展理念。

1.1.1 考证“发展”概念

“发展”是一个在日常生活中使用频率极高的多义词。该词可以在多种意义上使用。但概括起来，发展的含义基本上有两类：一是哲学意义上的发展；二是社会意义上的发展。哲学上的“发展”指事物由小到大，由简单到复杂，由低级到高级，由无序到有序的前进的上升运动。社会意义上的“发展”有两个特定含义：一是指社会的经济增长以及由此而引起的社会变化；二是指传统农业社会向现代工业化和信息化社会的转变，即现代化。[①] 无疑，二者都是指人类社会物质财富增加和生活水平提高了的一种客观存在。显然，无论在哪个意义层面，发展大都意味着积极的、进步的、向上的、乐观的变化，它不仅是一种客观的描述性话语，更是一种带有正面评价意味的规范性话语。

历史上，学者们对“发展”的认识总是随着时代和社会的变化而变化。黑格尔认为，无论是人还是社会有两种基本素质：一是潜能；二是自为自在，即真在或实在。发展就是由潜能升华为自为自在的过程。随着科学技术的发展，特别是达尔文进化论的产生和广泛传播，一些思想家们开始从进化的角度来理解“发展”。如法国著名的哲学家、社会学的创始人奥古斯特·孔德就认为进步是发展。于是发展被理解为事物向更高级、更复杂、更完善状态进化的过程。到了19世纪中叶，随着科学社会主义的诞生，“发展”成为了马列主义经典作家著作中的核心内容之一，马克思主义者强调人的自由而全面的发展。二战后，“发展”更是愈益成为社会科学中的一个热门概念，来自经济学、政治学、社会学、历史学等学科的学者纷纷从本学科的角度来理解发展，赋予发展以新的含义。因提出“贫穷恶性循环论”而著名的经济学家纳克斯就从经济

---

① 庞元正：《发展理论论纲》，中共中央党校出版社2000年版，第37页。

资本形成的角度来理解落后国家的发展,他在1952年指出:“经济落后国家发展问题的核心就是资本的形成。”①美国著名的社会学家、结构—功能主义大师帕森斯则从社会学的角度来理解发展,认为发展是从传统社会向现代社会的变迁过程。美国政治学家阿尔蒙德则从政治学的角度来思考发展,将西方的民主制作为检验第三世界国家政治发展的标准。1998年诺贝尔经济学奖的获得者、被称为经济学界良心的经济学家阿马蒂亚·森则“以自由来看待发展”,认为:“发展可以看做是扩展人们享有的真实自由的一个过程”。② 联合国开发计划署在《2007—2008 人类发展报告》中则认为:“所有的发展的最终目的都在于扩展人类的潜能,扩大人类的自由。发展在于拓展人们的能力,使他们有能力做出选择,过上一种他们所看重的生活。”这个阐释将社会的发展与人类的发展协调起来,渗透了“以人为本”的理念,不失为一种比较全面、合理的阐释。

无疑,发展本质上是一个以现代性为“表”,以生存性为“里”的概念。表面上,现代社会对发展的认识超越了以往的任何时期,这种信念的产生,与人类凭借科学技术创造物质财富的能力获得巨大的进展有关,也与社会的世俗化转向密不可分。古代社会的经济发展基本上是对已有生产方式的简单重复,因此很容易将发展理解为衰亡和轮回,而根基于社会生产方式和生活方式革命基础上的现代社会,通常总是将发展理解成进步的或向上的。现代社会的发展理念产生于通过反叛古代文化精神以确立现代性文化精神的文艺复兴时期,正是现代性文化精神的确立为现代社会的发展理念提供了价值论基础。正是在这个意义上,我们说,在发展概念的血管里流淌的是现代精神的血脉,而发展观念的灵魂就是现代性的灵魂。③ 也因此,以现代性为表现形式的“发展”与其说是学界的一个理论概念,不如说它更是一个生存论概念。而且,它并不仅仅是人类的发展,更是地球整体和自然宇宙整体的发展。这就决定了

---

① [澳]海因茨·沃尔夫冈·阿思特:《经济发展思想史》,唐宇华、吴良健译,商务印书馆1997年版,第136页。

② [印度]阿马蒂亚·森:《以自由来看待发展》,于真译,中国人民大学出版社2002年版,第1页。

③ 李春生:《科学发展观与中国现代化的价值目标选择》,新华出版社2009年版,第2—3页。

"发展"不仅具有整体、生育、生长的内涵，更具有全面性、协调性、可持续性、综合性、生态性、社会性、伦理性、理想性等诸方面的价值诉求，是敞开现在、聚集过去、融入未来的期待，其目的就是为了全体人民过上幸福美好的生活。

1.1.2 经济增长发展观

人类对发展有着真正理性自觉的认识，并形成相应的发展观，始于17、18世纪的工业革命时期，到20世纪50、60年代逐渐形成系统的发展理论。传统经济学视野里的发展就是经济增长，它以效率为中心，对经济要素的考虑超越了其他一切非经济要素，直接导致了物质主义、科学主义、个人主义等价值倾向。这一时期的主流思想把经济看成是进化的、有机性质的体系；发展是一个渐进的、连续的过程；发展的前景是值得乐观的，因为经济增长所产生的利益会自动分配给社会全体，经济增长会自动带来经济和社会的发展与进步。单纯经济增长的传统发展观可分为"工业文明观"和"经济增长观"两个阶段。前者以工业增长作为衡量发展的尺度，以20世纪20至40年代法兰克福学派为代表；后者以全社会的经济增长，主要是国民生产总值增长作为衡量的尺度，以20世纪50至60年代的发展经济学派为代表。传统发展观虽然在较长时间内被人们广泛认可，并对社会的进步产生过较大的积极影响，但其缺陷是明显的：其一，此发展观把"发展"等同于"经济增长"，只着眼于经济增长的数量，忽视了社会的整体发展以及发展的质量要求；其二，此发展观把经济增长等同于社会发展，甚至仅把工业增长等同于社会发展。以至于这一时期的发展理论只是片面地强调发展进程中国家经济增长的资本化、工业化和计划化道路，只注重GDP的增长速度和总量。结果，世界范围内，在经济高速增长的过程中出现了一系列社会问题：贫富差距愈益加大，绝对贫穷人数不减反增，失业加剧，社会矛盾加深等等。涵盖政治、经济、文化在内的活生生的、丰富多彩的社会有机体只剩下几个干瘪的经济指标，出现了只有经济增长而无社会整体发展的"有增长无发展"的局面。

与传统经济学视野中的经济增长理念相呼应，加上近代生命科学发展理论的影响，传统的发展理念经过历史的发酵从生成、变异、进化等自然发生说，逐步演绎出渐进论、总成论和生命进化论的内涵。此后，达尔文和斯宾塞又分别在生物学和社会哲学方面将"进化"等同于"发展"，并为生物"发展"的合法性赋予了当时可能达到的最权威的诠释：进化就是发展，发展就是进步。这种“单向度”的进化发展观经过边沁、密尔等功利主义者的努力，在社会经济与政治领域，以意识形态化的形式强化了以政治为“里”、以经济为“表”的经济增长发展理念。这一发展理念的本质是单纯的经济增长，其目的是通过追求物质财富的增长来稳定政治上的霸权地位。结果，一方面，它把人与自然对立起来，将自然作为经济现代化的掠夺对象，导致了自然环境的被破坏；另一方面，以经济现代化为基础的政治现代化，通过日益进步的技术将政治普及到生活的每个角落，通过蚕食个人的生存空间和隐私权利，使人最终沦为独立的空壳人，成为技术主义专制政治的绝对服从者，并最终破坏了人文环境。

传统经济增长发展观的普遍实践始于近代工业文明，近三百年来西方工业发达国家在理论和实践中占支配地位的都是单纯经济增长的片面发展观。这种发展观的价值尺度是物，在其指导下的发展实践在取得经济增长的同时，直接导致了对精神、对神圣的否定和排斥；导致了文化价值的分裂和文化危机；导致了全球范围内的生态环境危机和社会危机；导致了世界范围内富国和穷国之间鸿沟的不断扩大。工业文明发展到现代，经济增长发展观显然已经不合时宜了。

1.1.3　社会综合发展观

由于在单纯经济增长发展观的指导下，许多发展中国家在经济增长的同时，并没有实现预期的发展目标，相反还出现了严重的分配不公、社会腐败、政治动荡等问题。人们也愈益清楚地认识到经济增长发展观“以物为本”的经济增长至上理念引发的已经不是单纯的环境问题，而是影响到整个生态和社会的综合性问题，同时也使得传统经济发展模式难以为继，这在客观上提出了构建社会综合发展观的要求。20 世纪 70 年代以后，人们在反思中普遍认识到，把发展等同于经济增长的发展观是不合理的。仅限于经济发展理论的研究，显然不能反映和解决发展中国家面临的一系列问题。发展是经济社会各个方面综合协调发展的系统工程，经济增长不等于社会发展。经济增长只是手段而不是目的，发展的目的理应是满足社会各个层面的需要。20 世纪 80 年代末以来，由于冷战结束消除了两大阵营的对抗，加上信息技术飞速发展和广泛应用，跨国投资、贸易和金融活动空前活跃，使得这段时期成为全球化发展的加速期。其结果,全球在整体上都获得了一定程度的发展。然而,由于诸多非经济因素,使得不同国家、不同民族、不同区域、不同发展层次、不同体制背景的经济体,在这一发展过程中所取得的成果又大为不同。从总体上看,全球化的发展带来了以下几方面的矛盾:发展中国家追求发展的愿望与贫困化加剧的矛盾;实现社会公平的愿望与社会差距扩大的矛盾;全球化的进一步推进与原有的旧规制之间的矛盾;新兴力量的崛起与旧格局之间的矛盾;和平发展的大趋势与局部动荡、冲突、战争增多以及国际恐怖主义活动愈演愈烈之间的矛盾;民族分裂主义活动与时代潮流背道而驰之间的矛盾;物质生活的丰裕化与生命意义追寻的空虚化之间的矛盾……在这一发展困境面前,人们不断对全球化的发展进行反思,发现了非经济因素对社会发展的巨大影响作用,并得出结论:发展应该是全面的,"是集科技、经济、社会、政治和文化,即社会生活一切方面的因素于一体的完整现象。"①基于对发展是全面的认识,20 世纪 80 年代以后,由于多学科介入发展观的研究,社会综合发展观应运而生。

综合发展观的代表人物是法国的佩鲁和美国的托罗达。1983 年,弗朗索瓦·佩鲁在《新发展观》中,明确提出了"整体的"、"综合的"、"内生的"新发展理论,②在佩鲁看来,发展既要协调人与人之间不同利益主体的关系,还要注重协调人与自然的关系;发展是经济发展和社会发展的均衡,因此发展是一个社会中各个要素之间各种相互关系相互作用的结果;发展是实现主观选择的自由,是一个国家内部创造力综合作用的结果,因此应该依据各国的国情进行自主性发展。托罗达认为"应该把发展看做是包括整个经济和社会体制在内的重组和重整在内的多位过程。除了收入和产量提高外,发展显然还包括制度、社会和管理结构的变化以及人的态度,在许多情况下甚至还包括人们习惯和信仰的变化。"③1995 年,在哥本哈根世界发展首脑会议通过的《宣言》和《行动纲领》中进一步明确指出,我们的目的是"建立一个以人为中心的社会发展框架"。

在对经济增长发展观的理性思考中,综合发展观拓展并深化了人们对发

① [埃]阿卜杜勒-马利克等:《发展的新战略》,杜越等译,中国对外翻译出版公司 1999 年版,第 4 页。

② [法]弗朗索瓦·佩鲁:《新发展观》,华夏出版社 1987 年版,第 2 页。

③ 李小云主编:《普通发展学》,社会科学文献出版社 2005 年版,第 7 页。

展内涵的认识。人们日渐清醒地认识到,经济增长发展观作为特定历史时期的产物,顺应了人类通过工业化奠定发展基础的要求,作为维系人类生存和促进人类发展的手段,通过技术实现经济的发展,有其存在的历史必然性。但经济增长并不是也不应该是发展的全部内涵和唯一目标。衡量发展的尺度,除了经济指标,还应该包括其他非经济的社会指标。鉴于经济增长发展观的诸多弊端,社会综合发展观试图将经济增长与政治民主、文化进步、科技发达、社会协调等各种目标在内的社会综合发展统一起来。综合发展观较之经济增长发展观,其对发展内涵和目标的把握更为全面和深刻,关注的中心从单纯的"物本位"转向了"社会本位",由客体转向主体。其进步意义是不言而喻的。社会综合发展观相对于过去单纯经济增长的发展观来说,具有更多的科学合理性,反映了人类发展理念的进步,体现了以人为中心,注重人与社会、人与自然的和谐,一定程度上克服了"物本"发展理念的局限。这一新发展观标志着西方发展理论开始走向成熟,因为它开始反思和批判自身发展及其传统的发展理论和发展模式,揭示了发展理论的核心和本质问题。它强烈地冲击着传统发展观,对之后的发展理论产生了深远影响。但是这种发展观也有一定的局限性,它在更多意义上只是强调当代发展的各种综合协调问题,却较少考虑发展的可持续性和后代的发展空间问题。这一认识缺陷,使得它必然要被随后的可持续发展观取而代之。

1.1.4　可持续发展观

可持续发展的提出是历史发展的必然。社会迅猛发展带来的诸多环境问题在全球的蔓延和程度上的恶化,是可持续发展理念得以登上人类历史舞台的首要因素。经济和科学技术的快速发展使人类的生存环境开始迅速恶化:原子物理科学的发展使人类掌握了核能技术的同时,带来了广岛的核灾难、带来了人类 50 年的"恐怖和平"、带来了层出不穷的核事故(以苏联的切尔诺贝利事件最为有名),这一切让人类首次发现自己已经具备了自我毁灭的巨大能量。化学科学的发展使人类改造自然的能力得到了前所未有的提高,但火药和炸药也伤害了数千万计的人类同胞;化学合成技术使人类具备了无中生有的能力——造出自然界原本不存在的东西,但人类也开始被自己创造的白色垃圾——塑料袋所困扰;家庭装修中使用的化学黏结剂,还有破坏臭氧层的氟利昂等化学制品,正在让越来越多的人被化学污染所毒害(如罹患白血病的人越来越多)。石油勘探技术的发展大大加快了人类迈向现代化的步伐,人类甚至能够以超过音速的速度飞行了,可是这也带来了太多的战争和太多的纷扰,甚至破坏了地球的免疫力,使地球常常感冒发烧——地球的迅速升温引发了自然灾害的频发重发。生物技术的发展使得我们具备了之前由上帝垄断的创造生命的能力和权力,可是基因工程药物、疫苗、转基因食品、基因治疗等生物技术的误用以及生物技术的非道德应用,都给人类带来了很大的安全隐患(体细胞克隆人的研究便是突出一例);外来物种的入侵和生物资源的流失很有可能给人类造成巨大的损害;各类转基因活生物体环境释放后对生物多样性构成了极大的危害;微生物实验室管理上的疏漏和意外事故不仅可以导致实验室工作人员的感染,也可造成环境污染和大面积人群感染……目前,随着生物技术的迅猛发展,生物安全问题已经成为影响全世界政治、经济、安全与和平不能忽视的重要因素。2001 年发生在美国的"炭疽感染事件",加上后来的 SARS 和甲型 H1N1 流感的全球流行,都使得生物安全问题备受世界关注,生物安全术语也经常见诸政府或非政府组织的文件中。① 显然,生物技术的迅速发展的确是人类对自然的巨大改造,但它在带来环境问题、战争问题、安全问题的同时,还带来了伦理的紊乱、法律的困惑和诸多社会问题。上述这一切都在警示着人类必须正视经济发展和科学发展所带来的巨大负面影响,否则人类最终很可能将要毁灭在自己的手中。

正是在这样的背景下,由环境问题引发的可持续发展问题得到了越来越普遍的关注和研究。1968 年,来自各国的 100 多位专家学者齐集罗马,讨论人类面临的困境与出路,并发起成立了"罗马俱乐部"。1972 年,罗马俱乐部发表了震惊世界的题为《增长的极限》的研究报告。该报告的结论是:"如果在世界人口、工业化、污染、粮食生产和资源消耗方面按现在的趋势继续下去,这个行星上增长的极限有朝一日将在今后 100 年中发生。"②这个研究报告的发表,在世界范围内产生了极大影响,并引发了学术界的广泛争论。一些学者

---

① 《科学发展弊大的事例》http://zhidao.baidu.com/question/94602804.html.

② [美]丹尼斯·米都斯等著:《增长的极限——罗马俱乐部关于人类困境的报告》,李宝恒译,吉林人民出版社 1997 年版,英文版序第 17 页。

甚至建议,为避免灾难的发生,最好的办法就是限制增长,即实现“零增长”。1972年6月5日,“联合国人类环境会议”在瑞典首都斯德哥尔摩召开,它是人类历史上第一次全球性的环境会议,会议通过了划时代的历史性宣言——《联合国人类环境会议宣言》(即《人类环境宣言》)。要求人们采取大规模的行动,为当代人和子孙后代保护和改善环境。宣言分为两个部分:第一部分规定了在保护和改善人类生存环境方面所应采取的7个共同原则;第二部分阐述了在保护和改善人类生存环境方面所采用的共同原则所申明的信念。就有关自然保护、生态平衡、污染防治、城市化、人口、资源、经济、环境责任及赔偿、核试验、发展中国家的需求等一系列范围广泛的人类环境问题,从环境道德、环境战略、环境法制的不同角度,表明了与会者的“共同信念”。1980年3月,联合国大会第一次使用了可持续发展的概念。大会向全世界发出呼吁:“必须研究自然的、社会的、生态的、经济的以及利用自然资源过程中的基本关系,确保全球的可持续发展。”①

在《联合国人类环境会议》之后,陆续发表了关于可持续发展的两份重要报告:第一份报告是国际自然保护联盟与联合国环境规划署以及世界野生基金会等国际组织一起,于1980年发表的《世界保护策略》,此报告的副标题是“可持续发展的生命资源保护”。该报告向全世界发出呼吁:“必须研究自然的、社会的、生态的、经济的以及利用自然资源过程中的基本关系,确保全球的可持续发展。”②该报告分析了资源和环境保护与可持续发展之间的关系,指出:发展的目的是为人类提供社会和经济的福利,发展意味着改变生物圈以及投入人力、财力、生命和非生命资源去满足人类的需求,改善人类的生活质量。只有保护环境才能保证地球具有支撑持续发展和所有生命的能力,环境保护与可持续发展是相互依存的。第二份报告是世界环境与发展委员会于1987年发表的《我们共同的未来》。1983年,以布伦特兰夫人为主席的联合国“环境与发展委员会”(WECD),组织了全球21个国家的专家到世界各地考察,前后历经900多天,于1987年4月,把经过长达4年研究和经充分论证的报告

① 徐嵩龄主编:《环境伦理学进展:评论与阐释》,社会科学文献出版社1999年版,第159页。

② 徐嵩龄主编:《环境伦理学进展:评论与阐释》,社会科学文献出版社1999年版,第159页。

《我们共同的未来》(Our Common Future)提交给了联合国大会,正式提出了可持续发展的模式。报告首次对可持续发展的概念作了规范和统一,指出:"可持续发展是既满足当代人的需要,又不对后代人满足其需要的能力构成危害的发展。"①这种模式既包含了对传统发展模式的反思和批判,也包含了对规范的可持续发展模式的理性设计。其内容表现为:工业应当是低消耗高效益,能源应当被清洁利用,资源永续利用、粮食保障长期供给,人口与资源保持相对平衡,经济与环境协调发展等许多方面。

可持续发展概念提出后,受到世界各国的广泛重视,并作为人类21世纪的战略选择,在1992年6月在巴西里约热内卢召开的联合国环境与发展大会上得到肯定。为了促进可持续发展战略的实施,里约热内卢的会议通过了《里约热内卢环境与发展宣言》(简称《里约宣言》)和《21世纪议程》两个纲领性文件,详细地阐述了环境与发展的关系,制定了可持续发展的行动方略,进一步丰富了可持续发展理论,标志着可持续发展观的形成,并在世界范围内得到广泛认可和普及。截至1997年,全球已有150多个国家建立了与可持续发展有关的国家委员会或协调机构,74个国家向联合国递交了执行《21世纪议程》的国家报告。② 1994年3月,我国率先制定了中国人口、环境与发展的白皮书——《中国21世纪发展议程》,把可持续发展作为我国的经济社会发展战略。2002年在南非召开《可持续发展世界首脑会议》。经过长时间的讨论和复杂谈判,会议通过了《可持续发展世界首脑会议实施计划》的重要文件。此后,在全球范围内建立了以环境与发展为对话平台的新的国际关系,并通过制定可持续发展的行动方略,进一步丰富了可持续发展理论,标志着可持续发展观的最终形成。可持续发展观认为人与自然的关系是平等互惠、相互渗透、共生共荣的。自然界应当成为人类伦理道德的关怀对象,人类应当尊重自然、善待自然、与自然和谐相处。经济活动的目的不是单纯的经济增长,而是比增长内涵更为广泛的社会发展,它注重经济系统、环境系统、社会系统的协调,重视发展质量的提高、结构的调整和发展的持续性。这表明了世界各国都已意

① 世界环境与发展委员会:《我们共同的未来》,王之佳等译,吉林人民出版社1997年版,第52页。

② 曾建平:《自然之思:西方生态伦理思想探究》,中国社会科学出版社2004年版,第197页。

识到要从根本上解决环境与发展的问题,必须转变发展战略,从传统的发展模式转变为可持续发展模式。力图以“可持续发展”为基本纲领,制定“全球变革日程”。

审视人类走过的足迹,可以发现经过 30 多年的实践和反思,人们对环境与发展的辩证关系和全球环境问题的严峻形势,取得了深刻而一致的认识。并明确了责任,主要责任直接或间接地来自工业发达国家。发达国家碳排放的长期累积,是导致地球升温的主要原因,发达国家必须对此承担责任,这是公认的历史事实。当然,明确发达国家对环境问题应负的主要责任,并不意味着发展中国家可以放弃自己的责任。除了历史的原因,发展中国家对环境与发展的关系处置不当或管理不善造成的环境问题,也是不容忽视的。直到这时,人类才找到了环境问题的根源,世界各国也开始普遍接受了“可持续发展的战略”。回顾 1972 年以来可持续发展观的演进历程,可以说,走向可持续发展道路是人类经过深刻反思后所做出的正确选择,是历史发展的必然。毋庸置疑,可持续发展观是以人为主体的辩证发展观,相对于传统的发展观,它有更科学、更合理的成分,并也已经获得了世界性的共识。尽管如此,其在理论和实践上仍然存在着其自身无法解决的缺憾。(关于上述诸种发展观的伦理缺陷我们将在第 2 章详细阐述。)正是上述诸种发展观的不科学性构成了科学发展观产生的推动因素。

1.1.5　科学发展观

科学发展观的系统提出是中国在发展问题上的探索成果。科学发展观的正式提出并进行深刻阐述是在中国共产党的十六届三中全会上。2003 年 10 月中国共产党十六届三中全会在北京隆重召开。会议通过了《中共中央关于完善社会主义市场经济体制若干问题的决定》,明确提出:“坚持以人为本,树立全面、协调、可持续的发展观,促进经济社会和人的全面发展”;强调“按照统筹城乡发展、统筹区域发展、统筹经济社会发展、统筹人与自然和谐发展、统筹国内发展和对外开放的要求”,推进改革和发展,从而全面、完整地提出了科学发展观。

科学发展观是中国共产党新一届中央领导集体在把握发展规律、探索发展意蕴、丰富发展内涵、创新发展理念、开拓发展思路和破解发展难题的基础上提出来的,蕴含着全面、协调、均衡、可持续和以人为本的全面发展的"科学发展观",是具有中国特色的人类发展观。十六届四中全会《中共中央关于加强党的执政能力建设的决定》中又首次提出了"构建社会主义和谐社会"的概念,并指出社会主义和谐社会的特征在于民主法治、公平正义、诚信友爱、充满活力、安定有序、人与自然和谐相处。十六届五中全会进一步指出要不断转变发展观念、创新发展模式、提高发展质量,加快社会主义新农村和和谐社会建设。在社会学的意义上,"社会和谐"就是社会系统内部结构上的配合、功能上的配合以及结构和功能之间的配合达到相当协调的程度,这既是社会自身发展的内在要求,也是社会运行规范化的基本要求之一。正是在这个意义上,我们说,构建和谐社会是科学发展观的必然延伸。换言之,科学发展观与和谐社会的构建是一脉相承的。科学发展是和谐社会运动的基本方式,是和谐与发展的天作之合,二者密不可分:和谐是发展的基础,发展是和谐的必然结果;和谐是发展中的和谐,发展是和谐基础上的发展。它倡导的是无害发展,这是一种理智、谨慎、适度的可持续发展观。可持续发展不是人类追求的目标,而是人类实现美好生活、实现代内、代际良性互动的手段。只有在可持续性的发展进程中不断给予公正的伦理考量,发展的对象之间才会进入相互宽容的和谐状态。因此,当我们对可持续发展的对象内容进行科学的价值评价时,要强调包容与和平共处,避免出现价值异端,通过普遍发展走向理解与和谐,推动社会发展,引领人们迈向幸福生活。

以人为本、全面发展、协调发展、可持续发展等一系列对发展问题的新认识,是我们和国际社会的共识,有些内容也是我们借鉴和引进来的。但是,区别于其他国家的是:我们从中国的实际出发,从发展是硬道理到发展是党执政兴国的第一要务,再到以人为本、全面、协调、可持续的科学发展,以及在发展的价值取向上,强调通过为了人民、依靠人民、成果由人民共享的真实发展,最终实现社会公平和全体人民共同富裕的幸福美好生活等方面,都注入了具有中国特色的新内容。中国的科学发展观立足于当代中国的发展实际,汲取了当代世界的发展理念,创造性地回答了"为谁发展"、"发展的目的"、"实现什么样的发展和怎样发展"等问题,赋予了发展以新的时代内涵和实践要求,发展理念更加深刻和系统、更加现代和清新、更加科学和务实,是马克思主义关于发展的世界观和方法论的集中体现。科学发展观关于发展理念的创新,实现了对传统发展观的历史性超越,反映了对当代发展问题的独创性贡献,为人类的发展理论宝库增添了更为璀璨的明珠。

1.2　发展的目标

对发展价值目标的理解和设定缘于实践但又不囿于实践,是社会发展观由理论形态转化为现实形态,实现其价值取向的关键。为什么要发展? 发展的目标是什么? 它涵盖了哪些层次? 这些是发展伦理不能回避和必须做出解答的问题。

1.2.1　发展何为?

“现代发展观是建立在‘发展是天然合理的’这样一个哲学信念前提之上的。在它看来,只要是发展就比不发展好;发展得快总比发展得慢好。总之,发展天然就是好的,发展本身没有好与坏的区分”①。“发展是天然合理的”的寓意在于:对发展本身没有必要进行质疑,也无需任何审视和规约。在这一发展理念的支配下,人们只是关心和追求如何发展的“更多”、“更快”、“更强”的问题,而“为谁发展”和“怎样的发展才是应当的”等问题则不在人们的考虑之内。发展的决策者们常常把经济增长的发展视为理所当然,这一“理所当然”使得人们不择手段地进行增加物质财富的发展,甚至不惜以破坏生态环境为代价来追求财富的发展;以牺牲人的长远利益为代价来追求眼前的发展;以损害人的精神追求为代价来实现人的物质发展……人们开始不受任何约束,任意释放和张扬所谓人的力量、意志和贪欲。这种理所当然所造成的负面影响让人类开始质疑:难道高级物质生活水准、持续的经济增长、技术效能以及专业化的现代体制(这些都被无批判地作为发展目标)本身都是美好的吗? 我们付出的这些代价是否值得? 面对日益严重的发展中高代价的现象,人们发现发展本身并不是天然合理的! 发展之初就应该反思“发展何为”、“为谁发展”、“如何发展”等问题,就要对发展进行应有的价值考量和梳理。特别要将伦理价值观引入发展实践之中,并对其进行伦理道德层面的规

---

①　卢风、刘湘溶主编:《现代发展观与环境伦理》,河北大学出版社 2004 年版,第 38 页。

约。人们也愈益清醒地认识到，评判生活质量高低的标准，只能是“人的生活意味着什么？”“发展为了什么？”“构成人类幸福的是什么？”对这些问题的多种答案并非仅仅是要容忍的事实，而且它本身是一种应予珍惜的价值观。虽然发展的目标有各种设想，但不同的答案仍然是有意义的，其意义体现在为不同的原因寻求同样的目标。

美国社会哲学家罗伯特·布朗认为发展是一个不可逆转的进程。但是，他问道：“我们要从根本上不可逆转地改变人们的生活，我们的道德许可在哪里？我们所设想的发展是绝对好的，比起我们所‘开发’的人群现有状况是一大进步，这一切的证据在哪里？”①美国学者德尼·古莱则指出：“取得发展并不是一种自我生效的绝对目标，而是一种相对较好的、只是取得某种特定生活意义上较为可取的状况。正是没有看到这种相对性，使得许多人把发展变化进程等同于它的目标，这样就把一个工具性目的错认为成就性目的。虽然在某些方面，发展本身是追求目的，但在更深层面，发展从属于美好生活。”②因此，对于“发展为了什么”的问题，德尼·古莱认为，发展应该是为所有人提供基本需求应优先于满足少数特权阶层的需求。③

1.2.2 发展目标的层次

发展目标是一个历史范畴，不同时代、不同的发展主体会提出不同的发展目标。迄今为止，对发展目标的理解大体上有以下观点：(1)将经济增长作为发展目标；(2)将生态保护作为发展目标；(3)将社会的综合发展作为发展目标；(4)将人与自然协调而全面的发展作为发展目标。历史地看，这些发展目标无疑都有它们存在的历史必然性与历史合理性。人不仅是发展的实践主体，而且是发展的价值主体；不仅是发展的组织者、实践者和推动者，而且是发展的最终受益者。然而，随着社会的不断前行，在不发达国家，人们的机会有限，寿命较短，疾病蔓延，贫困比比皆是。和那些物质生活水平更高的发达社会相比较，他们的生活状况都“较少人道”且不幸福。显然，如果不联系人类

---

① Robert. S. Brown: *The Social Scene: A Contemporary View of the Social Science*, Cambrige, MA: Withrop Publishers, 1972. p. 34.

② [美]德尼·古莱：《发展伦理学》，高铦等译，社会科学文献出版社 2003 年版，第 43 页。

③ [美]德尼·古莱：《发展伦理学》，高铦等译，社会科学文献出版社 2003 年版，第 45 页。

幸福的内涵,无法实现真实的发展。辩证地看,虽然发展的根本宗旨是为了人们的幸福生活,但是,这一终极目标的实现却有赖于众多阶段性目标的实现。这就要求我们有必要厘清发展目标的层次。

关于发展目标的层次,德尼・古莱提出了"终极意义的层次和实际选择的层次。"他认为,终极意义层次的发展目标涉及发展的最终目标或最高目标;实际选择的层次则是发展的具体目标、阶段性目标和可行性目标。① 应该说,这一划分是有积极意义的。就终极意义的层次而言,发展目标关注"发展为了什么"之类最终目标和最高目标的问题,它通过实现人的自由而全面的发展,达到幸福美好生活的层次。这是发展的最高价值尺度,也是发展的终极目的。就实际选择的层次而言,发展的目标是具体的、可行的阶段性目标。它可以通过人与人、人与社会、人与自然的和谐共荣,实现经济增长、社会公平、政治民主、秩序稳定以及人的自由、协调和全面的发展。实际选择层次的发展目标是全面的、综合的、整体的、可行的。它通过"最大限度的生存、尊重与自由"体现在人们的实践中。"这些目标是普遍性的,虽然其特定方式因时因地而异。它们涉及所有文化实体和所有时代都有表述的基本人类需要。"②具体说:

"生存"涉及人类的最基本需求。其目标是使人们摆脱贫困,提供物质和社会的保障使生命得以维持。人类有一些共同的基本需要,是维持生存所必需的。这些需要包括食物、医药、住房和保护,当这些基本需要不能得到满足时,就是绝对的不发达。发展最重要的目标之一就是向尽可能多的人提供满足生存基本需要的手段,延长人类生命,使之少受疾病和有害自然因素的侵扰。现在人均寿命往往作为发展的主要指标之一,反映了维持生命被作为发展普遍目标的特点。

"尊重"涉及自尊、被人尊重和独立性。其目标是消除与低下的经济地位相联系的被支配感和依附感,树立有价值、有尊严的自豪感。每个人、每个民族和每个社会都在寻求承认、认同、尊严、尊重和尊敬。诚然,被尊重的性质和形式可能因时因地而有所不同,但一旦社会流行的观念将物质福利当做美好

---

① [美]德尼・古莱:《发展伦理学》,高铦等译,社会科学文献出版社 2003 年版,第 45 页。

② [美]德尼・古莱:《发展伦理学》,高铦等译,社会科学文献出版社 2003 年版,第 49 页。

生活的一个不可或缺的因素时,物质上欠发达的人们要感到有尊严就变得困难了。发展因此是一个重要的甚至必不可少的获得尊严的途径。然而站在发展伦理的视角,人们日益清晰地认识到:美好的理想社会和美满的幸福生活并不仅仅是物质的富足。发展的伦理思考绝不是把困苦的生活浪漫化,它只是强调物质成就之外也能获得人格的尊重,才可能使处于贫困的人们不受鄙视、不感到自卑。真正的发展是一种伦理的发展,是尊重基础上的物质富裕。正是在这个意义上,尊重如同维持生命,成为了各个社会发展的普遍目标之一。

"自由"涉及决定自己命运的社会环境和能力。其目标是摆脱贫困、愚昧、卑贱、苦难、陋习等恶的奴役。显然,这里的自由并不是政治或意识形态意义上的,而是一种更基本意义上的自由,这是当下一个很迫切的实践问题。因为现实正如巴西经济学家塞尔索·富尔塔多所说:"我们社会里少数人享有的自由是以推迟总的经济发展为代价的,因而就是以牺牲大多数人的福利为代价的……我们中很少人会充分觉察不发达的这种深刻的不人道性质。……如果少数人的自由必须以多数人的贫困为代价,我们可以相当肯定地说维护自由的可能性几等于零。"①无疑,以少数人的富裕和多数人的贫困痛苦以及远期发展目标的丧失为代价的发展,并非真正的发展,而是反发展,它不符合人类发展的本质要求。在此,自由是所有社会设定发展目标时都非常重视的构成美好生活的跨文化因素,它意味着各个社会及其成员可以有更多的选择,以及追求美好事物时受到较少限制。②

从以上三个层次,可以逻辑地得出社会发展的最终目标是"为了美好生活"。因为它们涵盖了发展目标三个最基本的内容:为社会成员提供更多更好的物质财富,以提升生存质量;以某种方式改善物质生活条件以达到所向往的尊重需要;从而在物质和精神两个方面使人们获得全面而自由的发展,充分实现自我价值和社会价值。无疑,发展目标应该涵盖政治、经济、文化、社会以及人类本身等多方面的利益需求。其中,增进人类的幸福,促进人类自身发展和完善应该是发展的核心目标。现实中,一个社会不论其发展程度如何,一个

① 转引自德尼·古莱:《发展伦理学》,高铦等译,社会科学文献出版社 2003 年版,第 54 页。

② 蒋一兵:《生存、尊重与自由——关于发展的伦理思考》,《学习时报》2006 年 1 月 28 日。

人不论其如何定义发展,都渴望追求奋斗的目标——美好生活。甚至那些拒绝发展的社会,事实上也在以不同的方式追求同样的目标——美好生活。答案就在这里:发展是为了全体人民过上幸福美好的生活!(关于这个问题的详细阐述我们将在第 3 章展开。)

1.3　发展的代价

发展与代价是近些年理论界讨论较多的话题,这是当代人类在遭到巨大生存危机之时的文化觉悟,也是当代人类对自身的生产和生活方式自觉反思的结果。自从人类在地球上诞生以来,自然界就逐渐变成了人化的自然系统。人类改造自然的实践活动在获得巨大物质财富的同时,也逐渐加大了对自然生态系统的破坏。工业革命前,人类对自然生态系统的破坏作用还有限,但在工业革命以后,在科学技术的巨大推动下,人类改造自然的能力得到提高的同时,既破坏了生态系统的稳定平衡,也破坏了宁静和谐的人文环境。人与自然的关系以及人际关系的恶化是发展注定的代价吗?人类开始对发展及其发展的代价进行反思。

代价是个社会历史范畴,它与人的理性、目的等主体因素相关联,它根源于价值形态的复杂性及其内在矛盾性,由于受历史局限性的制约,人类社会的发展往往是通过付出一定的代价来为自己开辟道路的。在很多情况下,发展的代价是不可避免的。问题是:人们常常有一种高估发展所带来的好处而低估发展所付出的代价的倾向。德尼·古莱指出:"获得发展而真正付出的代价是惊人而高昂的。在另一方面,被容易忽视的是在达到发展以后保持发展和维持效率的代价。……在人类历史上,某些"发达"很可能经历早早地毁灭,因为他们为维持事实上的"反发展"而付出太高的代价。[①] 从反发展层面来看待发展,目的是让我们对发展问题有一个全面而正确的认识。

1.3.1　拉美地区发展模式的反思

20 世纪 60 年代,联合国提出了"第一个发展 10 年"倡议,在此倡议的指

① [美]德尼·古莱:《发展伦理学》,高铦等译,社会科学文献出版社 2003 年版,第 246 页。

引下,世界经济出现了较快的增长,而拉美国家更是这一时期经济增长最快、最具活力的地区之一。但是,拉美国家也为这种发展付出了沉重的代价:在1982年经历了债务危机之后,拉美各国的经济陷入了低谷,至今仍然未有大的起色。拉美出现的这种现象被发展学家称为"无发展的增长"。以巴西为例,1960年至1980年期间,巴西的国内生产总值年平均增长率达到了6.9%,其速度不可谓不快,但同时也付出了重大社会问题的代价。以贫富差距为例,70年代,在巴西经济增长达到顶峰的时候,反映该国收入分配不公的基尼系数也同时达到了创纪录的0.66。在巴西,10%的最富裕家庭占有该国总收入的60%,最低收入和最高收入之间的差距高达43倍。正如巴西总统所说:"巴西经济很好,但巴西人过得很苦"。巴西这种情况在拉美国家很普遍。拉美国家这种有增长无发展现象促使很多学者开始关注发展中的代价问题,认为不把代价列入考虑范围的发展往往会导致发展的预期效果与实际效果之间出现很大的偏差,人民不能共享发展的成果,也不能保证发展的持久性。

1.3.2 正视发展的代价

从纯粹语词的角度上看,关于代价的界定,《现代汉语词典》的解释是:(1)获得某种东西所付出的财力;(2)泛指达到某种目的所耗费的物质或精力。英语中与"代价"相对应的单词是cost和price。"cost"在《韦伯斯特大辞典》中解释为"丢失、丧失或损失,它们或是作为获得某种东西的必要费用,或是作为一种行动的不可避免的结果或惩罚";而"price"在《韦伯斯特大辞典》中的解释为"得到或提供某物的代价"。"代价"一词最早滥觞于经济学中,常常和成本混用。但严格说来,成本只是狭义的代价,而代价则是引申意义上的成本。① 显然,成本并不简单地等于代价。成本和代价的区别在于:成本大多可以量化,而很多的代价却不能量化。代价有很多分类,如物质性代价和精神性代价、预期代价和实际代价、当前代价和长远代价、整体代价和局部代价、必然性代价和人为性代价等。在所有与发展相关的代价中,尤其要关注必然性代价和人为性代价以及物质性代价和精神性代价。关注前者,可以有助于我们找出代价产生的根源,尽量避免那些可避免的人为性代价;而关注后者则有

① 郑也夫:《代价论》,三联书店1995年版,第1页。

助于我们纠正只关注于物质性代价而忽略精神性代价的偏颇认识,重视那些难以量化的精神性代价。对代价的概念作一番梳理的目的在于,它能够帮助我们正确认识、对待和处理发展中的代价问题。

在人文社科的角度上看,代价通常首先是经济学意义上的概念,意为获得某种东西的必要费用。但本质上,代价更是个社会历史范畴,它与人的理性、目的等主体因素相关联。作为发展的必然环节,代价根源于价值形态的复杂性及其内在矛盾性,它是由人们现实实践活动的历史局限性决定的。正是这些局限性的存在使得人类在社会的发展进程中,常常不得不通过付出一定的代价来为自己开辟道路①。从历史哲学的角度看,发展的代价是人们在追求和创造价值的社会实践活动中,基于自身社会选择为换取某种价值目标而对其他价值目标的放弃或损害以及由此带来的与价值取向相悖的消极结果,它与人们的价值活动密切相关,是在社会发展过程中产生的与人类价值取向相悖的负面价值和价值损失。当然没有人类积极能动的价值追求和价值实现的发展活动,也就不会有代价的付出。② 可见,"代价"与"发展"密不可分。

迄今为止,人类在发展的过程中,对经济的片面追求通常都是以自然环境和人文环境的牺牲作为代价的,这主要是因为历史的局限和人类认识的局限性所致。由于人类的经济发展战略、经济政策、经济手段与措施、经济目标等等的制定都不是也不可能是充分完备的,总是带有程度不同的弊病,这一切都使得代价的付出具有了不可避免性。尽管历史和认识的局限性使得人类的发展不得不付出必要的代价,但是,如果我们能够理性地把握发展的代价之维,树立正确的发展代价观,那么,很多的代价是完全可以避免的。首先,在实事求是地承认发展代价具有一定的客观必然性的同时,我们更要坚持代价的合真性、合利性、合义性、合理性的标准,要努力使得代价的付出遵循自然规律,兼顾地球的生态利益,合乎社会理性以及人与自然的整体利益和价值,合乎社会正义与公平。其次,对于代价的付出,要把握一定的"度"。即,把代价控制在一定的限度之内,不能片面地、一味地追求经济的发展速度而因此让生态环境和人文环境付出沉重的代价。对于发展的必然性代价,用"度"去合理把握

---

① 陈胜云:《社会发展与代价意识》,《上海行政学院学报》2003 年第 3 期。

② 刘占峰:《哲学视野中的社会发展代价问题》,《泰安师专学报》2002 年第 1 期。

是切实可行的。不能因为追求 GDP 的贡献,而付出人为的代价。

首先,我们要正确认识代价,树立正确的代价意识。它要求我们应该全面而客观地看待代价:既要历史地看到社会的进步,也要现实地看到社会发展所付出的代价;既要看到代价对发展的消极作用,也要看到代价对发展的积极作用;既要看到代价产生的必然性方面,也要看到代价产生的人为性因素;要正确区分必然性代价和人为性代价,减少必然性代价,避免人为性代价。除此之外,还要自觉采取积极有效的防范措施,避免付出过高的代价,通过扬弃来为发展提供再生之路。①

其次,我们应该妥善处理发展中的代价问题,把代价控制在最低限度。现实中,很多关于发展的政策,理论上是好的,但是一旦到了实际的操作层面,却遇到了重重困难而难以执行,有的政策即使得到了执行却严重走样。最典型的案例莫过于国际上闹得沸沸扬扬的《京都议定书》的签署。作为二氧化碳第一大排放国的美国不愿签署该协议,理由是该协议中为美国所设定的减排任务将有碍于美国经济的发展,其代价太高。各国在二氧化碳减排上的不同的态度也反映了当一项政策需要采取集体行动时,往往会陷入一种集体行动的困境:人人都不愿意率先行动,转而希望别人先行动,自己通过“搭便车”来坐享其成。② 在妥善处理发展的代价问题时,还会遇到另一个阻力:发展的好处往往能比较快、比较容易被人感受到,而代价却不尽然。人类心理上的这种偏好往往被那些有心计的政客们所操纵和利用,用它来干扰人们的视线。利益和代价在时间和空间上的分离,又使得人们尽管能正确认识发展的代价,但却不能正确处理发展的代价,科学技术万能论使得这种情况变得更糟,于是人们认为随着科技的发展,很多问题早解决不如晚解决好,能拖延就拖延,其结果是发展的代价日渐高企,有的甚至到了无可挽回的地步。

总之,虽然“代价”常常与“发展”密不可分,但如果我们能够清醒认识和妥善处理发展和代价之间的矛盾,那么,很多的代价并非社会发展进程中不可避免的。

---

① 韩庆祥:《发展与代价》,人民出版社 2002 年版,第 25—34 页。

② [美]曼瑟尔·奥尔森:《集体行动的逻辑》,陈郁等译,上海三联书店、上海人民出版社 2003 年版,第 1—3 页。

1.4　现代化与发展

“现代化以及追求现代性的热望，或许是当代最普遍和最显著的特征。今天，大多数国家陷于这一网络之中——成为现代化国家，或延续自己现代性的传统。”①40 多年前，S. N. 艾森斯塔德如是说。40 多年后，当人们重新品味这句话时，其精辟性越发明显。今天的人们不仅清晰地看到：那些尚未实现现代化的国家，正竞相现代化，而那些已经实现现代化的国家，正在原有的基础上，继续现代化；而且也深刻感受到：在实现现代化的过程中，发展绝不是可有可无的，而是人类必然的选择，等待和停滞是没有出路的。对此，邓小平将之概括为：“我们所做的工作可以概括为一句话：要发展自己。”②

1.4.1　何谓现代化？

现代化是个极富争议的概念。现代化在英语中是 modernization，该词由动词 modernize 派生而来。modernize 既可作及物动词，又可作不及物动词。作及物动词时，其意思是使之具有现代的外表、风格、特征，不落后于时代；作不及物动词时，其意思是接受、采纳现代的方式方法、思想和风格。③ 英语中的现代化与现代性紧密联系，现代性既是现代化的特性，又是现代化的结果。对于现代性，英国学者安东尼·吉登斯认为：“在其最简单的形式中，现代性是现代社会或工业文明的缩略语。……它涉及：(1)对世界的一系列态度、关于实现世界向人类干预所造成的转变开放的想法；(2)复杂的经济制度，特别是工业生产和市场经济；(3)一系列政治制度，包括民族国家和民主。基本上，由于这些特性，现代性同任何从前的社会秩序类型相比，其活力都大得多。这个社会——详细地讲是复杂的一系列制度——与任何从前的文化都不相

---

① [以]S. N. 艾森斯塔德：《现代化：抗拒与变迁》，张旅平等译，中国人民大学出版社 1988 年版，第 1 页。

② 参见：《人民日报》1986 年 12 月 15 日，第 1 版。

③ *Wikipedia*, The Free Encyclopedia, www. wikipedia. org.

同,它生活在未来而不是过去的历史之中。”①现代化在《维奇匹迪亚百科全书》(*Wikipedia, the free encyclopedia*)中被解释为:“现代化是一个社会科学领域的概念,它指社会经历工业化、城镇化和其他社会变化的过程,这个过程完全改变了个人的生活”。②《中国现代汉语词典》对现代化的解释是:使具有现代科学技术水平。《辞海》和《辞源》中没有关于现代化的相关解释。因此,国内很多学者认为,现代化是一个外来词,在近代由日本传入,并经过加工而成。

当前在学术界,对现代化的争论表现在,不同的学者往往从不同的角度来理解现代化:经济学家从工业发展与经济增长的角度来看待现代化;政治学家从政治发展的过程研究现代化;社会学家偏爱从社会机体的分化与功能方面谈现代化;心理学家和文化人类学家从人们的心理态度、价值观和生活方式的视角认识现代化;而历史学家则把现代化视为统一的世界历史的发展进化过程。有代表性的观点主要有:塞缪尔·亨廷顿认为:“现代化包含了人类思想和行为领域变化的多个方面,是一个革命的进程,系统的进程,全球的进程,长期的进程,阶段性进程,不可逆转的进程和进步的进程。”③塔尔科特·帕森斯认为:“现代化就是人类对自己的自然环境和社会环境的合理性控制的扩大”。④ 伯特·罗兹曼从科学技术迅速发展这一现代特征出发,“把现代化视作为各社会在科学技术革命的冲击下,业已经历或正在发生的转变过程”⑤S. N. 艾森斯塔德认为:“就历史的观点而言,现代化是社会、经济、政治体制向现代类型变迁的过程。⑥ 在分析和总结以往有关现代化的界定之后,我国已故史学家罗荣渠在《现代化新论》的序言中提出了中国学者对现代化所做的广义界定:“广义的现代化主要是指工业革命以来现代生产力导致现代生产方式的大变革,引起世界经济加速发展和社会适应性变化的大趋势,具体地说,

① [英]安东尼·吉登斯,克里斯托弗·皮尔森:《现代性——吉登斯访谈录》,尹毅宏译,新华出版社2000年版,第69页。

② *Wikipedia*, The Free Encyclopedia, www. wikipedia. org.

③ [美]布莱克:《比较现代化》,上海译文出版社1996年版,第44页。

④ [美]布莱克:《比较现代化》,上海译文出版社1996年版,第66页。

⑤ [美]吉尔伯特·罗兹曼:《中国的现代化》,江苏人民出版社1988年版,第4页。

⑥ [以]S. N. 艾森斯塔德:《现代化:抗拒与变迁》,张旅平等译,中国人民大学出版社1988年版,第1—2页。

就是以现代工业、科学和技术革命为推动力,实现传统的农业社会向现代工业社会的大转变,使工业主义渗透到经济、政治、文化、思想各个领域并引起社会组织与社会行为深刻变革的过程”。[①] 这一界定在中国学术界有较大的影响。在总结和借鉴以上有关现代化的观点之后,我们认为,从伦理学的角度来看,现代化的核心是人的现代化,涵盖物质技术、组织制度、文化心理三个方面的内容,是一个物质技术不断进步、组织制度不断完善、文化内涵不断丰富,并带来人类自身不断提升的过程。现代化的最终目标是促进人类自由全面的发展,增进人类的幸福生活。

各国学者除了对现代化的含义进行界定外,有的学者还对现代化加以量化。美国社会学家阿历克斯·英格尔斯对现代化提出的量化指标具有较大的影响。其量化指标是:(1)人均国民生产总值(GNP)在3000美元以上;(2)农业生产总值占国民生产总值的比重在12%至15%以下;(3)服务业占国民生产总值的比重在45%以上;(4)非农业劳动力占劳动力的比重在70%以上;(5)识字人口的比重在80%以上;(6)适龄人口中大学生的比重在10%至15%以上;(7)每一名医生的服务人数在1000人以下;(8)平均寿命在70岁以上;(9)城市人口占总人口的比重在50%以上;(10)人口自然增长率在1%以下。[②] 阿历克斯·英格尔斯所提出的指标对于衡量后发展国家的现代化水平具有一定的参考价值,但也存在着明显的西方中心主义,不完全符合后发展国家的实际。

1.4.2 现代化:世界历史发展的趋势

1492年10月12日,当大西洋的信风把哥伦布的探险船队带到美洲新大陆时,现代化在某种程度上已经初现端倪。此后,对于现代化,各国表现出了不同的态度,形成了不同的实现方式,产生了不同的结果。英国是第一个敲着工业革命的鼓点跨入现代化的国家。工业革命之所以在英国率先发动,是因为英国已经为其准备了条件。经济学家道格拉斯·诺斯指出:“有效率的经济组织是经济增长的关键:一个有效率的经济组织在西欧的发展正是西方世

---

① 罗荣渠:《现代化新论》,商务印书馆2004年版,第5页。

② 罗荣渠:《现代化新论》,商务印书馆2004年版,第9—15页。

界兴起的原因所在”。“有效率的组织需要在制度上作出安排和确立产权以便造成一种刺激，将个人的经济努力变成私人收益率接近社会收益率的活动。”①英国的成功之处就在于在制度上做出了安排，并确立了所有权，使英国变成了一个有效率的组织：强大而又受到限制的王权，国王和贵族既相互制约又相互支持，使得新兴力量也能融入其中，共同推动英国社会变革的进行。在这一变革过程中，莎士比亚的戏剧极大地提升了英国人的人文水平；牛顿的伟大发现使英国人的认识能力大大提高，自信心大大增强；瓦特改良的蒸汽机则为工业革命提供了强劲的物质动力；亚当·斯密倡导的自由贸易和自由竞争理论，如同一台制度发动机，使得市场这只“看不见的手”的作用发挥到了极致；健全的法律，特别是完善的专利权和所有权保护制度，使得该国“天才的发明之火浇上了利益之油”……英国的强大使西欧的其他国家感受到了威胁，在竞争的压力下，这些国家也纷纷开始工业革命，竞相迈向现代化。一时间，在整个西欧，现代化变成了一股不可阻挡的潮流。这股潮流具有很大的威慑力量——“顺之则昌，逆之则亡。”

强大之后的西欧各国，为争夺原材料和产品市场，纷纷开始向世界其他地区扩张。于是，工业化的浪潮裹挟着现代化的洪流，相继扩散到了世界各地，构筑成各国兴衰更替的现代化的发展历史。这期间，落后的殖民地国家，企图通过工业化和现代化实现富国强民，从此摆脱列强奴役、压迫的命运。已在现代化浪潮中把握先机的西方国家，则渴望保持自己的领先优势，将现代化继续引向深入。角逐工业化，竞相现代化，成为这一时期的重要特征。20 世纪 60 年代，当发展中国家仍然把完成工业化作为实现现代化发展模式的时候，发达的工业国家已经出现了非工业化的倾向，以服务业为代表的第三产业的经济比重和从业人数急剧上升。时至今日，工业化与非工业化这两种发展模式正并驾齐驱，深深地影响着当今世界的发展进程。

无疑，现代化始于西方社会经济发展模式的确立和践行。其逻辑思路是：人类改造自然能力的无限性，决定了科学技术可以无限创新，社会生产力可以无限增长，经济自然也就可以无限发展。现代化的一切问题都可以通过经济

---

① ［美］道格拉斯·诺斯：《西方世界的兴起》，厉以平等译，华夏出版社 1988 年版，第 1 页。

和科技的进一步发展来解决。现代化改变了世界的面貌,也改变了人类对自身和自然界的认识。然而,现代化如同一把双刃剑,在带给人类前所未有的丰富物质,为人类提供更多选择的同时,也给人类带来了灾难。对此,马克思和恩格斯早就有过详尽的阐述:"资产阶级在它的不到一百年的阶级统治中所创造的生产力,比过去一切世代创造的全部生产力还要多,还要大。自然力的征服,机器的采用,化学在工业和农业中的应用,轮船的行驶,铁路的通行,电报的使用,整个大陆的开垦,河川的通航,仿佛用法术从地下呼唤出来的大量人口,——过去哪一个世纪料想到在社会劳动里蕴藏有这样的生产力呢?"①研究现代化的学者布莱克也指出:"如果人们把现代化想象为社会在新原则基础上的整合或重新整合的话,那么他也必须把现代化看成是一个传统社会的解体过程。……因此必须把现代化看做是同时具有创新和破坏作用的过程,它提供了新的机会,也可能使人类付出混乱和痛苦的极大代价。"②事实上,现代西方的历史观、发展观、价值观,以及西方社会现代化生产方式和生活方式的蔓延,使人类陷入了一种深刻的恶性循环,并正在制造人类的生存危机。

1.4.3　发展是各国通往现代化的必由之路

伴随着现代化迅速增加的不仅是物质财富,还有自然环境、人文环境、心理环境日益恶化的异化现象,与现代化相去甚远的异化时时刻刻都在考问着人们:难道这就是现代化所追求的结果吗?于是从 20 世纪 60 年代开始,学者们纷纷开始反思现代化,反思现代化与发展之间的关系。尽管学者们反思的角度各有不同,反思的广度和深度也有所差异,但最终学者们还是形成了一个共识:各国在实现现代化的过程中,发展是必由之路,停滞和倒退是没有出路的;各国在实现现代化的过程中,所遇到的不是要不要发展的问题,而是如何进行科学发展的问题。

1.4.3.1　发展是实现现代化的必要手段,现代化是发展的阶段性目标

发展是各国实现现代化的必由之路。因为只有发展,才能为现代化提供

---

① 《马克思恩格斯选集》第 1 卷,人民出版社 1995 年版,第 277 页。

② [美]布莱克:《现代化的动力》,张静译,浙江人民出版社 1989 年版,第 23—24 页。

充分的物质保障。现代化的国家,首先必须是一个经济繁荣、人民生活普遍富裕的国家,这一切只有通过发展经济,提高劳动生产力来达到。与现代化相适应的社会是不可能在贫穷落后的国家和地区建立的——现代社会所要求的政治文明,如:自由、民主、公平和法治,只有在发展中才能形成和不断完善;现代社会要求的高素质的现代人,只有在发展中,通过不断提高科学技术水平和发展教育,才能得以培养形成;各国在现代化中所出现的问题,也只有通过发展才有解决的可能。发展对于那些尚未实现现代化的国家来说,具有尤为紧迫的意义,只有加快发展,才能缩小同发达国家之间的差距,摆脱这些国家在国际政治经济格局中被边缘化的不利地位。邓小平曾精辟地指出:"解决中国一切问题的关键在于发展",这里的一切问题当然包括现代化问题。显然,现代化是个动态的概念,它是人类历史长河中不断更新自己的连续进程。传统意义的现代化,是指从农业经济社会向工业经济社会转变的过程。而今天的现代化概念则有发达国家和发展中国家的区别,对发达国家来说,主要是指从工业经济社会向知识经济社会演化的过程;对于发展中国家,则主要是指其加快发展,追赶发达国家的过程。① 事实上,现代化的阶段目标不是一成不变的,而是在发展过程中逐步提升、与时俱进的。那些已经实现了现代化的国家,其现代化的进程并没有终止,而是进一步引入了"后工业化"、"后现代化"等发展目标,以知识经济为代表的数字化、信息化、网络化便是其中的体现。

肯定发展是实现现代化的手段,并不是说,各国在实现现代化的过程中,可以不顾一切地盲目发展,或者一味地效仿欧美那种以经济增长为主要内容的发展模式。那种不顾社会和环境的承受能力的所谓现代化模式已经被证明是有害的,并且受到了越来越多的人的批判。同样,把现代化的过程当作是"西方化"的过程,当作是引入西方文明机制以取代本国传统的过程也被证明是行不通的。邓小平曾深刻指出:"过去搞民主革命,要适合中国国情,走毛泽东同志开辟的农村包围城市的道路。现在搞建设,也要适合中国国情,走出一条中国式的现代化道路。"②"中国式的现代化,必须从中国的特点出发。"③

---

① 中国科学院可持续发展战略研究组:《中国现代化战略进程构想》,http://www.china.com.cn 2003 年 1 月 21 日。

② 《邓小平文选》第 2 卷,人民出版社 1983 年版,第 163 页。

③ 《邓小平文选》第 2 卷,人民出版社 1983 年版,第 164 页。

伦理学家德尼·古莱也指出：对不发达社会其他可能选择的道路不应当降为简单的两个方面：不是保持停滞和‘不发达’，就是接受当前现代化和‘发展’模式包罗的一切毛病”。①

1.4.3.2　通过发展实现真正的现代化

发展是现代化的目的，也是现代化的前提。现代化的实质体现在，通过破坏落后和腐朽创造进步和文明；通过发展完成传统社会向现代社会的转变。世界各国现代化的历史经验表明：人类现代化是一种破坏与创造相伴而生的发展过程。它的破坏性表现在：要实现现代化，必须对传统的社会结构和制度架构进行大的变革，改变人们由来已久的习惯和价值观，并代之以与现代社会相适应的新制度、新习惯和新价值观。尤为值得一提的是，不少国家通过拉大生产与消费的差距，来为工业化提供积累资金，这使得在现代化的初期，人们总体的生活水平提高缓慢，现代化带给人们实实在在的好处并不明显，与此同时，人们的劳动强度、生活压力却大大提高了，在这种情况下，人们容易产生对现代化的抵触情绪，这可能引发社会的动荡。现代化过程中还可能遇到的一大问题是：旧的体制和观念已经被打破，新的体制和观念还未见形成，但倒退已经不可能了，而前进的道路又困难重重，于是各种社会问题涌现。这一切都可能是实现现代化不得不付出的高昂代价。但是，总体看来，现代化所付出的这些代价同不发展，继续处于落后状态的代价相比，是次要的。英国历史学家 E. H. 卡尔曾指出：“保持不变对社会无权阶层的代价与革新变化对被剥夺权利者的代价是同等沉重的。落后就要付出高昂的代价。这种高昂的代价包括世世代代长期的慢性病、饥饿、灾荒、早夭以及人类的精神低落。”因此，不论是解决已经存在的旧问题，还是解决新出现的问题，都离不开发展。所以，现代化的问题不是要不要发展，而是如何发展。

要把握实现现代化的问题，还应认识到：现代化作为衡量一个国家和社会整体发展水平的综合指标，内在地蕴含着物的现代化和人的现代化两方面的内容，其中物的现代化是人的现代化的基础和必要条件，而人的现代化是物的现代化的目标和保障，两者相辅相成，缺一不可。纵观人类的现代化的进程，

---

①　[美]德尼·古莱：《发展伦理学》，高铦等译，社会科学文献出版社 2003 年版，第 224 页。

人的现代化构成了现代化的核心和实质，在现代化的过程始终，都有必要贯彻“以人为本”的思想，通过全面、协调、可持续的发展来实现现代化，这要求改变传统那种“重经济，轻社会”、“重生产，轻生活”的发展方式，纠正那种“经济增长就是一切”，“GDP 增长是唯一目标”，并将经济增长等同于社会发展的偏颇认识，将经济的发展与社会的发展协调起来，将当前的发展与长远的发展协调起来，把人的全面发展放在第一位，由此来加快实现现代化的步伐。毫无疑问，真正现代化的最理想境界是全体人民的共同幸福，而这恰恰是发展伦理的根本宗旨，由此，自然地引出了我们对发展的伦理检视问题。

第 2 章

道德哲学视域:发展伦理何以可能

一直以来,学界大都侧重于从纯经济或纯环境或抽象社会的视角对发展伦理进行探讨,鲜有从道德哲学视角对其进行形上思考和探索的。结果,常常是搭着别人的脉给自己开药。这就决定了至今我们仍然不能清晰地把握发展伦理理论和实践的丰富内涵,并因此而出现理论上的困惑甚至偏颇。为了客观、完整、深入地认识发展伦理,本章力图通过对发展伦理学进行哲学视域的探析,通过考证发展伦理学之所以产生的现实依据、学理依据、理论内涵和实践功能等来论证发展伦理学在现实社会的可能性和可行性,力图为当下的发展实践提供价值引导和伦理指向。

2.1 现实依据:发展实践引发的问题

工业化和科技革命,使得科学创造活动越来越成为社会发展的基础,由此带来的发展实践,极大地提高了物质生产力,人们获得必需的物质生活资料越来越容易,物质生活水平越来越高,社会生活的现实变化唤起了个体性的多样化。然而,伴随经济发展的并不都是令人喜悦的变化,还有一系列的环境问题、社会问题、人文问题和伦理问题。这些成为了发展伦理得以可能的现实依据。

2.1.1 发展的实然性:发展伦理的现实之维

关于"实然",典籍的解释是:确实如此。更多时候,它是作为哲学词语使用。从形上角度来看,“实然”是指构成事物的物质成分,如亚里士多德所说,是构成事物的质料,旨在说明事物的事实性存在。发展实然性指的是发展的事实状态,即现实发展的状况如何。换言之,发展的实然性是对社会发展过程的描述性研究,是从事实角度对发展轨迹的理论概括。

现实中发展所带来的诸多代价、痛苦、焦虑正是发展实然性的主要研究问题,是发展伦理研究的现实维度。现实的困境使我们不得不驻足反思发展的过程:是不是人类能够做的就是应该做的?是不是现实存在的就是合理的?发展就是天然合理吗?于是,人类又提出“发展并非是天然合理的”命题。它为我们对人类以往发展进程的反思、对当下发展的评价和对未来发展的规范提供了一个价值论的前提。在生产力高度发达、物质财富极大丰富的今天,在人类自身造成的各种困境和危机面前,人类面临的主要任务不再是基本生活资料的满足,而是如何使我们的发展能够不断持续,以保证整个人类的可持续生存和可持续发展。因此,我们所需要的不再是那种以危害人类的可持续生存为代价的无约束、无节制、无规范的发展,而是需要一种有约束、有节制、有规范的科学发展。

当代人类面临的各种困境和危机,主要是人类在处理人与自然、人与人、人与社会的关系上出了问题,没有进行必要而有效的伦理规范和道德约束,做了不应当做的事。传统伦理学仅仅把视野局限在人与人、人与社会的关系上,是不能承担解决人类面临的各种困境和危机的历史任务的。因此,在这样一个困境和危机四伏的时代,迫切要求有一种关于发展问题的新的伦理理论,发展伦理学的建构正是在这一时代背景下被十分迫切地提到了人类发展的议事日程中。发展伦理学既关注人与人、人与社会关系上“能够做”与“应当做”的矛盾与冲突,更关注发展实践与自然、与代际、与幸福等关系上“能够做”与“应当做”的矛盾和冲突。简言之,发展伦理尤其关注人类的发展实践在道德上的合理性问题。正是在这样的关注中,发展的实然性为发展伦理提供了现实研究的事实依据;正是对发展实然性的研究成为了发展伦理的基础和前提。

2.1.2 “异化”的发展与发展的异化

异化现象早在原始社会末期就已出现,但是把这种现象提升到理论高度来认识,却是近代的事情。“异化”一词最早源自拉丁文,原意为转让、疏远、脱离等。词源的考察表明,异化的德文词 entfremdung 是英文词 alienation 的翻译,而 alienation 又源于拉丁文 alienatio。在神学和经院哲学中,拉丁文 alienatio 主要揭示两层意思:(1)指人在默祷中使精神脱离肉体,而与上帝合一;(2)指圣灵在肉体化时,由于顾全人性而使神性丧失以及罪人与上帝疏远。后来,不同学科对其做了不同的演绎。语音学演绎为:连发几个相似或相同的音,其中一个变得和其他的音不相似或不相同;语词学演绎为:相似或相同的事物逐渐变得不相似或不相同;生物学演绎为:生物体在新陈代谢过程中,自身的组成物质发生分解,同时放出能量;哲学则将其演绎为:主体发展到了一定阶段,分裂出自己的对立面,变为了外在的异己力量。①

作为一个哲学和社会学的概念,关于异化的内容,不同时期的思想家们有着不同的诠释。早在中世纪,文献中就已经孕育了异化理论的萌芽;比较系统的异化理论则是在文艺复兴以后近代西方社会学领域和哲学领域逐渐形成起来的。异化理论的形态最早出现在社会契约说的文献中,主要是指权利的放弃或转让。荷兰法学家格劳秀斯是用拉丁文的"异化"概念说明权利转让的第一人。英国政治哲学家托马斯·霍布斯和英国经验主义哲学家约翰·洛克虽然没有直接使用"异化"概念,但是他们却通过探讨人的"自然权利"表达了与格劳秀斯相同的思想。他们之后的卢梭发展了社会契约意义上的异化概念。卢梭通过强调个人权利和自由的不能转让,表明了他要求个人权利和自由的意向。同时,他还揭露了人的社会活动及其产品变成异己东西的事实。他曾在《爱弥儿》中指出,文明使人腐败;背离自然使人堕落;人变成了自己制造物的奴隶等等。这样,他就在人与社会、人与自然两重关系上,深化了异化概念的内涵。卢梭在异化思想上的推进,最终成为社会契约意义上的异化实现向德国古典哲学异化理论过渡的桥梁。

"异化"在德国古典哲学中被提到了前所未有的哲学高度,异化概念得到了进一步的扩展和加深。马丁·路德最先把希腊文圣经中表述异化思想的概念翻译成德文 hat sich gesaussert(自身丧失)。从费希特到黑格尔,他们所使用的外化(entausserung)概念,是从马丁·路德的翻译演化来的。虽然在费希特那里也没有直接使用异化概念,但他经常从哲学高度通过"外化"这个概念

① 网文:《异化》http://baike.baidu.com/view/55187.htm。

揭示异化的重要含义。例如，自我外化为非我，从而使原来与自我同一的东西变成异己的东西。而黑格尔最早对异化思想的诠释则体现在他对基督教"实证性"所作的批判中。他继费希特揭示人与自然的异化关系之后，通过思想异化的形式揭示了人与人的异化关系。他认为，所谓基督教的"实证性"，就是指人所制造的基督教变成了一种僵化的反过来压迫人的异己力量。在《精神现象学》中，黑格尔的异化理论达到高峰，异化成了说明自然、社会、历史等辩证发展的核心概念。他认为，人以及由人所组成的各种社会形态作为主体，不仅"分裂为二"、"或树立对立面的双重化过程"，而且这种由主体所产生的对立物，对于主体是一种"压迫性的"、"吞食它的力量"，从而赋予"异化"不同于费希特"外化"的深刻含义。但是，由于黑格尔不仅把对象化和对立面转化不分青红皂白地都当做了异化，而且把"自我意识"作为异化的前提和归结点，这就彰显了其异化理论的唯心主义历史局限性。而后，费尔巴哈虽然意识到了黑格尔异化思想的局限性，也力图从唯物主义观点去诠释异化，但是，他只是说明了宗教的本质——不是上帝创造了人，而是人创造了上帝，使人本身的力量变成了凌驾于人之上的超自然的神的力量，对于黑格尔唯心主义异化理论所包含的许多深刻内容，却无力加以扬弃。

完成这一扬弃任务的是马克思。从 19 世纪 50 年代到 60 年代，在《经济学手稿》和《资本论》等著作中，马克思以分析资本主义生产关系为基础来阐明异化的本质。他在这些著作中扬弃了从社会契约论到黑格尔的异化理论，认为"转让"不过是从法律上表示简单的商品关系；"外化"则表示以货币形式对社会关系加以物化；"异化"才真正揭示了人们在资本主义制度下最一般的深刻的社会关系。在此，马克思赋予"异化"以新的内容，他用其表达他的关于劳动异化的概念。马克思认为：正如人用脑创造了上帝而受上帝支配一样，在阶级社会中，工人创造了财富，而财富却为资本家所占有并使工人受其支配。因此，这种财富的占有以至劳动本身皆"异化"成为统治工人的、与工人敌对的、异己的力量。于是，马克思概括道：异化是人的物质生产与精神生产及其产品变成异己力量，异化是作为社会现象同阶级一起产生，反过来统治人的一种社会现象。其实质在于人所创造的整个世界都变成了异己的、与人对立的东西。私有制是异化的主要根源，社会分工固定化是它的最终根源。具体说，资本主义的异化产生的原因为：私有制和社会分工的对抗形式，只有消灭了这些现象才能最终消除资本主义的异化现象。因此,在马克思看来,异化在一定历史阶段同对象化与物化有关。但是,异化不等于或不能归结于对象化与物化。对象化与物化作为人的社会活动,将与人类社会一起长存,而异化活动则是短时期的历史现象,随着私有制和阶级的消亡以及僵化的社会分工的最终消灭,异化必将在社会历史绝迹。从马克思提出异化劳动理论到20世纪80年代,在西方学者中间,异化问题已从经济、政治领域扩展到道德、心理、病理科学、技术、文艺等整个文化思想领域,出现了各种各样的学说,但它们归根结底都受其哲学观点的制约。①

从"异化"思想发展的历程,我们看到,马克思之前的异化理论的确有它们的历史局限性,但是异化思想本身所蕴含的内在本质及其警示作用,却对我们今天深化发展问题的研究有着非常重要的现实意义。在被称为经济发展已经进入现代化的今天,发展主体践行的发展实践在一定的发展阶段,也分裂出了它的对立面,变成了外在的异己力量,制约甚至阻碍人类社会发展的事实是我们不能否认,更不能回避的。例如,人类发展了核物理学,在推进科学进步和人类福祉的同时,也将人类逼进了死胡同——核战争、核恐怖无时不在地威胁着我们;人类发展了类似于塑料袋之类的现代化化学工业,但同时却将人类自己置于各种恶劣的外部环境污染之中;人类增加了物质财富,提升了生活水平,但我们的饭桌却变得越来越恐怖,甚至成为置人于死地的道具——粉皮粉丝里加塑料末、油条里加洗衣粉、臭豆腐淋了粪汤、大米拌工业油、小米染黄颜料、鲜菜残留剧毒农药、炸油条用地沟油、喂养了避孕药的螃蟹、掺了滑石粉的虾和面粉,加了激素的鸡肉、致人死命的瘦肉精、用福尔马林浸泡的海产品以及注水肉、致癌鱼、陈化粮、苏丹红红心蛋、甲醇酒……我们每天吃下的已经不是食物,而是各种各样的激素、有毒色素、塑料粉末、瘦肉精、避孕药、敌敌畏、黄曲霉、添加剂……从假冒伪劣的食品到假文凭、假档案、假发票、假器官……由单纯的经济发展而滋生、分裂和扭曲出来的异化现象正在侵蚀着人类社会健康的机体,使社会的发展偏离健康的轨道,日益成为发展的异己力量,通过反发展阻碍社会的进步。

发展的最终目的理应是人们的幸福美好生活,是人类自由而全面的解放,

---

① 网文:《异化》http://baike.baidu.com/view/55187.htm。

但是社会发展的复杂性使得发展正在偏离其终极目标,走向异化之路。现代人类正面临着发展的危机,危机的症结和根源就在于发展的异化。工业革命伊始,“发展是天然合理”的理念,使人们忽视甚至无视“为谁发展”和“怎样发展才是应当的”等问题。结果,我们虽然呼吸的是空气,但吸进肺部的却常常是被快速发展的工业化污染了的臭气甚至是毒气;喝的是牛奶,但可能是放了三聚氰胺等化学品的有毒牛奶;吃的是“放心菜”、“放心米”,却很有可能是作了“绝育”处理和可能造成生物污染的转基因食品(印地安那大学生物系副教授玛莎·克劳奇的研究表明,引入了绝育基因的这些食品很有可能在无意中使其生物也变成不育①);住的是现代化的高楼大厦或豪华别墅,但却很有可能遭受愈益华丽的有毒建材的无形侵害……总之,科技和经济的发展在带给人类福音的同时,也愈益清晰地凸显了发展导致的异化,其异化突出地反映为生态家园、社会家园、精神家园等方面的恶化。由于异化,发展不仅没能给人类带来物质财富和精神幸福,反而因为“经济与人的亲和纽带被切断,导致了‘人’被疏离于原有的本质地位。”②由此引发的社会公正缺失、人的畸形发展以及人与自然和谐关系的丧失等诸多自然和社会问题,在事实上使得发展的正面效应日益淡化,社会没有因为发展而走向日益安定,反倒凸显了发展与稳定更多的抵牾和社会更多的不安。发展的异化促使人类开始从发展伦理的视阈对发展进行深刻的反思:“要不要发展”与“如何发展”、“为谁发展”,孰重孰轻?缺乏伦理意蕴的发展是否具有天然合理性?人类“能够做”的与“应当做”的究竟是什么关系?发展伦理的建构何以可能?

2.1.2.1 生态家园的恶化危及人类的生存

从世界范围来看,环境污染与生态破坏问题在不断恶化,并且已打破了区域和国家的界限,演变为全球性的问题,引起了世界各国的普遍关注。当前人类面临新的全球性和广域性的环境十大问题是:全球气候变暖;臭氧层破坏;生物多样性减少;酸雨蔓延;森林锐减;土地荒漠化;资源短缺;水环境污染严重;大气污染肆虐;固体废弃物成灾。以资源短缺和环境污染等为例,在整个20世纪,人类消耗了142亿吨石油、2650亿吨煤、380亿吨铁、7.6亿吨铝、4.8

① 《转基因食品的危害》,http://zhidao.baidu.com/question/141623962.html?fr=ala0。

② 盛邦和:《“发展”的“异化”与“经济”的“文化”》,《档案与史学》2005年第2期。

亿吨铜。占世界人口15%的工业发达国家，消费了世界56%的石油、60%以上的天然气和50%以上的重要矿石资源，各国间出现了严重的不平衡。① 目前全球石油剩余可采储量为1400多亿吨，按当前产量，静态保障年限仅40年，天然气剩余可采储量为150亿立方米，静态保障年限也只有40年。当今世界环境问题日益严重，除了之前所提及的自然生态被破坏之外，还有社会环境问题加速了自然环境的恶性循环。例如，世界人口在今后25年中将增加20亿，且大多数为贫穷国家人口。新增人口将产生吃穿住行等诸多新的巨大需求，这就势必会因为要加速经济发展而增加能源的开发和使用。在能源使用和二氧化碳的排放方面，高收入国家人均使用的能源是发展中国家人均使用的5倍多，它们只占世界人口的15%却消耗世界超过半数的能源。能源产生的方式在很大程度上决定环境的破坏程度，燃烧煤所排放的二氧化碳是燃烧相同数量天然气的两倍。又例如，在20世纪初，全球森林面积约50亿公顷，经过一个世纪的时间已经锐减了10多亿公顷，到现在不足40亿公顷。仅20世纪90年代，低收入国家就丧失了约6000万公顷的森林面积——占其森林总面积的7%。此外由于环境污染，导致了十分严重的水污染和大气污染，工业化导致的酸雨也明显加重。由于大气中二氧化碳等氮量气体增加带来的温室效应，使得全球气候变暖、极地冰川萎缩、海平面上升。不少临海国家在本世纪面临消失的危险。例如，马尔代夫海拔不足一米，海平面正以每年两厘米的速度上升，预计21世纪将消失。1970年以来，日益严重的臭氧层破坏，导致全球荒漠化在不断扩展，生物多样性也急剧锐减。全世界将近1万种鸟类中的12%易受到伤害或濒临灭绝，4800种哺乳动物中的24%和30%鱼类物种濒临灭绝。②

而在中国，环境现状同样不容乐观。作为发展中国家，中国人民在现代化建设的过程中，面临着比世界其他国家更为严峻的人口、资源和环境形势。目前，中国以城市为中心的环境污染不断加剧，并正向农村蔓延。在一些经济发达、人口稠密地区，环境污染尤为突出。森林减少、沙漠扩大、草原退化、水土流失、物种灭绝等生态破坏问题也日趋严重。在社会经济快速发展的进程中，

---

① 潘岳：《人类文明转型及经济的可持续发展》，http://news.sina.com.cn/c/2004-01-12/12332610090.shtml。

② 《世行点评世界环境状况》，《中国环境报》2005年5月13日。

环境恶化目前已经成为制约中国经济发展、影响社会安定、危害公众健康的一个重要因素，成为威胁中华民族生存与发展的重大问题；而经济的高速发展和人口的持续增长又给中国的资源和环境带来了更大的压力和冲击。在中国，环境现状绝对不容乐观！具体表现为：(1)空气质量明显下降。《中国环境状况公报》显示，中国城市空气质量污染状况十分严重，全国城市大气总悬浮微粒浓度年日均值为320微克/立方米，污染严重的城市超过800微克/立方米，高出世界卫生组织标准近10倍。参加全球大气监测的北京、沈阳、西安、上海、广州五座城市，都排在全球监测的五十多座城市里污染最严重的10名之中。全国空气质量达标城市到2001年底仅占1/3。造成空气污染的主要原因是能源消耗。随着中国经济的发展，中国对能源的需求将越来越大，尤其是中国的煤炭消耗将会大幅度提高，由此带来的二氧化硫、一氧化氮、二氧化碳等污染气体的排放将进一步增加。严重的大气污染一方面使中国居民呼吸道疾病发病率居高不下。慢性障碍性呼吸道疾病，包括肺气肿和慢性支气管炎，已经成为现代中国人最主要的致死原因，中国每年在这些疾病上的花费是发展中国家平均水平的两倍多。另一方面，空气污染对中国的工农业生产也造成严重威胁，酸雨使农作物大幅度减产，腐蚀仪器设备，使其寿命大幅度减短，还造成森林植物大面积死亡。(2)水体污染十分严重。在中国，水体污染十分严重。中国工程院院士、湖泊环境研究主席、科学家刘鸿亮教授对全国55000千米河段进行了研究调查，报告显示，23.3%的河段水质污染严重而不能用于灌溉，45%的河段鱼虾绝迹，85%的河段不符合人类饮用水标准，而且河流自洁等生态功能也严重衰退，形势异常严峻。水体包括河流、湖泊、海洋、地下水。参考另外一些资料，我们得到了以下数据和事例：全国七大水系近一半的监测河段污染严重，86%的城市河段水质超标。据对15个省市29条河流的监测，有2800公里河段鱼类基本绝迹。淮河流域191条支流中，80%的水呈黑绿色，一半以上的河段完全丧失使用价值，沿岸不少工厂被迫停产，一些地区农作物绝收。1994年7月，淮河发生特大污染事故，两亿吨污水排入干流，形成70公里长的污染带，使苏皖两省一百五十多万人无水可饮。各地由于水污染导致的停工、停产及纠纷事件频频发生。[①] (3)土壤状况不断恶

① 孙西克：《中国的可持续发展战略》，http://www.cnhubei.com/aa/ca161865.htm。

化。在中国,人均土地面积只有 0.771 公顷,为世界人均水平的 1/3;人均耕地面积才 0.106 公顷,为世界人均水平的 43%。不仅如此,中国耕地的总体质量还不好。全国大于陡坡的耕地有近 600 万公顷,有水源保证和灌溉设施的耕地只占 40%,中低产田占总耕地面积的 79%,更有许多耕地面临严重的水土流失、沙漠化、盐碱化、风蚀、海蚀。水土流失不仅使中国失去了大片宝贵的土地,还使河床升高,湖泊、水库淤积,因此洪涝灾害频繁,使人民的生命财产安全受到了严峻的威胁。据统计,最近半个世纪,中国的沙尘暴和酸雨威胁已经由 80 年代的西北地区扩大到国土面积的 40%,水土流失面积达 367 万平方公里,中国是一个农业用地很少的国家,在这样的状态下,中国的珍贵土地资源居然还在不断减少,实在令人担忧。同时,中国是世界上受沙漠化危害最严重的国家之一,荒漠化面积达 262 万平方公里,占国土面积的 27%,每年沙漠化造成的直接经济损失超过 540 亿元。此外,草地退化、沙化、碱化面积逐年增加。中国现有盐碱化和次生盐碱化土地 5.1 亿亩,盐碱化土地已经延伸到 17 个省区。盐碱化对环境的破坏很大,它直接导致植被减少,草原大面积退化,使大片大片的土地裸露,最终导致沙尘暴的肆虐。(4)植被状况令人担忧。中国历史上曾是多林国家,可是由于人们不注意环境保护,对森林滥砍滥伐,加上近代史上的多年战乱,使中国在 20 世纪 40 年代成了世界上的少林国,森林资源锐减。植被覆盖率低的一个重要表现是草场退化。中国 84.4% 的草地分布在西部地区,面积约 3.31 亿公顷,由于不合理的利用,草原的生态系统遭到了严重的破坏,草地退化面积不断扩大。在西北地区因草场退化而形成的沙漠逐渐扩展,荒漠化日益严重,导致沙尘暴频繁发生。(5)自然灾害严重。地震、火山爆发、泥石流、海啸、台风、洪涝灾害、干旱、地面沉降、海岸线退化,病虫害、酸雨等多数自然灾害是自然环境恶化的直接表现。在中国,自然灾害集中表现为干旱、洪涝和病虫害等方面。

综上,科学技术通过证明"人类的强大"而助长了"人类中心主义"的狂妄。在对世界的征服中,"人类的朋友"正日趋减少,许多物种正逐渐变得珍稀,并不断走向灭绝。人类对自然的大肆掠夺,已经改变了整个生物圈。在人类的驯服之下,自然界的活力与生机逐渐消退。"寂静的春天"的过多上演,对于人类的命运而言则意味着是更多的"寒冷的冬天"。鸟语花香的"诗化世界"已经从尘世生活中被剥离。

2.1.2.2　社会家园的恶化使社会呈现病态

20世纪,人类爆发了有史以来最为残酷、最具悲剧性的两次世界大战。尽管这两场战争并不一定是社会发展的必然结果,但是却引起了人们对社会发展的深思。人类社会尽管在不断发展、不断进步,但是,和平却一直在一部分国家、一部分地区离人们很远。从冷兵器时代到热兵器时代,再到核武器时代,人类毁灭世界的能力越来越强,走向自我毁灭的危险也越来越大。人们不由得要问:加速发展是不是也意味着有可能加速灭亡呢?

在经历了经济高速发展的当代世界,"公平"依然是最值得被普遍关注的社会问题。发展意味着带来巨大的收益,但是这样的收益并不意味着每个人都公平享有。由于最终制定和执行分配规则的是发达国家和强势群体,因此,快速发展的代价常常是牺牲发展中国家或弱势群体的利益。在此,社会的高度发展和社会物质财富的迅速增长与贫困地区大范围的存在极不相称。在缺乏公平的分配机制之下,如果说,发展让富的更富、穷的更穷,那么,发展无疑是在助纣为虐。此外,发展过程还伴生着一些其他严峻的社会问题。诸如:尽管民主化的普及程度越来越高,但是人们对民主的热情却越来越低;高离婚率不仅反映了人们之间越来越缺少责任与宽容,也造就了一批批不幸的家庭,造成了对"社会细胞"的侵蚀;高犯罪率则破坏着社会的稳定,造成对生命群体的巨大威胁;而日趋严重的自杀问题,也成为我们时代发展中比较突出的"社会病";工业化使人类生活在钢筋混凝土的"水泥世界"中,工作在光怪陆离的"机械世界"中,结果,人际间的交流越来越少,人在不断地孤立自然,也在不断地孤立人自身。在这种孤立中,人类建立了强大的"想象世界",在自欺欺人的幻想中聊以自慰。

如果说,发展仅仅是社会物质财富的积累,却造成越来越不健康的社会,那么,发展是不是在饮鸩止渴呢?显然,发展需要造就的是健康、和谐、进步的社会,也是造就更适合人居住与生活的社会,而不是产生一个"病态的社会"。

2.1.2.3　精神家园的恶化导致了灵魂的空虚

随着经济全球化的到来,人们的价值观也发生了很大的变化,追求个人利益最大化似乎已经成为了经济社会的普世价值观。然而,在社会发展的过程中,利益是波动的,任何时候任何领域都不可能存在永久的最大利益。以利己主义为中心的价值观,势必导致价值认知和现实行为之间的矛盾,并滋长了社会普遍的浮躁心理,导致了社会责任心和公众意识的下降,在思想和行为的相互影响中形成了恶性循环和恶性发展。物质经济生活的富足和西方享乐主义的影响,使得社会出现了物欲化和粗俗化倾向。物欲化对物质的过分崇拜,出现了重物质轻精神和重利忘义的现象。物质贪欲和拜金主义使得精神成为了物质的奴隶。其直接后果就是人变得贪婪无度,不择手段地去满足自己的非分欲望。粗俗化则漠视精神财富和文化精髓,以至于举止越来越粗,说话越来越俗,行为越来越荒唐,甚至以追求低俗为时尚……

人类社会的发展总是体现为社会结构不断变迁的过程。在这一过程中,人们必须适应变迁的节奏,否则将被社会淘汰出局。一般情况下,社会发展越快,淘汰率越高;淘汰率越高,社会的"边缘群体"就越大。为了解决这一悖论,社会必须要有制度方面的作为,否则,社会的"边缘人"、"局外人"就会越来越多,人们所承受的心理压力,精神压力也势必越来越大,以至于由"启蒙"唤醒的"自我"常常无法容纳"他者"的存在。为了当下的快乐,可以甩开历史的担当,可以抛弃社会的责任。在感官的放纵中体验时间穿梭的快感;在消费的激情中获得虚荣的满足,在"歇斯底里"的冲动中完成灵魂空虚的宣泄。现代人的交往越来越频繁,交往的范围越来越大,交往的途径越来越多,但是,人与人之间这种身体的愈益接近,却无法阻挡人与人心灵的愈益疏远。正如丹尼尔·贝尔所说:"现代主义重视的是现在或将来,决非过去。不过,人们一旦与过去切断联系,就绝难摆脱从将来本身产生出来的空虚感。信仰不再成为可能。"①现代人为了"自我",从时间上切断与历史的联系以及与传统的联结;从空间上则力图摆脱社会的控制,推卸社会的责任,使得"自我"越来越失去根基。无根基的自我世界,必然是荒诞的、无意义的。"自我"在肉体上确立之后,精神却遭到了"放逐"。"自我"的空壳化便是生命无法承受如此之轻的代价。人们的精神家园承受着前所未有的颠簸。现代人不仅在精神上遭遇信仰危机,而且在思维上也正在经历丧失独立思考和判断的考验。在物质利益支配价值观的现代世界,人们的是非判断变得不仅越来越不可靠,而且也越来越不可能。现代人所推崇的"个性"从来就不是一种从思维的独立开始,而

① [美]丹尼尔·贝尔:《资本主义文化矛盾》,赵一凡等译,生活·读书·新知三联书店1989 年第 1 版,第 115 页。

往往是一种追随明星、迎合时尚的、肤浅的“标新立异”。这种“个性化”,以“主体性”的身份掩盖了“奴性”的实质。启蒙之后的“主体”虽然砸烂了旧的枷锁,但却套上了新的枷锁。“主体性的朝阳”刚刚升起,还未及形成旭日便进入了“主体性的黄昏”!

2.1.2.4 发展的社会道义基础脆弱最终导致了发展的异化

在哲学性质上,发展和道义分属两个不同的价值评价体系:作为人类社会物质财富增加和生活水平提高的一种客观存在,发展,属于经济范畴,反映社会的物质水平,是一种社会存在;而作为指导人们按照某种道德律令去行动的意识形态——道义,则属于伦理范畴,是社会的价值评判标准,是一种“形而上”的社会意识。表面上,二者似乎是两股道上跑的车,但实际上,二者之间却有着逻辑上的必然联系——发展必须要有社会道义的支撑,否则,发展就很有可能走向虚假和伪善,沦为反发展和假发展,导致发展的异化。

以中国为例:改革之前,中国伦理思想的主流强调重义轻利,崇尚道义论价值体系。理论上,崇尚道义本身是没有问题的,问题在于,由于伦理史上“义”、“利”的长期对立,我们一直在片面和狭隘地理解道义论的价值观。以至于把经济的发展、物质财富的增加、人民生活的改善与社会主义的公平和公正性原则对立起来;把幸福与德性对立起来。以至于“文革”结束时,我国经济处于崩溃的边缘,人们的生活处于普遍贫困的状态之中。改革开放对发展经济的空前重视,使人们从重义轻利迅速走向了重利轻义,道义论价值体系被功利论价值体系取代。改革之初,这种转变极大地调动了人们生产的积极性,促进了中国社会经济的发展。但是,功利论的最大缺陷就是它的非道德性——为了谋取最大的物质利益而牺牲社会道义,损害社会公平,拉大贫富差距,进而影响社会的稳定,成为经济上持续发展的巨大障碍。可见,对于一个成熟的市场经济来说,追求正当的个人物质利益是无可厚非的。但是,无论是对个人利益的追求还是对社会经济发展的追求,都必须要有道德这一社会道义基础来加以调节和补充。过于脆弱的社会道义基础必然会因为发展宗旨的被扭曲而导致发展的不可持续性。作为“形而上”的道德理论,道义论基于理性主义的人性论,认为人们的行为应当具有善的动机并遵守道德律令。无疑,道德是社会发展的重要道义基础。在影响社会发展的各种力量中,生产力的发展固然是基础,但是,伦理道德对于社会发展所提供的道义支撑也是不可或缺的。伦理道德为社会发展提供的道义支撑体现在以下方面：

首先，作为一定社会的上层建筑，伦理道德可以通过对社会发展作出"善"的肯定性评价，为发展提供伦理依据和道德规范，从而促使社会的良性发展；同时，伦理道德还可通过谴责阻碍和破坏社会发展等"恶"的现象，扫清社会发展的障碍，保证社会发展的道德方向。通过良好道德风尚的形成，为社会的良性发展提供强有力的道义支撑。其次，伦理道德具有评价经济、政治、法律、文化等领域的价值判断功能和"构建理想生活世界的行为导向功能"。表面上，它不能直接创造物质财富，但是，作为社会深层的内在价值，它却能作为一种无形资产，通过"应然"的社会道德原则、道德理念创造价值的价值，并通过社会绝大多数人对其道德价值的广泛认可实现其价值。伦理道德的价值功能在得到公众广泛赞美的同时，也建树起了神圣的公共权威为公众所推崇，并自觉地身体力行。这是道德为社会发展提供的最广泛、最深层和最自觉的道义支撑。最后，伦理道德可以通过道德诚信机制、公正平等机制等制度的设置，赋予社会发展以公平、正义等道德内涵，保证发展的公正性。使得人们在追求经济效益的同时，不致损害社会公正；在追求利润最大化时，自觉遵循诚信、公平、公正的道德准则，自觉遵守奉行"君子爱财，取之有道"的经济伦理原则，以保证发展进程中效率与公正兼顾，从根本上遏制诚信缺失、假冒伪劣等混乱经济秩序的出现，促使社会得以健康的发展。① 显然，社会的发展不仅要求实现社会正当合理的价值目的追求，更要求人们承担起与之相应的社会道义责任，只有在价值目的与社会道义的动态平衡的张力之中，才能确保发展的可持续性。

可是，长期以来，在"人类中心主义"和片面理解的亚当·斯密"看不见的手"的理论指导下，我们将物质财富的增加当成了发展的主要目标和衡量发展的唯一标准，认为经济发展必然带来社会的进步与人类幸福。结果，人们在追求物质文明的时候忽略了精神文明；追求个人利益的时候忽略了人类的共同利益；追求经济发展的时候忽略了人和环境的可持续发展。发展的异化击碎了物质发展的神话。当今世界实际上存在的种种发展异化现象，正是因为发展的社会道义基础过于脆弱所致。人们逐渐认识到，社会道义的缺失势必

① 罗开福：《论道德建设为构建和谐社会提供道义支撑》，《天府新论》2008 年第 1 期。

使发展陷入人为的伦理困境。因此,我们必须对发展进行伦理的审视和道义的评判,由此引发了发展伦理中关于“为谁发展”和“如何发展”等社会道义问题。前者指发展宗旨,后者指发展模式,其核心在于发展目标的价值评判及其合道德性。

2.1.3 传统发展观的伦理困境

当发展的异化导致社会的发展走进了一个硕大的悖论时,顺着人类发展观的历史脉络梳理下来,人们发现,历史上每一个阶段的发展观内部都遭遇到了那个时期无法回避的伦理困境。

2.1.3.1 经济增长发展观的道德缺失

经济增长发展观是工业革命的产物,是在工业文明发展模式的基础上形成的。工业革命以来,人类在“知识就是力量”的自信引导下,建立起以机器为核心的生产力体系,在市场的迅速扩大中,工业文明也被快速地推向了全世界。近代以来,科学技术和其所蕴涵的工具理性成为现代工业文明和现代化发展的最重要推动力,已经并正在创造着无穷无尽的令人惊羡不已的奇迹。随着生产力的发展和科技的不断进步,人类能够做的已步入一种癫狂的极端化状态,逐渐出现了生产力单一化、科技万能化的技术理性趋势。经济增长发展观主要从西方发达国家的角度出发,以西方发达国家作为发展的原型,认为:“发展问题,尤其是发展中国家的发展问题就是经济增长问题,发展中国家经济落后的原因就在于工业化程度不够,经济馅饼不大;而加快工业化的步伐,提高工业化的程度,把经济馅饼做大,就会导致经济增长和社会进步。”①此论的特点是:发展=工业化=经济增长。由此,经济增长发展观的模式立足于三个基本理念:经济的增长没有限度;生产力的发展天然合理;“能是”等于“应是”。

经济增长发展观的主要特点是过度夸大技术理性的作用。技术理性是工业社会的独特产物,它是一种以技术为核心的思维方式,是技术对文化和思想观念起主导作用的表现形式。在技术理性观看来,技术的发展必然会带来社

① 于文俊等:《科学发展观——当代中国发展的新理念》,湖北人民出版社 2005 年版,第 2 页。

会的发展,发展的必然性就是发展的合理性。在此,它完全排除了对发展进行更深层的价值观意义上的反思和批判——技术发展是否完全符合人类的生存?同时也必然会导致以往的发展实践片面强调技术操作规范而忽视伦理道德规范。其最突出的表现就是重视物质追求而忽视人性需求。由于它将技术等于财富和人类对功利欲望的满足,并因此对自然的价值和人的价值熟视无睹,结果,它以单纯的经济增长作为衡量发展的唯一尺度,将社会发展片面化为经济增长。在经济增长的发展模式中,经济效率的提高和物质财富的增长,既是其追求的唯一价值目标,也是其评价的终极价值尺度。结果,人们只是关心和追求如何发展的"更多""更快""更强"等功利性的问题,而对"为谁发展"、"怎样的发展才算是好的"或"怎样的发展才算是应当的"等目的论、价值论的伦理问题则不在思考的范围之内。在这种发展观指导下的发展战略,不可避免地会出现对 GDP 的狂热追求,而忽视社会其他领域的发展,忽视自然的环境保护,忽视社会的两级分化、贫困和失业等问题,因此,它是一种没有道德规约的、片面的、畸形的发展观。其结果,必然遭到自然界的报复。对此,恩格斯早在 19 世纪就在《自然辩证法》一文中有过特别的警示。他说:"但是我们不要过分陶醉于我们人类对自然界的胜利。对于每一次这样的胜利,自然界都对我们进行报复。每一次胜利,起初确实取得了我们预期的结果,但是往后和再往后却发生完全不同的、出乎预料的影响,常常把最初的结果又消除了。"①为了说明这一观点,恩格斯列举了美索不达米亚、希腊、小亚细亚等地的居民为了得到耕地而砍光了森林,结果因为失去了积聚和储存水分的载体,这些地方最终成为了不毛之地;阿尔卑斯山的意大利人因为砍掉了南坡的松林,结果不仅摧毁了高山牧畜业的基础,而且使山泉枯竭,雨天则山洪暴发;西班牙的种植场主为了得到咖啡树的肥料,焚烧了山坡上的森林,结果大雨冲掉了沃土只剩下赤裸的岩石……可见,早在 100 多年前恩格斯就强调要服从自然规律,并告诫后人:保护环境实际上就是对自然规律的服从。

正是因为缺乏道德的规约,所以,当人类陶醉在最初"征服自然,改造自然"的喜悦中时,人类生存环境也就从局部恶化发展到今天全球范围内的温室效应、臭氧层破坏、水土流失、草原森林退化、资源奇缺等为标志的整个生态

① 《马克思恩格斯选集》第 4 卷,人民出版社 1995 年版,第 383 页。

体系的危机；当科学技术由单纯的发展工具衍变为一种霸权主义和意识形态时，在社会生活中就势必要产生具有霸权意义的超级话语权，物化人的社会存在和精神存在。在个体层面，使人际关系疏远、冷漠；使人的精神空虚、恍惚；导致思维被机械化，想象力和创造力被窒息，情感被消解，意志被弱化、社会本性和精神意识不断退化和丢失。① 在群体层面，则加速了发达国家和发展中国家、富裕人群和贫困人群之间差距的拉大。最终，技术如同全能的上帝，从无机物、有机物、到生命和人的意识乃至精神依托都被它创造和承担，人性被彻底技术化了。结果，经济的增长不仅没能使社会获得真正的发展，反而偏离了社会发展的终极目标和最高价值。在实践中导致了经济结构畸形，经济效率和经济增长的质量低下。经济增长速度虽快，但却忽视了经济发展中经济成果分配的公平化，忽视了以人为本，忽视了环境保护，忽视了社会进步和精神文明，导致了人与自然和人与人之关系的恶化，拉大了贫富差距，带来了社会的不安定等诸多问题。不言而喻，片面追求物质财富发展的后果，使高效率的经济变成了破坏人类生存和可持续发展的始作俑者，从而使效率尺度成为一种反人道的价值尺度。无疑，单纯经济增长发展观指导下的社会发展必然是不可持续的。

2.1.3.2 社会综合发展观的道德局限

在对经济增长发展观进行哲学反思的思想背景下，社会综合发展观逐渐形成并不断发展。社会综合发展观是对经济增长发展观的扬弃。综合发展观较之经济增长发展观，它对发展内涵和目标的把握更为全面和深刻，其进步意义是不言而喻的。但由于对经济增长发展观消极层面的扬弃是十分困难的，所以社会综合发展观也有其自身难以避免的道德局限，并因此而出现了诸多在社会综合发展观的框架内难以解决的一系列问题。

首先，社会综合发展观虽然强调经济、政治、文化、科技等要素的相互作用和影响，但仍然较为突出地表现出发展的不协调性、不平衡性和片面性。诸如，发展中国家和发达国家、农村和城市、经济发展与社会发展之间的差距拉大等等。其次，社会综合发展观由于缺乏对自然的伦理关怀，同样具有不可持

① 沈步珍：《技术单向度发展的反思与技术人性化的现实吁求》，《科学理性与科学方法》2005 年第 5 期。

续性。在综合发展观看来,“真正的发展必须是经济、社会、人之间的全面协调共进”,①是“经济—社会—人”的综合发展。在貌似全面的社会综合发展观中,对自然系统与社会系统协调发展的忽视是不言而喻的,结果,在实践层面最终导致了生态系统的失衡和发展的不可持续性。20 世纪后半期日益严重的整个生态体系的危机正是人类忽视自然价值的结果。第三,社会综合发展观只是抽象地强调了“以社会为本”,而没有从根本上做到具体的“以人为本”。相比于经济增长发展观的“物本位”,社会综合发展观开始重视社会,把社会的进步置于发展的突出位置,这的确是一个进步。但社会不是一个抽象的概念,构成社会的是具体的个体,因此,如果只是将发展片面地理解为社会物质财富的抽象增加,而不去关注人的自由、道德、安全等非物质层面的发展以及社会公平和正义秩序的构建,同样会使发展进入误区,出现不协调性、不公平性和不可持续性等弊端。最后,社会综合发展观缺乏对未来人的伦理关怀。可持续发展的伦理基础,既包含生态伦理,也包含代内伦理和代际伦理,它们的共同作用,构成了可持续发展完整而深厚的伦理底蕴。然而,由于现实主义的思维方式,社会综合发展观没有把满足当代人的发展需求与满足未来人的发展需求有机结合起来,漠视未来人的权益,以至于环境恶化和资源缺失问题愈益严重,使代际关系处于紧张状态,使代际公平问题日益凸显。结果,社会综合发展观引发下的迅速发展,同样快速地带来了非常明显的诸多环境和生态问题。

2.1.3.3　可持续发展观的道德窘境

社会综合发展观的道德局限是可持续发展观得以产生的理论必然。由于自然界没有给人类提供足够的各类资源,人只能通过对自然界进行改造获得必需的生活资料。但人类在改造自然界的同时也使生态系统的稳定平衡遭到了不同程度的破坏;然而,生态系统的稳定平衡又是一切生命得以存在的支持系统。这就形成了人类生存的一个悖论:人类不改造自然就不能生存;但人对自然界的改造又必然破坏生态系统的稳定平衡。② 20 世纪 70 年代,全球性的

① 蔡建波:《佩鲁对发展观的反省与探讨》,《山东工业大学学报(社科版)》1997 年第 4 期。

② 张兴桥:《人类生存的悖论与发展伦理学》,《理论探讨》2003 年第 1 期。

生态危机引发了世界范围内的保护生态运动,人们第一次对工业和技术时代的伦理范式、价值取向和生活方式进行反思,并产生了生态伦理学。生态伦理学看到了人类生存的悖论,它强调对动物和其他生命的伦理关怀,强调对物种多样性的关怀,强调对整个生态系统的关怀,试图建立一种新的伦理范式制约人类的行为,以解决人类生存的悖论。这种尝试在人类生存困境日趋严重的现实条件下警示人们必须对其实践行为的后果给予深刻的反省,并使得可持续发展观逐渐形成并不断发展。

可持续发展观的提出直接渊源于全球性的环境危机,是人类对全球环境问题认识不断深化的结果;是人们对追求单纯经济增长的工业文明进行深刻反思的积极成果;是人们关于环境保护与发展同步的新理念。当人类面临着环境日益恶化、贫困日益加剧等一系列突出问题时,迫切需要国际社会的共同行动来解决问题。以联合国人类环境会议、联合国环境与发展会议、可持续发展世界首脑会议这三次具有里程碑性质的联合国会议,和以《增长的极限》、《世界保护策略》以及《我们共同的未来》这三份重要报告为标志,人类开始走上了可持续发展的道路。从思想演进的角度看,可持续发展是一个综合的动态概念,有着极其深刻的内涵。它既包含了对传统发展模式的反思和批判,也包含了对可持续发展模式的理性设计。可持续发展涉及可持续经济、可持续生态和可持续社会三方面的协调统一,要求人类在生产中发展经济效率、关注生态安全、追求社会公平,最终达到人类生活质量的提高。无疑,可持续发展虽然缘起于保护环境的问题,但作为一个指导人类走向21世纪的发展理论,它已经超越了单纯的环境保护。它将环境问题与发展问题有机地结合起来,成为了一个有关社会经济发展的全面性战略。可持续发展观比社会综合发展观更能反映人类的多重需要及长远利益,它对不同国家的经济发展目标和方式都产生了积极的影响。它对经济社会发展问题所投以的伦理关注,是对经济增长发展观和社会综合发展观的有效超越。

尽管可持续发展观的进步意义毋庸置疑,但其在理论和实践上的缺憾也使它面临着新的伦理困境。诸如,可持续发展观只重视从外部视角来探讨人类社会福利的增加,只是在宏观层面意向性地提出通过自然和社会环境的改善来提高人类的福利水平,却没有联系发达国家和发展中国家的实际讨论人类自由、福利制度、环境正义等发展深层次的伦理问题。因而,它只是片面和抽象地关注了时间维度的代际正义问题，却忽略了空间维度不同群体、不同地区、不同国家之间现实存在的区域公平和贫富差距问题。而且，这一理论完全忽略了发达国家对环境保护应该承担的必要责任。从 1900 年到 2005 年的 100 多年间，发达国家人口总数不到全球人口的 20%，却排放了全世界 80% 的温室气体，其中 1950 年前排放的温室气体 95% 都源自发达国家。① 显然，在环境保护的问题上，发达国家负有不可推卸的主要历史责任。然而，可持续发展观却模糊了发达国家的这一责任，从而使这一认识成为了一种理想化的抽象理论，并最终难以被广大发展中国家普遍接受。因为，对于发展中国家来说，代内公平似乎更为必要和紧迫，它们的当务之急是脱贫致富，而不是勒紧裤腰带代替发达国家承担保护环境的责任。面对不平等的国际政治经济秩序，面对发达国家以牺牲发展中国家的生态和权益来满足自身发展的状况，代内公平的缺失同样会影响到全球性的可持续科学发展，并使得可持续发展观面临一个自身难以解决的道德窘境。进入 21 世纪，人们越来越清晰地认识到，可持续发展不仅包括了全球经济发展的所有内容，还应该包括世界范围内文化的良性融合与交流，以及全人类在各种制度框架下所享有的更充分的平等和更真实的自由内容。换言之，可持续发展必须是全球性的，其发展的状况不仅是一种用经济指标衡量的物质状况，更是一种基于权益扩展而形成的精神状态。

上述诸种发展观和发展模式的不协调性、不公平性、不可持续性，以及它们面临的诸多伦理窘境，使得发展的天然合理性问题作为发展伦理理论架构的切入点被严肃地提了出来。正是对发展是否合理的反思，对不同阶段发展观进行的价值梳理和伦理审视，以及以往发展观事实上存在的伦理困境，成为了发展伦理得以可能的历史必然，并在事实上绽开了应用伦理学花园里的一朵奇葩——发展伦理学。面对传统发展观忽视发展的伦理价值并因此而导致的发展异化现状，发展伦理学立足于人之本质，以人道为标尺，对传统发展模式进行终极意义的反思和评价，对人类社会的发展进行约束和规范，力图用蕴涵着终极价值意蕴的思维方式，对发展内涵、发展主体、发展客体、发展目标等发展的基本元素进行价值分析和伦理审视，以解决以往发展观缺少价值关照

① 《气候变化谈判应算清四笔“账”》，http://news.qq.com/a/20091213/001641.htm。

的弊端。

2.2 学理依据:发展伦理的必然性和可行性

发展伦理秉持科学发展的价值尺度,有其深刻的学理依据。具体体现在其政治社会学依据(督促政治权力机构建构一个符合人类全面发展的利益格局,从而实现社会公正)、经济学依据(以伦理道德对经济活动的介入和干预使经济发展回归它的本真价值)、环境学依据(将人与自然环境关系的和谐纳入到人类生存发展的架构中,从而使物种的生存获得体现人之本质的伦理意义)和道德哲学依据(给主体活动划定一个合乎人道的界限)之中,正是其学理依据使得发展伦理的形成不仅成为必然,而且具有可行性。

2.2.1 政治社会学依据

从政治社会学的视角看,发展的现代性矛盾体现在,世界变得越来越小的同时,个人世界的经验变得越来越分裂和分散,社会却越来越成为了一个整体。当代社会的发展实际上已经不是纯粹的经济发展,而是日益迅速地融入了政治的因素。在当代社会发展日益政治化的变迁中,权利的分界、交换、议和等制度关系已成为社会秩序的维系方式。放眼当今世界,各国、各地区的利益格局和政治权利在势力间分布的不平衡是引发社会冲突的主要原因。透视现代国际利益格局,我们可以看到诸多社会不公正的现象。对于发展中国家来说,发展具有特殊重要的意义,发展不仅意味着在国际上获得相应平等的地位,更昭示着摆脱痛苦和贫困、走向富强和文明的机会与可能。但是发展中国家的发展现实以及各国国内的分配不公凸显了传统发展理论及其战略的弊端。首先经济的增长是不能自动实现公平分配、充分就业、消除贫困等社会发展目标的;再次,以传统发展理论为指导的经济增长偏离了社会主体——人的基本生活需求。在发展中国家的发展实践中,虽然经过数十年的艰苦努力,一些国家取得了较高的经济增长率,达到甚至超过了联合国两个"发展的10年"提出的增长指标。可遗憾的是,其中的经济增长并没有使社会发展同步。相反,贫富分化、食品短缺、通货膨胀、贪污腐败、政治冲突、社会动荡等日益加剧,大多数发展中国家陷入内部问题的严重困扰之中。

发达国家与发展中国家同处一个相互关联的世界之中,这本身就是一个不平衡的结构。先发国家和后发国家的地位、实力、优势在起点上显然是不对等的。资本主义资本积累的扩张内在地包含着生产的国家化与社会生活的国家组织形式之间的经济政治矛盾,它导致世界上大多数相对落后的国家直接或间接从属于少数发达国家。当今世界南北之间经济差距日益加大,贫富差距日益悬殊。这不仅制约着全球发展的持续健康,而且威胁到世界的和平与稳定。消除贫困、实现公正、平等、自由,这是人类不断奋斗的目标,但发展的结果总是在财富增长的同时贫困也随之增长,在公平和平等有所进步的同时社会不公平也在扩大。这些都迫切需要发展伦理反思现代经济政治利益格局,对国内国际不公平现象进行透析,并敦促世界政治权力机构努力建构一个符合人类全面发展的利益格局,从而达到实现社会公正的目的。

2.2.2　经济学依据

人类社会的发展在科学技术的巨大推动下,以经济增长为主要目的,力图通过劳动的高效使用,无限地开发自然资源,无限地增加社会财富,但随着经济的不断增长和物质的极大丰富,人们没有感觉到充实和幸福,反而感觉到精神的日益空虚,从而对经济发展的价值产生了怀疑,形成了巨大的价值观危机。崇尚科学和理性是现代经济发展观的"理论硬核",科学的尺度是现代西方发展观的最高尺度,现代经济发展观的一切症结和危机可归结于"科学万能"的信念。在科学主义思维的支配下,发展观所导致的间接后果和深层影响是人文精神的失落和消解①。科学和理性只关心"该如何做"以及"如何做得更快"的经济发展问题,而不关心"是否值得做"、"是否应该做"之类的人文问题。科学主义的文化霸权则企图把科学原则凌驾于一切精神之上,成为评价一切的最高尺度,成为独霸世界的意识形态。在经济发展而精神虚颓、手段疯狂而价值迷失、行为无忌而伦理缺席的情况下,人类急需对自己已经走过的发展道路和发展观进行哲学的反思、伦理的审视和价值的评判,对未来的发展模式和发展理念进行伦理的约束和规范。因此,我们不仅需要规范主体性哲学使人成为与自然和谐共处的主体,而且需要以约束和规范人类整体发展实

① 陈孝兵:《公平与效率关系的伦理意蕴》,《经济学家》2003年第5期。

践行为的发展伦理。

发展伦理不断反思和批判过往的发展模式和发展理念，力图找回经济活动的本真价值，力图以伦理道德对经济活动的介入和干预使经济回归其终极的价值目标。人的欲望及需要是经济活动的逻辑起点，人是经济活动的目的和归宿，而经济只是人类生存和发展的手段，离开了人，经济没有任何独立的价值。这就要求人类既要承认和实现经济增长所具有的具体目的性意义，更重要的还在于应自觉地不断扬弃经济增长的终极目的性意义，使其不断复归其作为手段性意义的本性。在现代经济行为的动力结构中，最强动力和最好动力常常是分离甚至是对立的，这就使经济活动失去了人文价值和伦理道德的内涵，从而导致了各种不和谐，并使人类陷入了诸多的伦理困境之中。解决最强动力和最好动力的矛盾正是发展伦理学的努力方向。发展伦理学可以通过解决二者的矛盾，使经济价值复归，从而实现“正确的经济学同高尚的伦理学”①合二为一。

2.2.3　环境学依据

环境科学是研究环境各要素及其相互关系包括人类在认识和改造自然中人和环境之间相互关系的科学。如果说“主体性原则”是人与环境关系中“人类中心论”的认识论根源的话，那么“人类中心论”在物质上的支点就是科学技术的发展。文艺复兴之后，人类关于宇宙等自然环境知识有了惊人的发展，尤其是自20世纪以后，人类驾驭自然环境的能力随着高新技术和复杂人工系统的出现得到了飞速的发展，科学技术的不断创新和发展，使主体威力得以显现，主体对自然的占有欲也愈益加膨胀起来。人类在“欲望的痴迷”中，希望把整个地球控制在自己超凡的力量之下。当“人类中心论”把人在自然界的位置推向极致时，人类就开始从过去服从自然的被动地位迅速上升到了支配自然的地位，并开始强迫自然服从于人类。然而，当人类尽享对自然征服的欢乐时，当人类一味地追求自己在大自然中的主宰地位时，当人类把自己置于世界万物的“绝对中心”时，几乎完全无视“自然”，并最终使主、客体呈现出对立和分裂的状态，使人与自然环境的关系走向失衡、走向对立。

---

① 2010年3月14日温家宝总理在人民大会堂答中外记者问。

重新审视自然价值,为当代和后代的生存和发展提供现实可能性。人类在科技的指引下,一度确立了征服自然、改造自然的极端人类中心主义信念。"知识—机器—市场"是人类生存的强大机制,但这一机制的过分扩张几乎把全人类都卷入竭泽而渔式的利用自然资源的发展模式中,其后果是人与自然和谐关系的彻底破坏,最终威胁到人类自身的生存。因此,有必要通过发展伦理学的建构对人类生存机制本身进行道德规范的约束,重建人与自然以及当代人与后代人的和谐关系。发展伦理认为自然物不仅具有"消费性价值",而且还具有"环境价值"。"环境价值"是一种"非消费性价值"、"存在性价值"①,因为环境价值不可能和物质资料一样被消费掉。自然界的这两种价值都是人类生存所必需的,但在人类的实践中这两种价值常常处于相互冲突之中。发展伦理提出解决的途径是:变无限制、无约束、无规范的消费行为为有限制、有约束、有规范的消费活动。发展伦理立足于人类的生存利益确立了评价自然界的价值尺度,避免了生态价值观不能从"是"中推导出"应当"的理论困境,又消除了传统价值观否定自然物具有环境价值的错误,为保护自然环境提供了价值论的根据。

发展伦理将人与自然的关系纳入人类生存发展的人际关系中,从而获得伦理的真实意义。重估自然价值反映的是人类对自己的生存环境和文明走向的关切之情,它不只是对人与自然关系的反省,而是更为深刻地反映了对世界的合理秩序、对人在世界中的适当地位、对社会发展的反省。人与自然的关系是人类文明的基础,人对自然态度的变化、人与自然关系的变化、人与自然关系的重大调整,必然导致人类世界观、价值观和文化精神的深刻变革,也必然为当代人和后代人的生存和不断发展提供重要保证。

2.2.4 道德哲学依据

传统的人道主义将人的主体性推向了一个顶峰。古希腊普罗泰戈拉的"人是万物的尺度",为"人是自然之中心"的思想奠定了基础。当西方的形上思维模式把人抽象为能动思辨的主体,把自然视为主体的认识客体时,主、客体就被人为地对立起来了。其核心理念表现为:人既是出发点,又是归属点,

① 张兴桥:《人类生存的悖论与发展伦理学》,《理论探讨》2003年第1期。

是世界万物的中心。欧洲文艺复兴时期的思想家们,为了反对封建制度和宗教神学,提出尊重人的价值和尊严,发展人的个性,追求人的自由。那一时期出现的人学思潮,尽情地赞美人,颂扬人,肯定人的价值。到近代,由于自认为掌握着客观真理,哲学家们具有高度的自信,犹如康德在《宇宙发展史概论》中所说:"给我物质,我就用它造出一个宇宙来。"①培根认为,科学的目的在于找到一条征服自然的道路。康德主张"人为自然立法"。黑格尔的思辨哲学则在深入论证了理性的无限至上性和能动性的过程中,通过提高人的理性来确立人对世界的主宰意识。由此,近代哲学家们将理性推崇为至上,人的主体性原则得到了淋漓尽致地弘扬。及至现代的意志主义、生命哲学、存在主义哲学更是最大限度地弘扬了人的主体优越性,把人看成是可以超越自然的界限、控制并主宰自然万物的唯一生灵。

显然,过分强调"主体性原则"是"人类中心论"的认识论根源。正是因为通过主客二分的思维框架在宇宙中确立了"我"的地位。从此,人成为主体,而一切其他的存在物则被看成是人的客体或对象。这种主客二分和对象性思维造就了人与世界的对立和以人为中心的哲学理念。人成为世界的中心,自然界失去了自身的存在根基,它们不过是为了人而存在的奴仆。到了19世纪的德国哲学,人的理性成为决定一切的本质,成为了认识实践中的绝对主体。与此相适应,自然存在沦为满足人的无限欲望的对象。这种理性主义彻底堵塞了人类通向自然的伦理之路。绝对的主体性哲学从根本上扭曲了人与自然的关系,造成了"主体疯狂"和"对物的遗忘"②。

发展的终极目标并不是也不可能是财富的盲目增加,而是特定的价值追求,其价值目标的道德性决定了发展方式的道德性,并最终决定发展效果的道德性。将人的经济利益的获取作为发展唯一价值尺度的传统发展观,势必鼓励人类任意蹂躏自然,认可社会强者统治弱者等非道德性行为。现代社会的消费主义、拜金主义、物质主义文化盛行,道德堕落和精神困惑、贫富分化加剧、各种社会不公以及环境恶化带来人类生存危机等均根源于此。③

---

① 康德:《宇宙发展史概论》,上海人民出版社1972年版,第17页。

② 孙莉颖:《发展伦理学的哲学基础》,《自然辩证法研究》2005年第3期。

③ 巩固:《可持续发展的道德性解析》,《中国海洋大学学报(社会科学版)》2007年第4期。

面对如此严重的人类生存危机,主体性的哲学理念并没有能力化解危机,这就在客观上要求产生一种超越主体性理念的新的理论,找到人之主体性的实现和发展之合理性的限度,重新审视人与自然的关系并找到一条通向解决矛盾的途径。发展伦理的宗旨正是要找到这一限度,重新评价、规范和约束人的主体性活动,给主体和主体活动划定一个合理的界限,为社会的发展提供一种伦理评价和规范。把人的社会发展和人的主体性活动限制在自然生态系统的自我修复之内,以保持自然生态系统的稳定和平衡,保持人与自然的高度和谐。

2.3　发展伦理学的理论内涵

发展伦理学是从伦理的视角研究和评判发展,并力图挖掘出“发展”内含的伦理意义和价值。在发展伦理学诞生之前,各具体学科的研究者往往只是从本学科的视角片面强调发展某一方面的内涵,具体学科孤立片面的界定只满足于“发展是什么”和“如何发展”等经验材料和事实判断,完全忽略了“为什么发展”、“谁在发展”和“发展应当是什么”、“什么样的发展是好的发展”等价值判断。它们局限于某一学科的知识,缺乏对发展研究的整体思维框架、基本原则和方法、价值坐标和价值取向等方面的总体认识和自觉把握。

出现于 20 世纪中期关于发展伦理的界定及其研究范围,又大都局限于“发展进程中的伦理问题”。以往这一过于狭窄的解读,常常使伦理学在经济社会发展的过程中陷入“英雄无用武之地”的窘境。更重要的是,理论上过于狭窄的眼界,使得现实中的发展实践常常因为缺乏来自于伦理视阈的“守门人”,而陷入发展的异化不能自拔。正是基于过往发展伦理学乃至于整个伦理学因视阈的过于狭窄而带来的理论缺憾和现实问题,我们努力尝试着开拓发展伦理学的研究触角。认为发展伦理学不能仅限于研究“发展进程中的伦理问题”,而应该拓宽研究视野,用伦理的眼光去审评发展的问题。换言之,应该从伦理视角全方位的对发展进行全面的检讨和价值的审视,并探讨如何有的放矢地运用伦理规范和道德理念规约发展,使发展不至于迷失方向,偏离终极价值目标。在发展伦理学看来,如果没有道德的规约,发展势必与大多数人的幸福生活背道而驰,发展得越快离幸福势必越远。其逻辑结论是:能够带来幸福美好生活的发展有赖于发展伦理学的建构和规约。

2.3.1 发展伦理思想的发轫

2007年11月27日,联合国开发计划署发布了主题为"应对气候变化:分化世界中的人类团结"的《2007—2008人类发展报告》。该报告警告说:"如果不采取行动,几代人在发展道路上取得的进步可能会停滞甚至倒退。"该报告又一次唤起了人们对那个存在已久,但至今争议不断的老话题的关注:"发展为了什么?""如何看待发展的代价?"。

盲目发展引发的世界性生态危机使得人类开始考量发展的伦理价值取向。诚如之前所分析的,工业社会的传统发展模式"所关注的,只是'如何发展(主要是经济增长)得更快',而对于'什么样的发展才是好的发展'和'为了什么而发展'问题却漠不关心。社会发展的理论被看成只是研究社会'如何发展(得更快)'的'科学',却忽视了'应当怎样发展'和'为了什么发展'这个目的论、价值论和伦理的问题。"①正如美国学者威利斯·哈曼所言:"我们唯一最严重的危机主要是工业社会意义上的危机。我们在解决'如何'一类的问题方面相当成功,""但与此同时,我们对'为什么'这种具有价值含义的问题,越来越变得糊涂起来,越来越多的人意识到谁也不明白什么是值得做的。我们的发展速度越来越快,但我们却迷失了方向。"②可见,遮蔽甚至排斥伦理视阈的发展问题,缺乏对发展给予伦理的关照,是人类发展陷入困境的重要根源之一。"价值和伦理的缺失导致的是手段的疯狂(科学也疯狂、技术也疯狂、经济也疯狂),而手段的疯狂又导致了人类乘坐的开往死亡之谷的列车的加速狂奔。"③因而,"问题的关键不仅在于人类是否会生存,更重要问题在于人类能否避免陷入毫无价值的状态中生存"。④"很难想象,如果不把人类的信念整合进我们伦理努力的终极价值,人类习惯的彻底转换将如何发

---

① 刘福森:《存在"发展伦理"吗?》,《哈尔滨师专学报》1999年第2期。

② [美]威利斯·哈曼:《未来启示录》,徐元译,上海译文出版社1988年版,第193页。

③ 刘福森:《论发展伦理学——可持续发展的伦理支点》,《江海学刊》2002年第6期。

④ 罗马俱乐部:《增长的极限——罗马俱乐部关于人类困境的研究报告》,李宝恒译,四川人民出版社1983年版,第231页。

生。"①换言之,对发展问题进行一次"哥白尼式革命"的伦理反思,对人类发展投注伦理关怀,确立一种新的发展范式,已成为摆在人类面前的重要课题。发展是否天然合理?发展中能做的是否就是应该做的?当用"合理""应该"这样的词来考问发展的时候,从伦理的角度来审视大致的含义就已经变得理所当然。哈根(E. Hagen)的五项指标(包括基本必需的消费量、收入和分配的均等程度、识字率、健康水平和就业状况),莫里斯(M. D. Morris)的实际生活质量指数(physical quality of life Index,PQLI,包括识字率、预期寿命指数、婴儿死亡率)以及联合计划开发署的人类发展指数(HID,包括预期寿命,受教育程度)等等,我们看到越来越多的非经济因素成为发展问题的研究内容,发展的含义早已超出传统的经济学意义,也融入了伦理的行列,发展伦理应运而生。

当然,发展伦理理论的形成不是一蹴而就的,它随着发展核心问题的深化而呈现出独特的阶段性。20世纪40年代,社会活动家和社会批评家们对传统的殖民经济发展模式进行了批判。代表人物有印度的甘地(Gandi)、拉丁美洲的保罗·布瑞毕希(Raul Prebisch)和非洲的福润茨·法诺(Frantz Fanon)等人。他们强烈要求独立与自由,维护本民族利益,致力于本土化发展。到了20世纪60年代,受法国经济学家路易斯·J.莱布瑞特(Louis-Joseph Lebret)和社会科学家古纳·默达尔(Gunner Myrdal)等人的影响,美国的丹尼斯·古莱(Denis Goulet)率先提出"发展"的概念需要重新定义的问题,并将其置于道德争论之中。在发展伦理学领域中,古莱是一位先锋人物。他认为发展理论的计划和实践向人类提出了新课题,并在一个更广的发展意义上,区分了三个基本因素和核心价值:生存(基本需要的满足,提供基本需求,摆脱贫困);自尊(自重和独立性,发展就是要消除被支配和依附的感觉);自由(摆脱贫困、无知和卑贱,使人们具有更大的能力决定他们的命运)。进入20世纪70年代,作为对彼得·辛格(Peter Singer)关于解除饥荒的功利主义争论和格伦特·哈丁(Garrett Hardin)"救生艇"伦理的回应,许多哲学家开始探讨发达国家在道义上是否有义务去帮助发展中国家,如果有义务,其性质和基础是什么?义务的程度又该如何?此后,保罗·斯特瑞顿(Paul Streaten)和阿玛蒂

① [美]赫尔曼·E.戴利:《超越增长——可持续发展的经济学》,诸大建、胡圣等译,世纪出版集团2006年版,第24页。

亚·森(Amartya Sen)这两位经济学家,按照伦理原则确立起来的发展概念,用以审视和抨击发展进程中存在的种种不平等现象,并致力于将经济学和伦理学有效地结合起来以处理人类发展所面临的亟待解决的问题。他们认为财富、收入、技术进步、社会现代化等都应该是为人的福利、人的目的服务的。他们强调以人为中心,把发展看成是扩展人们享有的真实自由的过程,是人类运用价值能力和职能的扩展。①

无疑,发展伦理从它产生之初就显示出了其巨大的实践价值,因为发展伦理并非孤立抽象地理解人与人、人与自然之间的关系,它看到了自然因素在发展中的作用,并在现代境遇中把"以人为本"作为终极关怀,预见了人类应该反省自身的存在状况与当前发展道路的深层矛盾。

2.3.2 发展伦理学的研究对象和主题

一般意义上的伦理学以社会伦理关系为研究对象;生态伦理学以人与自然界的伦理关系为研究对象,经济伦理学以经济与伦理的关系以及经济运行过程中的道德价值体系等作为研究对象……发展伦理则以当代人类整体发展实践面临的伦理困境和由此引发的自然和社会问题作为研究对象。

发展伦理学有两个最基本的研究触角:一是从伦理的视阈去审视、评判、解蔽发展的诸问题;二是探讨如何通过道德规约发展的诸因素,以保证发展不致偏离其终极价值目标。作为反思发展合理性的一门科学,发展伦理学一改以往所有学科审视发展的视角,把发展搁置于哲学和伦理的价值评判框架内,使发展始终置身于公正的发展路径、幸福的生活质量以及持续的社会进步之中。为此,它要对传统发展观所推崇的发展模式,对当今社会人们追求经济发展的模式从更为长远更为深刻的视角进行伦理的反思、评价,力图解决传统发展观的纯物质性与不和谐性导致的诸多问题,以及由此带来的伦理困境和生存危机。人类面临的现代化、贫困、可持续性等一系列问题,直接影响到社会的和谐发展,同时对伦理学提出了一个非常紧迫的学科任务:必须进行发展伦理的研究,建构发展伦理学的理论框架。基于此,发展伦理学力图把发展作为一个必须加以伦理检视的问题域,从社会发展的宏大背景出发,论析发展是什

① 韩丹:《当代西方发展伦理学初探》,《哲学动态》2003 年第 10 期。

么、发展为什么等问题；及时跟踪和梳理学术界围绕发展目标、发展理念、发展制度、发展模式、发展战略、发展道路、发展手段等一系列问题展开的学术讨论和进展；从伦理视阈重新审视、评价和规范人类社会的发展问题，通过对以往的发展进行的价值评判，对未来的发展进行展望和价值引领；关注发展普遍公正的可能性，同时竭力对与发展交织在一起的现代化问题、贫困问题、可持续性等问题进行价值分析，并对其加以价值清理和排序，提出规约发展的道德原则和规范；探讨发展伦理与经济伦理、与生态伦理的关联性和差异性，把发展伦理作为与经济伦理、生态伦理具有密不可分而又各有特色的独立学科来加以把握和阐释；厘清代内发展与代际发展的关系、人类与自然发展的关系；通过阐发普遍公正的理论依据和现实依据，以及和谐发展的价值向度，论证发展伦理的最终归宿——科学发展。发展伦理学不仅要诊断以往至今的发展弊端（实然性），还要恰到好处和旗帜鲜明地提出适时的伦理原则和应然的道德之维。由此，其研究主题也愈益清晰和凸显，这就是它试图通过价值考量和伦理批判，对有关发展的那些看似明晰和确定的前提和观念作出分析和解剖，对发展进行价值意义上的"解蔽"和"超越"，并力图探讨如何对发展的诸因素给予道德的规约，由此使人类的发展活动保持生机勃勃的求真意识、向善意识和创美意识，从而不断推动社会向未来敞开自我超越和自我创造的空间。在深刻而广泛的意义上系统地阐述这些问题，是人类发展理论研究的第一次。

2.3.3　发展伦理学的基本问题

作为应用伦理学领域的新秀，发展伦理学的论域十分广阔，对发展伦理学的基本问题也是众说纷纭，见仁见智。"正义说"、"制度说"、"关系说"、"评价说"、"选择说"……这些理论都从特定的层面揭示了发展伦理学的重要内容，都是发展伦理学理论宝库中很有价值的学术成果。但我们认为，发展伦理学是以发展作为研究对象的，以发展的终极目标作为核心问题的，因此，发展伦理学的基本问题应该是"如何通过发展使人们生活得更幸福"。在现代发展境域中，"如何通过发展使人们生活得更幸福"在事实上总是会转换为三个相互关联的伦理问题：一是如何处理发展理念中"能够做"与"应当做"的关系问题；二是如何处理发展过程中的公平公正问题；三是如何处理发展结果中物品丰裕与幸福生活的关系问题。①

当代科学技术和社会生产力的飞速发展，使人类已经具有了毁灭地球上的生态系统和人类自身的能力。在这种条件下，我们就应该反思这个问题："我们能够做的，是否就是我们应该做的?"即我们的能力及其实践后果是否天然合理? 人是一个自由的存在，一个自我创造、自我选择的存在，这就决定了人所做的并不都是"按其所是"而去做。在人的实践能力高度发展的条件下，人所能做的，可能会同自然环境和人类生存发生尖锐的冲突，表明人所能够做的并不一定就是他所应当做的。正如汤因比所指出的："人类的力量影响到环境，已经到了会导致人类自我灭亡的程度，这种情况似乎已确定无疑。如果人类为了满足贪欲而继续使用这些力量，必将自取灭亡。"这是一种文明的危机，一种人类能力的危机。面对人类的生存与发展危机，一个发展中的伦理问题就凸显出来了，即人类的能力越大，责任越大。人类必须追问："能够做的"就一定"应当做"吗? 在人类有能力做的实践行动中，哪些是应当做的? 哪些是不应当做的? 我们要为自己的实践行动承担什么样的责任? 发展伦理学认为，发展中"能够做"的并非一定是"应当做"的，我们要从人类"有能力做的"发展实践中区分哪些是"不应当做的"，是有利于人类的可持续生存的，并以此为尺度去评价当代社会的发展。

2.3.4 发展伦理学的基本思路

从对发展异化现象的分析入手，我们发现，发展是一个必须予以伦理检视的问题。伦理的检视其实是一个价值尺度的检视，具有终极价值目的的意义。过去正是因为单纯片面地从经济的角度和物质财富增加的视阈理解并实践发展，缺乏甚至无视伦理视阈的检讨，极大地破坏了自然环境，也导致了现代社会发展进程中的诸多问题和人文环境的被破坏。

从伦理视阈对发展问题进行检视，提出了关于发展伦理自身理论的探索问题。任何理论的把握都有两个最基本的尺度，这就是真理尺度和价值尺度。发展伦理理论的建构也是如此。从真理尺度出发，逻辑地提出了发展伦理何以可能的问题。发展异化引发的环境问题、社会问题、人文问题和伦理问题成

---

① 林春逸:《发展伦理学的基本问题》,《自然辩证法研究》2007 年第 1 期。

为了发展伦理得以可能的现实之维;从价值尺度出发,则逻辑地提出要对发展的终极目标进行价值梳理和考量的问题。在这个考量过程中,传统发展观的伦理困境,将发展的天然合理性问题作为发展伦理理论架构的切入点被严肃地提了出来。同时,这也成为了发展伦理得以可能的历史必然。这是一个哲学视阈本原和终极目标的探索。讨论的结果逻辑地引出了发展伦理学的必然性和可行性问题、理论内涵和实践功能的问题、如何规约发展诸因素的问题,以及发展伦理的研究主题和相关的研究内容。诸如,从经济伦理到发展伦理;发展的生态伦理维度和可持续发展的时空维度等一系列问题。发展伦理主题的研究,势必会遇到发展价值尺度的评判问题,这就要求我们必须对发展伦理进行一番价值梳理。这一价值梳理既涉及发展的真实性问题,也涉及发展所依据的道德原则和规范。最后,发展伦理所有研究的最终归宿是以对大多数人的公正为内核的科学发展。

综上,发展伦理学的思维路径和基本脉络是:从对发展异化现象的分析作为切入点,简洁明了地提出了本研究的核心论题——“发展”不应该逃逸在道德哲学的审视和价值的评判之外,它是一个必须加以伦理检视的问题。通过对传统的发展目标、发展模式、发展道路等发展问题进行价值梳理和伦理考量,分析发展异化现象对社会发展的负面影响;探讨建构发展伦理学理论体系的现实依据和学理依据以及理论内涵和实践功能;讨论发展的终极价值目标和规约发展的道德原则;论证了真实发展对“幸福美好生活”的追求,是人性善的终极真实需求和社会发展的最高价值目标;辨析发展伦理与经济伦理、与生态伦理的关联性和差异性。最终所有研究的落脚点是人与自然、人与人、人与社会、人与心的科学发展。并得出结论:发展伦理的归宿是科学发展,科学发展的终极目标是全体人民幸福美好的生活。

2.3.5　发展伦理学的重点和难点

重点:对发展伦理如何成为可能进行价值清理和理性审视,为此,首先要解决以下问题:谁是伦理的主体?人?自然?人类个体?抑或是人的类整体?在所谓现代化的进程中,在人与自然的关系中,人类首先应该是伦理约束的对象。其次,力图厘清代内发展与代际发展的关系,厘清人类与自然发展的关系,从理论上解决发展过程中的贫困问题和可持续发展等问题。最后,通过阐发普遍公正的理论依据和现实依据，以及和谐发展的价值向度，论证发展伦理的最终归宿——科学发展。

难点：发展伦理与经济伦理、生态伦理的区别和联系；发展伦理的目标；和谐发展的形式；解决经济性贫困与制度性贫困的有效途径。如何在人之外为人类改造自然的行为寻找伦理价值尺度？如何维护弱势群体的资源与环境权益？经济发展的伦理价值取向究竟如何把握？如何从内部审视传统伦理学理论进而构架以发展实践为取向的发展伦理学？如何在政策层面和实践层面把握社会发展的伦理价值取向？如何通过“发展责任建设”和“发展的伦理原则及道德规范的制定”等来保证发展目标的顺利实现？如何在架构现代发展伦理学的理论体系时吸取传统伦理学理论的养料？如何借他山之石来建构具有中国特色的发展伦理学理论体系？等等都是值得展开的发展课题，也为发展伦理学今后的研究留下了更广阔和更深层的研究空间。

2.4 发展伦理的实践意义

当发展上升为全球化的主题时，发展伦理亦成为人类发展方式和行为的伦理基础。发展伦理的实践意义体现在构建生态环境、社会环境和精神家园等各个层面发展的和谐性，和谐发展既是人类追求的理想状态，本质上也是一种价值取向。它要求我们在发展实践中要注重保持适度发展、合理发展、和谐发展，通过建设良好的生态环境、营造和谐的社会环境、架构和谐的精神家园引领人类在发展实践中注重关系协调，从而寻求人与自然、人与人、人自身内心的和谐。

2.4.1 建设良好的生态环境

首先，要注重构建和谐的生态文化。在人和自然的对象性关系中，人是主体；在人和自然构成的调控系统中，人是控制者。由于人们发展观念上的错误引发了诸多全球范围内自然环境和人文环境的问题，促使我们在对人类自身非理性行为的反思过程中逐步树立了人与自然和谐共荣、同谋发展的现代理念。人类越来越清醒地认识到，人与自然的关系实质上应该是一种和谐的“伙伴关系”，是互相索取与奉献的关系，这是统筹人与自然和谐关系促使社会良性发展的主要理念。否则，即使人类在实践上继续开发和拥有先进的科学技术，也会因为环境的急剧恶化而阻碍社会的发展。因此，要实现社会的可持续发展，就要通过构建和谐的生态文化使人与自然和谐相处。生态文化是从人统治自然的文化过渡到人与自然和谐的文化。这一价值观念的根本转变实现了在价值取向上从人类中心主义或生态中心主义到人与自然和谐发展的过渡。和谐生态文化的建设要求我们抛弃人统治自然的思想，树立科学的生态思维理论，对全体民众加强生态教育，培养人类的生态意识，走出人类中心主义，从改善人与环境的关系方面建设尊重自然的文化。

其次，要调整人与环境的关系。人和自然的矛盾的产生，从根本上说是由于社会原因造成的，所以，社会可以通过以下方面的制度安排来协调人与环境的关系：(1)将生态环境作为一种生产要素，进行新的规制管理，纳入市场运行机制之中，以解决好经济发展过程中短期利益与长远利益、局部利益与整体利益的矛盾。(2)要通过不断完善经济体制，制定和完善有利于环境保护的税收、信贷、贸易、生态补偿和政府采购等政策，建立合理的资源价格体系。(3)要通过不断完善法规体系，健全和完善环境保护的法律条文，制定和修订有关促进资源有效利用、环境保护和生态平衡的法律法规，严格管理制度，规范执法主体，加大执法力度。(4)要求我们将资源消耗、环境损失和环境效益纳入经济发展的评价体系，全面评价国家和地区综合实力，将环境因素纳入国家战略决策。总之，通过设计和制定保护环境的科学制度，使生态环境保护制度化，使社会具有自觉保护生态环境的机制，协调人与环境的关系。

2.4.2　营造和谐的社会环境

要使人类的社会环境处于和谐的状态就必须实现人的发展与经济发展的和谐、实现国家权力与公民权利的政治和谐、不同文明间的文化和谐，从而实现在政治、经济、文化等方面的和谐来推动整个人类社会环境的和谐发展。具体而言：

首先，实现人的发展与经济发展的和谐。对发展社会的物质基础而言，市场经济无疑是目前为止较为理想的经济制度，因为它能最大限度地激发人的创造性。但遗憾的是，市场经济很容易把人变成“工具人”、“经济人”，把社会拖进“见物不见人”的发展惯性中，使经济价值超过人的价值，使人与经济的发展出现很大的落差。现实中,不少地方的经济越发达,社会贫富状况越悬殊,精神也愈显得极度空虚。因此,如何实现人与经济和谐健康的发展,成为当前世界各国,包括发达国家都在苦思的难题。拉美国家的现代化模式之所以受到国际上的质疑,就是因为GDP增长过程伴生着巨大的贫富落差,大多数人不能共同分享经济发展带来的财富,由此导致的人际对抗和社会动荡,反过来又令经济发展举步维艰。在发展伦理学的视阈,经济发展可以为人的全面自由发展提供物质基础,是实现人自身发展的物质手段和工具。只有经济持续健康发展,人的全面自由发展才有可靠的保障。人的发展是经济发展的目的和价值,只有人得以全面自由发展,经济发展也才能获得持久的力量,所以经济发展应以人的全面发展为目的,同时人的全面自由发展也是社会经济发展的内在动力。显然,协调两者的发展是一种科学的发展。科学发展观强调"以人为本",要求经济发展必须服从、服务于促进人的全面自由发展,实现最广大人民的根本利益。这与单纯就经济建设谈经济发展的传统观念根本不同。

其次,实现国家权力与公民权利的政治和谐,以和谐的方式促进发展。在发展伦理看来,经济、政治、文化的发展不是相互冲突,而是相互促进、相互协调的,与之相应的是国家权力与公民权利的关系也应该是相互促进、相互协调的。实现社会的真正发展,是国家与公民的共同要求,但这一要求的实现常常取决于国家与公民关系的和谐。二者的和谐主要体现在,政府需要保持社会和谐以维护国家利益和发展,公民需要有一个和谐的空间以利于生存和发展。在现代社会,崇尚自由和民主的国家,总是充分考虑到国家权力与公民权利的互动,给民众一定的地位,并建立起一种公平对话的机制,让民众参与更多的国家事务,并通过赋予民众必要的话语权为民众提供宣泄其不满情绪的渠道,使民众保持安定平和的心态。因此,为了保障和实现公民权利,实现国家权力与民众权利的互动,必须对国家权力进行规范和制约。和谐社会以人为本的核心理念,要求改变政府工作人员的行政观念,变"管理"为"服务",克服长期以来的人治思想和作风,树立法治观念,尊重民众权利,规范权力的行使,做到真正依法行政。必须做到:(1)尊重民众的知情权,实行政务公开。知情权是信息时代公民的首要人权,民众有权利依法了解政府的工作活动、工作程序并获得有关资料。政府应当尊重民众的知情权,通过各种途径和方式公布有关信息，公开工作职责、日常活动、办事程序，而且要公开财务、人事、决策信息，以接受全社会对权力的监督。(2)尊重民众的监督权，切实依法行政。没有公民的监督权，就没有廉洁高效的政府。政府应自觉接受民众的监督，对民众负责。在信息时代，民众可通过网络、新闻传媒等各种方式更好地行使监督权，这将会极大地改善权利与权力的状况，使政府权力与民众权利保持一致，将政府权力置于民众的广泛关注和监督之中。(3)尊重民众的参与权，推动全社会的行政参与。随着时代的进步和民众自主意识的增强，人们参政议政的呼声越来越高。政府应广开渠道，建立社情民意反映制度、重大事项社会公示制度和社会听证制度，完善专家咨询制度，通过座谈会、咨询会、听证会等各种形式，倾听社会意见，疏通社会矛盾，增强政务透明，推进民主决策。(4)尊重民众的选举权和被选举权，推进民主进程。公民的选举权是现代政府产生的基础，政府应当采取各种措施，鼓励民众积极行使选举权，保证选举的公正、公开。为此，要扩大基层民主，完善基层自治，使人民群众依法直接行使民主权利。这些措施可以有效地实现国家权力与民众权利的互动，从而达到政治和谐。

最后，实现不同文明间的文化和谐。文化是发展的灵魂，观念是发展的先导。文化对社会发展的重要影响作用，显示出文化强大的社会导向功能。任何一个社会，无论是经济发展还是政治进步，都需要文化的引导，社会的顺利发展需要不同文明之间的文化和谐。由于地理的、历史的、信仰的和其他各种因素，不同民族形成了不同的文化传统，人类文化呈现出斑斓多彩、互补共荣的恢弘画卷。文化的多样性及其多元发展是历史的客观性和必然趋势，也是世界上不同类型文化的相互借鉴、取长补短，进而走向共同繁荣的必经之路。只有对各种文化表现出理解和宽容，世界的和平共存才得以可能。对异族文化的承认和尊重预设着对世界多样性的承认和尊重，预设着每个民族必须相互依赖才能共生共荣。这种思考的路径可以使不同民族、不同国家之间的关系得到协调并共同健康发展。然而，当今世界因文化差异而导致的冲突时有发生，尊重和维护文化多样性也因此得到国际社会越来越多的关注。现在西方国家的有识之士都认识到不同文化、不同文明之间应能共存，不应该因为文化上的不同引起冲突和战争。

在与异族文化的关系上，中国传统文化历来主张平衡和谐。作为中国文化的根本特征和基本价值取向——和谐,格外强调事物诸关系处于对称均衡、相宜相生、和衷共济的中庸状态。"'和为贵'可以说是中国传统文化最核心的价值。经过千百年的政教熏陶,这一价值观已经融入炎黄子孙的血液与灵魂,成为中华民族家喻户晓的理念与诉求。"①发展伦理学秉承了中国传统文化中"和而不同"的思想,特别注重不同民族间文化的交流与对话,并达到文化的"共识"。这种相互"认同"不是一方消灭另一方,也不是一方"同化"另一方,而是在两种不同文化中寻找交会点,并在此基础上推动各民族文化的发展。显然,如果我们可以从各个不同民族的文化中找出文明共存的资源,就可以消解不同文明之间引起冲突的文化因素,从而实现文化的和谐。因此,我们必须通过努力追求在不同文化之间通过交流对话,和谐共荣来促使人类的真实发展。

2.4.3 构建和谐的精神家园

我们并不否认科学技术通过改变人们的生活方式和价值观,密切世界各地之间的联系,极大地提高生产力,推动人类进步的巨大功绩。科学技术的确是人类征服自然的划时代重大突破!但是,我们同样要清醒地认识到科学还是一把双刃剑,在它光芒四射的背后,也蕴涵着无穷的后患。近代以来的西方,科学主义的文化霸权企图把科学原则凌驾于一切精神之上,用科学原则解释一切,评价一切:符合科学的就是好的;不符合科学的就是不好的。这样,作为获取物质利益和利润手段的科学就被抬到了至高无上的地位,以至于科学成为人们评价一切的最高尺度,科学精神成为独霸世界的意识形态。在科学主义思维支配下的西方发展观和西方发展模式的扩展,物欲的膨胀进入了巅峰时期,其直接的后果和深层的影响就是人文道义精神的失落和消解。

在发展伦理学的视阈,人文精神和科学精神作为两种不同性质的精神,具有不同的功能:"科学和理性只关心'如何做'以及'如何做得更快',而不关心这样做'是否值得',是否'应当做'这个价值观——人文的问题。"②如果精神家园荒芜了,就会丧失人文精神的支撑,对财富的追求欲望就必定会沦为纯利

① 邓新文:《"贵和"取向与"致和"工夫》,《中国人民大学学报》2006 年第 3 期。

② 刘福森:《西方文明的危机与发展伦理学》,江西教育出版社 2005 年版,第 190 页。

欲的冲动,就会导致兽性膨胀、人性泯灭、秩序混乱。经济的腾飞和社会的现代化,本质上都是为了人的存在与发展,都是为了人心人性,除此,一切存在都失去了它应有的价值和意义。然而随着社会的发展,经济实力的强弱,政治地位的高低,社会影响的大小等,在社会成员之间产生了距离与隔阂。高楼大厦在拉近人们与现代化的距离的同时,也拉长了人与人之间的心灵尺寸。人们在"看不见的手"的驱使下,在求富心理和追逐利益的刺激下,交往观念与行为变得混沌不清。人们在追求健康高尚的交往方式的同时,也使交往打上了商品交换的烙印。人际交往日益演变成获取个人利益的工具。人们为了获取利润,尽力打通各种关系,人情、金钱、权力成为了个人交往的三大媒介,人际关系深深蒙上了金钱交易和"互惠"关系的阴影。人际关系商品化渗透于社会生活的各个领域,构成了各种各样光怪陆离的状况。结果,一种普遍存在的人际关系冷漠症正在现代都市中蔓延,繁华掩盖不了冰冷的人际关系,钢筋混凝土强化了心灵深处的冷漠防线。对于这种人际关系的转变,有的人感到猝不及防、手足无措,有的人则充满了怀旧、孤独和感伤。不言而喻,这些都有碍于社会的健康发展。只有不断消除隔阂,缩小距离,才能使社会健康顺利地向前发展。这要求社会必须充满爱心和诚心,不要让相互仇恨和相互排斥的畸形心理取代人际之间的关爱和互助。只有人文精神得到了弘扬,人类的精神家园才不至于荒芜,人类才不会陷入严重的信仰和道德危机中。而人文精神的弘扬,将为人类的生存和发展提供不竭的动力和精神支柱,也是一个民族脱俗超凡、一个国家蓬勃发展的标志。发展伦理学的宗旨之一恰恰就是要通过建构和谐的精神家园来适应现代化转型的人际关系模式,通过打破内心的封闭,摘掉虚伪的假面具,学会爱、包容、关怀、忍让、体谅、开明等,推动社会交往进入真挚友善、诚实守信、平等自尊、相互关爱、共赢互利的状态。

第3章

发展伦理Ⅰ:发展的价值之维

近年来,关于发展问题的诸多争鸣,使得“发展就是进步的,发展就是伦理的”等传统发展理念受到了发展伦理源自价值层面的质疑。然而长期以来,在讨论事物的价值维度时,伦理学家们都是习惯于用“善”、“恶”等纯伦理范畴去解读、评判事物的价值问题,并以此作为确立事物价值之维的标尺,进而否认其他的评判尺度。不可否认,善恶标尺的确具有非常纯粹的伦理血统,伦理学家们重视伦理血统的感情可以理解,而且,重视善恶的评判标尺本身并没有错。问题在于:我们不能将此作为唯一的伦理思维定式固化之,并因此而排斥其他的价值评判尺度。尤其是对发展价值维度的确立,更不可能是单一的善恶标尺,因为发展本身涵盖了人与自然的各个领域和各个层面,单一的善恶尺度无法全面、客观、科学地诠释发展的价值之维。因此,我们认为讨论发展的价值之维除了传统意义上的善恶标尺之外,无法回避对真实发展与虚假发展的辨析。因为,对真假发展的辨别与确证是发展终极价值目标实现与否的试金石,同时也是蕴涵于发展内部应该具备的伦理性能否得到充分体现的甄别标尺。作为哲学的重要分支,以“善”、“恶”作为核心范畴的伦理学,在现实中根本无法绕开对事物“真”、“假”的鉴别。在特定意义上,伦理就是人际交往行为中对正确与错误的感知、鉴别、判断。发展伦理的核心内容就是在甄别真假发展的实践过程中,通过对发展进行价值梳理、价值辨析、价值评判,确证真实发展的终极价值目标——让全体人民过上幸福美好生活;通过对真假发展的价值辨析,明确发展的价值取向,肯定那些能够促进真实发展的“实然”和“能是”,使之更好地促进社会向善和“应然”发展,否定那些可能制约真实发展的阻碍及破坏因素。对发展中出现的“伪发展”、“虚发展”、“假发展”等反发展的现象进行清理与批判,从而为真实发展提供警示性向导。无疑,关于发展真假价值的研究并不仅仅是一个哲学问题,更是一个面向实践的发展伦理问题。无疑,发展伦理是第一个力图通过真实发展和虚假发展之辨,通过对发展价值之维的梳理,形成人本化的发展价值理念,明确真实发展的终极目标和最高目标的应用学科。

3.1 发展价值维度的确证

社会发展是一个由低级到高级、由简单到复杂的、因果联系的历史过程,同时也是社会主体不断进行创造活动的历史过程。它与社会主体因利益需求而进行的实践活动密切相关。然而,生物进化论、唯科学主义和理性主义却把社会发展简单地定量化、实证化,一味地强调其科学价值,贬损其人文精神和伦理价值,导致了社会发展价值向度的偏离。这一偏离以“重物轻人”的现象,反映了社会发展中主客体价值被贬的实质,造成了“物的世界的增值同人的世界的贬值成正比”,①以及社会主体前所未有的精神匮乏。社会发展也因此而丧失了真实性呈现出虚假性。社会的真假发展不仅是一个经济问题,也不仅是一个哲学问题,更是一个价值问题和发展伦理的问题。突破生物社会进化论的思想束缚,对发展的价值维度进行确证,是人类对于发展价值诉求的系统表达。发展伦理通过对发展的深刻观察和理解,为人类提供一种能充分表达发展终极目标和发展意义的发展理念。

3.1.1 发展的价值梳理

价值问题是各个学科都要关注的核心问题,发展伦理尤其注重对发展的价值维度、价值目标和价值承诺等价值问题给予批判性的反思,对引导社会发展的价值理念、价值原则、价值尺度进行前提性的检讨和追问,对发展的“实然”、“应然”和“适然”等价值前提问题分别进行伦理考量。(“实然”是现存

① 《马克思恩格斯选集》第1卷,人民出版社1995年版,第40页。

的客观实在;“应然”是对事物的价值认识;“适然”是连接“实然”世俗性和“应然”超越性的桥梁和纽带。)毫无疑问,对人类的发展历史、发展目标、发展手段、发展进程、发展方向等进行价值梳理和批判,是对传统发展理念和发展价值的解蔽与超越,其目的在于让人类的发展保有伦理的时空维度,保有公正性,从而实现科学的和谐发展。

第二次世界大战结束后至20世纪60年代,由于战争给人类以巨大的伤害和打击,所以,西方工业化国家大多受到物质匮乏的困扰,部分获得独立的欠发达国家也迫切希望改变贫穷落后的状况。因此,无论是当时的西方工业化国家(即后来的“发达国家”)还是欠发达国家(即后来的发展中国家)都把追求经济高速增长、消除物质匮乏或改变贫穷落后状况作为本国最迫切的目标。于是,经济增长自然而然地被看成是发展的终极目的和评价社会进步的终极标准。在其影响下,长期以来人们比较普遍地认为:发展是天然合理的,增长比不增长好,经济增长没有限度;“能是”等于“应是”,“实然”等于“应然”。然而,走进21世纪的人类蓦然回首,忽然发现经济增长发展观的最终结果竟然是发展的异化——许多发展中国家追求发展的愿望与贫困化加剧的矛盾日益尖锐;只反映西方发达国家多方面利益的不公平规则和机制,使发展中国家掉入了“国际分工的陷阱”。结果,富国愈富、穷国愈穷,富人愈富、穷人愈穷,成为了当今世界冷酷的现实;因贫困和战争等原因引发的移民浪潮导致了不少国家之间对外关系的紧张和种族之间的冲突加剧;此外,毒品泛滥危及全球;人们物质生活的丰裕化与生命意义追寻的空虚化之间的矛盾愈益彰显;市场至上、个人至上、物质至上主义盛行,与人类精神生活的相对贫乏形成鲜明的反差……按照历史唯物主义的观点,社会全面发展的基础和前提是生产力水平的提高和经济的快速发展,这是毋庸置疑的!但是,倘若在生产力和经济快速发展的过程中,忽视了从伦理的视阈对其进行价值考量的话,经济的发展如果失去了哲学反思、价值评价和伦理规约的话,它就必然成为一只无头苍蝇、一台失去控制的机器,一种不知天高地厚的妄自尊大,陷入失去理智后的疯狂。在这种发展理论指导下的发展,尽管能够在短时期内获得经济上的高速增长,使人们的物质消费获得极大地提高,但最终必然要陷入人与自然界的冲突,危及人类的可持续生存,也必然会导致对发展价值的迷失和对技术追求的盲目性,导致对人类自身生存和发展终极目标的遗忘,并直接引发现代社会的诸多危机,包括伦理危机。

面对发展过程中日益严重的高昂代价的付出,人们开始对发展的合理性、对发展的价值之维进行反思。并认为发展未必天然合理,发展绝不是简单要不要的问题,而是为谁要和如何要的问题,是“实然”和“应然”、“能是”和“应是”的对立统一问题。“能是”,指人类有能力做的,属工具和科技范畴;“应是”指人类应该做的,属价值和道德范畴。“能是”不等于“应是”;工具不等于价值;科技不等于道德。科学技术是改造世界的手段或工具,解决能否做什么的问题,为人类行为提供了一个实践界限,但却不能解决“为谁做”和“应当做”等价值范畴的问题;道德是协调各种关系的规范要求,是体现一定伦理关系与文化核心的价值概念,是基于现实社会并以人自身为尺度作出的价值判断和伦理评价。在经济增长的发展观中,人类只要技术成熟并可为人类带来经济利益就可以去做。日趋复杂和严格的技术操作规范只是基于对生产规律的认识而制定的,只追求“如何发展得更快”,却没有将发展的目的性、全面性、协调性、可持续性和人性纳入规范范畴。结果,以往的发展以物的尺度代替人的尺度,发展的终端忽视甚至背离了人,经济增长本身变成了发展的终极目的。然而客观上,在发展领域中深藏着不可缺少的伦理原则:人类能够做的并非都是应当做的。因此,如果从传统技术理性出发,把技术理性疯狂的“是”看做“应当”的话,那么人类的可持续发展就失去了存在的依据和前提,自然界就成了人类利用技术任意强取豪夺的天然物质仓库,发展就不可能是“应然”的。作为一种可能性的“能是”和作为一种现实性的“实然”,必然要受到生态自然等客观规律的制约;而客观规律决定的“能是”和“实然”并不等于主体追求的“应是”和“应然”。“能是”的根据在于事物自身的规律,而“应是”的根据则蕴涵在主体的规定性中。因此,传统的技术理性观片面地将技术进步的客观事实设定为评价的依据,从根本上否定了“应然”的伦理价值。

传统的经济增长发展观关于“发展是天然合理的”理论偏颇和缺陷,导致了人类在发展实践中的各种伦理困境和现实危机,也因此从现实层面提出了建构发展伦理理论框架的学术使命和可能性。在发展伦理看来,我们无法从“能是”和“实然”逻辑地推导出“应是”和“应然”,也不能从科学想当然地推导出道德。然而,秉持“发展是天然合理的”理念,就势必会模糊“能是”和“应是”的界限。显然,在厘清二者之冲突的过程中,发展伦理学提出了“能够做的”未必是“应当做的”;“实然”未必就是“应然”;“存在的未必一定合理”的独特命题。并强调发展的合理与否在于发展是否体现了全面、协调、幸福和可持续的科学性,只有科学的发展才是合理的发展,否则就是不合理的发展。科学的发展是“能是”与“应是”的内在统一,唯有科学的发展才可能既是一种合理存在又具有道德价值。在发展伦理学看来,“知识—机器—市场”这一人类生存机制的过分扩张会危及人类自身的生存。因此,有必要对人类生存机制本身进行道德规范的伦理约束,否则人类的持续生存和发展将受到严重威胁。发展伦理作为社会发展的价值维度,其自身的价值指向正是人类对自身发展机制给予道德规范约束的价值肯定与自觉。

正是鉴于上述认识,人类开始从广义的价值维度来看待发展的核心问题,把发展视为界定美好生活、公正社会以及人类群体与大自然关系的问题。例如,美国学者德尼·古莱就率先在他的《发展伦理学》一书中,强调发展的目标应该是改善人类生活和社会安排,以便为人们提供日益广泛的选择来寻求共同的和个人的福祉,并为各国的发展实践提供有益的伦理战略。此后,中外学者们尤其是伦理学的理论工作者和研究者们,开始把发展的价值检视,尤其是伦理意义上的终极价值问题作为一门学科进行专门的研究。进入21世纪,发展作为全球共同的热点和焦点问题,对其研究已经超越了纯学术层面,更深入到实践层面。发展,不仅是全球学者共有的研究课题,甚至成为了世界性的现实运动。在全球化的发展困境面前,人们不断对全球化的发展进行反思,发现了非经济因素对社会发展的巨大影响作用,并得出结论:发展应该是全面的,“是集科技、经济、社会、政治和文化,即社会生活一切方面的因素于一体的完整现象。”①美国学者亨廷顿指出了增长、公平、民主、稳定以及自主对发展中社会的重要性,认为“落后社会是贫困的、不平等的、压制性的、粗暴的和依附于人的。发展就是从后者转变为前者的过程。”②对发展进程中存在的问题进行分析,对发展的伦理审视和探索性研究,总结发展经验,探索发展规律,目的是为社会发展实践找到一些更合理的路径,避免继续出现“单向度”的个

① [埃]阿卜杜勒-马利克等:《发展的新战略》,杜越等译,中国对外翻译出版公司1990年版,第4页。

② [美]塞缪尔·亨廷顿等:《现代化:理论与历史经验的再探讨》,上海译文出版社1993年版,第333页。

人和社会，使社会发展多一些价值和伦理的向度，更具人道，更好地发展，使社会发展决策和实施者自觉担当起社会发展的伦理责任，促进社会中每个人的真实幸福和真正全面自由的发展。

3.1.2　发展的应然性——价值之维

"应然"旨在规定事物应该如何，尤其关注事物质的规定性。发展的应然性是从理论上对发展的定性规定，是对发展模式的理想化思考，更是对发展终极目标的确立。因此，它力图从理论上阐述发展的根本宗旨，阐述发展应该走什么样的道路。它涉及应该如何设定和规范发展目的、发展过程以及发展手段等问题，涉及应该如何发挥发展目标的预示和导引作用。从发展的终极目的上看，应然性的预示作用在于引领我们明了社会发展要带给我们什么或者说我们到底应该追求什么。作为价值之维，发展应然性内含着通过社会善和社会公正实现全体人民的共同富裕和幸福生活。因而，在发展伦理的视域，"所有事物都以善为目的"①，发展是"为一切人的发展和人的全面发展"。②就发展的首要善来说，发展是追求美好生活的发展。所以，许多社会学家、经济学家、哲学家和伦理学家等理论工作者们展开了对发展的目的、理念、手段及过程的重新反思，从不同的理论视角去探讨发展的应然性。在发展伦理的视阈，作为发展的价值维度，要使全体人民过上幸福生活，发展应然性的价值诉求体现在以下方面：

首先，通过发展解决贫富差距和社会不公等问题。在发展伦理看来，贫富差距不仅是一个经济问题，更是一个伦理问题，贫富差距背后的实质是社会的严重不公。《联合国第二个发展十年(1970—1980 年)》就宣布："发展的最终目的是为所有的人能更好地生活。"发展的服务对象是所有人，不是为部分人或者是部分地区谋求利益，显然贫富差距并不是发展的初衷。应然性要求人们更多地从人道的角度去审视发展，更多地追求社会与人道意义上的公正，即谋求所有人基本需求的普遍满足、人的尊严和自由的基本实现以及最终实现美好生活。围绕这一核心目标，发展应该以平等的标尺协调处理人与人之间

① 亚里士多德：《尼各马可伦理学》，廖申白译，商务印书馆 2003 年版，第 4 页。

② [法]弗朗索瓦·佩鲁：《新发展观》，张宁、丰子义译，华夏出版社 1987 年版，第 11 页。

的利益关系。只有充分实现公正,真正意义上的"所有人的幸福生活"才可能实现。

其次,协调好人与自然的关系,使人与自然和谐共处。发展不是以牺牲生态环境为代价的。片面追求经济增长的发展观因为忽略了环境与人的生存价值致使经济发展以破坏环境为代价,使人类生存面临巨大困境。由于对人与自然矛盾的解决有赖于对人与人之关系的解决,因此,发展伦理从人类发展的困境出发,将人与自然之间的关系纳入人与人之间的关系范畴加以考察。"将自然资源及其'折旧'纳入经济核算当中,用于指导人们的经济活动,以消除人们对自然的无知或者因疏忽所造成的对自然的破坏,使经济的活动与自然生态的运动协调起来、使经济的再生产与自然资源的再生产有机统一起来。"①只有尊重自然,善待自然,人类才能与自然共生共荣,发展的最终目的才可能实现。

最后,在人与社会的关系上,发展应然性要求社会应该为人"全面自由"的发展提供有力的制度保障。社会发展的最终目的是促进人的全面自由发展,人的根本属性是社会性,所以,发展必须体现在社会有序发展的过程中。社会发展的有序性首先是政治制度的有序,制度的有序是个人权利体现的保证,例如,民主自由的社会更能促进人的发展。社会发展各个方面都要围绕人,促进人,树立以人为本的科学发展观。其发展应该是"整体的"、"综合的"、"内生的",应当包括经济增长、政治民主、文化价值观念变迁、社会转型、生态自然平衡协调,还应当适应和满足人的价值、促进共同体内每位成员的个性全面发展。②

3.2 "发展"的真假之辨

讨论发展的价值之维无法回避对真实发展与虚假发展的辨析,因为,真假发展的辨别与确证是发展终极价值目标实现与否的试金石。真假问题一直是

① 朱步楼:《21世纪发展战略论纲》,江苏人民出版社2000年版,第254页。

② [法]弗朗索瓦·佩鲁:《新发展观》,张宁、丰子义译,华夏出版社1987年版,第2、37页。

哲学中的重要问题。“否定是的东西或肯定不是的东西就是假的，而肯定是的东西和否定不是的东西就是真的”①，由亚里士多德开启的这一研究思路催生了“真”、“假”这一哲学问题的研究发展。然而，作为哲学的重要分支，以“善”、“恶”作为核心范畴的伦理学，在现实中根本无法绕开对事物“真”、“假”的鉴别。特定意义上，“伦理就是行为中对正确与错误的感知”②。发展伦理作为对发展“价值观的基本问题和新文明的创造”③的审视，其核心内容就是在甄别真假发展的实践过程中，对发展进行价值梳理、价值辨析、价值评判和价值确证。通过对真假发展的价值辨析明确发展的价值取向，肯定能够促进真实发展的“实然”和“能是”，使之更好地促进社会向“应然”发展；否定会制约真实发展的阻碍及破坏因素，对发展中出现的“伪发展”、“虚发展”、“假发展”等“反发展”的现象进行清理与批判，从而为新的发展理论提供警示性向导，让真实发展成为现实。无疑，关于发展真假价值的研究并不仅仅是一个哲学问题，更是一个面向实践的发展伦理的问题。

3.2.1　解读“虚假发展”

“虚假发展”的提出是对发展过程中违背发展初衷现象的一种反思。人类以往盲目追求经济总量增长的社会发展模式不仅没能解决人类社会中的贫困状况，反而造成了诸多难以应对的灾难。经济发展带来的诸多难题，使人们突然开始质疑：那些带来经济繁荣的同时也带来更多贫困性问题的发展难道就是人类需要的真实发展吗？我们发展的目的究竟是什么？真实的发展究竟是怎样的发展？我们是否有必要通过鉴定真假发展对发展目标进行重新的认识和选择？发展伦理告诉我们，发展目标追求的绝不仅仅是经济水平的提升；经济总量的增长不等于也不能等同于社会的发展和进步。因此，对虚假发展的剖析以及对其进行理论界定的任务也由此产生。

从词性上看，“虚假”的英文解释为“false”，“虚假发展”则为“false development”。“虚假”在《辞海》中有两种解释：(1)假的；不真实的；(2)假借；假

---

① 王路：《“是”与“真”——形而上学的基石》，人民出版社 2003 年版，第 405 页。

② ［美］理查德·韦斯特等：《传播理论引导：分析与应用》，刘海龙译，中国人民大学出版社 2007 年版，第 16 页。

③ ［美］德尼·古莱：《发展伦理学》，高铦等译，社会科学文献出版社 2003 年版，第 6 页。

托。中华汉语词典中将其解释为"与实际不相符的"。从"虚假"的词性解释中可以看出"虚假发展"是指违背事物自身发展规律的错误发展观。对虚假发展的研究实际上就是研究发展过程中违背发展终极目的的"假"现象,即哲学中没有真实反映事物矛盾状况的"假问题"。可见,虚假发展的本质就是没有意义的发展。它徒有发展之名而没有发展之实,更没有发展的价值,甚至是假借发展之名而进行的恶意追求经济利益最大化的具有危害性的反发展行为。

现实中,世界上不少国家在其发展过程中秉持"先发展后治理"的思路,出现过为了局部的或短期的经济利益而肆意破坏自然生态的反发展行为。这些反发展的现象虽然呈现五花八门的表现形式,但本质上都是一种虚假的发展。我国一些地区也走过这样的发展之路。它们"要么是垦地种经济作物,要么是建设水电站,要么是促进旅游,要么是开矿,要么是修路",几乎都是打着"经济发展"的幌子将人的生存与自然生态割裂开来。"先发展后治理"的生态代价和社会代价在短时间内无法测算,但大自然正在用自己的方式告诉人类这个代价是如何的巨大。[①] 例如:癌症村的出现、禽流感的泛滥、SARS 等新病毒的产生、次数愈益频繁的地震、台风、海啸、冰雪、洪水等各种灾害……对这一切尽管都无法作出精确测算,但我们无法否定的是经济发展付出的环境成本远远超过经济增长的数量。这样的经济增长不仅偏离了"用最廉价的成本获取最实惠和最大的效用"这一经济学的本义,更是远远偏离了发展的本义。所以,以大量不可再生的自然资源为成本的所谓发展,根本就不是发展,而是一种虚假的发展,是一种反发展。它貌似发展,但其实只是一种数据上的虚拟增长。它创造的经济效益不仅无法惠及大多数人,而且不利于社会整体利益的实现,不利于自然生态的可持续性。虚假发展的突出特征是,发展过程的某些环节背离了社会的发展规律,不能使绝大多数社会成员享受发展的成果,更不能经受社会长远发展实践的检验。对虚假发展这一概念的发现实际上是对社会发展价值进行伦理审视的结果。发展事实是否合乎伦理性,必须通过伦理价值的检视才能验证,凡是违背道德原则的发展,或者发展过程中出现反道德的现象都是虚假的发展。

---

① 《警惕反发展》,《中国经济周刊》2005 年 11 月 28 日。

3.2.1.1 反发展的类型

其一,伪发展。"伪发展"是一种远离以人民为本的透支发展。透支发展在今天非常普遍,时常被一些人视为"开拓性强"、"借鸡下蛋"、"不花钱办大事"……其结果严重破坏了正常的社会发展秩序。① 而社会的弱势群体则常常被强制性地分担了"伪发展"带来的苦果。伪发展的突出表现是"透支政绩"。所以,解决伪发展的问题,很大程度上有赖于解决一些官员、一些政府机关"透支政绩"的问题。我们有些官员只知道向上看、向钱看,就是不向民看。"什么能赚钱就优先做什么,什么能出政绩就热衷于做什么,什么能'粉饰太平'就大胆做什么,铸成倒塌事故、食品安全、医药大案等令人震惊的错误乃至罪责。"②

其二,虚发展。"虚发展"是一种贫困"发展"。它常常被表面上发展的繁荣现象所掩饰。例如,一些地方、部门、企业、单位,表面上发展快了、变化大了,显示出一派繁荣景象。殊不知,在这种发展的背后,却是矛盾重重,问题多多,甚至债台高筑,不仅经济贫困而且导致了大量的社会贫困。例如,一些地方的官员官德缺失,在工作中,借发展之名"抓眼前、抓表面、抓风向,在位时乍一看,似有斐然'政绩',升职后一盘查,留下的矛盾多,欠下的心债多,捅下的窟窿多,"③积攒下的不仅是经济和人文的双重贫困,而且还是酿成事故的土壤。又譬如,不少高楼、广场建成之后,建设费用却久久不能到位。结果承建单位项目完工后,不仅没有及时赚到钱,还欠下了许多债务。这种情况下,最终苦的是处于债务链最末端的农民工!④ 这些畸形的"发展"虚胖表象,不仅没有带来社会的进步,而且也没能带来社会财富的增加,甚至还影响到劳动力市场的正常运转,带来了社会的隐患。

其三,假发展。"假发展"是一种只有量而没有质的发展,也是一种只有经济量的发展而没有社会进步的发展。其突出表现为:以忽视资产质量或以资产损失甚至以社会利益的牺牲为代价,单纯追求经济数量的增长。结果,经济数量的增长不仅没有带来企业营利能力的增强,也没有给社会的大多数成

---

① 赵光瑞:《血汗钱如何变成了豪华餐?》,www.zjol.com.cn 2004年10月11日。
② 祝谦:《关于深入学习实践科学发展观札记》,《兵团日报》2008年12月15日。
③ 祝谦:《关于深入学习实践科学发展观札记》,《兵团日报》2008年12月15日。
④ 赵光瑞:《血汗钱如何变成了豪华餐?》,www.zjol.com.cn 2004年10月11日。

员带来真正的福祉,更没有带来社会的进步。显然,这是一种没有实际意义的假发展。

3.2.1.2 “反发展”的虚假性

近一个世纪以来,人类中心主义直接催化了人类自大狂的心态,此后,人类文明的发展在人类中心主义的鞭策下快速进入了工业化时代,通过对国民经济的技术改造带来了巨大的物质财富,但同时也给人类带来了生存危机。德尼·古莱将这样的“发展”描述为“反发展”。他认为,一旦人们规范美好生活的基本因素——最佳生存、尊重、自由和自我实现等等——减弱而不是增强了,那么就导致了反发展。① 从世界范围看,当工业化推动着发展进入后工业化时代之后,无发展的增长(反发展)或无增长的发展(零发展)并没有给大多数人带来想象中的富足、美好、幸福和没有贫富差别的社会进步。正是这样的社会“实然”使得“反发展”问题渐渐进入了人们的视线。反发展相对应的英文单词是 anti-development,由 anti(反向的)和 development(发展)复合而成,从字意上不难看出,所谓“反发展”就是发展的反方向或对立面。由于任何事物都是矛盾的统一体,既存在着推动事物前进的方面,也存在着阻碍事物前进的方面,事物内部矛盾的这种对立统一,在理论上为反发展的出现提供了哲学依据。而在实践上,由于从发展政策的制定到执行,从发展起点到发展结果都有一个过程,加上人类认识能力及检测手段的限制,因此,发展和反发展常常在短时间内很难分辨出来。以至于人类在过去的千年竟然不知不觉走火入魔般地奔向了反发展。人类再不惊醒,再不有所作为,发展的异化恐怕是谁都控制不了的。美国明尼苏达州立大学人类学系的教授杰克·威泽福德在其《文明人与野蛮人:谁将存活?》一书中,从人类学的广袤视野对文明的进化和社会的发展进行了历史的审视和深刻的反思。站在玛雅文明的废墟上,他得出以下结论:文明的发展本身可能已经逼迫人类犯下了一个难以挽回的大错误。“未来也许有一天,来自外星的生物会站在我们文明的废墟上凭吊我们,就好像我们今天凭吊不知去向的玛雅文明一样。”②威泽福德并非杞人忧天的忧

① [美]德尼·古莱:《发展伦理学》,高铦等译,社会科学文献出版社 2003 年版,第 243 页。

② Jack M. Weatherford: *Savages and Civilization: Who will Survive?* New York: Crown Publishers, 1994, p. 291.

虑，让人们意识到能否突破反发展的催命幻象？如何从根本上破除资本主义、帝国主义时代强加给人类的具有极大欺骗性和误导性的虚假发展的意识形态幻觉，是逃出经济发展主义和生产主义怪圈，根治经济过度增长癖的必要良方。在这方面，人文社会科学工作者面临着如何从理念上运用科学发展观进行再觉悟与再启蒙的任务。虽然任重道远，但是责无旁贷。

近千年来，西方发达国家一直都企图通过全面工业化以解决贫困问题，并逐步形成了一套以国民生产总值为核心的、可以量化的、有统一技术性标准的关于发展的指标体系。西方资本主义社会主导性的意识形态将此称为"发展"，于是，认为经济增长是社会进步的先决条件的发展主义理论首先在资本主义社会诞生。此后，以经济增长为主要目标，运用不同的手段和路径实现高速发展的经济活动，产生出了不同类型的发展主义（诸如高科技、工业化、国家干预或市场机制等类型）。这些发展主义虽然表现形态各异，但它们都有一个共同的理念：经济增长比不增长好，快速增长比缓慢增长好。这种将"发展"等同于"经济增长"，再将"经济增长"等同于美好生活的信念，最初是西方资本主义社会主导性的意识形态，后来通过资本的扩张传播到了经济落后的国家，并在它们赶超发达国家的发展进程中，被夸大为具有普世意义的普遍真理，最终被简约化为仅以经济指标来衡量发展与否的单一向度。其中，尤以国民生产总值（GNP）或国内生产总值（GDP）为重点。因为这些指标多少还反映了"福利"、"生活质量"、"进步"等方面的程度，所以，这种"经济增长"的偏好导致不少国家的政府用国民生产总值或人均 GDP 作为发展计划的主要目标。结果，以经济发展为中心的工业化进程不但没能解决人类的贫困问题，反而加剧了人类的生存危机。"据联合国开发计划署统计，战后 50 年中，世界财富增加了 7 倍，但世界贫困人口却由 1990 年的 10 亿增加到 1995 年的 13 亿，并且还在以每年 2500 万的速度增加。1984 年世界上有 36 个最不发达国家，1994 年增加到 48 个。从 20 世纪 60 年代到 70 年代，占世界人口 20% 的最富裕人口占有世界收入的比例由 70% 上升到 83%，而最贫困的 20% 人口所占世界收入的比例则由 2.3% 下降为 1.4%"。① 国际间贫富差距的加大明显反映出世界发展的不平等现象。事实上，发达国家的发展是以牺牲发展中

① 徐文渊主编：《可持续发展与世界经济》，学习出版社 2000 年版，第 32 页。

国家的利益和生态环境为基础的,这违背了发展中公平的伦理原则,并因此使发展走向了异化。

回顾人类发展的历史,发展的危机早在人类步入资本主义高速发展的阶段就已经初见端倪,其危机的症结于发展的异化。“发展使手段绝对化,使价值物质化,并产生结构决定论。”①从世界范围来看,自工业革命以来,科技和经济的发展在带给人类丰裕物质利益的同时,也愈益清晰地凸显了发展导致的异化,其异化突出地反映在社会公正缺失、人的畸形发展以及人与自然和谐的丧失等方面。由于这种异化,发展不仅没能给人类带来长久的物质财富和精神幸福,反而从资本主义自由化中衍生出了拜金主义、享乐主义、金钱万能和一切向“钱”看的思潮;从人际关系的紧张、虚伪到人情淡薄、世风日下;从“寂静的春天”到全球气候的变暖……在人类片面追求经济效益的急功近利思想的作祟下,经济价值的积累成了发展的代名词,于是出现了资源的浪费、生态的恶化、环境的破坏……经济的发展造成的污染又反过来影响着人类的生产和生活,现代社会中职业疾病、不治之症、新病毒的出现使人类饱受疾病所带来的伤痛、折磨和死亡。此外,全球还有相当一部分群体正遭受着贫穷、饥饿、恶劣的自然环境所带来的痛苦。随着社会的发展,人们愈益清晰地认识和感受到人与自身关系的矛盾、人与他人关系的紧张、人与社会关系的对抗、人与自然关系的对立正在成为制约社会发展的阻碍因素。

发展原本应该是人类共同的文明需求,所以,它一直就是一个颇具号召力的理想口号。但是,近几个世纪以来,发展的蓝图似乎全都出自西方,“发展”、“进步”、“成长”等发展理念似乎成为了西方特有的价值观,并使“发展研究”、“发展政策”、“发展中国家”等术语,通过资本的扩张成为了“南北”对话和争议的主导题旨。西方社会试图通过对“发展”理念的灌输,来教育其他非西方社会,将西方资本主义的基本观念全盘移植到其他社会。表面上,这样的“教育”过程好像只是发生在经济层面,但本质上,资产阶级更大的野心是想要通过以“发达”为特征的所谓“发展”来征服全世界,并假借“发达”与“发展”之名,以表面上南北之间发展快慢的关系,来掩盖实质上支配与被支配、

---

① [美]德尼·古莱:《发展伦理学》,高铦、李继红译,社会科学文献出版社 2003 年版,第 20 页。

控制与被控制、压迫与被压迫的关系。（发达国家主要指西方主要资本主义国家，以 1960 年成立的经济合作与发展组织的 24 个成员国为标志，它们主要分布在欧洲、北美洲、大洋洲。与此同时，西方发达国家将那些政治上已独立，经济上比较贫穷的不发达国家或欠发达国家，称为发展中国家）可见，“发展”作为西方资本主义社会主导性的意识形态幻象，对于非西方社会来说其实不过是掩耳盗铃的假面具而已。[①] 现代经济理论认为，经济发展模式是与一定生产力水平，一定的经济体制和经济发展战略相适应，能反映特定的经济增长动力结构和经济增长目标的经济范畴。其实质是指推动经济增长的各种生产要素投入及其组合的方式，也就是依赖什么要素，借助什么手段，通过什么途径，怎样实现经济增长。[②] 事实上，经济发展的根本目的是提高所有人的福利和生活质量。不管是经济总量的提升，还是科学技术的进步，其目的都应该是为了更多人实现更多的自由和解放。经济发展只是人类进步的手段，如果把这个手段简单化为发展的目的，那么势必会造成发展的异化。发展异化带来的只能是环境的污染、贫富的加剧、人性的扭曲、邪恶的上升；是以“发展”之名带来的经济量的增长而无生活质量的提高；是有“代价”的付出而无“善”的回报的“反发展”之实。

不过，虽然反发展和零发展作为人类实践活动的错误形式，为虚假发展的认识提供了基本理论，但我们不能因为反发展的恶果而全盘否定经济增长，不能因为“唯物”的经济增长而幻想零发展的美好。毕竟，发展经济作为人类基本的实践活动之一，为人类社会进步提供了物质基础，是解决人类基本需求的物质保障。

3.2.2　解读“真实发展”

所谓“真实发展”就是合乎社会发展的本质规律，能够给绝大多数人带来幸福生活和美好感受的发展。发展伦理关于真实发展的理论探索内容包括发展目标、发展政策、发展价值、发展理念、发展手段等，对这些问题的研究都包

① 叶舒宪：《文明危机论：现代性的人类学反思纲要》，《广东职业技术师范学院学报》2002 年第 03 期。

② ［美］约瑟夫·熊彼特：《财富增长论》，李默译，陕西师范大学出版社 2007 年版，第 140 页。

含了发展的真实性问题，其研究基础和前提是社会发展的具体过程。在发展伦理的视阈，真实发展主要涉及发展的价值维度，它是对发展的伦理意义的探索，它想要解决的核心问题是：发展的根本宗旨是什么？究竟什么样的发展才有益于人类社会进步，才能够给绝大多数人带来真正的幸福？

3.2.2.1 "真实发展"概念的哲学界定

真实与发展的密切关系体现在：拥有真实才能得到真正的发展。真实是发展的前提，否则，发展就不是真正的发展。词意上，"真实"的中文解释是：跟客观事实相符合、不假。其英文的解释为"true"、"real"。"true"是"与事实相符的"；而"real"则是"现实"之意。所以，我们认为应该用"true development"来表示真实发展，以此表示真实发展就是符合事物发展规律、合乎情理和有益于人类整体利益的发展。内涵上，"'真实'首先是一个哲学问题。关于真实的判断因时而异。在本体论阶段，真实是与世界本源的契合，在德谟克利特等人的哲学里，'真实'或真理与直接呈现的现象同一。"①

从哲学意义出发，传统认识论中关于"真"有三种解释：一是符合论的解释。符合论将真理定义为"思想与物的符合"，强调从客观性去理解真理的本质，将真理理解为认识对外在客体正确反映的结果。根据这种理论，一个信念，当它"符合事实"时才是真的。二是融贯论的解释。现代哲学中，在与经验主义的对阵中理性主义败北，融贯论作为经验主义真理观的表现形式，主张从一命题与其他命题的相互依赖及其决定关系来判明命题的真理性质，将真理表达为经验知识系统内诸命题之间的相互融贯性。根据这种理论，一个信念或命题，当与其他信念或命题"相融贯"时才是真的。三是实用论的解释。在实用论者看来，信仰和观念是否真实在于它们是否能带来实际效果，理论和真理不过是一种工具，是否有价值完全取决于它是否能使行动获得成功。根据这种理论，一个信念或命题，当它"有用"时才是真的。②

发展伦理研究触角下真实发展的认识论依据正是哲学"真问题"的研究。"'真问题'是确实存在的、恰当的、有意义的问题，它如实地反映了客体的矛

---

① 冷淞：《"真实"的解构、颠覆与重构——有感于纪录片发展30年》，《视听纵横》2008年第2期。

② 王兆璟：《应重视真假问题研究》，《光明日报》2005年9月9日。

盾，抓住了事物矛盾的症结。"①由于发展既是一个经济实践问题，更是一个伦理实践问题。假设没有伦理的因素贯穿于经济实践的全过程，就不可能有经济的真正发展，甚至可能使经济走向衰败。是故，人类的真实发展尤其需要伦理的补充。可见，真实发展的过程应该始终"贯穿着一条道德主线，这其中，它深切地关怀着人及其尊严"。德尼·古莱把发展界定为价值观的基本问题和新文明的创造，认为发展过程是"从较少人道向较多人道阶段的一系列过渡的过程"。② 随着一系列社会问题的出现，人们逐渐认识到经济发展与社会整体的和谐发展是不可分割的，而且社会发展的挑战比经济发展的挑战更加严峻。因此，"我们不能回避那些实证主义者轻蔑地称做'价值判断'的问题。'发展'必然是个规范性的概念，几乎同改进是同义词。如果佯装不知，则正好是隐瞒自己的价值判断"。③ 真实发展的理论是在伦理的指导下对社会发展过程中"真问题"的研究，是对人类发展的真实价值进行的探讨，使发展过程更具人道。真实发展的存在本身是实现经济学与伦理学对话的桥梁，是连接"正确的经济学"与"高尚的伦理学"的纽带。

3.2.2.2　真实发展的现实意义

"真实发展"是比较"虚假发展"而得出的能够促进社会进步的有效性的理论经验。真实发展理论是人类认识客观世界的方法和途径的经验总结，是人们对社会发展弃"恶"扬"善"的认识，它体现了社会进步与文明，是社会整体利益得以实现的反映。真实发展则是对社会发展全面而真实的伦理审视。真实发展应该促进社会进步。社会进步作为人类最直接的发展愿望，不仅要有经济的增长，更多的是指社会多方面、多领域的改善过程。正如联合国教科文组织所指出的："发展是一个综合过程，目前这已被国际社会所承认。经济增长是一种动力，但其本身并不是目的，因此除经济增长之外，发展首先是社会性的。发展还与和平、人权、民主管理、环境以及最后但并非最不重要的文化和人们的生活方式有着密切联系"④。尽管近代以来由于片面发展观所带

---

① 周正刚：《认识结果论》，《求索》1995 年第 2 期。

② ［美］德尼·古莱：《发展伦理学》，高铦等译，社会科学文献出版社 2003 年版，第 6 页。

③ ［英］杜德利·西尔斯：《发展的含义》（国际发展协会第 11 届世界大会论文），罗荣渠主编：《现代化：理论与历史经验的再探讨》，译林出版社 1996 年版，第 47 页。

④ 刘森林：《发展哲学引论》，广东人民出版社 2000 年版，第 48 页。

来的种种社会问题,一度使人们质疑发展道路的合理性,但是近一个世纪人类所创造的文明成果却不可否认。社会的飞速发展使人类享受了前所未有的便利,尤其是科学通信技术的发展,使人们愈来愈感受到世界大家庭联系的紧密性。不光是在中国,在广大的发展中国家,甚至在发达国家,国民都能切实感受到全球发展所带来的社会利益诸多价值的实现。相信随着科学发展观的进一步落实或者进一步得到国际社会的广泛认可,传统发展观所造成的诸多矛盾都将迎刃而解,社会整体进步必将是一种永恒趋势。

真实发展的终极目的及其现实意义就是通过促进人的全面发展,创造全体人民的幸福生活。社会发展归根结底是人的发展,正如马克思所指出的:"人的本质不是单个人所固有的抽象物,在其现实性上,它是一切社会关系的总和。"①社会发展与人的全面发展始终联系在一起,个人生存与发展离不开社会,社会进步也离不开每一个社会成员的贡献。人的发展与社会发展是一致的,人与社会是相互促进而发展的。社会发展促进和体现了人自身的发展;人自身的发展又必然推动和体现为社会的发展。社会作为自由人的联合体,社会的本质规定是在自由人的联合体中实现人的全面而自由的发展。社会伦理发展是社会成员自由发展的条件,人是发展的最终受益者,所以,真实发展应该促进人的价值全面实现,既包括人的自我价值实现,也包括人的幸福美好生活的实现。真实发展的伦理要义就在于做到"以人为本",全面协调,兼顾各个社会阶层的利益,把人及其人的幸福生活视为发展的终极目的,为实现人的全面自由发展不断探索有效的发展途径。

真实发展的现实意义还体现在它能够有效协调人与自然的关系。真实发展的一个重要方面就是协调好人与自然的关系。"没有环境智慧就不能有健全的发展伦理"②,"真实发展的伦理就是生态智慧的伦理。健全发展责成并实施生态智慧,正如生态智慧也促进健全和和谐人类发展"。③ 只有在发展智慧中饱含生态智慧,人民生活才会"活得丰富"。"马克思认为真正富有的人

① 《马克思恩格斯选集》第1卷,人民出版社1995年版,第56页。

② [美]德尼·古莱:《发展伦理学》,高铦等译,社会科学文献出版社2003年版,第142页。

③ [美]德尼·古莱:《发展伦理学》,高铦等译,社会科学文献出版社2003年版,第150页。

是活得丰富而不是拥有富足。这种区分也适用于国家:真正‘发达的’国家是它的人民即使并未拥有财富但却活得丰富的国家。”①协调好人与自然的关系是真实发展的重要内容之一。

3.2.3 发展的伦理尺度

发展伦理作为发展研究的一个新领域和新视角,为指导社会发展实践提供了新的理论范式。它从广义的价值维度来看待发展问题,以当代人类发展实践提出的伦理问题为研究对象,通过对发展目标、发展政策、发展模式、发展手段、发展评价等问题的深刻反思,驱散笼罩在发展理念上空的迷雾,为人类发展找寻伦理价值的尺度。发展伦理的价值就在于认清发展的本质,打破GDP 的神话与幻想,从伦理视阈对当代发展进行道德评判。

3.2.3.1 片面发展的反伦理性

人类历史实际上是一部孜孜追求“发展”真谛的历史。“发展是硬道理”的观念从人类进入文明时代开始,尤其是近代以来已经家喻户晓、深入人心。然而,“对自然的征服在其功德圆满的时候却是自然对人类的征服”②。如前所述,片面追求经济效益的急功近利发展理念,带来了自然环境和人文环境的的双重破坏:生态恶化、资源浪费、公正缺失、人情淡薄、世风日下、畸形发展、贫穷饥饿蔓延、拜金主义盛行。人类正在经历前所未有的来自于各个层面的心理和精神压力。发端于西方而流行于世界的传统发展观和发展模式使人类在寻求“发展”真谛的道路上付出了惨重代价——人与自然的背离、道德的沦丧以及人类精神家园的丧失等等,其最终的结果注定是发展价值的迷失和发展的不可持续。

发展没给人类带来长久的物质财富和精神幸福,反而引发了诸多违背了伦理原则的自然和社会问题。人类在惊叹于一个个经济增长奇迹的同时,也逐渐感觉到一种山雨欲来风满楼般的生存危机:一方面是环境日趋恶化、资源面临枯竭、恶疾层出不穷;另一方面是意义的迷失、精神的危机、人际关系的疏

---

① [美]德尼·古莱:《发展伦理学》,高铦等译,社会科学文献出版社 2003 年版,第 239 页。

② [美]赫尔曼·E. 戴利、肯尼思·N. 汤森:《珍惜地球——经济学、生态学、伦理学》,马杰等译,商务印书馆 2001 年版,第 266 页。

离、功利主义的恶性膨胀以及人的精神世界的平面化和表面化。我们既充分享受了物质繁荣的快感,又深刻体验了精神荒芜的痛苦。人类社会正面临着发展异化的巨大危机！在发展伦理的意义上,目前人类所面临的危机既是发展观的危机、价值观的危机,更是一场伦理危机。危机的产生当然有多个层面、多种因素,但是不可否认的是,危机在很大程度上与伦理道德的缺失有着非常密切的关系。纵观人类发展史,生产的社会化使得市场不同主体间的利益关系非常紧密,任何违背伦理的经济行为都会直接或间接地造成社会发展体系的震荡和市场的混乱,进而影响到整个社会的发展。而全球化背景下发展的日益复杂性更是凸显了伦理道德对社会发展的支撑作用。在发展伦理看来,伦理道德是经济发展更是社会发展的基础和灵魂,没有它的支撑,公正和合理的社会秩序无法建立和运行,社会快速、持续、健康的发展也只能是空想。片面而单一的经济发展,已经被实践证明注定是反伦理的。

3.2.3.2　真实发展的合伦理性

发展是人类前行的唯一路径。与自然界相比较,与其说人类社会是一个实然世界,不如说其更是一个应然世界和价值世界。在此,“应然”是指基于事物自身的性质和规律并在可能的条件下事物应该达到的状态。“实然”就是事物存在的实际状况或原初状态。一般情况下,事物的现实表现样态之实然,总是与其应然之间存在着某种程度的脱节或悖离;而反映事物理性要求之应然,也总是超越该事物外在实然状态的。正是事物应然的存在,才使得事物实然状态的改善成为必要和可能。一切动物的活动均是按照它所属的那个“种”的程度本能地适应自然,是一种无奈的“实然”。唯有人能够超越“种”的限制,在“应然”的导引下有目的有意识的改造客观对象。人的实践活动一方面要遵循客观规律,按客体尺度把握世界;另一方面,人又是目的性存在的人,任何一种实践活动均是在需要和目的驱使下把主体尺度运用于对象世界,使实然向应然转化,使自在之物向为我之物转化,使自然世界向属人世界转化。社会发展实际上就是主体按照客体和主体的尺度实现人之需要的满足过程。由于人不仅有自然需要而且有超自然的需要,超自然需要的满足就要求人不断地创造经济价值之外的人文价值,其中当然也包括伦理价值。在此,社会发展蕴涵着丰富的价值意蕴,一定意义上其实质就是价值的创造过程。

德尼·古莱在《发展伦理学》中从广义的价值维度来看待发展的核心问

题,把发展界定为美好生活、公正社会以及人类群体与大自然的和谐关系,以及最大限度地实现生存、尊重、自由。《联合国第二个发展十年(1970—1980)》指出:“发展的最终目标必须是为了使个人的福利持续地得到改进,并使所有人都得到好处。如果不正当的特权、贫富悬殊和社会不正义继续存在下去,那么就其基本目的来说,发展就是失败的。”①而阿马蒂亚·森则在《以自由看待发展》中强调:“实质自由包括免受困苦——诸如饥饿、营养不良、可避免的疾病、过早死亡之类——等初步的可行能力,以及关系到能够识字算数、享受政治参与、发表不受审查的言论等的自由。实质自由基本的考虑因素是我们所拥有的、享受我们有理由珍视的那种生活的可行能力。”②我国学者邱耕田在《发展哲学导论》中也有大致相同的表述,认为发展就是“一个社会为人民中最贫困者所应确定的最低生活标准,……得到基本的服务,如饮水清洁、环境卫生、交通、保健和教育,意味着每个能够工作和愿意工作的人都有一个报酬合理的就业机会。同时还应该意味着在质的方面进一步满足需要,生活于一个有益于健康、人道的社会和令人满意的环境,并普遍参与那些关系到民生和个人自由的决策。”③从以上论述中,我们看到只有能够给社会绝大多数人带来福祉的发展才是合乎伦理的真实发展。

当人们逐渐认识到以物的价值为基础的经济增长观在理论上的局限性以及实践上的危害性时,经济增长发展观就被新的科学发展观所取代。科学发展观认为,经济增长、物的价值的实现只是社会发展的基础,社会发展本质上是社会结构的全面转型、伦理价值观的现代转变、人的自由全面的发展和绝大多数人生活水平与幸福感的提高。在此,人是社会发展的最终目的和最高价值追求。“发展是所有人和所有社会的整体提升:它是经济与社会改善的实质,也是文化、精神和美学成熟的实质。”④社会发展是客体价值与主体价值、物的价值与人的价值、经济价值与文化价值、自然价值与社会价值的统一。科

① 联合国新闻处编:《联合国手册》,商务印书馆 1972 年版,第 96 页。

② [印]阿马蒂亚·森:《以自由看待发展》,任赜、于真译,中国人民大学出版社 2002 年版,第 30、286 页。

③ 许先春:《走向未来之路:可持续发展的理论与实践》,中国广播电视出版社 2002 年版,第 15 页。

④ [美]德尼·古莱:《发展伦理学》,高铦等译,社会科学文献出版社 2003 年版,第 63 页。

学发展要求人们对发展的价值观进行全面更新和创造性转换,坚持整体发展、协调发展和可持续发展,将社会发展的伦理价值归结到人类幸福美好生活的总目标上,促进和实现人的全面、和谐、自由的发展。这些都被历史地看成为合乎伦理的真实发展。

3.3 发展的终极价值目标——幸福美好的生活

历史走到20世纪80年代,人们开始把发展的视角从“物”转向“人”,转向满足人的需求和人的发展。并因此在强调经济与政治、人与自然协调的基础上,提出发展应以人的价值、人的需要、人的潜能的发挥和人的幸福为中心,以满足人的基本需求,促进生活质量的提高和社会成员的全面发展。检验是否是真实发展的标尺不是GDP,而是社会绝大多数人幸福美好的生活。中国共产党的十七大报告也明确指出,要“确保到2020年实现全面建成小康社会的奋斗目标”,必须“加快推进以改善民生为重点的社会建设”,因为“社会建设与人民的幸福安康息息相关”。十七大报告把民生幸福的重要性提到了前所未有的高度,这与中国政府所倡导的“发展为了人民,发展依靠人民,发展的成果由人民共享”的精神是一致的。增进民生幸福,是我国全面建成小康社会,进而实现社会主义现代化的根本目的。能否增进民生幸福,应当成为检验我国小康社会建设和现代化建设得失成败的最终标准,因为它是发展的最终目标和最高境界。

3.3.1 幸福是发展的终极目标和根本目的

研究表明,尽管每个人追求的东西看上去不同,但终极目的都是幸福。在收入水平极低时,财富的增长很容易带来幸福感,但当财富积累达到一定程度后,它对幸福感的影响就越来越小。所以,在生存需要满足以后,社会发展的目的不是财富最大化,而应该是人们的幸福最大化。基于这样的发现,人们愈益清醒地认识到“幸福指数”应成为衡量社会和谐与否的重要指标。

何谓幸福?中国古代汉语中的“幸福”是个合成词,由“幸”和“福”构成。《辞源》中找不到“幸福”这一词条,这说明在中国古代,“幸”与“福”是分开用的。《说文解字》中对“幸”的解释为:“幸,吉而免凶也。从屰,从夭。夭,死之事,故死谓之不幸”。甲骨文中幸的字形,上为夭,夭即未享天年而死;下为屰,屰即逆之本字,意不顺、相反。因此在中国古代幸的意思是:顺、免死。《说文解字》对福的解释为“福,佑也。从示,声”。这里的“佑”的意思是“助”。“福”字在甲骨文中是“两手捧酒浇于祭台之上”的会意字,是古代祭祀的形象写照。福字从示,即彼岸之天机、之神灵;右边为酒瓶,这种古代奢华与最高级的象征。从福的词形结构可以看出:古人相信以美酒来祭祀神灵,可得福。因此在中国古代,神灵保佑,逢凶化吉为福。归纳起来,中国古代幸福的意思是指:“生活顺利、长寿”且有“助”(天助、神助、人助)。在《现代汉语词典》中有两种关于幸福的解释:一是使人心情舒畅的境遇和生活;二是称心如意。但在英语国家中,同幸福(做名词)相对应的单词有很多,例如,happiness(幸福、喜、顺当),blessedness(幸福、福气),welfare(生活福利),well-being(福利、顺遂),felicity(福祉、祺),bliss(极乐、福佑)。《维奇匹迪亚百科全书》对幸福的解释则是“一种由好运或者任何好事所带来的精神上的惬意感或惬意状态”。[①] 可见,东西方对幸福的理解大体一致,都是用来形容美好事物的。

在伦理学界,古希腊先哲亚里士多德的精彩论述,至今仍然闪烁着智慧的光芒。他认为,幸福是人生基本的、普遍的权利,是人生目的或终极目的。在亚里士多德看来,人生的目的是多种多样的,但“只有幸福才有资格作绝对最后的目的,我们永远只是为了它本身而选取它,而绝不是因为其他别的什么。”[②]作为最高的善和快乐,幸福具有终极性、自足性和无条件性的特点。即:幸福是每一个人都追求的最终目标(终极性);人们是只为了幸福本身而选择幸福,而永远不是为了其他的因素(自足性);幸福仅凭其本身就足以使生活有价值且毫无匮乏,它本身就是最完满的(无条件性)。因此,幸福就是最高的目的。他说:“关于什么是幸福,……一般人的意见与爱智慧者的意见就不一样了。因为一般人把它等同于明显的、可见的东西,如快乐、财富或荣誉。不同的人对于它有不同的看法,甚至同一个人在不同时间也把它说成不

① Wikipedia, *The Free Encyclopedia*, www. wikipedia. org.

② 亚里士多德:《尼可马科伦理学》,苗力田译,中国社会科学出版社 1990 年版,第 10—11 页。

同的东西:在生病时说它是健康;在困难时说它是财富;在感到自己无知时,又对那些提出他无法理解的宏论的人无比崇拜。"①亚里士多德尤其强调幸福是最高的善,是人生的目的,是人与动物的根本区别。他指出:"既然所有的知识与选择都在追求某种善,政治学所指向的目的是什么,实践所能达到的某种善又是什么。就其名称来说,大多数人有一致意见。无论是一般大众,还是那些出众的人,都会说这是幸福,并且会把它理解为生活得好或做得好"。② 把"幸福看做是人生的目的,不是品质,是因其自身而值得欲求的、合德行的实现活动。"③快乐主义哲学家伊壁鸠鲁认为:"快乐是人生最高的善"。"快乐是幸福生活的开始和目的。"④自由主义的代表人物穆勒认为:"幸福是指快乐与免除痛苦,不幸福是指痛苦和丧失掉快乐。"⑤莱布尼茨则认为:"幸福是一种持续的快乐。……幸福可以说是通过快乐的一条道路,而快乐只是走向幸福的一步和上升的一个梯级","理性和意志引导我们走向幸福,而感觉和欲望引导我们走向快乐。"⑥

可见,无论历史上对幸福的界定和内涵有如何不同的理解,也无论不同时代、不同阶级和阶层、不同社会地位、不同社会背景的人有多少不同的理解,但有一点应该是相同的,那就是幸福是生活境遇的称心如意和精神上的惬意。从价值层面上看,人类最高层次的发展本质,就在于追求和实现人类的普遍幸福。因为在普遍幸福之中,不仅包含了发展的最高目标,更包含了对所有生命价值的最高肯定。因此,幸福成为了人类发展的终极目的,是人人殚精竭虑所追求的。这使得人类文明的发展总是以利益冲突性之弱化与利益一致性之增强的形式表现出来。无论有多少个理由,本质上,整部文明史就是人类不断追求生活境遇称心如意这样一个幸福目标的历史。由于普遍幸福是一个漫长的历史过程,所以,如何实现普遍幸福成为了发展的永恒主题,及至现代,它仍然是发展问题的"珠穆朗玛峰"。犹如功利主义大师边沁所言:"自然把人类置

---

① 亚里士多德:《尼各马克伦理学》,廖申白译,商务印书馆 2005 年版,第 9 页。
② 同上。
③ 亚里士多德:《尼各马克伦理学》,廖申白译,商务印书馆 2005 年版,第 330 页。
④ 伊壁鸠鲁:《致美诺寇的信》,载《古希腊罗马哲学》,三联书店 1952 年版,第 367 页。
⑤ [英]穆勒:《功用主义》,唐钺译,商务印书馆 1957 年版,第 7 页。
⑥ [德]莱布尼茨:《人类理智新论》(上册),商务印书馆 1982 年版,第 187—188 页。

于两位主人公——快乐和痛苦——的主宰之下。只有它们才能指示我们应该干什么,决定我们将要干什么。是非标准,因果联系,俱由其定夺。凡我们所行、所言、所思,无不由其支配:我们所能做的力图挣脱被支配地位的每项努力,都只会昭示和肯定这一点。一个人在口头上可以声称不再受其主宰,但实际上他将照旧每时每刻对其俯首称臣。"①

在市场经济一统天下的今天,无论是已经实现现代化的发达国家还是正在为实现现代化而努力的发展中国家,金钱和财富往往被当做幸福的代名词。更多的财富意味着更好的生活水平和更充分的休闲,确保了财富的拥有者过上他想要的生活。于是经济学家就有了一个看起来似乎完全符合逻辑的演绎:要衡量一个民族的现代化程度和一国人民的幸福程度,只要看该国经济的繁荣程度就行了,于是以衡量一国总收入为核心的指标——国内生产总值(GDP)诞生了。这个衡量指标被经济学家萨缪尔森和诺德豪斯称为"20世纪最伟大的发明之一",也被曼昆看做是"社会经济福利最好的一个衡量指标"。GDP从此获得了超凡的魅力,相继被世界各国普遍采用,并且在不少国家和地区受到吹捧。那些要急于摆脱落后面貌,力争早日实现现代化的发展中国家更是对GDP如痴如醉。人们不禁要问,GDP真的能够正确而全面地衡量一个国家的发展程度吗?如果不能,该如何矫正?GDP真的可以衡量一个民族的幸福程度吗?GDP等于幸福生活吗?幸福生活与现代化究竟是什么样的关系?……

3.3.2　GDP指标的确立及其缺陷

今天的GDP(Gross domestic product)是一个耳熟能详的词语,不管你身处哪国,从事何种工作,GDP一词会时不时地在耳畔响起。于是人们不免会问,GDP的含义是什么?它到底有什么价值?作为衡量指标,GDP真的是完美无缺的吗?在GDP面前,发展的伦理价值之维何以体现?

3.3.2.1　GDP的意蕴及价值

GDP指一定时期内(通常以年为单位),一国居民在本国范围内生产的全部最终产品和劳务的市场价值的总额。GDP以市场价格计算一国所有常住

① [英]边沁:《道德与立法原理导论》,时殷弘译,商务印书馆2005年版,第57页。

单位和个人在一定时期内所有的生产活动(包括产品和劳务)的最终成果,是国民经济各行各业在核算时期内增加值的总和(各个行业新创造价值与固定资产转移价值之和)。GDP之所以被认为是社会经济福利最好的一个衡量指标,是因为它建立在这样一个逻辑前提之上:"如果你要判断一个人在经济上是否成功,你首先要看他的收入。高收入的人更容易买得起生活必需品和奢侈品。毫不奇怪,高收入的人享有较高的生活水平。……同样的逻辑也适用于一国的整体经济。当判断经济富裕还是贫穷时,观察经济中所有人的总收入是自然而然的。这正是GDP的作用"。① 对于GDP的重要作用,美国前财政部长罗伯特·鲁宾也指出:GDP核算向国会和其他部门提供了美国经济健康情况的极其重要的特征,今天,我们能制定出较好的经济政策,是因为GDP的核算使我们较好地了解了政策的作用。② 相反,如果没有GDP指标和核算,我们无法反映一个国家和各地区的生产规模和产业结构,需求规模和需求结构,无法判断一国经济及其景气周期,无法提供经济健康与否的最重要的数据。也无法反映一国的贫富状况和人民平均生活水平,无法确定一国应该承担怎样的国际义务,享受怎样的待遇。③

3.3.2.2 GDP作为衡量指标的弊端

然而,GDP并不是一个完美的衡量指标,作为衡量指标,GDP的缺陷主要表现在:

首先,GDP不能反映一国经济增长的质量、效益和实际的国民财富。以中国为例,改革开放30年来,中国的GDP年均增长速度超过了9%,在世界各国的发展史上实属罕见,但是,中国经济的效益、效率和质量却远在世界平均水平之下。以投资回报率为例,中国投资的效率十分低下,每投入5—7元,才能带来GDP新增1元,而发达国家则只要投入1元就可以新增1元。这种主要靠投资来带动GDP增长的方式是不可能长久保持下去的。中国GDP年均增速快,而其质量、效益,效率却不高。

其次,GDP不能正确反映经济增长的社会成本,尤其是环境和生态的代价。

---

① [美]曼昆:《经济学原理》(下册),梁小民译,北京大学出版社2001年版,第105页。
② 秦朔:《告别GDP崇拜》,浙江人民出版社2004年版,第44—45页。
③ 秦朔:《告别GDP崇拜》,浙江人民出版社2004年版,第44—45页。

当前,在统计 GDP 时,很多自然资源的价格被低估,甚至根本没列入计算,其结果是当这些自然资源被消耗,环境受污染而恶化时,其显示在 GDP 指标上却是增长,而不是减少。同样以中国为例,在全球 10 大环境污染最严重的城市中,中国占 8 个;中国城市河段 70% 受到污染;2/3 城市居民生活在噪音超标的环境中,中国为发展付出了沉重的环境代价,但这些代价却不能在 GDP 中得到显示。另外还有数据表明:中国每年因资源浪费、环境污染、生态破坏而造成的经济损失至少为 4000 亿元,这些损失也无法在 GDP 中给予相应的扣除。

第三,GDP 不能反映收入的公平分配,人均 GDP 模糊了贫富差异。对此,美国经济学家曼昆进行了精确的分析:"一个有 100 个年收入 5 万美元的社会,GDP 为 500 万美元,毫不奇怪,人均 GDP 是 5 万美元。一个有 10 人赚到 50 万美元而 90 个人一无所有而受苦的社会的 GDP 也是这样。很少有人在考虑这两种情况时认为是相同的。人均 GDP 告诉我们的是平均每个人的情况,但平均量的背后是个人经历的巨大不同。"①在贫富差距较大的国家和地区,人均 GDP 并不能正确反映收入的实际分配状况。

第四,唯 GDP 马首是瞻的增长模式不利于经济社会的可持续发展。经济增长本来是实现社会福利目标的手段,但当社会把关注的焦点完全集中到被衡量的对象——GDP 指标时,手段就变成了目标,片面追求 GDP 增长的现象就产生了,于是 GDP 压倒一切。加上 GDP 不把实际生活状况、人类幸福状况、环境和人文状况纳入衡量之列,于是,这些项目同被衡量的 GDP 相比,被认为不具有优先性,其最终结果是环境的状况恶化和生态失衡加剧,社会的发展也因此不可持续。

第五,GDP 不能衡量社会福利水平和人民的幸福程度。美国南加州大学经济学教授理查德·伊斯特林是对快乐进行理论研究的当代经济学家。他在 1974 年出版的著作《经济增长可以在多大程度上提高人们的快乐》中提出了伊斯特林悖论(Easterlin Paradox):收入增加并不一定导致快乐增加。因为:(1)国家之间的比较研究以及长期的动态研究表明,人均收入的高低同平均快乐水平之间没有明显的关系;(2)在收入达到某一点以前,快乐和幸福随收入增长而增长,但超过那一点后,这种关系却并不明显;(3)在任何一个国家

① [美]曼昆:《经济学原理》(下册),梁小民译,北京大学出版社 2001 年版,第 117 页。

内部,人们的平均收入和平均幸福美好之间并没有明显的关系,包括文化特征在内的许多其他因素会影响幸福的感受和幸福的程度;(4)GDP 指标无法将一些看不见的,但又非常重要的东西纳入衡量之列。如:宁静、无困扰、无压力、无焦虑的生活和内心的平静及幸福感受等等,而这些恰恰被许多人视为美好生活的最终目标和最高境界。

3.3.3 国民幸福总值:经济和社会发展考量的新维度

既然 GDP 作为衡量社会发展的指标存在明显的缺陷,那么,有没有一种新的、更合理的衡量指标?于是,国民幸福总值 GNH(Gross National Happiness)进入了人类的视野,并且,作为一种新的衡量指标,国民幸福总值考核的全面性和合理性,正得到越来越多人的认可,其影响也越来越大。GNH 是国际社会刚刚出现的标准,也可以称做国民幸福指数。它把主观幸福感作为一项指标,是反映民众主观生活质量的核心,是衡量人们幸福感的一种指数,也是制定发展规划和社会政策的一种重要参考指数。

3.3.3.1 GNH 的提出及意蕴

幸福指数是人们幸福感的度量值,是一项衡量民众对幸福具体感受程度的核心指标。最早的 GNH 测量是心理学研究的一个领域,包括生活质量、心理健康和社会老年学三个学科领域。后来 GNH 又被列入社会学和经济学的研究范畴,幸福感的丰富内涵和表现形式得到了更多的揭示。人类对幸福进行测定的努力始于古希腊时代,但"幸福指数"的概念最早是由美国第一位诺贝尔经济学奖的获得者(1970 年)、美国经济学泰斗、麻省理工学院教授保罗·萨缪尔森在 20 世纪 50 年代提出来的。被称为经济学界最后一个通才的萨缪尔森,作为新古典经济学和凯恩斯经济学综合的代表人物,其理论观点体现了西方经济学整整一代正统的理论观点,并且成为西方国家政府制定经济政策的理论基础。① 他首次用"幸福=效用/欲望"(即:幸福等于效用与欲望之比)的关系式表述了幸福指数的理念。理论上,"效用"是指人们从消费某

① 保罗·萨缪尔森于 2009 年 12 月 13 日在马萨诸塞州的家中辞世,享年 94 岁,其理论获得学界和媒体的广泛赞誉。http://news.xinhuanet.com/photo/2009-12/15/content_12647300.htm。

种物品中所得到的满足程度。一般情况下,消费的各种物品越多,所得到的效用越大,幸福指数理应越高。但是,萨缪尔森却通过这个公式告诉我们,理论上合乎逻辑的推理未必等于现实中的实际状况。现实中,一个人的幸福感受的程度取决于两个因素——效用和欲望。即:对任何一个人来说,当欲望既定时,效用越大就越幸福;当效用既定时,欲望越小越幸福。幸福与效用是正比的,幸福与欲望是反比的。换言之,如果欲望是无限的,那么无论效用有多大,只要它是一个既定的量,与无限的欲望相比,幸福都等于零。按照萨缪尔森的理论,当你在为一顿饭菜难以下咽而痛苦时,那就借用此理论,把你对饭菜的要求和欲望降低一点,恐怕就不会有这样的痛苦了。这不是阿 Q 精神,而是因为欲望和幸福是成反比例变动所致。如果我们在现实生活中能够像经济学家那样做类似的思考,或许就能很好地平衡一下偶尔失调的心态,就不至于为某一餐不好吃的饭菜而痛苦。无论萨缪尔森的主观意愿如何,客观上,他提出的"幸福=效用/欲望"方程式却让人们感悟到:虽然我们在物质层面欲望很多,但精神层面满足后获得到的幸福却是物质追求不能比拟的,如果我们是精神的富翁,那么我们就可以在看似平凡的琐碎小事中深感幸福。萨缪尔森的这个理论后来在不丹王国的实践中被得到了运用和证实。

1972 年,当不丹国王旺楚克登上王位时,第一次将幸福指数引入宏观的实践领域中,创造性地提出了"国民幸福总值",并作为不丹发展政策的基石。旺楚克认为:"人生基本的问题是如何在物质生活和精神生活之间保持平衡。只有当物质和精神共同发展,且相互补充,相互促进的时候,人类社会才能实现真正的发展","国民幸福总值远比国内生产总值重要。政府施政应该关注幸福,并应以实现幸福为目标"。在这种理念的指引下,不丹把"促进社会和经济的平衡、可持续发展,保护和提升文化价值、保护自然环境和建立善治的政府"作为该国国民幸福总值的四大支柱。①值得注意的是,当不丹国王提出 GNH 的时候,不丹在亚洲属于最贫穷的国家之一。按照西方的发展模式,穷国要摆脱贫困首先要以发展经济为主,这种确保经济发展优先的政策,常常使环境保护成为一句空话,其结果是全民付出了得不偿失的环境代价。不丹采

① Interview with the Prime Minister of Bhutan, For Q & A in Times of Indiaby Rajni Bakshi, from *Report on Conference on Gross National Happiness*, February 18—20, 2004, Bhutan.

用环保优先的发展道路，在国民收入增长的同时，将自然环境很好地保护起来，原始森林的覆盖率在亚洲排名第一，整个国土的74%在森林的覆盖之下。不丹拥有丰富的旅游资源，但是为了保护环境，不丹严格限制游客入境人数，2005年全年获得签证而进入不丹的人数不到6000人。由于不丹对环境的良好保护，2006年获得了联合国环保署的"地球卫士"奖。① 2006年，英国莱斯特大学公布的一份调查报告称，不丹在"全球快乐排行榜"中名列第8位，紧随在以高福利、高收入、高税收、高消费而著称的瑞士及北欧诸国之后。现在的不丹，人民的生活虽然简朴无华，但内心却充实宁静，其乐融融。整个国家的社会秩序井然，几乎见不到衣衫褴褛的乞丐，犯罪率极低，全国总共才有二十多名囚犯，所犯的罪行最重不过是偷拿了邻家的东西。

最初，世界上没有多少人注意到不丹这一划时代的决策，但之后20多年的实践证明了不丹国王决策的正确。此后，"国民幸福总值"的考量体系引起了全世界的瞩目：美国的世界价值研究机构开始着手研究"幸福指数"；英国和日本开始模仿"不丹幸福指数"；不少经济学家也开始联手致力于"国民幸福总值"的研究。从20世纪50年代萨缪尔森提出"幸福指数"，经过了20世纪70年代不丹王国的"国民幸福总值"，到21世纪，2002年诺贝尔经济学奖获得者卡尼曼博士创立了系统的"国民幸福指数"。他的这套理论一改以前经济学的死板僵硬，将人性化的温情巧妙地融入机械的统计数据中，既考核国家（地区和个人）的经济发展情况，又考核人们是否从经济发展中受益，满意程度如何。借助联合国的宣传，卡尼曼博士的理论在全世界得到了推广。②总体上看，GNH的考量致力于创造一种环境，让每个公民都通过自己的努力，能够有公平的机会，去实现自己的幸福。GNH以一种新的、更加综合的方式来定义发展，来考虑实际的社会福利，而不是用消费的方式。GNH在考虑生活质量时，比GDP更全面，更能照顾到人们的心理，既关照到了人们的物质需要，又关照到了人们的精神需求和情感归属的需要。一句话，和GDP相比，GNH注重将人以及符合人性发展的需求置于评价各项发展状况的核心位置。

① 吴洪森：《不丹模式与幸福总值》，《经济观察报》2005年12月19日第4版。

② 博文：《"幸福指数"和"幸福感"》http://blog.sina.com.cn/s/blog_49380a9e010006f3.html。

3.3.3.2　启动 GNH 考量体系的理性思考

GNH 自提出到现在已经有 30 多年了,随着社会的发展正日益受到世界各国广泛的关注。尤其是进入 21 世纪,GNH 的考量体系更是声名鹊起。其间主要有三个原因在起作用:一是越来越多的人意识到国民生产总值是一个单向度的考量,因此,容易误导人们错误地理解发展目的;二是由于 GDP 标准的局限性掩盖了很多片面发展带来的诸多问题,人们越来越多的试图用其他的考量尺度对发展实践做更加真实的衡量;三是传统发展模式和发展观念导致的发展异化现象,使得越来越多的人要求把道德和文化的价值作为经济政策考虑的核心之一。当前,世界各地已经出现了强烈的告别 GDP 崇拜、启动 GNH 考量体系的呼声。但是热闹之余,需要冷静思考。启动 GNH 指标考量体系不得不注意以下问题:

首先,对 GDP 和 GNH 的关系要做辩证统一的理解。切忌矫枉过正,以至于全盘否定 GDP 在 GNH 中的作用。

一方面,我们必须承认经济因素(GDP)在国民幸福指数中的重要作用。毕竟,GDP 能够全面反映全社会经济活动的总规模,是衡量一个国家或地区经济实力、评价经济形势的重要综合指标,而一个国家的经济实力也是该国幸福生活的经济基础。以中国为例,中国零点调查发布的 2005 年中国居民生活质量指数研究报告显示:在中国,无论城乡,人们感到不幸福的主要原因依然是贫穷,54.6% 的城镇居民和 66.4% 的农村居民将贫穷列为感到不幸福的主要原因。当人们在最基本的生活需要还没有得到满足的条件下,想通过追求精神生活的方式来提高幸福感,只能是水中月镜中花。① 幸福首先要有物质保障,食不果腹,衣不蔽体的人恐怕谈不上快乐和幸福。这说明,真正的幸福离不开必要的物质保障和经济基础。脱离物质需求奢谈幸福不仅可笑而且虚伪。“要草不要苗”的贫困“社会主义”不可能给人民群众带来真正的幸福生活,这已经被曾几何时的实践证实。因此,通过大力解放和提升社会生产力,创造出更多的社会物质财富,是社会发展和幸福美好生活不可或缺的经济基础和物质前提。在“幸福=效用/欲望”的公式中,假设没有物质“效用”,分子为零,幸福也就根本无法产生了。

---

① 张瑾:《国民幸福指数:社会发展评价的新尺度》,《领导科学》2003 年第 15 期。

另一方面,我们也不要极力夸大经济因素在 GNH 中的作用。我们承认 GDP 的历史作用,但决不崇拜 GDP,否则很容易因为陷入物质主义、享乐主义的泥坑而失去真正的幸福。因为经济因素、物质财富是基础,但是幸福指数与国民收入之间并不一定会呈现正向关系,社会物质财富的增加也不一定为社会绝大多数人带来物质生活和精神生活的真正改善,甚至还有可能拉大贫富差距,并出现精神生活恶化的现象。这是因为物质“效用”是有限的,所以创造幸福的生活,需要合理地控制住自己的物质欲望。我们并不提倡通过克制欲望来创造幸福生活,(事实上,克制欲望也无法创造幸福生活)但是,没有限度的欲望无论对社会还是对个人都是可怕的,无限度的物欲是一个无限大的分母,分母太大,幸福的感受也难以到来。幸福首要的障碍就是无限度的欲望期待,诚如先哲所言:祸莫大于不知足,咎莫大于欲得。尤其是当物质欲望无限到根本无法实现的“效用”基础上,那不仅得不到幸福,而且势必带来无尽的痛苦。欲望泛滥之时,就是灾难到来之日。正是在这个意义上,我们说,GDP 本质上应该是 GNH 体系的一部分,既非全部,更不是首要目标和最终目标,应该由 GNH 决定经济发展的取向而不是相反。

20 世纪 80 年代,有调查显示,当时我国的 GNH 值是 64%,到 1991 年 GNH 上升到 73%,这说明改革开放带来的物质生活的提升使得国民普遍感到比过去幸福了。但到了 1996 年这个指数却跌到了 68%,这说明物质的富裕不是衡量幸福的唯一标准。另一项调查是,GDP 指标较高的上海和北京的 GNH 值,在全国大中城市中的排位靠后,而 GDP 指标相对较低的成都,其 GNH 值却名列全国第一。这两项调查都说明物质保障是构成快乐幸福的必要条件,但不是充分条件。① 事实上,GDP 是硬指标,GNH 是软指标,两者在社会发展的规划与政策中各具独特的地位与作用。重视 GNH 的考量尺度,说明发展的内涵更加丰富了,但我们并不能因此而在 GDP 与 GNH 之间做一种非此即彼的选择。所以,在告别 GDP 崇拜的时候,切忌矫枉过正,转向否定 GDP 的 GNH 崇拜,将幸福指数的意义无条件地夸大化、片面化、偏激化。

其次,全面规划 GNH 考量体系,防止以偏概全。GNH 是衡量民众幸福感

---

① 博文:《中国人的 GNH》,http://blog. cz001. com. cn/? uid-2493-action-viewspace-itemid-21530。

的主观生活质量的核心指标。民众幸福感主要包含两方面的内容:人们对总的生活以及主要生活领域的满意感、人们所体验到的快乐感以及人们由于潜能的实现而获得的价值感。不管是满意感、快乐感,还是价值感都有强烈的主管偏好,难以用统一的标准进行量化,因此容易出现主观偏差,这也影响到 GNH 衡量指标的真实性和客观性,影响到它的广泛应用。在全面规划 GNH 考量体系时,首先要综合看待一个社会的有形方面和无形方面,并且根据国民的需求来详细确立各种目标。这些目标应该包括:教育、卫生、保健、住房、衣服、食物和营养、环境保护、父母养育子女的时间;艺术、商业活动;基础设施,法律和规章以及人民表现出的幸福感受。①

第三,GNH 实施的前提在于纠正人们对发展和幸福的关系的错误认识。只有当发展成为实现人类幸福和进步的有效工具时,发展才具有价值。幸福是每个人与生俱来的追求,现代化是为幸福创造条件、让每个人过上幸福生活的过程。GNH 的哲学基础是把发展当做实现物质上、精神上、文化上和情感上满足的工具,发展本身不是目的,不能为了发展而发展。所以,要秉持综合经济、社会、环境等多方面取向的现代化发展理念,以关注"人本"为核心,其衡量尺度是人们的幸福指数。某种意义上,GNH 是另一种形式的 GDP——想要了解国民经济的发展就得考量 GDP;想要知道社会的和谐程度则必须考量 GNH。

第四,不能将 GNH 简单化为社会发展状况的"风向标"和"晴雨表"。由于幸福感常常是很个体化的主观领域,因此,GNH 可以成为生活质量指标体系中一个重要方面,但并非唯一方面。所以,不要将 GNH 视为衡量个人生活质量和社会进步程度的绝对性指标,从而忽视了对于社会发展内涵和人的精神领域的丰富性考量。更不能只凭一份调查问卷就以为可以全面而准确的把握社会大多数人总的幸福感,因为,在进行测量的时间点上人们所表达只是他们在某一时期、某一层面、甚至某一情绪中的感受,而不一定是其生活的全部,更不可能是社会的全部。

第五,GNH 并不只是幸福感。人们在讨论"幸福指数"时,很容易将"幸

① Frank Dixon: *Gross National Happiness: Improving Unsustainable Western Economic Systems*, published by Center for Bhutan Studies, 2004, p. 113.

福指数"与"幸福感"混为一谈。"幸福指数"作为统计结果,既有主观感受,也有客观状态,是对众多个体信息的处理和汇总。但"幸福感"却是单个个体的主观感受,它常常会受到个人心理、精神甚至情绪上的影响和左右,有时难免感觉上的偏颇。显然,幸福指数涵盖了幸福感但并不等于幸福感,它还包含外部生存环境和自身发展条件。根据国家社会科学基金项目"当今中国城市居民主观幸福感研究"主持人邢占军博士的统计:"非典"曾让人们的幸福指数下跌,"神五"成功发射则提高了幸福指数。又如农村人比城里人更容易感觉到幸福。再如,生活在空气污染指数低的城市,就相对幸福。由此,他提出可以通过心理测量的10个指标来了解我国民众的幸福指数。(10个指标是:知足充裕体验指数、心理健康体验指数、成长发展体验指数、社会信心体验指数、目标价值体验指数、自我接受体验指数、人际适应体验指数、身体健康体验指数、心态平衡体验指数、家庭氛围体验指数)

第六,谨防GNH走向异化。一方面,要谨防将幸福指数像GDP那样形式化、庸俗化甚至政绩化。幸福指数是衡量居民幸福程度的普通指标,它不能替代GDP、失业率等其他指标。如果将幸福指数政绩化,那么就难免一些部门的领导采取短期行为或者数字造假,由政府的统计部门进行社会调查、测算和公布,将GNH异化成为衡量政府政绩的指标。而且这种自己调查自己的政绩,集"运动员"和"裁判员"一体的调查数据是否具有可信度也是令人怀疑的。

另一方面,还要谨防国际上一些发达国家中别有用心的人用GNH作为烟雾弹来迷惑、混淆视听,误导发展中国家的人们放弃发展。据报道,2006年7月英国一个名叫"新经济基金"的组织搞了一个报告,名叫《幸福星球指数》。在这份报告的178个国家和地区的排名中,越南以排名第12位成为亚洲成绩最好的国家,而新加坡则以第131位成为亚洲成绩最差的国家。中国排名第31位。泰国、印度、韩国分别排名第32位、第62位和第102位。最让人诧异不已的是8个发达国家的集团成员无一进入排行榜前50名。意大利、德国、日本、英国、加拿大、法国、美国、俄罗斯分别排在第66位、第81位、第95位、第108位、第111位和第129位、第150位、第172位。似乎经济越不发达的地区,人民越幸福。据调查者自己说,评选依据的标准是"获得幸福的投入产出比",即以人们对生活的满意度指数乘以人均寿命,再除以当地资源消耗指数。这个数学表达式的矛盾在于:消费越少,生活越幸福?依据这份报告的逻辑推论,原始社会"茹毛饮血"的时代应该是幸福指数最高的生活。如果是这样的话,发达国家为什么还要乐此不疲,甚至大动干戈地通过科学技术提高生产力,以发展经济实现现代化呢?难道"新经济基金"组织想以此告诉发展中国家和贫困地区的人民:"经济越发展,人民越痛苦,你们虽然营养不良,虽然吃得不饱,穿得不暖,平时生活单调,但是,你们比咱幸福多了,既然如此,你们也就不要来跟咱发达国家抢资源、抢石油了。或许,这才是这份报告的真正用意所在吧。"①

总之,幸福指数关注的并不仅仅是少数人的幸福,而是所有群体的幸福;并不仅仅是今天的幸福,而是现在与未来的幸福。所以,幸福指数应当合理定位,避免让幸福指数走入误区。

3.3.4 幸福生活与现代化:目的与手段之辨

提起现代化,人们会想当然地认为,一国现代化程度与该国国民的幸福感应该是正相关的,现代化会增进该国国民的幸福感。事实果真如此吗?答案是否定的。东亚便是一个例子。

3.3.4.1 东亚幸福鸿沟引发的思考

华裔经济学家黄有光在谈到东亚经济实力与该地区人民幸福感受不相称时曾指出:"在过去20年中,虽然东亚在经济上取得了长足的进步,但在为国民谋福利这一人类终极追求上却毫无作为。事实上,有研究(Cummins,1998)就全球各国人民的幸福水平做了一个比较,其中东亚国家和地区的幸福指数被评为最低。……再有,若以生活满意程度为标准,东亚地区的得分也相当低(中国大陆4.00,香港5.07,日本5.14,新加坡5.72),甚至低于一些低收入的国家(尼日利亚5.11,印度5.15,巴基斯坦5.49,秘鲁5.77,埃及6.14,哥伦比亚6.20)。Furhan和Cheng(1999)的研究也显示了同样的结果:日本和中国香港地区在幸福程度上大大低于英国。"②

---

① 彭兴庭:《〈幸福星球指数〉报告:经济越发展人民越痛苦?》,《中国证券报》2006年7月16日。

② 黄有光:《东亚幸福鸿沟》,转引自秦朔:《告别GDP崇拜》,浙江人民出版社2004年版,第121页。

在东亚各国，还有一个引人注目的现象，就是自杀率是全世界最高的，不仅远远高于同期的欧美发达国家，也远远高于同期的其他发展中国家，这也从另一个侧面说明了东亚幸福鸿沟的存在。东亚幸福鸿沟，使人们再一次认识到现代化不仅有物质层面和制度层面的内容，更有文化层面以及个体层面的内容；一国在实现现代化的过程中，必须把增进民生幸福放到核心位置。

3.3.4.2 国民幸福与现代化的关系

首先，在终极层面：国民幸福是实现现代化的目标，现代化是增进国民幸福的手段。美国芝加哥大学专门从事“幸福学”研究的奚恺元教授在对中国多年的经济以及社会发展情况做了详细的研究之后，指出，“发展经济在很大程度上有助于增加幸福感，现在的中国人比20多年前要幸福得多”。同时，他又指出，“人们幸福与否在很大程度上还取决于很多与财富无关的因素。经济越发展，非物质因素对幸福的影响就越来越大，例如，人们身体的健康，工作的稳定，婚姻状况以及人际关系等等”。可见，当经济发展到一定水平之后，非物质因素开始在很大程度上影响人们的幸福感。2006年，英国科学家在对1000人做了调查后，得出了这样一个公式：幸福指数=P+(5×E)+(3×N)。其中，P代表人的性格、人生观以及适应能力和耐力；E指人的健康及其财富和友谊的稳定程度；N指自我评价以及对生活抱有的期望值、性情和他的欲望。① 此公式的科学依据究竟有多少有待商榷，但不可否认的是，无论是发达国家还是发展中国家，影响人们的幸福指数的因素是多方面的。而且，随着物质生活水平的提高，其他非物质因素的影响也在逐渐加大。这些研究对于我们理解国民幸福与现代化之间的关系所具有的启发作用在于：表现在经济增长与收入增加等方面的现代化只是手段，并不是终极目的，包括现代化在内的一切人类行为的终极目的与终极价值只能是幸福快乐。

其次，在现实层面：增进国民幸福与实现现代化不仅可以做到并行不悖，而且能相互统一，相互促进。当今世界，仍然有很多国家在追求现代化的过程

---

① 博文：《幸福感、幸福指数及其他》，blog. voc. com. cn/blog. php? do = showone&type = blog&itemid = 84125&page = 1。

中,不考虑本国人民的福祉,不顾本国人民的幸福感受,一味追求忽视国民幸福的所谓"现代化",甚至把本国人民的幸福作为现代化祭坛上的牺牲品,认为:等将来国家实现了现代化,人民的幸福也就自然而然地跟上去了。这种观点是错误的。"在国家富有和人民幸福之间,如果存在任何因果关系的话,似乎也是幸福带来经济增长,而不会相反"。① 在正确处理实现现代化与增进国民幸福之间的关系方面,北欧提供了一个很好的经验。北欧国家之所以成为世界上很多人向往的生活之地,一个关键原因在于,北欧在现代化过程中,将增进人民的福祉放在了突出的位置,不仅适时地建立了健全的社会保障体系,而且还实行严格的环境保护制度。使得北欧人民的幸福成为了该地区实现现代化的推进器。北欧的经验表明,将增进国民幸福与实现现代化结合起来,不仅能有效减少和消除现代化过程中可能对社会造成的不安甚至动荡,而且能加强人民的内在凝聚力,进一步加快现代化的进度,而这,又将使人民享受到更美好的幸福生活。

第三,在整个现代化进程中,提升国民感受幸福的能力具有至关重要的意义。英国哲学家休谟将同情心和感受幸福的能力作为人类的两种原生情感,而亚当·斯密则强调合宜感,把怜悯或同情作为人类的本性:"无论人们会认为某人怎样自私,这个人的天赋中总是明显地存在着这一本性,这些本性使他关心别人的命运,把别人的幸福看成是自己的事情,虽然他除了看到别人幸福而感到高兴以外,一无所得。"②英国这两位现代化初期的大师都不同程度地重视幸福的作用,这应该给后人以启示。影响人类幸福感的因素既有先天遗传因素,也有后天的学习和教育因素。后天受教育的程度,在学习和教育中形成的对于职业和工作的观点,对家庭和宗教信仰的看法,对人生和成功的态度,都直接影响到个人感受幸福的能力。现代心理学理论认为,幸福感总体上与成功成正比,与期望值成反比。一国现代化过程往往要冲击到传统的价值观念、行为模式以及各种组织制度,期间,传统观念、行为模式和组织制度已经被打破,而新的替代物尚未建立,于是各种冲突丛生,各种矛盾迭起,人民容易

---

① 黄有光:《东亚幸福鸿沟》,转引自秦朔:《告别GDP崇拜》,浙江人民出版社2004年版,第123页。

② [英]亚当·斯密:《道德情操论》,蒋自强等译,商务印书馆2007年版,第5页。

产生迷茫感和挫折感,这迫切要求提升国民感受幸福的能力,从而正确应对这些迷茫感和挫折感。另外,各国的现代化的实践也表明,那些在增进人民感受幸福的能力方面做得比较好的国家和地区,现代化的过程往往比较顺畅,动荡较小,人民总体满意度比较高,社会的凝聚力和向心力强。

第 4 章

发展伦理Ⅱ:恶、权利、责任与道德规范

对“幸福美好生活”的追求,是人性善的终极真实需求和社会发展的终极价值追求。之前,人们大都是在经济学意义上和个体物质需求的角度去讨论发展对“幸福美好生活”的追求问题。不可否认,这一层面的讨论并没有错,而且也是必要的。但是,当发展将个我的物质需求作为至上的唯一目的,并服从于“经济万能”的大棒与消费结成了盟友之后,消费主义便把人解构成了“物欲主体”。结果,最大限度地满足人的物质欲望便不可避免地造成了对人的尊严与价值的忽视与贬损,而人性的光辉和道德荣耀却在“高歌猛进”的经济发展中黯然失色甚至丢失。无疑,以物质财富的增加为最终目的的经济发展,因其形下特征难免流于世俗、肤浅、不可持续和不科学,并因此而舍弃了“发展”的本真内涵。所以,对发展的研究不应该停留在对“发展”物质表象的讨论,而应该将触角深入到人性的善恶与发展的内在关系上对“发展”加以深层次的形上探讨,深入到与“将来”相联系的终极价值层面的探讨。然而长期以来,我们把发展作为一个过程,总是将“过去”与“现在”作为参照系加以展开的,而“将来”则常常作为未知数被忽略在发展的过程之外和对发展的评估之外。因此,在历史过程中如何保证发展终极目标的实现?如何保证发展是真实和高效的?又如何保证该过程的发展并不削弱下一过程的发展,呈现出发展的可持续性?等等问题,往往由于人们把发展先入为主地定位为“天然合理”,而遮蔽了对“幸福美好生活”这一发展终极价值目标的追求,最终走向“为了发展求发展”。结果是:为了短期发展牺牲了长期发展;为了当代人的

发展牺牲了未来人的发展;为了某一地区的发展牺牲了大多数地区的发展;为了经济的发展牺牲了自然环境的美丽生态和人文环境的良善之性。这样的发展严重损害了代内公正、代际公正、人际公正、种际公正等环境公正和社会公正。

可见,发展从来就不可能是盲目的,经济发展自身也不应该成为发展的最终目的。为了确保发展的可持续性和科学性,推动社会的和谐发展,促进人的全面发展,最终实现全体人民幸福美好的生活目标,我们有必要讨论人性的善恶与发展的内在关系,讨论发展的生存权利、发展的道义责任,讨论发展如何仰仗一定的伦理原则和道德规范作为价值支撑,踏上真实而健康的理想之路。

4.1 "恶"与发展

要讨论发展过程中的生存权利、发展责任和道德规范等"善"的问题,就绕不开与之对立但又与之相依存的"恶"与发展的关系。关于恶是推动历史发展的观点,古已有之,不过,历史观中的"恶"比人们常识视阈中"不道德"的外延更大,涉及贪欲、私利、剥削、压迫等等。在马克思、恩格斯之前,西方的维柯、康德、黑格尔等人都曾以不同的方式,揭示了"恶"在历史发展过程中的表现形式以及历史作用。不过,他们将其归结为"天意"、"理性的技巧"、"自然的意图"。如黑格尔认为,"恶"与"善"是绝非完全对立的产物,而是辩证地统一在一起的。他尤其是从"意志"的角度出发,对"善"与"恶"作出辨析。所谓善,具有普遍性的行为才能够称之为"善"。反之,将自己的主观性、个别性与普遍性相分离即是恶。所以他说:"从形式方面看,恶是个人最特有的东西,因为恶正是个人把自己设定为完全自为的东西的主观性,因而完全应该由他自己负责。"①在社会领域,黑格尔将财富也视为"恶",因为它导致人的自私自利和物欲化的生活方式。但是,作为个人享受的"恶",它却可以因为人们的经济活动(劳动和消费)而转化为普遍性的东西,亦即向"善"转化。这一思想被恩格斯提炼为"贪欲和权欲成了历史发展的杠杆"。正如恩格斯在《家

① [德]黑格尔:《法哲学原理》,范扬、张企泰译,商务印书馆 1961 年 6 月第 1 版,第 148 页。

庭、私有制和国家的起源》中所说:“鄙俗的贪欲是文明时代从它存在的第一日起直至今日的起推动作用的灵魂;财富,财富,第三还是财富,——不是社会的财富,而是这个微不足道的单个的个人的财富,这就是文明时代的唯一的、具有决定意义的目的。”①不过与黑格尔不同,恩格斯虽然也认同“恶”是历史发展的重要动力,不过却将之归结为人自身的实践活动,归结为社会自身的矛盾运动。

由此,对“恶”与发展的内在关系似乎可以从以下两个方面进行讨论:一是从实践主体的人性角度出发,探讨恶与发展是否存在内在关联;二是从社会自身的内部矛盾运动出发,分析“恶”是否为发展的必然代价。这两个方面的讨论可以帮助我们从人生的目标、意义和价值的视角探寻人类对“恶”的超越之路。

4.1.1　“恶”:人性论角度的思考

发展,究其实质是人的发展。正确认识发展并把握发展的方向,必须从理解“人”,乃至人性入手。只有清楚人性的内涵,才可能知道人的真正需求,也才可能明白并确立发展的方向与前进的目标。人性问题,一直是文化和文明关注的焦点。遗憾的是,时至今日,众多学者们不得不承认,虽然人类在认识世界和改造世界的进程中已经取得了巨大成就,但人类对自身的认识却鲜有重大的突破,很少能够超越传统文化给予我们对人性问题的满意解答。

“人性思想是我们发展史的核心。这一思想是社会文明进化的晚期产品,它出现在人类开始面对道德问题的时期。”②不论是东方,还是西方都有着丰富的人性论思想。按照类型来分,有性善论、性恶论、性无善无恶论、性有善有恶论,性善恶相混论等等。在这些人性论中,影响最大的恐怕还是“性善论”和“性恶论”。前者代表了中国传统文化的主流观点,后者则深刻地影响了西方文化和西方人的价值观。

在中国,“性善论”是人性问题的主流观点。亚圣孟子云:“恻隐之心,仁

---

①　《马克思恩格斯选集》第 4 卷,人民出版社 1995 年版,第 177 页。

②　[奥]弗朗茨·M.乌克提茨:《恶为什么这样吸引我们》,万怡、王莹译,社会科学文献出版社 2001 年 11 月第 1 版,第 104 页。

之端也;羞恶之心,义之端也;辞让之心,礼之端也;是非之心,智之端也。人之有是四端也,犹其有四体也。有是四端而自谓不能者,自贼者也;谓其君不能者,贼其君者也。凡有四端于我者,知皆扩而充之矣,若火之始然,泉之始达。苟能充之,足以保四海;苟不充之,不足以事父母。”①在传统儒家看来,人性自身具有“潜在的善”,而人之成为人,成就自身,就必须从内在的道德自我出发,开掘主体性。成仁成圣,实际上就是从“潜在善”过渡到“现实善”的过程。“性善论”思想将人的道德性提升到先验性的高度,肯定人类自身所具有的积极主动性,正面褒扬和肯定了人性,容易对人生和世界形成积极的认识。中国的文化之所以被称之为“乐感文化”与之有着密切的联系。不过,“性善论”思想对主体自觉性的强调并不意味着主体自觉成为客观的必然。诚然,对于成圣成贤,每个人并非“不能”,而是“不为”。至于,何以“不为”?为什么孔夫子说“吾未见好德如好色者”?这却需要从另外一个角度对人性进行思考。

荀子最早在儒家内部发出不同的声音,他提出了“性恶论”的观点。他认为:“人生而有欲,欲而不得则不能无求,求而不度量分界,则不能不争。争则乱,乱则穷,先王恶其乱也,故制礼义以分之,以养人之欲,给人之求。使欲必不穷乎物,物必不屈于欲,两者相持而长,是礼之所生也。”②荀子的“性恶论”是从人的自然属性和生物性特征出发,强调通过外在的社会性规范与制度,规避人性“恶”的潜在危险。荀子的“性恶论”尽管强调的是人作为生物性实体的一面,但是他的立论确是建立在伦理意义之上的。值得注意的是,荀子的人性之恶,并不是因为人也是动物,无法摆脱生物性的冲动与肉体性的欲望导致的,而是因为人性中的贪婪。因为如果只是动物性,不一定需要用“人性”来加以限制。而对比人与动物,动物在欲望和本能的状态之下,依然能够在自然世界长久生存。但是,人却不然!人类的欲望具有无限性,它超出了生存和身体的基本需要,甚至夹杂着人类所特有的想象力。人类的虚荣、自负使得人类的欲望呈现为极端化的倾向。正如弗洛姆所说:“人必须去解决生存问题,他永远不可能安居于顺应自然的消极状态,即使完全满足于人的所有本能需要,还是不能解决人的问题;人身上最强烈的情欲和需要并不是来源于肉体的东

① 参见《孟子·公孙丑上》。
② 参见《荀子·礼论》。

西,而是那些起源于人类生存特殊性的东西。”①

在西方,“性恶论”虽然不是唯一的人性论思想,但却因为长期居于主流地位而深刻地影响着西方的世界观、伦理观、价值观和人生观。在基督教理论中,愤怒的上帝从伊甸园中逐出亚当与夏娃之后,人类就必须为其始祖所犯下的罪恶承担责任。按照德国社会学家马克斯·韦伯的观点,由于“原罪”思想的影响,新教徒中盛行着禁欲主义,节俭成为主要的美德;为了赎罪,他们又必须努力工作,以给上帝提供“献祭”,勤劳又成了主要的美德。在资本主义的发展进程中,前者为资本积累创造了条件,可谓“节流”;后者为资本增值提供了动力,可谓“开源”。资本主义发家的秘密就在于新教伦理。在古代,按照“性恶论”的理论,由于人性是“恶”的,所以人必须勇敢地运用自己的理性,坚定自己的意志去调控欲望,驾驭激情。这是古典时代流行的道德与伦理准则。到了近代,伴随着文艺复兴、宗教改革,启蒙运动的兴起,人的欲望和权利在与神的对峙中得到了空前充分的肯定,个我的“权利”成了主宰性话语。既然人性天然为“恶”,那么就要尊重这样的客观事实,运用理性去满足人性的需要,维护个人全部的利益。主体性的解放夹杂着对传统道德的叛逆,“性恶论”日渐广泛地消解着伦理。当人类进入现代之后,随着自我意识最大限度地解放,利他主义的英雄行为遭到了全面解构:“英雄主义的全部美德被霍布斯,拉罗什富科和帕斯卡分别解释为纯粹的自我保护的形式、自爱的形式以及空虚和对真正的自知的疯狂和逃避。”②就这样,在“性恶论”的话语之下,道德的崇高性逐渐被肢解,世俗放逐了神圣,资本的逻辑最终取代了人文的精神。

西方的“发展”正是这种“现代性”语境的产物。在“性恶论”的逻辑下,人类的欲望不应当被压制,人的感官需求不应当被忽视。文明从来不应该是对人性的压抑,而应当是人类通过释放自身的本性与能量,以创造美好生活的物质基础。如果说,农业文明的自给自足,是奠定在对人类欲望有限克制基础之上的;那么工业文明就是建立在对欲望激发基础之上的。人类欲望的膨胀虽然不可避免地带来一些负面的影响,但是最重要的是它产生了发展的“加

① ［美］埃利希·弗洛姆:《健全的社会》,欧阳谦译,中国文联出版社1988年版,第26页。

② ［美］艾伯特·奥·赫希曼:《欲望与利益:资本主义走向胜利前的争论》,李新华、朱进东译,上海文化出版社2003年版,第5页。

速度”,造就了现代社会经济发展的“神话”。马克思惊讶地发现资本主义在不到100年的时间所创造的生产力比过去一切时代的总和还要多得多。在这种现象的背后,恩格斯则看到:“一方面,每一种新的进步都必然表现为对某一神圣事物的亵渎,表现为对陈旧的、日渐衰亡的、但为习惯所崇奉的秩序的叛逆,另一方面,自从阶级对立产生以来,正是人的恶劣的情欲——贪欲和权势欲成了历史发展的杠杆,关于这方面,例如封建制度的和资产阶级的历史就是一个独一无二的持续不断的证明。”①在此,“恶”构成了人类历史发展动力的表现形式。

在西方思想史上,孟德威尔对“恶”的正名产生了极其深远的影响。他的理论一方面深刻地影响了功利主义,另一方面也极大地影响了英国著名的经济学家亚当·斯密。他以“蜜蜂的寓言”昭示了“私恶即公利”的道理。在他看来,人性是自私的。每个人努力去追逐自己的物质利益,并没有什么错误。就像一群蜜蜂一样,每只蜜蜂对尽力做好自己的事情,竭力得到自己想得到的东西,结果是这个蜂群得到了最大化的收益,造就了“快乐的幸福天堂”。人也一样,每个人追求自己的利益最大化,最终有助于实现整体利益的最大化。在他看来,“人性的自私是社会生物的伟大原则”。马克思称之为孟德威尔的“积极活动的利己主义”。② 此后,对这种理论作了系统表述的是英国经济学家兼道德哲学家亚当·斯密。亚当·斯密在《国富论》(全名《国民财富的性质和原因的研究》)中重申并深化了孟德威尔的观点。他认为,只要让每个资本所有者充分自由地追求自己的最大利润,那么客观上就会增进他人和社会的公共利益。而这种自私心越强烈,追求利润的动力越大,那么对他人和社会就越有好处。不过,斯密在其道德哲学著作《道德情操论》中所阐述的人性立场又与《国富论》发生了冲突。在《道德情操论》中斯密乐观地肯定了人性,赞扬了正义与同情心。甚至强调了人类在慈善动机下的意图与行为的同步性。而在《国富论》中,斯密对人性的立场却是基于“性恶论”的“经济人”假设。结果,《道德情操论》中的同情心和慈善动机在《国富论》中被分裂为“看不见的手”。这其中的分歧与差异,构成了著名的“斯密问题”。关于“斯密问题”,

① 《马克思恩格斯选集》第4卷,人民出版社1995年版,第237页。
② 转引自宋希仁:《关于“主观为自己,客观为别人”》,《高校理论战线》1993年第3期。

赫希曼说:"《道德情操论》与《国富论》如何协调难题的解决,可能在于:在《道德情操论》中,似乎斯密大量地论述了人们的情感和欲望,但是,他也使自己确信,就'大多数'关注的东西而言,他们的主要冲动以驱使其改善自身的物质福利而结束。而且,完全合乎逻辑的是,斯密在《国富论》中接着详细研究了实现这一目的的条件。"①《道德情操论》与《国富论》在人性问题上的冲突,实际上反映了人性本身所具有的两面性:利他性与利己性。对于生存而言,人必须学会生存技巧,必须知道如何为自己的生活谋划,需要"经济"地生活。这也是斯密强调利己的意义。但是,斯密超越了一个经济学家的限制性立场,从更宏观的角度审视了人性,审视经济学的目的。他看到,经济生活并不能够代表人类生活的全部。人诚然可以最大限度地满足自己的物质要求,但是,那还远远不够,人要成为人,人要过上幸福的生活,还必须与道德伦理建立密切的联系。《道德情操论》对人性的乐观看法,也反映了斯密对一种完整性生活——意义生活的理解。

综观以上的人性论,不难发现不论是"性恶论",还是"性善论"终究都是一种抽象的人性论理论。前者与后者都将人性的属性,视为先天的、不可改变的属性。然而,何以得出这样的结论,始终缺少来自于确凿无疑的事实依据和具有逻辑力度的说明。故而,常常被现代学者称之为人性假说。之所以是假说,也就是脱离了具体的社会历史环境,而试图对人性作出一种放之四海而皆准的抽象说明。马克思主义认为,人是社会关系的总和。并由此强调对于人性的考察,不能脱离具体的社会情境和社会关系。由于社会关系的盘根错节性,使得现实社会中的人性问题和人性判断往往异常复杂,甚至对同一个人或同一事件利己抑或利他的判断,都并非小葱拌豆腐般地一目了然,更多的是交杂着利己与利他的对立统一。故有学者说:"在社会进化的过程中,利己主义和利他主义决不应被看成互相矛盾的,它们是一枚硬币的两面。"②

在近现代中国,科学技术的落后造成了国人对传统文化的激烈批判。尤其是经过新文化运动和文化大革命的冲击,秉持"性善论"的儒家已经基本被

① [美]艾伯特·奥·赫希曼:《欲望与利益:资本主义走向胜利前的争论》,李新华、朱进东译,上海文化出版社2003年版,第103页。

② [奥]弗朗茨·M.乌克提茨:《恶为什么这样吸引我们》,万怡、王莹译,社会科学文献出版社2001年11月第1版,第113页。

边缘化了。传统的伦理道德被贴上了虚伪与空洞的标签，遭到了极大的误解，并形成了与大众之间无形的隔阂。与此同时，进化论在中国思想文化领域逐渐得到认同。而伴随着市场经济利益原则的实施，与传统"性善论"针锋相对的个人主义、利己主义、拜金主义开始借市场经济的舞台逐渐影响着人们的思维观念、行为方式。以至于一时间在发展的浪潮中，人们越来越以功利言道德，越来越对人性感到悲观。这一切是否说明我们的发展程度还不够，只有伴随着高度的发展，人性恶引发的问题才可能迎刃而解？是否说明，只有当人们不再为生存发愁时，这些问题自然就烟消云散了呢？难道"恶"是发展进程中无法逃避的必然代价？抑或"恶"始终与发展相伴生？

4.1.2 "善"、"恶"与发展的关系

善与恶的矛盾冲突尽管不是人类社会的主要矛盾，但是人类社会的发展始终交织着"善"与"恶"的交锋。人类总是趋向于"善"而努力避免"恶"的。"善"的获得，意味着对"恶"的克服。但是，一个"恶"克服之后，将会有另一个"恶"等待着克服。在"善"的实现过程中，也常常产生新的"恶"。而且，"善"与"恶"还可以在特定条件下相互转化。"善""恶"具有一定的相对性。孤立地说"发展"是"善"抑或是"恶"都是不合时宜的。

辩证法认为，作为前进的、上升的运动，发展总是朝着"善"之方向运动的。但作为一种过程，它无法脱离"恶"，无法避免"恶"。正如列宁在阐述辩证法诸特点时所说："发展似乎是在重复以往的阶段，但它是以另一种方式重复，是在更高的基础上重复（'否定的否定'），发展是按所谓螺旋式，而不是直线式进行的；发展是飞跃式的、剧变式的、革命的；渐进过程的中断；量到质的转化；……"①可见，发展不是对"恶"一劳永逸的克服，而是在对"恶"的否定之否定过程中接近"善"，并且，这种"善"又很有可能在新一轮的发展过程中转化为"恶"。显然，简单化地将发展理解为"善"，理解为进步，就必然具有片面性，它忽视了发展过程中"恶"的问题，忽视了发展中"恶"的不可避免性。

在经济主义的时代主题和资本的逻辑下，发展从来不是一帆风顺的，尽管对比以前，人类社会获得了前所未有的发展速度，人类的物质文明取得的成就

---

① 《列宁选集》第2卷，人民出版社1995年版，第423页。

足以横扫一切历史。但是,人类社会发展过程中的“恶”却是不可小觑的,因为历史与现实已经深刻地表明:人类确实在发展,但是人类自身也为此付出了极其沉重而又高昂的发展代价。这种代价以恶的方式表现在前文所述的生态家园、社会家园、精神家园等方面的恶化上。

4.1.3　“恶”的超越:以“幸福美好的生活”衡定发展

虽然,发展过程中生态家园、社会家园、精神家园所遭遇的不幸并非发展本身所导致的。“也许,对我们的立场最好的概括是塞拉俱乐部的格言‘不盲目反对发展,可是反对盲目的发展。’”①或许,发展要付出一些代价也当属必然,但有些代价并非不可避免,有些“恶”并非不能超越。如何超越和抑制发展过程中的“恶”,走出一条“低代价的发展”之路,正是涉及发展本身至关重要的问题。按照经典马克思主义的理论,人类的社会发展是从低级阶段向高级阶段的发展,是从原始社会、奴隶社会、封建社会、资本主义社会走向共产主义社会的发展过程,这一过程是人类自身不断进步,不断摆脱束缚和压迫的过程。人类不仅要打破“物的奴役”,而且要打破“人的奴役”,实现人类的彻底解放。人类解放的核心就是人类能够过上幸福美好的生活。

不可否认,和传统社会相比,现代社会在保障和促进人类福祉的道路上迈出了一大步。就人自身而言,传统的人身束缚关系在政治上被解除,宗教对人的精神压迫与摧残则在“上帝死了”之后失去了效力。“权利”话语的诞生即自由人的身份在法律上的确立,使人成了自己的“上帝”。而现代科学技术的进步对经济发展的强有力推动,创造了人类社会前所未有的物质成就,人类也享受了前所未有的物质福利。在强大的物质基础之下,“消费主义”逐渐成为一种时尚,消费水平的高低成为“你是否过得比我好”的标志。一时间,“消费主义”成了现代人幸福生活的方向标。

4.1.3.1　消费主义的“症结”

在现代生活中,消费主义创造了“幸福生活”的“神话”:似乎人们消费的物质财富越多,生活质量就越高;消费增长了,人们的幸福也随之增长了。无疑,这一观点混淆了幸福的目的与手段,将“消费”等同了“幸福”:“本来消费

① ［美］梅多斯等:《增长的极限》,于树生译,商务印书馆1984年版,第116页。

水平的提高是为了使人过上幸福和满足的生活。消费只是达到目的，即达到幸福的手段。但现在消费变成了目的本身。"①在实现幸福生活方面，消费主义至少有以下几个症结：

（1）注重感官享受，形成对"物"的依赖性。正如德国学者维尔纳·桑巴特所说："所有的个人奢侈都是从纯粹的感官快乐中生发的。任何使眼、耳、鼻、口、舌、身愉悦的东西都趋向于在日常用品中找到更加完美的表现形式。而且恰恰是在这些物品上的消费构成了奢侈。"②消费主义的实质就是把人理解为"物质欲望的主体"，以满足感官的快乐为至上目标。日新月异的科技发明，实际上造就了日趋强大的欲望引力场，在此之下，人们愈来愈难以摆脱物欲的诱惑。消费主义使得人们对"物"的期待总是很高，物欲的增长总是超过物质自身的增长："世界是我们欲求的对象，是一个大苹果，一个大瓶子，一个大乳房；我们是一些只知吸吮的乳儿，总是期待着，渴求着——而永远都是失望者。"③

（2）在竞争消费中，疲于奔命。人们购买商品进行消费，一方面固然是为了使用该商品，另一方面也是身份的象征。不同的消费层次，不仅反映了不同的消费水平，而且也反映了不同的社会身份。在"金钱面前，人人平等"的出售原则之下，奢侈品不再是贵族的专利，而是只要你购买得起，你就是"贵族"。如此，消费主义导致了商品的使用价值不一定成为购买商品的主要原因，而商品所体现的人的"价值"倒变得重要起来。这样，"竞争消费"应运而生。"在全球范围内，消费文化使得竞争消费变本加厉，这种消费几乎没有限制，而且，那些已经证明对人类更有利的其他选择（休闲、储蓄、大众化商品）也被可以定位身份的商品挤走了。这将成为全球经济的一个根本性的严重问题。"④在竞争消费之下，人们的消费心理出现了奇异的变化，而消费行为本身

---

① ［美］埃利希·弗洛姆：《健全的社会》，欧阳谦译，中国文联出版社 1988 年版，第 135 页。

② ［德］维尔纳·桑巴特：《奢侈与资本主义》，王燕平等译，上海人民出版社 2000 年版，第 81 页。

③ ［美］埃利希·弗洛姆：《健全的社会》，欧阳谦译，中国文联出版社 1988 年版，第 167 页。

④ ［美］比尔·麦吉本等：《消费的欲望》，朱琳译，中国社会科学出版社 2007 年版，第 35 页。

不再是主体自觉自愿的理性行为,而变异为“强迫性消费”、“被动消费”:“如果我的邻居购买了一个新产品,我自己的福利水平就下降了,原因很简单:我落伍了。为了避免这种下降,我也必须买个新产品,这样我就可以‘跟上’了。”①

(3)疯狂消费的幻想,削弱了对生命的内在感受。在当代社会,“物品的生产和消费不是因为它们满足了某些‘固定的’需要,而是因为它们是‘头脑的需要’,满足我们的虚荣心。而这种虚荣,‘又总是因为我们认为我们自己是被关注和嘉许的对象。’”②消费主义者以近乎“自恋”的方式表达对自我的认同,但是消费的竞争性,又让他们感到极度的惶恐和不安。而为了满足瞬间的消费快感,他们又不得不花费更长的时间消耗自身的劳动力。在消费主义理念的支配下,人们以肉体的放纵表达生命的存在。但是,这种“单向度”的个体存在不仅削弱了人们对生命的内在感受,而且从根本上抹杀了人的存在意义。所以,在消费主义盛行的现代社会,空虚、无聊成了人们精神家园面临的主要问题之一。无节制的疯狂消费不仅没使我们靠近幸福生活,相反,倒是越来越远了。

4.1.3.2　“幸福美好生活”的伦理支撑

如上所述,社会财富的急剧增长,使得消费主义似乎成为当代社会的主流,不少人甚至把物质享受等同于“幸福生活”或“美好生活”,追求当下的快乐成了消费主义者的一种时尚。在消费主义的导引下,科学技术充当着人们及时行乐的工具,广告媒体刺激着人们的消费欲望,商家在不停地创造着能够满足人们感官快乐的消费形式,甚至毒品、卖淫、摇头丸、同性恋的传播也将消费主义这一奢侈意识形态大众化。生活的前提条件是生存,生存条件的改善,有利于“美好生活”的创建。但是并非生存条件非常优越就能够实现“美好生活”,因为一个社会普遍的“美好生活”、“幸福生活”的基本前提是消除战争和贫穷,解决世界上绝大多数人的基本生存问题。当社会的发展超越温饱阶段、迈向小康的时候,人们所面临的问题也就从“如何生存”发展到“如何生

---

①　[美]比尔·麦吉本等:《消费的欲望》,朱琳译,中国社会科学出版社 2007 年版,第 25 页。

②　[美]克里斯托弗·贝里:《奢侈的概念:概念及历史的探究》,江红译,上海人民出版社 2005 年版,第 121 页。

活”了。

显然，发展寄托着人类对美好幸福生活的向往。发展实质是为了追求幸福生活，实现“美好生活”。“美好生活”的现实展示有赖于立足于“善”的基础，完成对“恶”的超越。对此，西方和东方的大哲们都不乏精辟而深刻的思想。亚里士多德把善分为三类：外在的、身体的和灵魂的。这三类“善”对于幸福美好的人生是不可或缺的，而灵魂的善则更为根本。因为身体善或外在善，都离不开对外在物的依赖，唯有灵魂可以不依附于外在物质，彰显其自由与高贵的品质。灵魂是人身上最高贵的东西，而它自身就是目的，且圆满自足，它所带来的快乐和幸福不仅纯净而且持久。因而，它意味着是值得欲求的“美好生活”。在此，亚里士多德认为幸福就是通过学习、训练或者通过某些良好习惯的养成来成就德性。在西方另一个大哲康德那里，人既是感性存在者，又是理性存在者。作为感性存在者，人总是无法摆脱自然欲望，总是要服从自然因果律，总是不自由的。人要实现真正的自由，就必须超越自然界，进入道德领域。“人是目的”、“人为自己立法”，康德不仅为人的价值、尊严提供了理性的立足点。而且，康德还看到了，由于现实世界必然要受到自然律的支配，所以，只有道德之人才配得上幸福。

中国现代著名哲学家冯友兰先生，则从著名的人生“四境界”说这样一个全新的角度去理解幸福。冯先生提出的“四境界”由低到高依次是：自然境界、功利境界、道德境界、天地境界。冯先生认为，在“自然境界”阶段，人依本能或遵从社会习俗而生活，缺乏自觉意识；在“功利境界”阶段，人做事都有明确的自我目的性，对己有用。此阶段强调了有用性和为己性的紧密联系，强调为己不一定就是不道德，为己与“自私”是两码事；在“道德境界”阶段，人不只是为己，还懂得为他。人知道除了我之外还有他人。只有我与你、我与他和谐共处才会有“小我”的幸福与安宁；在“天地境界”中，人认识到在我们的世界之上还有一个“大全”，这就是宇宙。他不仅是一个社会公民，而且还是一个“宇宙公民”。他在精神上已经超越了人间世界，达到了“天人合一”的逍遥之境。在冯友兰先生那里，不同的人生境界代表着不同人生追求，也代表着对幸福的不同理解。

纵观历史，古今中外的哲学家、思想家们都提出了许多不同的生活样式，尽管并不一定全部可取。但是，他们的观点是具有启迪性的：人并不纯粹是感性的动物,人生是需要点境界的。谈幸福无法抽离道德,无法抽离人生的价值与意义。诚然,消费水平、消费能力的提升反映了生活品质的提高。但是,消费主义将生活的全部意义以及美好生活的全部基础,寄托在仅仅满足生存的物质欲望的"无底洞"上,将引导我们最终远离真正幸福美好的生活。所以,消费主义使得"当代人的生活采取了消费的方式并没有改变物质主义的本质,而对人生意义与价值的物质主义理解是现代人价值追求的致命错误。"①

发展伦理学并不是一味地强调发展的道德责任,也并非提倡禁欲主义的生活方式,更不是号召退回到前工业社会状态。发展伦理学突出的是坚持正确的发展方向,推动社会的健康、良性、和谐发展,以促进人的全面发展,为促进实现"美好生活"创造良好的条件。诚如有学者所言:"发展是一种生存和创造——即不断地创造着、生存着人的生存内容即生存需要、生存手段、生存目标等;是一种丰富和改善——即在发展中不断地丰富人生、改善人生,如促进人的自然实体的改善,丰富人的生活内容、交往内容等;是一种扬弃和美化——扬弃和休整人的生存活动中的缺陷和不足,美化人生。"②

4.2　生存权利与发展责任

不管权力是否如麦金泰尔所指责的是虚构的产物,当人类经历了启蒙运动的催生与洗礼,进入到以工业社会结构为基础的现代社会之后,权利意识的苏醒与伸张成为一个不争的事实。马克思主义认为,社会的发展必须依赖一定的生产力条件,在现代大工业社会,生产力水平的发展,物质条件的改善,实际上为人们提供了生活资料、享受资料、发展资料的条件和权利。而且,发展深化的结果不仅是人的全面发展,而且也应当是全人类的共同发展。共享发展的成果是每一个人不容剥夺的权利。"发展首先是为了解决所有人的基本需求的一种现代性社会工程,而不是为了成全凤毛麟角的极少数人的某种'善'与'美'而不惜把多数人踩在脚下的个性事业。"③发展的伦理意蕴和终

① 卢风:《应用伦理学:现代生活方式的哲学反思》,中央编译出版社2004年版,第170页。
② 邱耕田:《低代价发展论》,人民出版社2006年版,第47页。
③ 刘森林:《重思发展:马克思发展理论的当代价值》,人民出版社2003年版,第186页。

极价值目标在肯定了人们享有应然的发展权利之外，还向我们提出了发展中的责任问题——发展不只是要求我们对自己负责，而且要求我们对他人、对自然、对我们“生而入乎内，死而出乎外”的世界承担起人之所以为人的责任。

4.2.1 生存权利：从基本生存权到发展权

出现于人类文明时代的“权利”概念，是人类社会发展过程中产生的必然产物，伴随着市民社会的兴起，“权利”愈益成为支配现代社会的流行话语。社会的发展催发了人的主体性，而“权利”恰恰是反抗主体性压迫的有力武器。1689 年，英国取得了资产阶级革命的胜利，通过了《权利法案》，为限制王权和建立现代民主政治奠定了基础；1776 年，美国的《独立宣言》声称“生命权、自由权和追求幸福”的权利是人生而有之的天赋人权，是神圣不可侵犯的；1789 年的《人权宣言》则是法国资产阶级革命的成果，它宣布自由、财产、安全和反抗压迫是天赋不可剥夺的人权；1948 年，《世界人权宣言》发表，该宣言提出各国人民都享有基本的权利和自由，参加选举、工作、受教育的权利等等。社会发展所带来的人权的每一步推进，都标志着人类的重大进步。

通常而言，权利与人权（human rights）是同义语，和法、自由、平等、市民及社会密切联系。法是权利的保障，是权利的规范化；自由和平等是权利的前提条件；而市民则是权利的主体；社会则是权利集结和行使的场所。权利一般包括五个要素：(1)利益：一项权利的成立，就在于保护特定的利益。而这种利益既可以是个人的，也可以是群体的；既可以是物质的，也可以是精神的。(2)主张：一种利益如果没有人对它提出主张和要求，就不能成为权利。利益主体对自身合法利益受到威胁或者潜在威胁，寻求保护，呼唤保护便是一种权利表达。(3)资格：利益主张要有依据，即有资格提出要求。这主要包括道德资格和法律资格。(4)力量：主要包括权威和能力。一种利益、主张、资格必须具有力量才能够成为权利。力量首先是不容侵犯的权威，其次则是自身的主体能力的呈现。(5)自由：作为权利本质属性或者构成要素的自由，一般指按照个人意志去行使或者放弃该项权利，不受外来的干预和胁迫。

权利，首先是人的生存权利。生存权利又可分为基本的生存权利和高级的生存权利。基本的生存权利是维持生命存在的权利，仅仅指活着的权利；高级的生存权利则是维持人们尽可能高的生存质量的权利，是“活得好”的权利,它几乎涉及人权的各个方面,包括发展权以及各项社会、文化权利等等。马克思曾经在《德意志意识形态》中指出:“我们首先应当确定一切人类生存的第一前提,也就是一切历史的第一个前提,这个前提是:人们为了能够‘创造历史’,必须能够生活。但是为了生活,首先就需要吃喝住穿以及其他东西。”①“衣、食、住以及其他东西”构成了人类生存的首要前提,也自然是社会进步与历史发展的基本前提。这个问题,实际上也是“国父”孙中山先生所说的“民生”问题。孙先生将民生问题视为社会发展的原动力,他将人们的生活程度划分为“需要”、“安适”与“奢侈”,认为人的不断增长的物质和文化需要推动着社会和历史的发展。民生问题,是社会发展的当务之急,是政治的中心问题。

在实践中,中国政府自 1949 年建国以来,以经济建设为中心,大力发展生产力,在改善人民的生活条件,保障基本生存权利方面迈出了历史性的步伐。人民的生活水平大幅度提高,实现了从贫困到温饱,从温饱到小康的历史性跨越。根据《中国人权发展 50 年》白皮书显示:目前,中国的粮食总产量已跃居世界首位,粮食、肉禽蛋及水产品的人均占有量超过世界平均水平,彻底改变了旧中国多数人长期处于饥饿半饥饿的状况,创造了以占世界 7% 的土地解决占世界 22% 人口吃饭的奇迹。尤其是改革开放以来,由于经济持续快速增长,中国城镇居民家庭的恩格尔系数(食品支出在消费支出的比重)呈现下降趋势,近年来的降幅明显加快,城镇居民的恩格尔系数从改革开放前的 57% 以上下降到 2008 年的 37.11%,生存资料的比重下降,消费资料和享受资料的比重明显上升。改善生存条件的同时,国家出台了相关的法律保障公民的基本生存权利。同时,不仅完善了社会保障制度,而且还形成了比较健全的公共健康体系。《2007 年世界卫生报告》称,中国的男性平均寿命为 71 岁,女性为 74 岁。在教育上,根据统计,“1949 年新中国成立时,我国文盲占人口总数的 80% 以上,小学入学率仅有 20% 左右,初中入学率仅有 6%。截至 2007 年底,全国普及九年义务教育人口覆盖率达到 99.3%,实现‘普九’的县数已占全国总县数的 98.5%……仅仅 30 年,我国义务教育的普及程度已位列世界 9

---

① 《马克思恩格斯选集》第 1 卷,人民出版社 1995 年版,第 78—79 页。

个人口大国的前列，在中国教育史上矗立了一座不朽的丰碑!”①高等教育的规模也逐渐扩大。2005年高等教育在校总人数超过2300万人，毛入学率达到21%以上。我国高等教育实现了由“精英教育”向“大众化教育”的战略性转移和跨越式发展。2007年招收大学生为495万，与1949年的11.7万名大学生相比，中国高等教育的招生人数增加了42倍。这些数字说明，经过半个多世纪的发展，中国人民的基本生存条件有了很大的改观，生存权利也有了很大的改善。但是，我们仍然面临着比较突出和严峻的一些问题：

首先，法治化进程的滞后客观上阻碍了公民权利的发展。改革开放以来，我国的政治体制改革取得了很大的成就，但是和经济体制改革相比较，政治民主化似乎还有很长的路要走。一方面，由于权力过分集中加上缺乏有力的制度约束，导致部分官员滥用职权、滋生腐败，甚至践踏民众的基本权利。另一方面，由于法律意识的淡薄，相当一部分公民不能自觉地运用法律武器捍卫自身的基本权利。而且，越是经济欠发达地区，越是落后的农村，民众的基本权利越是因为容易受到侵犯而无法得到保障。广州的“孙志刚事件”、山西的“黑煤窑事件”等震惊全国的重大事件，不仅暴露了相当一部分人对弱势群体基本生存权利的漠视，同时也暴露了政治体制本身所存在的重大隐患。

其次，忽视了对普通人权利的尊重。权利意味着人作为人的资格。只有把人当人看待，尊重人的人格，才谈得上对权利的保护。正如美国学者比尔·麦吉本所说：“我相信，不管是什么地方的人，不管是穷人和富人，尽管他们在文化和历史上有很大的差异，但他们都需要一些基本的东西：个人的尊严和福祉，并要在一定程度上掌握自己的命运。”②但是，以金钱为媒介的市场经济社会，常常容易将人工具化，贬低人的价值与尊严。而且，很多人倾向于认为有钱意味着有能力和有地位，值得尊敬；而没钱虽然不一定意味着可鄙的，但至少更容易招致对其人格尊严的漠视。而在市场领域，没有钱的人给有钱的人打工，无疑是有钱人支配贫困者。但是，资方的诚信水平直接影响到了工人的基本生存权利。在过去的几年里，拖欠农民工工资竟成为当代中国的一个非

① 王庆环：《民族振兴的基石祖国腾飞的翅膀》，《光明日报》2008年10月10日。

② [美]比尔·麦吉本等：《消费的欲望》，朱琳译，中国社会科学出版社2007年版，第47页。

常尖锐的社会问题。

最后，权利本身可能存在着悖论。在市场经济之下，一切选择都是自由的。被雇佣方有权要求加班加点的报酬高于一般工作时间的报酬。但是，即使如此，雇佣方依然有利可图。而雇佣方辞退被雇佣方的权利，又常常成为迫使被雇佣方加班加点的约束力量。当前世界范围内就业形势的普遍严峻强化了雇佣方的权利，弱化了被雇佣方的权利。而在中国，被雇佣方出于满足一些基本需求（诸如买房），也不得不牺牲一些其他权利（享受正常节假日的权利）。在大都市中，"满城都是加班族"最能说明这一现象。

显然，权利的实现不是孤立的，它不仅需要一定的客观条件，还需要特定的主观条件。抛开经济水平的发展谈权利是不行的，但是，仅仅基于物质资料的满足来谈权利也是片面的。有观点认为，中国的改革开放仅仅用30年的时间走完了西方花了近百年时间的现代化之路，所以，即使付出点代价也是值得的。按照这一理论，我们似乎可以继续以低工资、高强度的工作，继续以牺牲弱势群体的利益与权利为代价去谋求高速发展。这显然是片面甚至是错误的，它不仅极易挫伤广大人民群众的劳动积极性，影响社会的稳定与和谐，而且违背了人类发展的初衷，与社会主义的根本宗旨也是背道而驰。因此，在保障人民群众既有的基本权利的同时，还需要确保他们的发展权。不能以所谓牺牲个人利益促使社会的"更大发展"为"幌子"，随意剥夺广大群众的基本生存权和发展权。相反，国家有义务和责任促进和保障社会弱势群体的发展机会。从时间向度上看，基本生存权利立足于现在，发展权利则立足于未来。基本生存权是发展权的基础，而发展权则有助于生存权的拓展。

就发展权而言，人是发展的主体，理应成为发展权的积极参与者和受益者。发展权立足于促进人的自由和普遍人权。正如1979年联合国通过的《发展权的决议》中所言："每个人和所有各国人民都有权参与，促进并享受经济、社会、文化和政治发展，在这种发展中，所有人权和基本自由都能获得基本实现。"在此，国家充当着保障和实现发展权的主要责任者。与基本生存权相比，发展权具有以下特点：

首先，涵盖面更加广泛，是更高级的权利。基本生存权主要局限在经济层面，局限于民生层次；而发展权则不仅包括经济权利，还包括政治权利、社会权利以及文化权利等所有的权利，它更多地体现了民主的原则。发展是全民的发展、全面的发展、全方位的发展。发展权对于每个人而言都是平等的，而各项发展权对于每一个人都是不可或缺的。发展权是一项更高的权利要求，也代表着权利的发展水平。

其次，发展权的实现也是基本生存权的拓展过程。发展权是权利增殖的过程。发展权在尊重每个人的发展机会时，关注社会群体的结构不平等性，关注社会中特定的弱势群体，如妇女、儿童、残疾人以及贫困群体等等。通过各种途径和方式（包括教育、培训、再就业以及医疗保健等）增加他们选择和作出决定的自由，即增强他们的发展权利。发展权是弱势群体获得和增加掌握自身命运能力的体现。

再次，发展权利意味着平等参与发展过程，公平分享发展成果。平等和公平是社会为保障公民的发展权而提供的道义基础。平等参与发展过程，公平分享发展成果是实现发展权的主要手段。平等的参与意味着主体积极加入和参与发展的决策，要求参与机会的平等。发展权是在打破以往等级身份的基础上，按照能力的大小，自由谋求各自发展机会的权利。同时，平等的发展权，意味着消除和减少起点的不平等局面，避免发展的不平衡局面，而公平地分享发展成果则意味着结果平等。纯粹的自由放任市场，必然导致两极分化严重，贫富差距悬殊现象，造成恶性发展。因此，发展的公正问题，不能仅仅停留在程序性的公正，还应当朝着实质性的正义，进行理性的制度设计。

4.2.2 发展责任：从“落实”到“回归”

时代的发展推动了个人主义的兴起。个性、自我、独立成了现代人的标识。人们在享受着发展所带来的权利的同时，却在不停地卸下其所应当承担的社会责任，正如福山所说：“作为现代社会基本德性的个人主义开始发生变化，从自由人的那种骄傲变为一种封闭的自私思想，最大限度地发展个人自由，而不考虑对他人承担义务，这种自私思想已成为一种目标。”①

在这个开放的时代，法制化与民主化为人的权利开拓了空间。人们越来越意识到自己的权利，也越来越懂得依靠法律来保护自己的权利。然而，人们

① ［美］弗朗西斯·福山：《大分裂：人类本性与社会秩序的重建》，刘榜离等译，中国社会科学出版社 1992 年版，第 54 页。

只会在法律的范围内履行自身的义务，一旦超出法律之外，义务变得可有可无。法律可以保障人的尊严，但它自身却不能够给人带来尊严。明哲保身价值趋向的流行，多一事不如少一事的处世态度，不仅导致了人性的麻木、自私、狭隘，而且还恶化了我们的人文环境。在逃避中裹胁良知，在畏缩中削弱面对生命的勇气。在坚硬的心灵保护壳下，人可以选择逃避责任，但是却无法逃避人自身。[①] 为此，人必须承受精神的煎熬，生存的空虚。这便是责任的"落寞"不得不承担的必然代价。

4.2.2.1　责任的"落寞"

何谓"责任"？苏格拉底把"责任"看做是"善良公民"为国家和人民服务所应具备的本领和才能。伊壁鸠鲁把责任看做是人应对自身行为的后果负责，他说："我们的行为是自由的。这种自由就形成了使我们蒙受褒贬的责任。"[②]马克思说："作为确定的人，现实的人，你就有规定，就有使命，就有任务。至于你是否意识到这一点，那都是无所谓的。"[③]在马克思看来，社会责任是由一定的物质生活条件和人们在社会关系中所处的地位决定的。个人对社会负有一定的使命和责任。责任的范畴同人的职责、责任是紧密联系的。

显然，在马克思主义伦理学看来，所谓责任，就是在一定的社会生活中，为了维护正常的社会生活秩序，全体社会成员完成应当完成的使命，做好分内应当做好的事情。换言之，责任就是在社会中不同的社会角色理应承担的各种职责和任务，以及对自身过失的担当。责任是个人在一定社会历史条件下所形成的为了建立美好社会而承担的自律意识和人格素质，也是个人道德修养的基本元素。"官德、师德、医德、商德、艺德、社会公德、职业道德、家庭美德，都以责任为基础，为前提。……责任是实现人的全面发展的必由之路……每个人只有在全面履行责任中，才能使自己的潜在能力得到充分的挖掘和发挥。每个人只有在推动社会的进步中，才能实现个性的丰富和完美。"[④]社会责任感是人之社会属性的充分体现，社会责任心的强弱，最终决定着一个人的精神境界和人格的高低。由于社会领域的宽泛性，责任存在于社会的每一个职业

---

① 博文：《当代的人生问题》，http://blog.sina.com.cn/s/blog_494feea00100062e.html。

② 章海山：《西方伦理思想史》，辽宁人民出版社1984年版，第124页。

③ 《马克思恩格斯全集》第3卷，人民出版社2002年版，第238—239页。

④ 任仲平：《论责任》，《人民日报》2005年9月19日。

中:军人有保家卫国之责,教师有传道授业之责,医生有救死扶伤之责……责任还存在于人生的每一个方面:父母有养育儿女之责,子女有孝敬父母之责,做人有诚实守信之责……简言之,人在自然界就有养护地球之责,人在社会中就有对自己、对家庭、对社会必须承担的家庭责任、职业责任、社会责任。可见,责任的丰富内涵体现在不同的层次、不同的领域和不同的角度。人只能选择如何去面对责任的态度,却无法选择摆脱责任,无论是选择不负责任还是选择不进行选择,其实都是一种对责任的选择,哪怕是不选择,其本身也已经是一种选择了。可见,责任是客观要求,常常表现为他律。每个人从一出生起,就注定要背负各自不同的责任了,不管是伦理责任,还是法律责任,抑或社会责任和保护自然的责任,都是作为社会人和地球人必须承担的。这是不以个人意志为转移的。不履行伦理责任,会受到良心的拷问和道德法庭的谴责;不遵守法律责任,会依法给予追究和惩处;不承担保护自然的责任,自然必将以自然灾害的形式给予人类以最严厉的惩罚——破坏人类生存的所有条件……这些责任一生相伴,如影随形,无法逃避。

责任又是一种主观追求,常常表现为自律。人是一种社会的动物,总是处在一定的社会关系之中,并具有自我选择的自由意志,所以人必须对自身的行为负责。因此,真正的责任并非强迫性的,并非规范力量的外在压制,而是行为主体出于责任意识的自觉。这种自觉伴随着对理想和信念的尊崇、对他人的尊重、对自然甚至灵魂等超人格力量的敬畏。所以,责任必然与人性焕发的光辉紧密相连。一切追求文明和高尚的人,都会基于自己的良知、信念和理想,自觉履行自己的责任,为世界奉献自己的力量。例如,在汶川大地震这样一场突如其来的巨大自然灾难面前,谭千秋、向倩、苟晓超、瞿万容、张米亚、严蓉、杜正香、吴忠红……这些应该名垂史册的老师们,以师者的自我责任感展示了人民教师的职业操守,担负起了保护学生的职责,他们用自己的宝贵生命诠释了爱与责任的师德灵魂,诠释了完美人性的自我责任。那撼人心魄的人性之美将永远定格在史册被历史传颂。英雄的感人事迹告诉我们:人生需要责任,就如同风筝需要引线,那根细长的线、不是为了牵绊,而是为了让你飞得更高,看到更远、更美丽的风景,那才是它存在的真正意义。任何人,当逃避了自我责任和对社会以及对自然的责任之后,一个赤裸裸的自我根本无法获得生命的意义与价值感。然而,遗憾的是现实中太多的责任正处在“落寞”

之中：

第一，对自我责任的逃避。

发展最终要落实到人的发展上，而“个人的发展属于人本身的职责，相对于他人来说，任何人都不能摆脱对自我发展和自我实现所负的责任。”①一切责任归根结底都是从自我责任出发的。一个人对自己负责，实际上也是对他人负责。同样，一个人对他人负责也是对自己负责。在康德看来，责任是主体自由的决定，是基于自由意志的，是体现人之为人的一个向度。责任不仅意味着“应当”，而且意味着“能够”。“应当”不仅意味着法律意义上强制力的威慑，更意味着一种“良知”和“绝对命令”的召唤。而从“能够”上讲，则意味着主体具备理性的判断力和行为能力。在这一点上，对自我责任的逃避，通常并不是“非不能为也”，实乃“不愿为也”。

然而，由于人们常常过度扭曲地夸大了抽象人性意义上自然个我的存在，因此，对自我的责任常常被世俗化为只是对自我的物质利益和狭隘个我的感受负责，而不是把自我理解为一种社会人的完整人格。这样，就必然会为了物质利益和精神之外的蝇头小利而牺牲独立人格，最终造成人格的狭隘化，甚至导致人格的丧失。推卸自我责任的理由通常是夸大外在力量的强大和所谓人性天然自私的天性。但是，在相同的条件下，不同的人为什么会有不同的选择？人们过分夸大所面临的事实和所谓的天性，结果，或者造成了“跟风跑”、“随大流”的现象，或者以外在力量的无奈为自己逃避责任的行为开脱。其实，无论是“随大流”让别人帮助你选择，还是不选择，本质上都是一种选择，终究要由自己去承担行为的后果。对自我责任的推卸，始终无法逃避选择的最终结果。但是，在消费主义大行其道的社会，“英雄主义”已经褪色，更多的“自我”体现在标新立异和爱好表现上。因此，一旦面临一个公共事件，“自我”立刻或隐匿于“大众”之中，或躲藏在自私之中。例如，同样是被称之为老师的范美忠在汶川大地震的灾难面前，不顾学生，毫无责任心地最先逃跑。事后，还振振有词地以所谓的人之本能来为自己的不负责任开脱，正是对自我责任逃避的典型案例。在逃避责任的背后，所呈现的也必然是人性光辉的丧失和人生意义的消解。所以，弗罗姆才会告诫我们：“人必须对他自身负起责

---

① ［法］弗朗索瓦·佩鲁：《新发展观》，张宁、丰子义译，华夏出版社 1987 年版，第 144 页。

任,并接受这样的事实,也就是只有用自己的力量,才能够给予自己生活的意义。"①

第二,对社会责任的漠然。

人,只要处在社会中就必然构成与他人的权利、责任关系,就有社会责任。所谓社会责任就是在一个特定的社会里,每个人都有对社会应尽的义务和应该担当的伦理关怀。因为社会并不是无数独立个体的机械集合,而是一个相辅相成有机联系不可分割的整体。尽管社会不可能脱离个人而存在,但是纯粹独立的个人却是一种不存在的抽象。故而,每个人都不可避免地要承担对社会负责。传统伦理非常强调义务与责任,但是由于义务的单向性以及义务背后的宰制力量,所以遭到了现代社会的遗弃。但是现代社会又走向了另一端,对自我权利的过分热衷,走向了缺乏对他人、对社会的责任。"当具有不同利益的人都指望从我们的合作中得到好处时,我与他人的合作倾向就可能导致利益冲突。"②紧接着的必然是"事不关己,高高挂起"处世态度的流行。

实现对社会的责任是人生价值的重要标志。然而,长期以来,我们只重视人的智力、文化、身体等方面素质的提高,却忽视了对人的内心世界的关注,忽视了责任感尤其是社会责任感和道德感的教育与培养。社会上商业交易的喧嚣,金钱的涌动,各种利益的转换、调整和冲突,造成人们的情感体验和心理处在动荡与失衡之中。一部分人的人生观、价值观严重扭曲;道德堤防崩溃,拜金主义、享乐主义、极端个人主义思想泛滥;社会上假冒伪劣、以权谋私、损公肥私、损人利己、见利忘义、索贿行贿、挥霍浪费等行为屡见不鲜;卖淫嫖娼、赌博偷窃、坑蒙拐骗等丑恶现象死灰复燃。这一切无不与当事者社会责任感缺乏或淡薄有关。因此,提高国民素质,提升社会责任意识依然任务艰巨。

第三,对自然责任的忽视。

在人类中心主义看来,自然是客体,是人类征服和改造的对象,所以对自然根本没有责任可言。近代以来,正是在这种思想的指导下,人类对自然进行无限制的剥夺与攫取。在人类的践踏与摧残之下,生态环境不仅急剧恶化甚

① [美]埃里希·弗罗姆:《自为的人:伦理学的心理学探究》,万俊人译,国际文化出版公司1998年版,第39页。

② [奥]弗朗茨·乌克提茨:《恶为什么这样吸引我们》,万怡译,社会科学文献出版社2001年版,第104页。

至还威胁着人类自身的存在。在中国,黄河季节性断流、无锡太湖的蓝藻、2010年春季西南地区大面积长时间百年未遇的严重干旱以及全球范围内生态气候的恶化等现象,无不折射出人类在社会发展过程中,由于忽视对自然的责任所带来的巨大的危害。所以,我们必须转换人类中心主义的思维模式,勇敢、自觉地承担对自然的责任。因为,自然提供给了人类生存的条件,使我们得以生存、发展。我们应怀着感恩与敬重的心态来面对自然。毕竟,自然创造了人类,养育了人类,所以,人类也应该用自己的理性、道德来反馈自然。

4.2.2.2　责任的"回归"

在现代社会,责任何以"落寞"? 从康德对责任进行的理性分析中似乎可以找到一些答案。康德认为,责任本身是可以尊崇的,它不需要教导就存在于知性之中,在评估一切行为价值的时候居于首位,并构成其他价值的一切条件。因此,一个行为的道德价值并非在于它的合乎责任,而在于它的出乎责任。一个出于责任的行为价值,不在于它所达到的目标,而在于行为主体的动机。责任是出于"善良意志"所发出的"绝对命令",它是出于一种对普遍性道德法则的敬畏:"责任就是由于尊重规律而产生的行为的必要性。"①现代人的责任"误区"可能就在于"合乎责任"而不是"出于责任"。人们通常把责任与特定的工作岗位、工资、报酬、权益联系在一起。而后者基本上是基于个人的物质欲望。当后者发生变动时,特别是出现利益冲突,利益侵害时,自然就出现了推卸责任、逃避责任的情况。而处于公共生活中的一些界限模糊的责任,特别是对他人、社会的不完全责任,常常被现代人无情地漠视。

法国哲学家萨特从存在主义的角度出发去阐释"责任"的必然,同样也可以为现代人提供富有意义的教益。萨特认为,由于自我是孤独的,因此为了生存,人不得不过着群居的生活,于是就产生了外在的交往关系,也产生了选择的必要性。人的本质就体现在人随时随地都可以对自己的行为进行自由选择,人的每一个选择都是绝对自由的,责任是自由选择的必然结果。犹如人不能不自由选择一样,人也不能不承担责任:"人……肩负着世界的全部重担:他为世界负责,也为作为一定存在方式的自己负责"②。人的责任在任何情况

---

① [德]康德:《道德形而上学原理》,苗力田译,上海人民出版社2005年第1版,第51页。
② [法]萨特:《存在与虚无》,陈宣良译,三联书店1987年版,第481页。

下都是绝对的,都是不容推卸的。责任一方面给人带来尊严与崇高,另一方面也给精神和心理带来烦恼与焦虑。在萨特看来,烦恼首先是对自由存在的反省意识,也是自由本身的存在样式。同时,责任是对自身自由选择价值的深刻反省,是无法逃避和掩饰的。因此,责任是不可以总“落寞”的,它必然要走向“回归”!

勇于承担责任是中华民族的优良传统。古代,大禹治水“三过家门而不入”,诸葛亮的北伐绝笔“鞠躬尽瘁,死而后已”;范仲淹挥写“先天下之忧而忧,后天下之乐而乐”,文天祥高歌“人生自古谁无死,留取丹心照汗青”,林则徐铭志“苟利国家生死以,岂因祸福避趋之”。……他们皆尽忠职守,责在人先,是志士仁人薪火相传的思想标杆,是华夏子孙生生不息的精神动力。近代,在面临亡国灭种的危难关头,四万万中华儿女秉持“天下兴亡,匹夫有责”的信念,同仇敌忾,共赴国难,在抗日战争中以自己的血肉之躯赢得了近代以来反抗外敌入侵的第一次完全胜利。当代,在改革开放建设社会主义现代化的过程中,全面落实以人为本、全面协调可持续的科学发展观,推动经济社会发展转入科学发展的轨道,充分体现了当代中国共产党人对当代负责、对人民负责、对未来负责、对世界负责、对地球负责的强烈责任观。当前,中国在全面落实科学发展观,构建社会主义和谐社会的伟大实践中,通过责任建设的主体——负责任的公民、负责任的政府、负责任的大国,对内彰显了个人品质,对外塑造了中国的形象,展示了中华民族的尊严。① 中华民族勇于担当的优良传统告诉我们:责任是美德,责任是素质,责任是境界。

对个体而言,责任心是人们安身立命的基础。无论你是愤世疾俗,还是圆滑深沉,责任始终缠绕在你的举手投足、言谈举止之间。作为社会人,每个人都生活在社会群体之中,就像同划一艘船,在驶向彼岸的航程中,需要齐心协力,勇者竭其力,仁者播其惠,信者效其忠,这样我们才能达到共同的目的。现代人并没有因为责任的逃避与推卸而变得轻松起来。责任逃避了,但是却无法逃避良心的谴责,最终烦恼变成一种无形的枷锁,使人变得更加沉重。社会确实越来越提供更大的开放度,人们有着越来越大的自由空间,并且能够保障主体作出自由的选择。但是,这种自由的选择,也必然奠基于对必然的认识,

① 任仲平:《论责任》,《人民日报》2005年9月19日。

不仅是认识自然律,而且包括道德律。否则,自由就变成了一种随意性,太多的选择则可能意味着没有选择。对于发展而言,不仅需要认识到发展中的具体自然规律、社会规律,而且需要培养对道德规律的敬重,以此唤醒"责任感"。人生因责任而忙碌,生命因尽责而精彩。让我们在发展的进程中加强责任建设,让责任走向"回归"。

首先,责任建设,制度为本。通过立法健全、完善和发展责任制,推行"高官问责制"与"责任追究制",将权力与责任相挂钩。责任制要求履行责任,并重视责任追究。"落实责任制,一在履责,二在问责。没有问责,责任制形同虚设。问责,要贯穿到履责的全过程。事前问责是提醒,事中问责是督促,事后问责是诫勉。对认真负责的,要给予奖励和表彰;失职渎职的,要予以追究和惩罚。"①还要将"问责制"与"追诉制"并举,遏制渎职、推诿的不良现象。在监督上,进一步发扬民主监督,动员群众、媒体以及其他力量监督社会发展中出现的不负责任的现象。只有把责任心和责任制统一起来,把履责和问责结合起来,才能在全社会确立一种良性的责任导向,增强责任心、培育责任感、提高责任意识。

其次,责任建设,教育为先。一个人的责任心总是与他的理想和信念联系在一起的。高远的理想,执著的信念,奋斗的情怀是成功的起点。责任教育首先要通过理想和信念的教育,引导人们树立正确的世界观、人生观和价值观;通过服务和奉献教育,引导人们在实现个人的正当利益的过程中,服务他人、奉献社会;通过爱国主义和集体主义的教育,引导人们坚持国家利益高于个人利益;通过职业道德教育,引导人们在自己的岗位上认真履行对社会、对国家、对人民的责任。在教育过程中,要将培养责任感与塑造爱心结合起来。责任并非与权利结合的义务,而是获得人的价值与尊严的源头。由于责任本身凝结着对同类的仁爱之心,所以,责任其实也是营造具有温情、充满爱心的和谐社会的前提与基础。对社会的责任,需要培养对社会的爱心与认同感。只有懂得爱,才能够自觉地承担责任。

再次,责任建设,文化为辅。营造责任文化,有利于责任心的养成。"责任心"的形成需要责任文化和思想的熏陶。在缺乏责任感的社会风气下,必

---

① 任仲平:《论责任》,《人民日报》2005年9月19日。

然需要挖掘和借鉴古今中外的思想文化资源,运用舆论工具,宣传责任文化,培育责任意识,强化责任理念。通过营造责任文化的氛围引导人们正确认识责任,培养责任感,确立责任心。

最后,责任建设,践行为重。责任无小事。有责任心的人哪怕就是用过的一片纸巾也要找到垃圾箱再扔。完美的人格也需一步一个脚印地来描绘,否则始终不过是一个行动的侏儒。东汉陈蕃,本以“大丈夫当扫天下”为借口而懒于整理自己的小窝,结果被其父之友“一屋不扫,何以扫天下”的当头棒吓醒,顿悟“扫一屋”与“扫天下”的内在联系。勇于承担错误,也是责任心的表现。没人会因你的不小心或是疏忽就觉得你犯的错误情有可原,你必须为自己的错误承担责任。没有责任的人生,像无舵的航船,颠颠簸簸,没有方向。纵观世界上优秀的成功者,其成功与汗水和付出是分不开的。没有不公平的命运,只有不公平的代价!不努力践行,必将一事无成。愿我们每一个人都可以成为一个有强烈责任心的人!通过实践使自己成为对自己、对他人、对世界有用的大写人。

4.2.3 发展公正:在发展权利与发展责任之间

客观上,责任奠基于社会公正之上。社会越是公正,人们越有可能自觉承担起责任。一个不公正的社会,必然会影响到人们对责任的认同,也就难以自觉承担责任。在现实社会中,确实也有许多人会质问:社会对我这么不公平,没有人来关心我、帮助我,我为什么要去关心别人?这在道德上或许是遭受指责的,但是,公正问题也确实与责任以及权利有着极其密切的关系。公正意味着权利与责任应当对等与平衡。拥有多少权利,就履行多少职责。诚然,从道德的利他性来讲,权利与义务还具有不对等性。所以,提倡消灭个人利益的纯粹利他主义的无私奉献尽管是一种美好的理想,但是在现实社会中未必值得过度褒扬。不过,这仅仅是从个人角度出发的一种价值追求。而从社会的角度而言,社会的最高价值则体现于公正。一个社会越是公正,人们的权利就越有可能得到保障,人们的责任感也就会更加牢固。同时,权利的合理分配就是公正,责任的合理分担也是公正。表面上,与其他世俗权威相比,伦理权威具有软弱的一面:它不敌经济权威、法律权威和政治权威。在一切高度组织起来的政治社会中,伦理往往隐居幕后,社会也会因此而缺乏正义、善、公平、平等。

但实际上,伦理的权威恰恰来自于它的不断自明性,随着人之意识自觉的迁升和人类文明的不断发展,伦理的权威性也日益突显出来,即使没有其他世俗权威的存在,伦理也能自在地发挥维系秩序的功能和作用。伦理形态的演化,给了人类一个基本提示:人类社会秩序的维系和人类社会的发展都需要善的觉悟、伦理的考量和规约,否则就难以为继。

发展伦理是一种对发展进行规范和约束的伦理机制,归根结底,这种机制是一种利益的再分配和权利的合理调整。它不仅仅局限于调整人伦关系,而且是从更广阔的视野对发展进行规约。它要求以公正的原则去审视发展的成果是否惠及大多数人,发展是否符合现阶段的最高利益和今后的长远利益,发展是否能够给人带来真正的幸福美好生活。发展应当是不同主体权利与义务之间对等的、均衡的发展,是机会平等的发展,是经济公平、政治公平的发展,是共享社会成果的发展,也是责任分担、利益补偿的发展。公正是发展伦理学的重要原则。不同于一般的社会伦理,发展伦理学的视野更加开阔,它不仅关注社会,而且关注自然;不仅关注现在,而且关注未来;不仅关注当代,而且关注后代。公正是社会制度的首要美德。因为"公平正义比太阳还要有光辉"。①

发展中公正问题的解决有赖于正义的社会基本结构,有赖于社会分配方式的变革。美国哲学家罗尔斯提出了影响深远的正义理论。按照他的观点,社会公平正义的分配应当符合两个原则。第一条原则:"每个人都在最大程度上平等地享有与其他人相当的基本的自由权利。"第二条原则:"社会和经济的不平等被调解,使得(1)人们有理由指望它们对每个人都有利;并且(2)它们所设置的职务和岗位对所有人开放"。罗尔斯的第一原则简称为自由原则。这一原则保证了人们享有平等的自由权利。第二条原则简称为差别原则。它规定了经济和社会福利领域不平等的适用范围和条件,要求社会利益和经济利益的不平等分配应该对处于社会最不利地位的最有利。这条原则实质上是要求国家应对社会成员的社会经济差别予以调节,使之最大限度地改善社会底层者的生存状态。在这两条原则中,自由原则是首要原则,差别原则建立在自由原则基础上,并从属于自由原则。只有在贯彻自由原则的前提下,

① 温家宝:2010 年 3 月 14 日在人民大会堂答中外记者问。

才能贯彻差别原则,决不能以牺牲前者满足后者。罗尔斯的正义论在对待个人和国家关系问题上,为政府的制度建设提供了更为深刻、合理的理论依据,是古希腊的正义思想和近代资产阶级思想家的正义理论不可企及的。① 显然,罗尔斯的正义论是在为弱者呼吁权利。其观点在学术界引起了强烈的反响。但他的哈佛同事诺齐克不同意他的观点。在《无政府、国家和乌托邦》一书中,诺齐克强调个人的权利优先于国家的权力。认为,国家只能作用于属于个人权利之外的活动空间,而不是个人享受国家权力之外的活动空间;是个人的权利决定国家的性质、合法性及其职能,而不是国家的性质、合法性和职能决定个人享受多少权利。按照这一准绳,任何侵犯个人权利的国家行为都是不正当、非正义的。诺齐克认为,个人拥有绝对的权利,这种权利的边界,没有经过权利的所有者的自由同意,是任何国家权力都不能任意逾越的。他甚至反对福利国家的大多数政策,他以洛克"自我所有"的思想作为其理论的依据,认为如果否定自我所有原则,就相当于全部或部分地许可奴隶制度,就会限制人们的自主,就会把人仅仅当成是工具而不是目的。比如在福利国家中对富人征高额税以帮助穷人,就是政府对自由的干预,就是变相的、程度较低的奴隶制,因为国家剥夺了本来属于个人自己的东西。因此,中央权力机关无权把一切物品集中起来加以分配,没有一个人或一个机构有权力控制所有的物品。国家在所有的个人之间应该保持中立,不能为了一部分人的利益去强行剥夺另一部分人的利益,哪怕其动机是善意的也不行。任何利益和福利的转移只能基于自愿的原则,否则最善意的动机将导致最卑鄙的恶行。② 诺齐克的这一推论几近荒诞,不仅马克思主义者不支持这样的诡异逻辑,就连罗尔斯(自由主义中派)和德沃金(自由主义左派)这样的自由主义者也反对他的这一理论。个人权利和自由是诺齐克的政治哲学全部出发点,也是其国家学说的核心。在此,罗尔斯与诺齐克分别代表了自由主义内部对于正义问题两种不同的声音。他们都是基于反功利主义的立场,以权利对抗权力。前者从平等入手,强调保护弱者的权利;后者则从自由入手,突出强者权利的不可侵

---

① [美]罗尔斯:《正义论》,何怀宏等译,中国社会科学出版社 1988 年版,第 302—305 页。

② [美]罗伯特·诺齐克:《无政府、国家与乌托邦》,何怀宏等译,中国社会科学出版社 1991 年版,第 348 页。

犯性。前者是一种福利资本主义的意识形态,后者则是一种自由资本主义的意识形态。

就诺齐克对自由经济制度所作的雄辩捍卫,对自由主义平等原则所作的强悍攻击,英国政治理论家、"分析马克思主义"学派的代表人物 G. A. 柯亨做出了批驳。柯亨在《自我所有、自由与平等》(self - ownership, freedom, and equality)中力图从马克思主义的角度,对诺齐克无根基的自由意志主义进行了层层剖析,将诺齐克理论中的矛盾和跳跃之处予以充分地揭示,特别出彩的是曝光了诺齐克对自由与自由权利相互调换的循环论证。针对诺齐克关于"个人对于外部资源具有无限的原始权利,个人几乎可以无限不均等地占有"的思想,柯亨详尽地驳斥了这样的权利是不可能存在的。针对诺齐克关于国家通过税收帮助穷人是变相的奴隶制的理论,柯亨指出,重新分配式的征税决不像诺齐克说的那样,是和奴隶制一样的强制劳动。比如,如果我朋友的母亲病了,我应当帮助她,但这并不是说她可以像奴隶主一样不受限制地支配我的劳力。"总之,我们可能都有彼此间的强制性义务,这并不蕴涵着任何人有支配任何人的奴隶主般的权利。确实,这种义务构成了再分配国家的规范性本质,在这样的国家里,在某些方面没有自我所有,但也没有奴隶和奴隶主那样的关系。"①显然,在柯亨看来,从自我所有权得不出私有财产合法化和不平等的结论。和所有社会主义者一样,柯亨认为人类不平等的主要原因是生产资料的私有制。因此,柯亨指出,即使在起点对外部资源进行平均分配,在之后的社会过程中也一样会产生不平等,哪怕是通过罗尔斯的差异原则与德沃金的平等原则对于优势者的天赋带来的不平等进行限制与分配也不能完全平等。除非坚持社会主义,对生产资料进行社会化,消除私有制。

毋庸置疑,一个公正的社会,并非人与人的绝对平均化。罗尔斯与诺齐克作为自由主义左右翼的著名代表之间的辩论,以及社会主义者和自由主义者之间的论战,带给我们的启迪意义在于:对于公正的社会价值,非常有探讨的必要。不过,仅仅从公正本身入手,就想要给出一个令人满意的结论是不可能的。因为公正,始终是探讨权利与责任问题的立足点和平衡点,所以,对于公

① [英] g. a. cohen: *self - ownership, freedom, and eqaality*, cambridge : cambridgeuniversity press, 1995, p. 231.

正的理解必然存在着价值立场的差异性。公正的发展无疑不能仅限于经济水平的增长,也不能仅仅着眼于社会总财富的增长,而是应当关注发展的成果普惠于民,关注社会的正义和平等。

改革开放30年来,中国在社会主义现代化的发展道路上取得了丰硕成果,但是,当前所存在的地区经济发展水平不一、发展权利与发展责任不对称以及贫富悬殊等问题,依然亟待得到重视与解决。在实现社会的和谐发展、健康发展、稳定发展的进程中,公正问题是不容忽视的。因为,“社会的公平和正义,既是我们评判改革的阿基米德支点,也是评价我们现代化成就的全部出发点。”①在谋求公正社会制度的历程中,需要更多的群体自觉地承担更多的社会责任,以弥补现有的制度缺陷所造成的过失。

4.3 道德规范——外在规约与个体自律

如前所述,“恶”并非是发展过程中不可超越的因素。抑制和克服“恶”对于社会的破坏,需要借助于道德规范的力量。道德规范可以分为外在规范和内在规范,外在规范主要指制度、规则、法律;内在规范主要包括习俗、道德、信念等。当然,对于一个健全的社会而言,两者相互依赖、相互作用,共同促进社会的和谐发展。通常而言,外在规范的约束更具有强制力,但是往往容易造成对主体人格的忽视,执行的成本一般较大。而且,往往只能是事后补救。而内在规范是一种软约束,依靠的是主体的自律,在某种意义上可以开掘人格的尊严感,而且,具有极其强烈的感召力,可以促进社会精神面貌的改善。在现代法治社会,我们不应当忽视道德的规范作用和精神文明的推动作用。

4.3.1 道德规范:发展的保障机制与约束原理

如前所述,发展伦理学有两个最基本的研究触角:一是从伦理的视阈去审视发展的诸问题;二是探讨如何对发展的诸因素给予道德的规约。正是在第二个方面的意义上,我们说,发展伦理学实质上也是一种规范伦理学。诚如我国最早对发展伦理进行研究的刘福森教授所说:“发展伦理学首先以当代人

---

① 何清涟:《现代化的陷阱》,今日中国出版社1998年版,第378页。

类整体发展实践提出的伦理问题为对象。它在对人类过去的发展观、发展模式和发展道路进行哲学反思和价值评价的基础上,对人类未来的发展实践进行伦理的规范与约束。”①不过,与传统规范伦理学相比,发展伦理学视阈更为广阔,它超越了传统伦理学仅从当代社会中个人和社会层面探讨道德问题的局限,而把探讨人与自然的关系、探讨代内与代际的关系等内容都纳入进自己的研究范围,力图能够完整地把握人与自然、人与人、人与社会、当代人与未来人等各种复杂关系。毋庸置疑,发展伦理学大大拓宽了规范伦理学的研究视野,深化了对人与自然、代内与代际等诸关系的伦理省思。刘福森还敏锐地观察到,发展伦理学的基本问题首先涉及“能”与“应当”的问题,而传统伦理学的基本问题则侧重于“是”与“应当”的问题②。的确,并不是能够去做的,就是应该去做的;并不是人类有能力改造世界,就应该一往无前,不顾及后果。在传统伦理中,伦理学家往往通过激发主体之“能”,去实现道德行为。最典型莫过于孟子所言“为长者折枝,语人曰:‘我不能’,是不为也,非不能也。”③儒家学者所强调“心有四端”、“本心”、“良知”无非是为了发掘主体的道德能动性,使“应当”在行动上能够得到落实。而在发展伦理学的视阈,由于经历了现代性的启蒙之后,主体性已经达到了狂妄的地步,所以,发展伦理学所需要规范的是“能”并不意味着“应当”。这是发展伦理学对传统伦理学的一个重要突破。发展伦理学集合了众多的学科优势,含有理论与实践的双重维度。它不仅确定基本的伦理原则、发展的目标和模式,而且,还涉及具体的政策和策略;发展伦理学具有更为宏大的视野和崇高的目标。它将消灭剥削和解除人类的痛苦视为不可推卸的责任,并寻求一种最优化的方式,去实现这样的目标。最为重要的是,发展伦理学将“发展”的概念作了一种全新的考量,不是将“发展”当成规范性的正价值观念,而是从伦理学出发,将规范作为一个切入点,赋予“发展”以更为深刻的内涵,以人的发展,人性的完善,作为经济发展和社会发展的内在依据,从而对于现代化社会的发展,具有极其积极的范导作用。

---

① 刘福森:《西方文明的危机与发展伦理学》,江西教育出版社 2005 年版,第 326 页。

② 刘福森:《西方文明的危机与发展伦理学》,江西教育出版社 2005 年版,第 323—337 页。

③ 参见《孟子·梁惠王上》。

值得注意的是,上述说法并不意味着发展伦理学改变了规范伦理学的主题。发展伦理学所说的"能"是从"是"或"事实"出发的,即从现代社会主体性膨胀的事实出发的。而规范伦理学所强调的"能"是从"应当"这个角度出发的。在规范伦理学那里,"应当"是涵盖"能"的。也就是说,我应当去做某事,它蕴涵的前提条件是"我有能力去做某事",这与发展伦理学所理解的"能"不是一个层面的问题,两者并非替代关系,而应当是蕴涵关系。所以,即使在发展伦理学那里,"应当"与"是"依然是一个不变的主题。

作为一门新兴学科,发展伦理学的产生并没有使传统伦理学失去它的价值与意义,传统伦理学因其有着强大的传统文化的支撑而仍然有丰富的伦理资源可以为现代社会服务。所以,在社会发展中,我们不仅要利用传统伦理的资源,对发展进行规范和价值引导,而且还应当利用古今中外的一切优秀文化资源和思想资源,为社会的和谐发展提供道德规范。因为一般情况下,一定社会的道德规范总是能够体现社会发展的合目的性的。道德规范蕴涵着道德"应当",是道德"应当"的进一步形式化和具体化。要保证社会的良性发展和人的健康发展;保证"健全的社会";成就"健全"的个体人格,都必须依靠一定的道德规范。

只有道德规范才能够为发展提供伦理层面的保障机制。它具体体现在:(1)道德规范为社会的健康发展指引着方向:任何一个社会都需要一定的道德规范,否则这个社会将处于一种动荡不安的境况。道德规范从社会的各个方面,从人与人之间、人与社会之间以及人与自然之间界定合理的关系,从而保障社会的有序与和谐。(2)道德规范在保障发展的同时,也促进着发展。现代发展观暗含着对人之欲望的充分肯定。但是,人的欲望大都是以现实的、当下的满足为基点而不顾及未来的。传统伦理学以及发展伦理学所提供的道德规范,不仅调整着现实的利益矛盾、欲望冲突,防范因之所产生的不良效果,而且通过道德规约,力图调整当代人与未来人的利益冲突,以获得更大、更好、更真实的发展。(3)道德规范为人们提供着价值抚慰。人在欲望之外还有精神需求。纯粹经济的发展在满足人的欲望时,常常容易忽视人的精神需求。而道德规范不仅可以在人的心灵上投射出一种有序性,直接指导着人的行为,而且还可以基于特定的人文精神,扬弃人的个别性、随意性以及本能冲动性,使人性在社会化的层面中得到提升和充实。

道德规范不仅具有上述的保障机制,而且,在具体的社会实践中还具有独特的约束力。表现为:(1)道德规范是一种"软约束",它不似法律规范有着外在的强制力量,有着法律机关的监督和评判体系,有着监狱等惩罚系统。它更多的是靠内在法庭——良知的力量来约束人们的言行。因此,在现代社会,重建美德的基本前提是如何恢复人们的"良知感"。良知感越强,则越有可能去遵守道德规范,反之亦然。(2)基于现代性的社会背景,道德规范要摆脱无力的境地,就必然需要进一步融入社会生活。它不一定要转化为法律规范,却需要融入社会制度之中,通过符合伦理的制度设计,保障道德规范的履行者能够从中受惠,至少不受伤害。制度可以为道德建设提供适宜的环境,同时也能够为经济发展与道德进步发挥着独特的规范功能。(3)道德规范的约束力必须诉诸主体的自觉。道德规范所呈现的是道德必然性的一面,而只有提升到主体自觉,才能够进入主体自由的境界。道德规范常常是人们生活经验的总结,是扬弃了个别性的普遍性,而只有经过主体自觉,才能够在普遍性基础上获得个别性,也即体会到自由。因此,发展伦理学在强调遵守道德规范的同时,还应当着力于倡导和培养公民的自律意识,塑造社会美德和个人品格。

4.3.2 个体自律:降低发展成本的最优路径

个体道德意识的最初形态基于外在客体中寻找约束和限制,因此,对道德命令的理解和接受必然是被动而肤浅的,并很有可能转变成道德的"异己"力量。只有从"求之于外"转向"诉之于内",从道德自我意识出发,对规范进行过滤和涤荡,才能使个体道德意识的强制力、约束力消解,才能从道德他律过渡到道德自律。道德自律实际上是主体自身立法,因而,人是自由的。道德自律不仅是道德顺利发挥现实作用的必经阶段,而且,也是主体自由最重要的标志。

对于发展而言,要保证发展的正确方向,必须具备一定的制度、法律规范的约束。因为,它们具有现实的威慑力和强制力。这些规范系统虽然对于社会的发展是非常必要的,但却要为此付出高昂的成本。首先,法律以及制度规范,毕竟是通过人根据具体情况制定出来的。具体情况发生改变,那么法律以及制度规范就必然随之做出相应的改变。因此,该类规范必然具有滞后性的一面。这种滞后性为钻法律空子和制度空子的人提供了可乘之机,从而容易给自然环境和国家、社会、他人造成损失。其次，法律以及制度规范的维持需要庞大的行政系统。尽管，这是一个国家所必须具备的要素。但是，为了遏制发展中的“恶”，不仅需要强化行政系统的力量，而且需要防止行政系统内部本身出现“恶”，以权力制约权力，势必需要提高执政成本。再次，法律以及制度规范所调整的范围没有道德规范调整的范围广泛，一般而言，爱情和家庭等社会基本构成单位的纠葛与问题，不是法律、制度可以制约的对象，但是却能够以道德规范的力量加以解决。道德规范还可以通过对不道德行为产生约束力，有效地防范犯罪。在法治社会，法律对于社会的稳定、良性发展创造条件，能够保障人的权利、尊严不受侵犯，但是，它自身并不能带来人格尊严。而且，它常常以侵犯他人的人格尊严和牺牲为代价，从而为改邪归正制造了瓶颈。正如《论语》所说：“道之以政，齐之以刑，民免而无耻；道之以德，齐之以礼，有耻且格。”①这说明，强调德治是非常有必要的。

相形于外在规范，个体自律最节约成本，是收益最大的发展路径。因为，一方面，自律是人格健全的标志，与人的完善发展是契合的。懂得自律的人，往往能够自觉抵制各种诱惑和不良思想的侵袭，能够不做有损于生态环境和国家以及人民利益的事情。同时，自律意味着将外在的道德规范，转化为内在的道德需求。这使得道德自律者不仅能够体会到主体的自由，而且也可以从道德中源发尊重，焕发人性的光辉。另一方面，个人自律有助于社会的和谐发展。在市场经济中，只有个体自律，信用才成为可能，交易成本的节约才成为可能；在人际交往中，只有个体自律，信任才成为可能，人与人之间的心灵沟通与契合才成为可能；在政治体系中，只有官员廉洁自律，根治腐败才成为可能；而在国与国之间，只有国家能够理性地约束自身的行为，和平与共处才成为可能。

不过，个体自律既然是降低发展成本的最优化路径，就必然意味着它的形成有着相当大的难度。特别是对于现代社会的发展而言。社会越是发展，人们所面临的物质诱惑越大，所以自律的难度也就越大。因为社会发展所提供的诱惑力越来越大，自律的外在条件发生了急剧变化。对于当代中国而言，道德自律对于维护市场秩序其作用显得尤为明显。如何培育理性自律的经济主

---

① 参见《论语·为政》。

体、促使市场经济道德秩序的尽快形成，成为摆在发展伦理学面前的现实课题。这不仅是发展伦理学所遇到的焦点问题，而且也是美德伦理所关注的重要问题。

综上所述，作为一种新的发展理论和新的伦理形态，发展伦理学是对发展中伦理关系的新领悟和新治理，是人类从自发发展到自觉发展的标志，也是发展的伦理化和人性化的需要。它与美德伦理是一致的，并且，只有借助于美德塑造，借助于人文的教育，人类的发展才能更为健康、更为和谐、更为真实，才可能实现发展的最高目标——让所有人过上幸福美好的生活。“可持续发展的先知”E. F. 舒马赫清晰地向我们阐明了这条通往真理的发展之路：“发展并非从商品开始；它是从人民以及他们的教育、组织与纪律开始。没有这三者，一切资源将始终是隐藏的、未开发的、潜在的。有的社会很繁荣，可是自然财富基础极其贫乏。战后，使我们有充分的机会看到无形因素的重要性。任何国家只要具有高度教育、组织与纪律，不管遭到怎样破坏，都能创造出‘经济奇迹’来。”①

① ［英］E. F. 舒马赫：《小的是美好的》，虞鸿钧等译，商务印书馆 1984 年版，第 113 页。

第 5 章

发展伦理的优先考量:消除贫困

长期以来,由于无视发展的伦理检讨和关照,导致了发展进程中一系列“恶”的问题出现,其中最大的“恶”就是牵一发而动全身的最大社会问题——贫富差距的日趋拉大。这是一个世界性的大问题,对其进行探究,不是一部著作或一个课题所能够完成的,因此,本章主要以中国为例来讨论发展进程中的贫困问题。2006 年的中国,一个以城市贫困为主题的研讨会上,数十名经济学家提交的一份调查报告显示:近年来,城市贫困问题并没有因为我国经济高速增长而有所减轻,相反表现出明显的加重趋势。人类在发展,社会在进步,但在发展的过程中,贫困却像一个幽灵、一个阴影,笼罩在人类的头顶,带给我们苦难。一个充斥着贫困的社会是谈不上幸福美好的,消除贫困,过上富裕的生活,是人类追求的生存理想。某种意义上,人类社会的发展史就是一部与贫困斗争的历史。现代社会发展的最高目标就是使全体人民脱离贫困,过上幸福的生活。因此,发展作为人类社会的客观历史过程,是世界上各个国家和各个民族的必然趋势,也是一个国家摆脱贫困,走向繁荣富强的必由之路。但发展本身却是一个充满矛盾的历史进程,一旦脱离道德的规约,它便会在社会财富增加的同时,拉大贫富之间的差距,使大多数民众生存的基本状态趋向恶化,从而使发展走向虚假。时至今日,无论是发达国家,还是发展中国家都没有完全解决贫困问题。过去的 50 年中,世界财富增加了 7 倍,世界范围内的贫困问题不仅没有得到缓解,反而使贫富差距越拉越大,贫困问题日益恶化。据世界银行统计,2001 年全世界 60 亿人口中,有 28 亿人每天仅靠不足 2 美元来维持生计,还有12亿人每天仅靠不足1美元来生活。[①] 显然,贫困问题困扰着当今世界的发展,成为社会发展的一个巨大障碍,从而被联合国列为社会发展问题之首。因此,研究贫困问题、解决贫困问题成为了发展伦理优先考量的对象。

在发展日益提速的当今世界,如何最大限度地消除贫困,是一个全球性的问题,尤其是世界上人口最多的中国经济社会发展过程中急需解决的首要问题。作为发展中国家,近年来中国的综合发展取得了长足的进步,在社会、经济等各个领域都取得了巨大的成就,人民生活水平与生活状况都得到了相当的提高与改善。然而,中国仍处于传统与现代交织、原始与发达混杂、落后与文明并存、贫穷与富裕同在的尴尬境地,贫困犹如达摩克利斯之剑高悬在我们头上。

5.1　穷人的呐喊:谁来倾听我们的呼声?

贫困是一个复杂多维的社会现象,作为一个动态的、历史的、综合的概念,对贫困的界定总是随着经济的发展、社会的进步、文明的提升以及人类认识的深化而不断变化的。不同领域、不同学科的学者们在不同的发展时期对贫困给出了不同角度的界定,为我们认识贫困和反贫困奠定了基础。在此,我们根据不同的划分标准对贫困概念的内涵做了如下的解读:经济学意义上的绝对贫困与相对贫困;地域学意义上的农村贫困与城镇贫困;社会学意义上的区域贫困与个体贫困;社会哲学意义上的物质贫困与人文贫困。

5.1.1　绝对贫困与相对贫困

从经济学的意义上来划分,有绝对贫困和相对贫困之分。最早提出绝对贫困和相对贫困概念的是Robert K. Merton和Robert A. Nisbet,直到目前大多数学者与一些世界组织和各国政府都一直在沿用这两种提法。世界银行在《贫困与对策》一书中写道:“传统上是用维持最低生活标准的收入或支出水

① 世界银行:《2000—2001年世界发展报告:与贫困作斗争》,中国财政经济出版社2001年版,第6页。

平测定贫困。贫困又可以从相对或绝对意义上来衡量。……相对贫困是指某人或某家庭与本国的平均收入相比，例如将贫困线划定为平均收入的一半或分配额的40%，相对贫困线随着平均收入的不同而不同。绝对贫困是指某人或某家庭的状况低于这样一个贫困线，其实际价值是固定的，不随时间变化而变化。绝对贫困线是基于最低消费标准，基于必需的人体热量吸收的食品。”①目前，国内外多数学者对于绝对贫困和相对贫困的定义基本上达成一致的认识。

所谓绝对贫困是泛指基本生活没有保证，温饱没有解决，简单再生产不能维持或难以维持的生存性贫困。对贫困最原初的理解，主要是基于物质层面或经济学意义上的，即收入水平低下，不能维持基本生活，这一定义强调以货币收入或消费额来确定贫困的程度，因而又称之为收入贫困。例如，较早研究贫困问题的专家S.朗特里就认为：“如果一个家庭的总收入不足以维持家庭人口最基本的生存活动要求，那么，这个家庭就基本上陷入了贫困之中。”②这种理解其实就是绝对贫困。它指不能满足基本生活需求的生活状态，它受到文盲、营养不良、疾病、婴幼儿死亡率高和预期寿命的严重限制，而使受害者出生时带来的潜力不能得到发挥。实际上这是处于生存边缘的生活，它的一个基本特征是人们的生活水平达不到社会可接受的最低标准。绝对贫困通常用世界银行提出的国际贫困线标准来定义，也就是在一定时期和社会经济发展水平下，维持人们的基本生存所必需消费的物品和服务的最低费用。世界银行1992年发表了关于“贫困”的专题报告，以1985年购买力平价计算制定了两条全球的贫困线：任何年均收入低于275美元的被归入“极端贫困”（赤贫），年收入低于370美元的被归入“绝对贫困”（穷人）。若以1990年价格计算，则贫困线标准为年人均收入420美元。在此国际贫困线的指导下，不同国家有不同的国家贫困线，如中国农村贫困线相当于国际贫困线的60%左右。

所谓相对贫困是指贫困主体与社会平均生活水平相比处于相对较低的一种状态。特点是虽然可以解决基本的温饱问题，甚至也能维持简单的再生产，

---

① 世界银行：《贫困与对策》，经济管理出版社1996年版，第1—4页。

② 这是朗特里1899年所下的定义。参见S. Rowntree: *Poverty: A Study of Town Life*, London, Macmillan, 1901. 转引自吴理财：《“贫困”的经济学分析及其分析的贫困》，《经济评论》2001年第4期。

但却仍然大大低于社会平均的基本生活水平，扩大再生产的能力也很弱，理论上相对贫困属于发展性贫困。它建立在生存性贫困的基础之上，具体表现为生活不稳定、未来缺乏保障、技能滞后、缺少提升自身发展能力的基础，等等。如果说绝对贫困是一种极端的贫困状态，那么，相对贫困就是一种相比较而言的贫困，是一种相对缺乏或不足的状态。正如英国社会学家安德鲁·韦伯斯特所说："贫困仅仅是相对而言，是将一群人的境遇与另一群人的境遇相比较而得出的一种概念。"①

可见，无论是绝对贫困还是相对贫困都具有社会历史性，是不断变化的，与特定的文化和经济水平相关联。不同的国家和地区，两种贫困的状态和标准有很大差异。一般来说，在经济水平比较落后的国家与地区，贫困问题多体现在绝对贫困方面；在经济水平比较高的国家和地区，贫困问题则多体现在相对贫困方面。正如一位美国经济学家所说的："现代美国贫困和印度或西西里岛的贫困最显著的区别是，在美国，穷人可以从大多数人中明确地区分开来。在印度，你不必努力去寻找穷人，他们一向到处都是。在美国，穷人是极少数，不容易被富裕的大多数人注意到。"②

目前，国际上关于贫困的扶持概念，基本上是指绝对贫困，绝对贫困也自然成为贫困研究的焦点。在中国，由于经济发展水平和居民收入水平还较低，因此，中国现阶段关于贫困的界定、测量、统计、反贫困的对策，均采用绝对贫困的概念和标准。1985 年，农村绝对贫困线为人均年纯收入 206 元人民币，1995 年增长到 530 元人民币，2005 年调整为 683 元人民币。到 2008 年此标准为 785 元。该标准按照 2005 年美元兑人民币汇率则只有人均每天 0.31 美元。这与世行推荐的人均 1.25 美元的贫困线相比，差距极为悬殊。由于中国庞大的人口基数，按照国际标准计算得出的中国消费贫困人口数在国际上仍排名第二。2005 年直接问卷调查数据显示，按当年美元购买力平价，中国仍然有 2.54 亿人口每天的花费少于国际最新贫困线。可见，随着经济的持续发展所带来的收入水平与生活条件的变化，衡量贫困水平的指标逐渐呈现出高

① ［英］安德鲁·韦伯斯特：《发展社会学》，华夏出版社 1987 年版，第 2 页。

② 转引自付民主编：《中国政府消除贫困行为》，湖北科学技术出版社 1995 年版，第 143 页。

位化,中国的贫困也渐渐由以绝对贫困为主过渡到以相对贫困为主,贫富悬殊明显日益拉大。顺应贫困演变趋势,可以肯定的是,伴随中国绝对贫困人口的减少,相对贫困问题将日益突出,势必成为影响中国经济社会长期持续稳定协调发展的重要问题。

5.1.2 农村贫困与城镇贫困

从地域学来划分,有农村贫困与城镇贫困之分。

在中国,全国范围内处于绝对贫困线以下的人口,基本上都集中在农村,因此,中国政府过去进行的扶贫开发工作主要是针对农村贫困地区的。改革开放30年来,经过政府、社会以及农村贫困人口的共同努力,尤其是通过实施国家“八七扶贫攻坚计划”,中国在世界的反贫困史上,取得了令世人瞩目的记录,基本解决了农村贫困人口的温饱问题。到20世纪80年代末,农村2.5亿绝对贫困人口中的80%实现了脱贫。据统计,到2004年,中国农村绝对贫困人口有2610万人,相对贫困人口为4977万人,两者共计7587万人。①

可是,在农村贫困问题还没有完全得到妥善解决的同时,中国城镇贫困问题在20世纪90年代突然产生,并且迅速形成了一个数量相当大的贫困群体,使中国目前的农村贫困问题与城镇贫困问题呈现此消彼长的发展趋势,从而使中国的反贫困工作更加复杂化和艰巨化。根据世界银行提供的数据,中国城镇贫困人口1995年为3080万人(不包括下岗人员55万人)。到2001年底,城镇贫困人口数为3100万人。② 有学者对中国城市贫困发生率的研究表明,城市贫困发生率已从1990年的0.4%迅速上升到2002年的4.1%。③ 而且,这里的城镇贫困人数仅指拥有城市户口的居民。城市贫困人口的相对比例虽然较低,但其绝对人口数量庞大,对家庭、企业和社会也构成了很大的影响,它已经成为城市重大的社会安全隐患和持续发展隐患,成为社会不安全甚至产生动荡的关键因素,严重影响社会稳定与社会和谐。

城镇贫困是区别于农村贫困而言的贫困现象,二者表现出贫困问题上的

---

① 国家统计局:《2004年中国农村贫困监测公报》,《经济日报》2005年4月22日。

② 蔡国庆:《解决城市贫困问题与提高党的执政能力》,《边疆经济与文化》2007年第3期。

③ 同上。

二元结构性特征。与国外其他国家相比,我国城镇贫困化加剧的一个重要特征是,它不是因为整个国民经济的萧条而产生的,恰恰相反,它发生在经济持续高速增长的背景下,是在社会转型的特殊历史时期凸显出来的新的社会问题,具有明显的时代特征。与农村贫困不同,城镇贫困群体的出现和扩大,与城市社会结构变迁、城市产业结构升级以及城市体制和机制变革密切相关,属于再生性贫困。

据学者的估算,中国目前的城镇贫困人口在1500万至3100万人之间,占中国城镇人口总数的4%—8%。[①] 城镇贫困人口主要由如下人员及其家庭构成:其一,社会救济人员和社会优抚对象。包括社会孤老残幼、社会困难户和按国家政策应该享受社会救济的救济对象,以及享受国家补助的优抚对象。据统计,这部分城镇贫困人口目前大约有15万户,59万人,占贫困人口的2.7%;其二,不符合现行社会救济条件的低收入家庭。包括重残成员的家庭、主要劳动力患疾的家庭、享受单位遗属补助的家庭、部分返城知青家庭、部分配偶无职业的退休职工家庭,等等。据统计,这部分城镇贫困人口目前大约有50多万户,200多万人,占贫困人口的10.8%;其三,有劳动能力但一时丧失就业机会或就业不足的成员。主要包括失业人员和下岗人员中未能再就业的低收入家庭,以及停产、半停产企业中的低收入职工家庭。据统计,这部分城镇贫困人口目前大约有450万户,共1600多万人,占贫困人口的86.5%。[②] 而据民政部门的统计,截至2003年8月,全国城市居民领取低保金的人数为2182.5万人。在这些低保对象中,特困职工和失业人员以及他们的家属占贫困人口的95.8%,传统救济的"三无"人员仅占4.2%。[③] 截至2004年12月底,全国城市低保对象总人数为2200.8万人。此外,中国目前农民工贫困问题的形势也不容乐观。有学者预计,目前中国的农民工贫困人口大约有1099万人。[④]

由此可见,职工失业型贫困目前在大部分城镇已构成了我国城镇贫困人

---

① 陈佳贵:《中国社会保障发展报告(1997—2001)》,社会科学文献出版社2001年版,第208页。

② 陈端计:《中国经济转型中的城镇贫困问题研究》,经济科学出版社1999年版,第49页。

③ 杨维汉、翟伟:《全国城市逾2182万人领取低保》,《经济日报》2003年10月9日。

④ 陈端计、李云海、刁振强:《21世纪以来中国反贫困的新特点》,《青海民族学院学报(社会科学版)》2006年第4期。

口的主体。这些职工失业型贫困群体又具有相当的集中性。首先,从区域性分布看,主要集中于中西部城市。据国家统计局调查,1995 年全国 1242 万城镇贫困人口中,有近 90% 集中在中、西部城市,其中,人均生活费最低的内蒙古、甘肃、吉林、山西、黑龙江的城镇贫困居民,占全国城镇贫困居民的 44.8%;其次,从行业分布看,城镇贫困人口主要集中在政策性亏损和受技术进步及产业结构调整影响较大的煤炭、机械、轻工、森工等不景气行业;再次,从所有制形式看,城镇贫困人口主要集中在经济效益不好、破产或濒临破产、甚至倒闭的国企、集体单位。据国家统计局调查统计,户主在国有单位工作的贫困家庭占全部贫困家庭的 53.9%,离退休人员占 16.7%,在集体单位工作的占 16.3%,三者合计达 86.9%。① 失业型贫困成为我国现阶段所独有的一种城镇贫困现象。

5.1.3 区域贫困与个体贫困

从社会学的意义上划分,有区域贫困和个体贫困之分。

首先,区域贫困通常是因为地区资源或条件的制约所致,表现为国家贫困、地区贫困、农村贫困、城市贫困等。一般而言,所有低收入地区都是贫穷地区。区域性贫困是由于在相同的制度背景下,不同区域之间由于自然条件和社会发展水平的差异,致使某些区域生活资源的供给相对贫乏,贫困人口相对集中从而陷入贫困。区域经济发展不平衡性与贫困人口的地域性分布呈正相关。以中国为例:中国人口众多、地域广阔,各地社会经济发展水平的差异性较大,而且自 20 世纪 90 年代以来,区域经济发展不平衡程度日益加剧。目前,中国已成为世界上地区发展差距最大的国家。改革开放初期,由于优惠政策、环境条件、经济基础等区域差异性,中西部地区成为中国贫困人口主要聚居地,尤其是西部几乎成了贫困的代名词,而中西部农村地区与少数民族的贫困问题尤为突出。近年来,城市贫困人口分布空间开始蔓延,从中西部地区为主,到老工业基地和矿区等地区。据全国总工会 2002 年的一项调查表明,全国 26 个省份的 1795.9 万人城市贫困居民中,东部地区 9 个省份贫困人数最

---

① 陈端计:《中国经济转型中的城镇贫困问题研究》,经济科学出版社 1999 年版,第 49—50 页。

少，共 393.5 万人，占城市贫困居民总数的 21.9%，贫困率为 3.1%；西部地区有贫困居民 452.7 万人，占全国城市贫困居民总数的 25.2%，贫困率高达 7.3%；中部地区 8 个省份贫困人口最多，达到 949.7 万人，占城市贫困居民总数的 52.9%，超过了东、西部地区城市贫困人口的总和，贫困率高达 8.4%，[①]反映出中部地区既是城市人口相对集中的地区，又是城市贫困问题十分突出的地区。沿海地区的经济一直保持着较快的增长速度，从 1978 到 1998 年，沿海地区的人均收入以每年 11% 的速度增长。如果通货膨胀忽略不计，这意味着 1978 年的收入为 100 美元，在 20 年后跃升到 800 美元。而且，自 20 世纪 90 年代，沿海地区的发展加快了，年均增长为 13%，是最慢的西北地区的 5 倍。[②] 1980 年东部地区人均 GDP 为中西部的 1.5—1.8 倍，1990 年为 1.62—1.97 倍，2002 年高达 2.08—2.63 倍。从人均收入来看，上海、北京已达到发达国家的水平，天津、浙江、广东、江苏等地可以说已达到中等发达国家的水平，山东等地区则相当于发展中国家，而中西部大部分地区只相当于落后的"第四世界"（即，十分落后的发展中国家。撒哈拉沙漠以南的非洲各国，大都被视为第四世界）。经过大规模的扶贫运动，中国的区域贫困问题得到基本解决，但不少老、少、边、穷地区仍然处于普遍性贫困状态，因此，中国的区域贫困问题并未完全消失。

其次，个体贫困是指以家庭人均收入、家庭人均消费支出、人均基本生活品占有量、人均营养状况指标和卫生保健状况以及文化素质等来衡量的贫困家庭及成员。在相同的区域和制度环境中，某些家庭或个人由于身体素质较差、文化程度较低、家庭劳动力较少、生产资料缺乏、可以利用的社会资产少、竞争有限的生活资源的能力差，从而处于贫困状态。近年来，妇女、老人、儿童中贫困人口过度上升，成为贫困人口中最受关注的群体。

（1）妇女贫困问题。早在 20 世纪 60 年代，国际社会一些发展研究者就发现这样一个事实：贫困者中的大多数是妇女。于是，他们提出：反贫困必须将解决妇女贫困问题作为出发点。这一思路后来反映在世界银行和国际劳工

① 钱林：《当前中国城市贫困问题研究》，《经济与社会发展》2007 年第 1 期。

② 联合国开发计划署：《2003 年人类发展报告》，中国财政经济出版社 2003 年版，第 62 页。

组织的一些重点项目中,例如,将低收入妇女确定为特殊的目标群体等。① 到了20世纪70年代后期,"贫困女性化"概念在美国首先被提出,美国的研究者发现贫困率增长最快的家庭结构是女户主家庭,由低收入或贫困的妇女和孩子组成。② 这一发现使得女性学、发展研究、社会学、人类学等多个学科和发展研究机构,开始将女性的贫困问题以及消除女性贫困问题作为一个专门的课题在学术界提出,开创了对女性贫困问题的系统化探讨。诸多研究表明,男女性别的差异预示了女性更容易受伤害。尤其是在发展中国家,由于劳动力资源过剩和男女平等观念上的障碍及女性本身的原因,决定了女性的就业机会不如男性,而失业的风险则大于男性,进而导致女性较男性更容易陷入物质和精神的双重贫困。在文化水平和教育程度方面男女之间的差距也使女性更易陷于赤贫。据统计,在中国失业和下岗总数中,妇女占总数的60%以上。大量女工失业、下岗,使她们失去了固定的收入。同时,由于各种各样的原因,失业和下岗女工再就业比较困难,很多人根本无法找到工作,无法增加收入或根本没有收入来源,很自然她们将逐渐陷入贫困,并形成一个贫困层。另外,无论从经济状况、就业、教育、健康,还是从社会地位等方面衡量,贫困地区妇女的贫困程度都更为严重。无疑,对包括中国在内的发展中国家,女孩免费义务教育、给妇女就业机会和提升女性的文化素质,对于消除女性贫困、制定长期的社会发展目标以及保证发展的科学性都是关键性的问题。

(2)老年人贫困问题。世界上任何一个国家在任何一个历史时期所拥有的老年人口的规模都无法与现在中国的情况相比。据第五次人口普查统计,2000年底中国大陆60岁及以上老年人已达1.29亿人,老年人口占总人口的比重已经达到10.5%,标志着我国开始进入老龄化社会。其中,城市老年人已经达到了2942万人,占到了全国城市人口的10.1%。③ 到2007年底,60岁及以上老年人更是迅速增至1.53亿人,占总人口的11.6%。中国人口老龄化呈现出两大特点:一是速度快。近十年老龄化速度加快,每年递增3.4%,快于全国人口递增1.1%的2倍多。65岁以上老年人占总人口的比例从7%

---

① 刘霓:《西方女性学》,社会科学文献出版社2001年版,第162—163页。

② [美]瓦伦丁·M.莫格哈登:《贫困女性化——有关概念和趋势的笔记》,马元曦译,见《社会性别与发展译文集》,生活·读书·新知三联书店2000年版,第36页。

③ 孙陆军、张恺悌:《中国城市老年人的贫困问题》,《人口与经济》2003年第5期。

提升到 14%,发达国家大多用了 45 年以上时间,而我国只用 27 年就完成了。二是"未富先老"矛盾突出。发达国家是在基本实现现代化的条件下进入老龄社会的,我国则是在尚未实现现代化、经济尚不发达的情况下提前进入老龄社会,现有经济和社会保障水平不足以应对来势凶猛的老龄化问题。以至于养老服务极为薄弱,家庭养老负担日益加重,相关社会问题凸现。① 诸如:老龄化速度过快、社会养老压力加大;空巢老人、高龄老人增长较快,老人服务和养老方式面临挑战;城乡老年人不能得到完全的医疗保障等。结果,老年人因退出劳动领域而致使收入锐减,有的甚至没有任何养老保险,极容易陷入贫困境地;即使是有退休养老金的退休人员,相当一部分也因养老金收入低而沦落为贫困阶层。其中有一大部分老人的生活水平甚至在最低保险线以下,属于"三无靠"的特困老人,即民政部门的社会救济靠不上、单位生活补贴靠不到和子女靠不住。2000 年调查揭示中国城市老年人口的贫困发生率达到了 3.6%。② 国家如果不能及时建立和完善有效的社会保障体制,老年人口将有可能成为未来贫困人口的重要组成部分。

(3)儿童贫困以及贫困儿童的教育公平问题。按照较权威的划分,贫困儿童通常指年龄在 14 岁及以下的贫困人口。儿童贫困问题同样也是一个世界性问题。儿童贫困问题不仅反映在他们的生活难以满足基本的生存需求,更大的问题是贫困对儿童的教育、健康、市场机会等未来的发展方面产生连锁式的恶性影响,使贫困产生代际世袭,造成贫困的恶性循环。在儿童贫困的问题中,最突出的问题就是贫困儿童的教育公平问题。它主要表现在接受教育的机会和教育资源的占有以及受教育的程度等方面。例如在中国,2001 年全国有 522 个县未实现"普九",它们集中在最贫困的西部农村地区。义务教育阶段生均经费的城乡差异十分显著,尤其是农村贫困儿童的教育经费严重不足。2001 年小学生生均教育经费一项,城市是农村的 1.86 倍,小学生生均教育经费最高的上海与最低的湖北相差 10 倍;初中生生均教育经费一项,城市是农村的 1.92 倍,最高的北京与最低的贵州相差 7 倍。有研究表明,费改税

---

① 民盟:《关于积极应对我国人口老龄化问题的提案》2010zxnews. people. com. cn/GB/180903/10967032. html.

② 孙陆军、张恺悌:《中国城市老年人的贫困问题》,《人口与经济》2003 年第 5 期。

以后,农村年教育经费缺口将加大100个亿,与城市地区教育发展的差距将进一步拉大。① 这还只是宽泛意义上的城乡差别,在远低于城市的农村非常有限的教育资源中,能够惠及到贫困儿童的更是少之又少。虽然改革开放以来,国家教育扶贫政策取得了显著成就,但是,就优质教育资源的分享而言,贫困儿童仍然处于非常不利的境况。在2000年上海市教科院发展研究中心的调查研究表明,当时全国有431个县尚未实施"普九",其中372个县集中在西部贫困地区。此后对其他省区的进一步考察,情况更令人担忧,2003年,西藏初中按时毕业率仅为25%,贵州为48%,宁夏为49%,甘肃和青海均只有52%。② 这些数字的后面,反映出问题的严重性在于,失学儿童与受教育程度低的儿童不仅是现阶段贫困群体的重要组成部分,而且充当着未来贫困人口的主体。因教育不公直接导致的贫困儿童的教育困境,缘起于贫困阶层的代际再生产与教育机会的"再分配"。社会阶层的代际传递是一种普遍性的阶层关系模式,一定程度上,贫困阶层更多的是以再生产的形式不断被"拷贝"出来的。因此,通过教育公平的实施,通过解决贫困儿童教育不公的现状,进而改变他们的贫困境况,是改变贫困阶层代际世袭模式的主要方式,更是贫困个体突破阶层壁垒向上流动的最为重要的促进机制。我们之所以将贫困儿童的教育公平问题纳入发展伦理的研究范围,就是想呼吁社会应该就"如何解构贫困家庭的代际再生产,促进贫困子女的向上流动"等问题加大研究力度。在这方面不乏众多的研究者,但是,目前的研究并没有达到"应然"状态,这方面问题的解决任重而道远。如何解决儿童贫困问题以及如何消除贫困儿童教育不公的问题,是学界和社会的责任,也是发展伦理学今后要研究的一个重要内容。

除以上所述,吸毒、艾滋病、家庭破裂等威胁将使越来越多的人陷入贫困状态,其他如偶发因素造成的贫困者、因竞争能力较差而在劳动力市场上被淘汰的人员、市场竞争的失败者、农民工等贫困人口的出现,使贫困人口结构日益呈现多元化的格局,进而加大了消灭贫困的难度。

---

① 中国教育与人力资源问题报告课题组:《从人口大国迈向人力资源强国》,高等教育出版社2003年版,第313页。

② 刘精明、杨江华:《关注贫困儿童的教育公平问题》,华中师范大学学报(人文社会科学版)2007年第2期。

5.1.4　物质贫困与人文贫困

从社会哲学意义上来划分,有物质贫困和人文贫困之分。

贫困和落后不仅仅是缺少生存所必需的生活资料和物质层面的统计数字,它还内含着深刻的人文和心理元素。包括主观心理感受、生存方式,包括"剥夺"造成的低下教育程度、包括社会隔离、社会排斥导致的低下的社会地位等等人文贫困,这些人文贫困总是以文化贫困、权利贫困和心理亚健康的样态表现出来,并与物质贫困遥相呼应,使得穷人从外到内彻底贫困。物质贫困只是一种看得见的容易解决的表层贫困,人文贫困则是看不见的对贫困群体伤害更深的短期内难以解决的深层贫困。如果我们不能从人文层面认识并解决贫困问题,穷人很难从根本上摆脱贫困状态。

人文贫困主要指文化资源、卫生资源、环境资源、社会权利资源等发展资源的匮乏,表现为不识字、营养不良、缺乏卫生条件、平均寿命短以及自我发展能力低下等,其核心是权利贫困和文化贫困。权利贫困是指缺少本应享有的公民权、政治权、文化权和基本人权;文化贫困是指获取、交流、创造知识和信息的机会匮乏和能力羸弱。这一划分对中国的贫困具有相当的解释力。中国贫困不仅仅是物质贫困,同时也包括比物质贫困内涵更深刻的人文贫困。如中国西部的广大农村贫困人口中,人们普遍缺乏社区的民主参与权、社区和社会信息知情权、表达个人意愿的公民权、保持本民族传统的文化权等基本权利,相当多的贫困人口缺乏就业、迁徙与流动机会,许多贫困妇女还受到各种歧视。至于文化贫困在我国的弱势群体尤其是农村的弱势群体中则表现得更为突出。我国农村弱势群体的贫困,外在形式是低人均收入、低生产率及低物质供给,隐含的却是文化贫困,表现为受教育程度低、文盲率高、科技文化水平低、劳动生产率低、思想观念落后。正因如此,人文贫困被列为 21 世纪人类所关注的最大社会问题,而中国又是人文贫困最突出的国家,人文贫困指数排名位居巴西、印度之前,居世界之首。其中沿海地区为 0.18,北京为 0.10,相当于智利、新加坡等极低人文贫困指数国家,而西部地区这一指数则高达 0.44,其中贵州为 0.55,相当于索马里等极高人文贫困指数国家。①

① 转引自叶普万:《贫困经济学研究:一个文献综述》,《世界经济》2005 年第 9 期。

以马克斯·韦伯为代表的西方社会学家提出的关于社会不平等和社会分层理论认为,社会不平等的实质,是社会资源或有价之物(财富、收入、权力、声望、教育机会等)在社会成员中的不均等分配,处在社会下层的贫困群体正是上述社会资源分配的匮乏者。上述理论得到了众多学者和国际社会的认同。如,英国社会学家皮特·汤森在《贫困的国际分析》中就将贫困定义为:在一个社会中,一个人缺乏参与社会惯例或社会所广泛认同的活动和享受普通生活水平所必需的资源。① 欧共体委员会在《向贫困开战的共同体特别行动计划的中期报告》中将贫困定义为:贫困应该被理解为个人、家庭和人的群体所拥有的资源(物质的、文化的和社会的)十分有限,以致他们被排除在社会可以接受的最低限度的生活方式之外。② 这里所说的资源不仅限于物质生活资源,还包括文化生活资源、社会生活资源以及环境资源等。《牛津大学社会学简明词典》对贫困的界定是:贫困"是一种缺乏资源的状况、通常是缺乏物质资源,但有时也缺乏文化资源。"③世界银行《2000—2001 年世界发展报告》中认为,贫困还包括"风险和面临风险时的脆弱性,以及不能表达自身的需求和缺乏影响力"。④ 世界银行前副行长尼古拉斯·斯特恩博士 2002 年在北京大学题为《消除中国的贫困》的演讲中也说道:贫困这个概念本身是非常复杂的。以往经济学家和政策制定者往往关注的是"收入性贫困",关注的是贫困人口接受的教育,关注的是贫困人口的消费结构。他指出,贫困其实是一种多维现象,它不仅仅体现在收入、教育上。收入、教育和消费结构准确地说更应该看成是贫困的结果,而不是贫困的精确度量。

可见,随着人类对于贫困问题认识的深化,国际社会开始更加注重从人文发展的角度来衡量一个国家、一个地区、一个人的贫困程度。联合国开发计划署在《1997 年人类发展报告》中正式提出"人文贫困"(Human Poverty)的概

---

① Townsend: *The International Analysis of Poverty*, Allen Lane and Penguin Books, London, 1979.

② Atkinson: *The Institution of an official Poverty Line and Economic Policy*, Welfare State Program Paper Series, 1993.

③ Marshall Gordon: *Oxford Concise Dictionary of Sociology*, Oxford University Press, 1996, p. 409.

④ 世界银行:《2000—2001 年世界发展报告:与贫困作斗争》,中国财政经济出版社 2001 年版,第 15 页。

念,它不仅包括人均国民收入的因素,也包括人均寿命、卫生、教育和生活条件等因素,即 40 岁以前可能死亡的人口比例、文盲率、获得基础卫生保健服务、可饮用水和安全食物的状况等。在这个概念下,贫困意味着一些基本能力缺乏,使得陷入这种状况的群体不能很好地履行必要的生产、生活职能。“人文贫困”体现了以人为本,重视人的体面生活和基本权利的新的扶贫理念。衡量某个发展中国家、某一地区、某个人的人类贫困程度时,我们开始注重用人文贫困指数(Human Poverty Index) 即寿命、知识水平和生活体面程度的短缺状况作为评价标尺,其指数愈大,贫困程度愈高。应该说,这种动态的人文贫困的界定方法,能够较全面地反映贫困群体的经济水准和生存状况,也更能反映人类文明的发展程度。

与物质贫困相比较,人文贫困具有隐蔽性和非量化及持久性特征,难以进行确定的量化评判。这也因此遮蔽了其作为客观事实存在的严重性,而长期被人们忽视。在现实中,导致了反贫困理论和实践缺少对贫困地区人文贫困的实质性关注。实际上相对于物质贫困,人文贫困更稳定、更难以摆脱,负面影响更大、更令人担忧。从某种意义上,人文贫困是今天导致贫困的重要因素和脱贫的重要障碍。因此,今后我们在制定反贫困的战略框架时,应将过去单纯关注物质贫困、经济贫困更多转向关注人文贫困,注重提高贫困群体的社会地位、自信心和尊严。以提高贫困人口的自我发展能力为核心,以高质量的经济增长为基础,以良好的治理和制度为保障,保证贫困人口的基本权利,扩大其各种发展机会。通过实施一系列有利于贫困人口、社会弱势人群发展的增长策略,切实消除人文贫困。

综上所述,从生存贫困到发展贫困,从区域贫困到个体贫困,从物质贫困到人文贫困,研究贫困的视角在不断变化,对贫困概念的理解在不断深入。这也说明,要对贫困概念给出一个全面、精确、统一、涵盖方方面面的科学界定是相当复杂且十分困难的。作为描述人类特定生存状态的具体的历史的综合概念,贫困,不再仅仅是一个经济学或社会学概念,对其进行理论探讨时,应当不限于经济学或社会学的视野。不过,尽管对贫困的定义是多层面,但是,无论哪个层面理解的贫困还是有一个共同点的,这就是:贫困意味着匮乏!“匮乏”是贫困概念的关键词,抓住了这个关键词就抓住了理解贫困概念的核心。无论是收入贫困、发展贫困、能力贫困、文化贫困、资源贫困还是权利贫困,贫困概念内涵的不断拓宽,实质上就是匮乏内容的拓宽。收入贫困就是指用于日常生活的物质匮乏,能力贫困也就是指人获取生活资料能力的不足,权利贫困则是指政治、文化、资源和发展权利的缺失。在发展伦理的视阈,贫困就其本质来说就是发展的不足,就是发展权利实现不足或未得到实现。如果将贫困和富裕视为社会生活的两极,那么发展就是从贫困状态过渡到富裕状态的过程。在这个过程中,发展需要得不到满足,也就是陷入了贫困的境地。

5.2 贫困:天作孽、人作孽、自作孽?

既然贫困是发展的不足,那就要通过发展,选择科学的发展模式来实现脱贫。而要解决贫困问题,实现脱贫致富和可持续发展,我们就要找到掣肘发展的原因,就要明白我们为什么贫困?就要对当前贫困地区和贫困人群在反贫困的实践中所存在的制约因素有一个比较全面的认识,这样才能对症下药消解贫困。由于各国各地区的国情区情不同,制约贫困群体发展的因素也不完全相同,所以要具体情况具体分析。就中国而言,学者们近乎一致地认为,现阶段中国贫困问题是多因素的相互交织所导致的:既有贫困者个人的客观原因和主观原因,又有社会层面的经济、组织、文化等方面的原因;既有落后的生产力、科学技术的原因,又有天灾人祸的原因;既有过去社会发展中长期积累的难题,又有改革开放以来出现的新问题;既有国内的因素,又有经济全球化所带来的全球及国际影响因素。

5.2.1 自然条件恶劣是贫困的基本原因

中国属于发展中国家,生产力水平较低,相比之下贫困地区的生产力水平则更为落后。而造成贫困地区生产力水平低下的主要原因在于:(1)区位上的边缘性和分散性。我国贫困地区大多分散在地理环境差、交通不便的山区和高原,多属于老、少、边、穷地区,缺乏基本的生产和生活的基础设施,经济上处于一种自我封闭的状态。根据国家“八七扶贫攻坚计划”确定的592个国家重点扶贫的贫困县名单中,可以发现贫困人口几乎都是山区和高原等自然环境较差甚至恶劣的地区,其中有307个集中在西北、西南地区以及中部地区的山区,贫困人口约为全国贫困人口的 60%。[①] 这些贫困县绝大多数地处与邻国接壤的边界或省区的地界区域,地势险峻,远离中心城市。这种区位边缘性的影响,加之人口居住和社会经济活动空间的高度分散性而被进一步放大,以至于基础设施建设所需投资巨大、教育、卫生、运输、通讯和能源等设施难以形成经济规模,基础设施的利用率不高,社会经济活动的交易费用高昂,各种生产要素难以低成本地流动。(2)地形的复杂性和气候、生存条件的恶劣。中国大多数贫困地区都处于深山区、石山区、高寒山区,自然条件和生态条件都很差,地形复杂、区域差异显著、气候条件恶劣、生态环境脆弱。我国有 1000 多万人口分布在西北的干旱缺水地区,2000 多万人口分布在西南的石山地区(喀斯特地貌),1000 多万人口分布在海拔 2000 米以上的高寒山区及深山区。[②] 这些地区根本不具备人类基本生存的条件。西北农村干旱少雨、草地沙漠化、水土流失严重;西南农村山高坡陡、石山遍布、土层薄,土地生产能力低下,农作物产量低,农民收入低,贫困人口多。如贵州根本没有什么平地,石头多,土地少,有一个乡的土地竟然分布在 1.8 万个石缝里,缺土缺水。宁夏黄土高原区,干旱少雨,年均降水量仅 240—600 毫米,而蒸发量达 2100—2300 毫米,农作物产量低。再如河北境内的太行山区,面积大,地域广阔,但是高山、浅山、山谷、丘陵、沟沟壑壑,到处是一片荒山野岭。这些地区自然条件恶劣,严重影响了人类的生存,制约了生产力的发展,对这些地区的经济发展产生了致命的影响。(3)自然资源不足。由于资源短缺或缺乏可资利用的资源而导致的贫困被称为资源匮乏型贫困,如恶劣的自然环境、贫瘠的土地、储备稀少的矿产资源、匮乏的生物资源等等。特别是在贫困地区人们赖以生存的耕地资源贫瘠,土地产出率极低,这些地区存在环境贫困与经济贫困互相掣肘的恶性循环。有关专家在研究土地资源与贫困人口的关系时发现,贫困人口的分布状况与人均土地资源占有量、耕地优劣程度及地域分布高度相关。在中国农村,33% 的人口生活在优等的土地上,51.84% 的人口生活在中等土地上,15.08% 的人口生活在贫瘠的土地上。[③] 即使在发达地区,其贫困户的

① 唐晓光:《中国贫困与反贫困理论》,广西人民出版社 1995 年版,第 34 页。

② 熊长云、崔飚:《关于西部农村贫困的原因探析》,《农业经济》2001 年第 6 期。

③ 陈立新、柏秀艳:《解决农村贫困问题是全面建设小康社会的基础工程》,《中央民族大学学报(哲学社会科学版)》2004 年第 3 期。

人均土地拥有量也较低,只有 0.044hm^2(公顷),不及非贫困人口的 1/3,人地关系较为紧张,高达 66.7% 的贫困户具有自然资源不足的特征。典型的如经济较发达的浙江省陆域面积仅为全国的 1.06%,人口密度为全国平均人口的 3.4 倍,人均耕地仅有 0.038hm^2,户均不到 0.4hm^2。① (4)环境破坏严重。由于生产力水平低,贫困人口对环境的依赖性加剧。为了生活,农村地区围河造田、毁林种粮、竭泽而渔、乱砍滥伐、过度放牧等现象和问题层出不穷。如此长期在一个封闭的环境下,低水平的自我循环发展,加之粗放经营建立在整个社会受损的基础上,必然使环境破坏、生态恶化、水土流失,最终导致全社会的贫困问题加剧。在人类发展的道路上,"世界上 11 亿穷人中大约有一半以上正陷入生态危机和经济贫困的恶性循环之中。他们没有谋生的出路,只能通过损害生态环境和滥用土地、通过损害未来拯救现在"。② (5)各种自然灾害。无论采取多么有效的救灾措施,都会使一部分人因无法预测的天灾而沦为贫困户。由于天灾的不可预测性和无法避免性,它们很轻易地就会让贫者愈贫、脱贫者返贫,甚至使一部分灾前生活水平较高的人陷入贫困境地。例如,震惊全球的 5·12 汶川大地震,就使得不少灾前的富裕户沦落为贫困户。又如,在 2003 年,仅河南、陕西、黑龙江省因自然灾害增加了近 3000 万贫困人口。可见,自然生存环境恶劣是造成贫困的客观原因。

5.2.2 制度缺陷是贫困的重要诱因

对待贫困问题,人们通常更多关注的是资源与财富的匮乏。由此推论,只要物质财富丰裕起来,贫困就会自然走出我们的视线。然而,事实却并非如此简单。随着社会的发展,一方面创造出巨大的物质财富,另一方面,我们也目睹着贫困问题不但没有得到很好解决,反而变得更加突出和复杂,甚至出现贫者愈贫富者愈富的"马太效应"。这说明,贫困并不仅仅是资源与财富的匮乏,更是人类社会结构、功能和机制的不健全。虽然,我们不否认天作孽是造成贫困的客观原因,但从本质上分析,贫困的根源不在天而在人,不是天作孽

① 浙江大学人口研究所课题组:《发达地区农村人力资源开发利用状况及思考》,《浙江学刊》1999 年第 6 期。

② 曹明德:《论消费方式的变革》,《哲学研究》2002 年第 2 期。

而是人作孽！其中,人类社会的制度缺陷是贫困的重要诱因。

发展经济学家们认为,人均收入的差距只是经济落后或形成贫困的表征,而制度缺陷则是经济落后的根源。《2000—2001 年世界银行发展报告》认为,目前贫困的主要特征就是穷人缺乏资产或机会、缺乏权力、缺乏安全,其中一个重要因素是制度安排不合理。瑞典经济学家冈纳·缪尔达尔认为,收入水平过低是导致发展中国家贫困的重要原因之一,而产生低收入的原因包含社会、经济、政治和制度等许多方面,其中一个重要原因是资本稀缺,资本形成不足,以及收入分配制度上的不平等,导致了贫困人口权利的缺失,反过来,权利的缺失又加剧了贫困。① 在我国,也有学者认为,我国社会产品分配权的分配和再分配过程中出现的矫正不足和矫枉过正,以及分配权的配置失衡和行使不当是构成中国贫困问题的法律制度总根源。②

以上观点都涉及制度安排在贫困和反贫困中的重要地位和作用,尽管制度安排不合理并不是导致贫困的全部原因,但联系到我国社会的实际,制度则是更具根本性的因素。对贫困因素的分析过多侧重于自然因素、历史因素,而忽略对造成贫困的制度性因素分析是远远不够的,也是讳疾忌医的表现。如果我们不正视或不敢正视自身的原因,就不可能实现真正的脱贫。本文中所说的制度性贫困是指由于政治权利、分配制度、就业制度、财政转移支付制度、社会服务和分配制度、社会保障制度等因素决定的生产生活资源在不同区域、不同群体和个人之间的不平等分配使得某些区域、群体或个体处于贫困状态。

5.2.2.1 “二元”结构的差异加剧了城乡利益的冲突

众所周知,中国的普遍性贫困出现在农村,之所以如此,就是由于长期以来与农民切身利益息息相关的制度设计的缺位或者失调所致。其中,城乡“二元经济”结构制度的差异和长期存在的二元户籍制度的限制,以及由此形成的差别待遇等原因,是造成我国农民贫困的制度根源。传统计划经济体制下所形成的二元经济制度和二元社会结构制度,即对待农民和市民截然不同的就业制度、分配制度、户籍制度以及社会保障体制,形成了以农民为主体的

① 转引自李定轶:《论导致我国农民贫困问题的制度性因素》,《北京市经济管理干部学院学报》2006 年第 1 期。

② 孟庆瑜:《反贫困法律问题研究》,《法律科学》2003 年第 1 期。

贫困,这种贫困与贫困者自身的禀赋和素质无关。二元户籍制度的限制,把占全国绝大部分的农村人口禁锢在农村地区,不仅强化了中国的城乡分割,而且也极大地制约了农村剩余劳动力的转移,从制度上造成了农村的落后和农民的贫困。同时,以农业支持工业的发展战略,造成国家从工农业产品不等价交换的价格"剪刀差"中获得了大量的工业发展积累资金,使得农民利益流失、收入降低,加剧了农民的贫困。据统计,1953 至 1978 年间,国家通过"工农产品价格剪刀差"的方式从农民手里无偿地拿走了 9500 亿元,占农民净收入的 58% 左右,①从而更进一步地加大了工农差别和城乡差别。这种不公平的"城乡分治"的制度和体制,使农民在近半个世纪的时间里,在政治、经济、文化、教育和税费负担等方面处于极其劣势的地位,国家的公共资源、公共政策、公共支出等不是向贫困落后的农村地区流入,而是源源不断地流向了相对富裕的城市地区。城市优先发展的基础设施、社会保障与农村绝对差距日益拉大,导致贫困起点上的农民更加贫困。这种严重的"二元结构"加剧了城乡结构性的矛盾与冲突,制约着内需的进一步扩大和经济的进一步增长。因此,无论是从全面建设小康社会的需要出发,还是从实施新型工业战略的需要出发,都要认真研究如何解决对农民极不公平的社会现象,以实现城乡的协调发展。

5.2.2.2　保障制度的偏颇强化了弱势群体的困境

长期以来,由于我国社会保障制度还不健全、不完善,尤其是农村基本的社会保障覆盖面十分有限且保障标准偏低,特别容易使那些处于弱势地位的群体陷入贫困加剧的窘境。一方面,城乡有别的二元机制使得社会资源的再分配更多地向城市倾斜,造成了城乡之间享有社会资源权利的不平等。尤其是改革开放前,城市里养老、失业、医疗、工伤、生育等方面的社会保障主要由国家承担,而占全国人口总数 80% 的农村居民却被排除在这一福利制度之外。这种不平等的分配机制使得农民失去防止贫困的最后一道法律保障和社会保障,面对贫困处于孤立无援的状况。这种状况至今仍然没有得到根本的和较大的改善。据统计,目前依然有 40%—60% 的农民因为经济拮据,生活贫困和医药费的迅速增长而无法正常就医,因病致贫的农村人口数量也在逐年增加。近年来,伴随着农村人口老龄化加剧的同时,农村的家庭保障功能因

① 钟超:《产生我国农村贫困的因素分析》,《前沿》2005 年第 4 期。

为家庭规模的小型化和子女外出务工而持续削弱,传统的养老方式面临变革的沉重压力,建立与农村相适应的新型养老保障体系迫在眉睫。一些地区,尤其是中西部地区出现“贫困—更加贫困”的恶性结果,这些都是因为农村基础保障制度的不完善甚至缺失造成的恶果。

另一方面,城镇社会保障制度滞后和不健全,是城镇贫困人口形成的另一个重要因素。我国城镇贫困主要是社会转型的产物。随着经济体制改革不断深化和竞争的日益激烈,在企业转换经营机制的过程中,一大批破产、停产、半停产企业的职工和下岗人员收入降低,生活陷入困境。然而,我国传统的社会保障并非真正意义上的社会保障,而是单位保障。由于经济体制改革引起的单位破产倒闭或效益不好,这部分人也失去了社会保障。社会保障制度改革的滞后弱化了社会对城镇贫困人口的救助,而传统的计划经济体制的惯性又妨碍了城镇贫困人口的自主脱贫,从而使城镇贫困人口不断增多。

5.2.2.3　法律制度的缺陷不能有效保护贫困群体

社会主义市场经济是法制经济,它应该通过法律制度来维护大多数人、特别是贫困人口与弱势群体的合法权益。可是,现行的法律制度仍存在许多缺陷:第一,法律制度虽然使贫困人口在许多方面受益,但法律法规并不必然地保护贫困人口的利益。法律制度作为不同群体权利关系的产物,通常集中于保护那些拥有政治力量的群体利益。法律上的障碍往往将贫困人口“置于易受地方长官、警察、专制以及违法行为盘剥的地位”。① 第二,即使法律制度很好,但贫困人口在利用法律制度时仍面临许多约束。贫困人口“一般对自己的权利了解得很少,也很容易被蒙蔽。时下的法律制度写在纸上,并在此基础上加以执行——这天然地造成几乎没受过什么教育的穷人在运用法律武器上的困难。语言、种族、世袭地位以及性别歧视和其他排外的行为进一步加重了这类问题的严重性”。② 在包括中国在内的许多发展中国家,由于“新法律和建立在殖民法和习惯法基础上的宪法权力的叠加,法律制度固有的复杂性进一步加剧。由此带来的混乱模糊了人们对自己权利的认识和对执法中恣意妄

---

① 世界银行:《2000—2001 年世界发展报告:与贫困作斗争》,中国财政经济出版社 2001 年版,第 105 页。

② 同上。

为行为的判断,使那些权势者们可以轻而易举地选择适用的法律制度。这大大降低了穷人对法律制度本身的信任。这还使掌权者决断的随意性增强,常常导致用关系网和贿赂来拿法制做交易”。① 对于贫困人口来说,由于他们的生活仅仅维持在最低的生活水平线上,每天只能关心一日三餐何以为继,没有能力了解法律,更难以运用法律维护自己的正当权益走出贫困。

5.2.2.4 体制转轨中的失范拉大了贫富差距

我国从传统的计划经济向市场经济的转型主要是由政府主导完成的,政府的权力对经济的控制力极为强大。在传统计划经济时期,大量存在着政府对经济的干预,并且这种干预渗透到了社会经济生活的方方面面,当这种体制转轨时,由于体制惯性、思维惯性、模式惯性的存在,政府不可能马上退出经济活动领域,于是出现了“看不见的手”和“看得见的手”复杂交织的状态。并且,在转型初期,一般会出现一种体制真空,即旧的制度不起作用了,但新的制度还没有完全建立起来或难以发挥作用,市场处于无序状态。由于管理的疏漏和一些现行政策法规的不完善,给非法收入提供了滋生的土壤。特别是存在着权钱交易、以权谋私等严重腐败问题,以及利用制假售假、走私贩私、偷税漏税等各种非法手段获取高额收入的现象,体制和制度的缺陷导致个别人迅速致富。与贫困人口形成鲜明对比的是,某些既得利益群体,充分利用市场发育不健全和市场机制不完善的漏洞,通过对资源的垄断控制和不合理的财富、收入分配,获取了巨额的经济利益。他们将公众权利、垄断资本转化为个人利益,严重干扰了市场经济运行机制,以至于权力资源所有权差异所获得的社会财富远远大于劳动力资源所有权差异和资本资源所有权差异所能获得的社会财富。权力寻租行为不仅造成了社会的极端不平等,而且使得原本就已经存在的贫富差距以惊人的速度迅速拉大。

5.2.3 隐性因素的制约是贫困的深层原因

除了上述的自然因素和社会因素外,不可否认,贫困者自身的因素也是造成贫困的原因之一。低劣的经济条件只是一种外显性贫困,维系这一贫困的

① 世界银行:《2000—2001 年世界发展报告:与贫困作斗争》,中国财政经济出版社 2001 年版,第 105 页。

还有更深层的隐性文化体系。穷人长期生活在贫困之中而形成的一套特定的生活方式、行为规范、价值观念体系，也是造成贫困落后的不可忽视的因素。弗朗索瓦·佩鲁曾说过一句耐人寻味的话，他说："如果新的发展研究不能深入到人们的思想最深处，那么，对于这种研究以及由这种研究所要求的总体调整的思考将会是肤浅的，并且是很难达到目的的。"①很显然，还有更深层的因素制约着贫困人口和贫困地区的发展。

5.2.3.1　教育发展落后导致了贫困者的无知与愚昧

亨廷顿曾经说过："人类越是发动对其古老敌人——贫困和愚昧的战争，也就越是发动了对自身的战争。"②贫困和愚昧仿佛是一对孪生兄弟，具有一种天然的共生关系。而贫困者的愚昧、无知主要是由于接受教育的不足。在中国，贫困人口普遍受教育程度低、文化素质差。2002年我国的文盲绝对数高达8500万人，在全球仅次于印度，这些文盲90%分布在农村。中国义务教育发展极不平衡。长期以来，政府对城乡教育投入实行不同的政策。城市里教育和基础设施，几乎全是由国家财政投入，而国家在农村教育和基础设施的投入则相当有限，相当一部分由农民自己来负担。农民人均年收入仅有城镇居民的1/4，却要支付经费总额60%以上的义务教育费用。地方政府承担着2.3亿中小学学生和几百万教师的义务教育经费支出，而其财政收入又是极其有限的。教育投入的不足，直接导致农村教育的薄弱和农民文化的贫困。以农民受教育程度为例，全国1997年农村15岁及以上文盲、半文盲人口比重为21.3%，在农村就业人口中，大学文化程度的只有0.05%，高中以上文化程度的仅占4.5%，而文盲和半文盲的比例却高达22%—25%。农村辍学率高于全国平均水平，2003年全国初中生辍学率为2.84%，农村初中学生辍学率为5.47%，并且每年农村还有130万名儿童完成小学教育后不能进入初中学习。中西部各省的儿童入学率不到97%，而在贫困的少数民族地区儿童的入学率仅为50%—80%，西南、西北地区小学辍学率高达3%，少数民族地区则更高。农村地区小学和中学危房率分别为8.1%和6.0%，有半数以上的农村

① [法]弗朗索瓦·佩鲁：《新发展观》，华夏出版社1987年版，第169页。

② [美]塞缪尔·P.亨廷顿：《变动社会的政治秩序》，张岱云等译，上海译文出版社1989年版，第45页。

初中毕业生无法升学，西部地区还有327个县没有普及9年制义务教育，其中60多个县还没有普及小学教育。① 从这一点来看，最大的贫困与其说是收入贫困，倒不如说是文化的贫困。教育水平的落后很难使贫困人口真正地脱离贫困，它严重影响了现代社会中贫困群体的经济活动能力、收入创造能力以及现代生活方式的实现。

5.2.3.2　贫困文化禁锢了贫困者的生存理念和价值观念

穷人贫困的原因不仅在于缺少生存所必需的各种生活资料，也在于他们自身固化了的落后于时代的生存理念、价值观念和道德评价体系构成的贫困文化。正如班费尔德所说，“穷人基本不能依靠自己的力量去利用机会摆脱贫困之命运，因为他们早已内化了那些与大社会格格不入的一整套价值观念”。② 几千年中央集权制的历史，加上近30年高度集中的计划经济体制，强化了中国社会底层贫困者落后的价值观念和贫困文化，表现为：恋土情结严重、固步自封、依赖性强、不思进取、缺乏竞争、效率低下、安贫乐道、消极无为、知天安命、思想狭隘、目光短浅……落后于时代的生存理念和低水平的简单再生产相互交织，阻碍着贫困地区经济的发展和社会的进步。在没有外界刺激和不了解外界的情况下，贫困人口对于自己悲悯的生存现状是麻木的，对于发展和反贫困的意识往往是被动的，他们大都缺乏主动求变的强烈意识。长期处于贫困境况中的贫困文化，为无法达到主流生活水准的穷人提供了某种安贫乐道的自我暗示心理机制，也为穷人安守贫困现状的经济行为提供了一种解释的逻辑。于是，等待外援成为一种思维定式，将脱贫看成是政府的事、社会的事、别人的事，强化了“等、靠、要”的落后思想。这种安于贫困的“集体意识”形成了对现代体制、现代经济、现代人才、现代思维极不相容的排斥力。

长期以来，贫困者的心理和精神牢牢地被禁锢在贫困文化的思维路径中，贫困地区特有的文化传统、文化体制、文化形态以及文化环境，犹如一对“沉重的翅膀”，抑制着贫困地区的经济发展和腾飞，对社会经济和贫困者自身的发展产生了双重的严重障碍。在贫困者固守的贫困文化导引下，贫困现状不

---

① 秦朔：《告别GDP崇拜——中国发展的一种解读》，浙江人民出版社2004年版，第35页。

② 转引自周怡：《解读社会——文化与结构的路径》，社会科学文献出版社2004年版，第139页。

仅在当代长久维持，甚至还可能导致贫困的世袭，延续到贫困者的后代。有识之士指出：必须格外关注社会贫困已呈现出的“代际转移”发展趋势。大多数贫困者子女辛苦一年的收入只够温饱，他们靠个人努力改变命运的难度非常大，贫穷成为了他们摆脱不了的宿命。同时调查表明，父母的社会地位越高，拥有的权利越大，社会关系越多，子女就越容易获得较高的社会地位和经济收入。结果是，在穷人的孩子成为穷人的同时，富人的孩子更多地成为了富人。在贫穷发生代际转移的时候，富裕也在发生代际转移。值得警惕的是，这已成为越来越普遍的社会现象，贫困的“代际转移”是当前矛盾凸显期的主要矛盾之一，这正是科学发展进程中的隐患和危险所在。解决贫困“代际转移”问题，虽然没有灵丹妙药，不能一蹴而就，但如果我们不能用历史的眼光和忧患意识重视和解决这个问题，那么将来的买单或许是难以承受之重。[①] 毫无疑问，如果没有文化上的进步，想要从根本上摆脱贫困走上发展的道路，是根本不可能的。

5.2.3.3　过度的人口增长是产生贫困的重要因素

尽管人口增长过快并非完全是农村贫困落后的主要原因，但是，它却是农村经济发展的重大障碍，同时也加剧了贫困地区的贫困落后。在农村，相当一部分农民依旧持有“多子多福”和“重男轻女”、“养儿防老”的生育观念，造成农村人口迅速膨胀，“越穷越生，越生越穷”的现象普遍存在。人口的剧增，更加激化了人与自然、人与环境的矛盾，本来贫困地区的产出增加就少，由于人口增加形成的需求太大，使有限的社会经济物品不得不首先用于满足已有人口最基本的吃饭、穿衣等生存需要，相应地制约了发展需求的满足；发展资源、能力、机会的不足又造成人口素质低下、创新乏力、生产力进步缓慢、社会经济发展动力不足，延缓甚至阻碍了经济增长方式的转变和社会转型。可见人口增长速度越快，生活水平提高速度越慢，甚至造成生活水平不断下降，导致贫困人口越来越多。尤其是大量先天生理素质差的人口如弱者、残疾者、生理疾病者在贫困地区人口中所占比例大。根据对全国 109 个贫困县调查，有血吸虫病、大脖子病、大骨节病、消化道疾病等主要地方病 94 种，[②]贫、病、愚交加

① 《贫富“代际转移”需引起警惕》，《中国青年报》2006 年 2 月 12 日。

② 钟超：《产生我国农村贫困的因素分析》，《前沿》2005 年第 4 期。

使贫困地区人力资源相当贫乏。由于大多数贫困地区地理位置偏僻,人口稀少,婚配圈子狭小,同村人、同族人、甚至有近亲血缘关系的人之间婚配比例高,严重影响了贫困地区的人口生产质量。低劣的人口素质,不仅不能为社会创造财富,而且还会单纯地消耗掉大量的物质生产资料,既构成所在家庭的经济和精神负担,还会给社会带来福利保障压力,导致地区贫困的恶性循环。

5.3 贫困不是天命:脱贫的经济基础、制度保证、伦理关照

贫困是在人类发展过程中结出的一颗恶果,它不仅严重阻碍了贫困国家和地区的社会经济发展,更是对穷人的无尽伤害。消除贫困,始终是人类为实现社会公正、平等、正义的远大目标和理想,为了实现这一目标和理想,人类多次向贫困宣战。从发展伦理的视角看,发展是人类幸福生活的基础和核心,也是贫困国家、地区最终摆脱贫困的唯一途径和出路,贫困不是天命,消除贫困最终离不开发展。对贫困地区而言,消除贫困与可持续发展是统一的整体或一个问题的两个方面。不消除贫困就难以持续发展,不有效改善贫困地区的基础设施条件,提高贫困人群的素质,改善生态环境和可持续开发利用资源,也不可能从根本上消除贫困。对于处于发展性贫困的人群而言,无法获得发展的机会和发展的条件,不能提升自身的发展能力,也就无法从根本上摆脱贫穷的束缚。可见,在发展中消除贫困,就必须把消除贫困作为发展的首要目标加以优先考量,突出对贫困群体和贫困地区自我发展、自我反贫能力的开发和提高,以期让更多穷人分享发展的快乐,让改革和发展的成果惠及全体人民。简言之,因为消除贫困的根本途径在于发展,所以,贫困不是天命!

既然贫困是多种因素综合作用的结果,那么对于贫困现状的不同解释和认识,必将直接关系到不同的政策选择和制度建设。而在这种种解读中,经济性贫困以及随之相关的制度性贫困是我们无法回避的重大问题,因此也是我们思考如何解决中国社会贫困问题时所必须直面的重要方面。

5.3.1 发展经济:解决经济性贫困的基础

尽管我们试图从经济之外的种种角度来解读贫困,但不可否认的是,目前中国的贫困问题仍然以经济性贫困的外在形式表现出来,即贫困集中表现为

低人均收入、低生产率及低物质供给。虽然新时期最显著的成就之一是“人民生活从温饱不足发展到总体小康，农村贫困人口从两亿五千多万减少到两千多万”，①但必须明确这个统计数据是按较低的贫困线标准计算出来的。按照我国制定的农村贫困标准，人均年纯收入低于 668 元属绝对贫困；人均年收入低于 924 元属低收入群体。若按照世界银行的贫困线标准，低于人均 1 天 1 美元的消费标准属于贫困人口，那么我国则可能有 1 亿多贫困人口。贫困与低收入人口状况离小康水平和联合国千年发展目标还很远。贫困人口与低收入人群在经济收入、物质生活质量、精神生活、受教育程度、生活环境（主要是公路交通、电话、安全饮用水）和社会保障等方面，与衡量小康水平的指标相比，还有很大的差距。联合国 1997 年全球人类发展报告中，提出衡量人类贫困的三个指标，即寿命、知识和生活体面程度，我国贫困与低收入人口在后两个指标方面与正常水平相比，差距尤其明显。

经济性贫困是中国国情最突出的特征之一，更是中国最迫切需要解决的社会经济现实问题，也是中国国力发展过程中急需解决的一个重要问题。经济性贫困问题的大量存在，既与党的全面建设小康社会、构建社会主义和谐社会的奋斗目标相悖，也与社会主义的本质要求背道而驰。我们要建立一个惠及十几亿人口的高水平小康社会，要让全国十几亿人过上小康生活，贫困问题已成为制约这个目标实现的瓶颈之一。虽然我国总体上达到了小康水平，但这种小康是低水平的、区域性的、不全面的，人民生活仅仅是从温饱不足发展到总体小康。我国经济总量虽然已经升至世界第三，但人均 GDP 只有 3000 多美元，仍然属于中下等收入国家。根据世界银行的统计，中国现在的人均收入不到世界平均水平的 60%。这表明我们还是一个发展中的比较穷的国家。生产力的落后状况，从根本上决定了提高人民生活水平和社会福利的限度。全面推进小康社会建设，当务之急就是要尽快解决贫困人口温饱问题，并使他们逐步过上小康生活，这是中国全面建设小康社会的关键，也是衡量小康社会建成与否的重要标志。同时，它也影响国民经济的持续健康发展，大量贫困群体的存在，制约了经济的持续高速增长。贫困群体一方面因收入低而无法消

① 胡锦涛：《高举中国特色社会主义伟大旗帜为夺取全面建设小康社会新胜利而奋斗——在中国共产党第十七次全国代表大会上的报告》，人民出版社 2007 年版，第 9 页。

费，另一方面也因为对未来发展的不可预期而不敢消费。这样，大量人群较低的消费欲望和消费能力就难以形成强大的内需，制约消费需求的扩大，也就制约了产品的大规模生产和市场的进一步开拓，刺激不了经济的强劲增长。毋庸置疑，经济发展是缓解贫困的必要基础，它不仅会带来赤贫人口的减少，甚至可以消灭赤贫现象。为了使经济发展能够提高扶贫政策的有效性和可持续性，需要将反贫困的经济发展策略纳入国家全面发展的经济政策之中，否则，总体经济政策与贫困人口的扶贫措施就会步调不一致，导致减贫目标难以实现。

改革开放以来，党和政府提出社会主义的本质在于解放生产力和发展生产力，“发展是执政兴国的第一要务”的理念深入人心，国家可集中调配的财力也明显增加，这无疑为解决贫困问题提供了一定的物质基础和思想基础。我们要实现以人为本、全面协调可持续的发展，就必须保持一定的经济增长速度。因为如果没有一定的经济发展速度和经济实力的支持，没有必要的经济基础，就没有足够的积累去解决贫困问题及其他社会发展问题。通过经济的全面增长来缓解贫困，被有的学者认为是新古典经济学的一个重要思想，也是二战后许多国家的扶贫战略选择。它假设穷人能够在经济增长中通过“涓滴效应”受益，比如说全面的经济增长能够提供更多的就业机会、更大的市场等。我国是发展中国家，目前正处于社会主义初级阶段，而我国的贫困地区则是在更低的起点建设社会主义，如果社会经济不能够保持较高的增长率，就不能提高人民群众的生活水平，不能满足新增适龄劳动人口的就业需要，也不能最终解决贫困问题。中国改革开放 30 年来的实践也证明了经济发展能够减少贫困人口甚至消灭绝对贫困人口。

但国内外的实践也表明，在一定时期内，随着经济的发展，收入分配差距可能持续扩大，贫困线也会持续上升，从而导致更多的人口沦落为贫困阶层，出现经济发展与贫困问题反向运动的现象，产生经济发展的悖论。没有蛋糕的政府是不能进行任何布施行为的，减贫有赖于经济增长，经济增长是减少收入贫困的强大动力，但是，减贫程度并不完全依赖于经济增长。印度著名发展经济学家苏布拉塔·贾塔克认为：“经济增长是消除贫困的必要但不是充分条件。因为贫困阶层与经济剩余之间的联系并不是必然的。”[①]在经济增长取

① [印度]苏布拉塔·贾塔克：《发展经济学》，商务印书馆 1989 年版，第 297 页。

得长足进展的同时,我国由于贫困现象或贫富悬殊所表现出来的相对贫困非但没有减弱,还有加剧之势,且相当一部分人不仅没有享受到经济增长带来的好处,反而成为GDP增长的受害者。2003年,中国农村贫困人口首次出现反弹就是一个佐证。来自扶贫办的数据表明,2003年全国多数省份的贫困人口均有减少,但以下省份却有所增加:黑龙江为43万人,陕西为37万人,安徽为66万人,河南为53万人。四省返贫人口数量超过了200万人,新增80万人。① 贫困人口的增加,既有原有贫困人口持续贫困,也有已脱贫人口重新返贫以及本非贫困人口陷入贫困等多种情况。由此可见,经济发展并不意味着解决了贫困问题,旧的贫困问题解决后又会出现新的贫困问题。从贫困演变趋势上看,经济发展水平的提高有可能使贫困问题得到有效缓解,但也有可能出现反向运动。因此,在经济持续发展的条件下,未来中国的贫困问题在一定时期、一定范围内完全可能出现反向运动的现象。我们要根据贫困地区的具体情况,寻找一种"适度"的经济发展速度。

当然,保持经济发展的较高速度,并不意味着对资源的滥用和对环境的随意破坏。各国政府都确认,经济的发展和环境公正问题的解决互为前提,因此,发展中国家首先必须实现经济发展。工业化发展的不平衡导致了贫富差距,贫富差距既是环境不公正产生的一个重要原因,又是环境不公正带来的必然后果。贫富问题与环境公正密切相关,发展中国家唯有发展经济才能为解决生态环境不公正问题提供必要的物质基础。为实现环境公正,发达国家应承担起更多维护全球环境的国际义务,而发展中国家作为资源与环境权益使用的弱势群体,也应该在本国经济发展过程中积极协调和环境的关系。唯有发达国家与发展中国家作出各自的努力,国际环境合作才有可能成为现实,国际环境公正才能得以实现。可见,处理好环境与发展、扶贫与发展的关系,关键是实现高效益的经济增长,在发展过程中一方面尽可能减少环境的损失,另一方面尽可能增强环境治理能力,在保护环境的前提下,力求把通过经济增长所形成的积累,较多地投入到推动科学技术进步、生活进步、社会进步和人的素质的提高等方面,从而实现可持续发展。

---

① 陈端计、李云海、刁振强:《21世纪以来中国反贫困的新特点》,《青海民族学院学报(社会科学版)》2006年第4期。

5.3.2 制度创新:消除制度性贫困的保证

制度性贫困是指由制度性因素造成的贫困。现代贫困很大程度上是制度性贫困。中国社会贫困问题尽管是以经济性贫困的形式表现出来的,与自然条件、先天禀赋、技术设备、人才资源以及基础设施、人口素质等方面的缺陷有关系,但是,制度性因素在贫困的形成过程中所起的推波助澜的负面作用也是不可否认和不容忽视的。制度性因素指制度缺陷和制度缺失。制度缺陷指现行制度不公正不合理;制度缺失指应该有的制度迟迟不能建立。以往学者们在分析制度与贫困之间关系时,已经提出,制度贫困意即制度落后和制度短缺等,是一切贫困形式的总根源,而资本短缺和资源贫乏等不过是不同的贫困表现形式而已,正是各种有效的制度供给不足决定了贫困地区人们的各种选择,导致了制度性贫困。制度性贫困的实质是经济资源、政治资源、文化教育资源和环境权益等各方面分配不均,是公正失衡的问题。我国的贫困群体是由于历史的、社会的或个人的原因造成的合理资源环境利用偏少,正当权益无法实现导致的。贫困性是他们在经济利益上所面临的共同困境,从而决定了贫困群体的生活质量低下和生活承受力的脆弱。尽管制度安排不合理并不是导致贫困的全部原因,但联系到我国实际,制度其实是一个更具根本性的因素。换言之,贫困问题的最终根源是由于与穷人切身利益息息相关的制度设计的缺位或者失调所致。制度的缺陷导致了贫困人口权利的丧失,反过来,权利的缺失又加剧了贫困,以至于走向贫困的恶性循环。权益公正必须要有制度公正做保障。所以现在的贫困群体的权益问题其实是缩短公民的合法权益和人权的距离问题,是制度是否公正和能否保障人们的合法权益得到落实的问题,也就是说解决问题必须从制度公正入手。

从前面的分析中可知,种种贫困现象所表现出来的深层次的问题,有与中国社会经济发展需要不适应的体制结构失衡问题,有政策滞后的问题,也有社会保障制度上的缺陷问题,等等。既然中国社会贫困问题是制度安排内生的,那么消除贫困的有效途径之一就在于解决与经济性贫困密切相关的制度障碍。构建公正、合理、有效的制度是解决制度性贫困问题的根本保证。在扶贫战略的实施中,建立健全扶贫制度的根本目的就是要建立能够保证贫困人口得到持续扶持的经济法律制度,最终使贫困人口融入经济社会的正常循环之中。

首先，完善社会主义市场经济体制。中国目前已初步形成社会主义市场经济体制，生产资料所有制的多元化导致了经济主体的多元化和分配形式的多样化，为各类经济主体按照公平、规范、统一的市场规则平等地参与竞争创造了条件，但经济体制上的种种缺陷无形中为经济领域内的不公正现象开了绿灯。建立完善的社会主义市场经济体制有助于公正原则在经济领域内的实现。

其次，在结构制度上，加快农村城镇化和非农化过程，在全国范围内放宽户籍制度的限制，逐步缩减城市和农村之间的差距。同时，通过逐步减少农产品与工业品之间的“剪刀差”，为农民在市场经济条件下的充分竞争提供公平的平台。

第三，完善社会保障制度。健全的社会保障制度是社会的“稳定器”与“减压器”，它为每个社会成员提供了明确的预期，减少了人一生中由于各种不确定（如灾难、疾病、失业等）因素导致的贫困，使人们可以更好地适应未来社会发展需求，减少发展性贫困产生。积极推进传统社会保障制度改革与创新，走物质保障与服务保障、国家扶持与群众互助、扩大社会共济与巩固家庭保障相结合的路子，在社会养老保险、医疗卫生保障、义务教育等方面充分实现公平与效率兼顾、权利与义务统一的原则，在农村逐步形成完备的社会保障体系，完善最低生活保障制度，提高社会保障水平，加快社会保障的立法进程，使社会保障真正起到“安全网”、“减震器”的作用，减轻贫困的程度。

第四，进一步健全社会主义法制体系。推进政治体制改革，加强法制建设。法制有助于削减贫困，它一方面可以为经济主体的生产、贸易和投资创造一种可预见的确定的良好环境；另一方面，它可以通过对违法行为的严重惩处，以及迅速解决争端和执行合约的机制，为市场经济的运转提供有效的保障。加强法制建设的有效途径，一方面应该使法律制度更好地关注弱势群体；另一方面，应该在有关贫困人口的领域，比如劳动争议、土地登记、人身虐待和警察暴力等方面，进行简化和明晰的法律条文。

第五，完善收入分配机制，促进社会公平。改革的重要内容之一是利益的公正分配和利益格局的有效调整，但是在这个过程中，有一部分社会成员在改革中获益，而另一部分社会的底层人员却未能享受到改革的成果，反而为改革付出了沉重的代价。将改革全社会的重担和社会转型的代价让社会底层的成员来承担，显然是非常不公平的，有悖于社会公正原则。只有完善收入分配制度，缩小收入差距，才能比较有效地防止贫富两极分化，让社会成员共享改革和经济发展的成果，实现社会的公平。

5.3.3 伦理关照：消除贫困的社会道义思路

发展伦理关照下的社会应该是所有人都平等享有权益和社会发展成果的社会，而不仅仅局限于强势群体，对穷人等弱势群体问题的关注是发展伦理研究的首要课题。发展伦理从人的美好生活出发，要求发展的过程必须保持人道，必须着眼于未来而保持希望。如何能使贫困人口脱贫，除了要有一定的社会保障、社会救济体系，最根本的一点还是要关注穷人本身的发展，使穷人能够获得发展能力并且成为发展的主体。人既是发展的第一主角，又是发展的终极目标。当人的生活需要得到基本满足后，发展需要成为比生存需要高一个层次的需要。在此，发展需要指生活稳定、劳动安全、技能教育与个人素质的全面提高。当人的发展需要得不到满足，很有可能陷入贫困状态。这些需要都是围绕发展性要求而提出的。20 世纪 60 年代后的西方发展经济学者达成共识，经济发展的目标应是双重的：即“除增长外，还应包括摆脱贫困”。在世界银行以《从计划到市场》为题的《1996 年世界发展报告》中，旗帜鲜明地提出：“我们评价一个国家（从计划到市场）的转轨是否成功，并不单纯看国家财富、投资或生产率的统计数字，而且要看居住在这些国家人民的生活质量。”①这些要求中显然洋溢着浓郁的伦理关怀与道德意蕴。由此看来，人们愈是深入地研究贫困和不平等问题，也就愈不可回避对人的终极关怀这个关乎人类命运的深刻主题。

正因如此，贫困问题要得到解决，就必须超越经济层面而从发展伦理层面加以论证。如前所述，贫困的原因是多方面的，诸如历史背景、地理环境、经济基础和社会制度等等，而这一切最后都会沉淀到贫困文化上。因此，反贫困必须深入到穷人的文化中去，充分考虑穷人的实际想法、思想、“发展观”。虽然有些人认为获得物质利益是主要的，但另一些人可能并不欢迎这种物质上的

---

① 世界银行：《1996 年世界发展报告》，中国财政经济出版社 1996 年版，第 3 页。

获得,如果这种获得意味着他们不得不以牺牲自己熟知的个性和独立、自在的生活为代价的话。“对穷人来说,保持和增加他们的独立、自主性,或许与他们获得物质上的利益同样宝贵呢。”①贫困者希望“按照自己的理解”去生活、去发展,他们总是向往着“一种与他们自己的目标和价值观相一致的发展方式”。显然,把贫困与“缺钱”等同视之,这是对贫困认识的误区。以发展伦理的视角,反贫困不仅仅只是“经济救济”的代名词,而是要尊重贫困者,转变贫困者的思想观念,唤起他们脱贫意识,提高他们脱贫的能力。简言之,对贫困群体给予必要的伦理关照才是更重要的。

反贫困是一个复杂的系统工程,需要个体、政府、社会三大主体构成“三位一体的互动式结构”的综合力量的共同作用。首先,贫困个体作为反贫困最基本的单元,其行为决定着反贫困的过程和最终效果。激发贫困者个人自救意识以及赋予贫困者个人自救能力,则是贫困救助理论和贫困救助事业的目标和核心所在。作为贫困个体,必须充分认识到自己在反贫困中的政治、经济责任和道德义务,自觉恪守反贫困的道德规范与道德责任,以对自己、对社会高度负责的态度,积极参与反贫困行动,为自身的早日脱贫不懈努力。其次,政府作为反贫困的主导者,应该围绕自己的义务和责任行使政府职能,大力发展社会经济,加大扶贫力度,保障贫困居民的生存权、劳动权、发展权,在政府公共行政的制度安排中体现社会正义。经济发展和社会进步对减少乃至最终消除贫困,无论是在经济伦理的意义上还是在政治伦理的意义上,这都是政府的责任。只有切实保证全体社会成员的基本权利,才能从最本质的意义上实现以人为本的社会发展基本宗旨,才能从最有效的意义上为社会的正常运转确立必要的条件。政府的政策特别是反贫困政策应当遵循一定的伦理原则,尤其必须警惕新的两极分化、坚持社会公正、坚持效率与公平的统一等。最后,要广泛动员非营利性民间组织参与到反贫困中来。贫困发生的繁杂性和散居贫困者的难以统计性,使得以政府为主的大规模反贫困方式常常举步维艰,而一些小型的非营利性的民间组织恰好能起到查缺补漏的作用。从伦理道德的角度来讲,社会反贫困主体更重要的是要发挥其互助作用,体现社会的关怀与温暖。

---

① [英]S. 沃尔曼主编:《发展概念》,英国剑桥大学出版社 1977 年版,第 2 页。

总之,在经济社会发展的过程中,我们要担负起拯救贫困的重任,必须张扬人文关怀的精神,时时体现以人为本的伦理理念,这是当前反贫困理论和实践的灵魂和精髓。具体而言就是以贫困者为主体、为本位、为中心,一切扶贫行为都应当以尊重他们的权利、人格和能力为前提,以满足他们的需要和促进他们的自身发展为目的,在保障贫困者社会权利的平等与公正的同时,提高贫困对象的自我意识和自我觉醒,提升其参与机会和发展能力。唯有如此,才能让穷人体会到社会的人文关怀。

世界在发展,人们对于贫困的认识和态度也在发展。适度贫困的存在不是社会的耻辱,不能够正视贫困,从而掩盖贫困,结果导致忽视贫困,甚至拉大社会的贫富差距才是最可耻的。贫困与反贫困是中国整个现代化建设进程中一个长期而艰巨的历史重任,在社会主义初级阶段从根本上完全消灭贫困是不可能的,正视贫困,缓解贫困的目的是帮助贫困者摆脱贫困状况,使贫困群体在经济、文化、教育、卫生等方面步入一个良性循环的发展过程,其第一目标是为了保持社会协调稳定以及可持续的发展。因此,消灭贫困既要解决贫困人口短期的温饱问题,也要解决贫困人口的发展问题,把短期脱贫和长远发展、经济增长和生态良性循环结合起来,使他们从根本上摆脱贫困。

反贫困的实践是人们解决公平和社会公正的善举,是把善的共同富裕价值融汇于每一个个体存在及其发展过程与结果之中。如世界银行行长沃尔芬森在2004年全球扶贫大会闭幕式上的讲话中所说:"我们积极地倡导减少贫困和希望消除贫困,就必须本着一种道义原则感,一种伦理原则感。我们不应仅仅从经济学的角度来讨论贫困问题。我们解决公平和社会公正是正确的事业。"贫困问题的存在,不仅仅是中国,也是世界各国将长期面临的社会发展难题。正如美国首席经济学家、世界银行前副行长约瑟夫·斯蒂格利茨所指出的,"就局部来说,在全球消灭贫困的战争已经取得一些胜利","但是消灭贫困的战争还必须继续进行下去,因为要做的事情还很多。我们往往并没有平均分享到发展所带来的好处。"①因此,人们对贫困的关怀,不仅仅是一种政治、经济、文化关怀,更是一种伦理关怀,一种道德行为。我们在反贫困的实践中不仅要在政治、经济、文化等方面作出努力,还需要从人的精神力量、道德责

① 转引自袁军:《斯蒂格利茨论消灭贫困》,《国外理论动态》1999年第7期。

任意识与道德行动中寻求支持，更加坚定我们反贫困的道德理论与实践。

综上所述，贫困不是天命！因为发展是人类前行的必然趋势，只要我们能够尊崇发展的根本宗旨——保证全体人民过上幸福生活，那么，彻底告别贫困就只是时间上的问题。事实也的确如此，以世界上人口最多的发展中国家中国为例，进入新世纪以来，扶贫减贫问题前所未有地受到国际社会的广泛关注和重视，我国更是世界反贫困事业的积极实践者。联合国开发计划署在《2003 年度人类发展报告》中赞扬中国是消灭贫困的世界典范。报告说，中国的人类发展指数为 0.721，属于中等人类发展水平，在 175 个国家和地区中名列第 104 位。中国香港特区人类发展指数为 0.889，属于高人类发展水平地区，在 175 个国家和地区中名列第 26 位。从 1990 年至 1999 年，中国的贫困人口由 33% 下降到 18%，1.5 亿人摆脱贫困，[①]国家统计局农村社会经济调查司公布 2006 年全国农村绝对贫困人口为 2148 万人，应该说中国取得了人类在消灭贫困方面最大的成就。同时，中国 2005 年公布的人类发展指数为 0.755，在世界 177 个国家和地区中排名为第 85 位，为中度人类发展国家，[②]而 2006 年中国的人类发展指数排名在 177 个国家中为第 81 位。[③] 所以，如果不算上中国在过去的 30 年内在减贫方面所取得的巨大成就，整个世界在减贫方面从总体上说将会是有所倒退。中国扶贫的成就主要得益于中国政府通过实施经济改革、扩大对外开放的发展战略。

① 联合国开发计划署：《2003 年人类发展报告：千年发展目标：消除人类贫困的全球公约》，中国财政经济出版社 2003 年版，第 241—243 页。

② 联合国开发计划署：《2005 年人类发展报告：处于十字路口的国际合作：不均衡世界中的援助、贸易与安全》，中国财政经济出版社 2005 年版，第 220 页。

③ 联合国开发计划署：《2006 年人类发展报告：透视贫水：权力、贫穷与全球水危机》，中国财政经济出版社 2006 年版，第 284 页。

第6章

发展伦理的核心理念:科学发展观

传统发展的不科学性导致的发展异化现象,充分说明社会发展需要伦理价值的导向、定位与规约使之趋于科学,并通过科学的发展实现普遍的公正、整体的和谐以及全体人民的真正幸福。在理性总结世界各国发展经验教训的基础上,中国共产党顺应了当今世界发展潮流,提出了科学发展的重大战略思想——科学发展观。科学发展观反映了当代世界最新的发展理念,它所具有的战略意义体现在:回答了发展的目的、发展的性质和怎样发展等重大理论和实践的问题,针对中国发展过程中出现的种种发展不够平衡的问题,提出了统筹发展和全面协调发展的新思路,并从中国特色社会主义事业总体布局出发,提出了全面推进经济建设、政治建设、文化建设、生态建设和社会建设的具体要求。实践表明,落后的社会生产力只有诉诸科学发展才可能成为先进的生产力;综合国力只有通过科学发展才可能不断增强;百姓的生活水平只有在科学发展中才有可能持续提高;先进文化只有通过科学发展才能得以充分彰显;当前的所有困难和问题也只有在科学发展的进程中才可能获得解决。无疑,科学发展本身蕴含着发展伦理所强调的“正当”和“善”的价值合理性。这说明,作为一种社会发展的公正资源和无形资本,发展伦理必须依附于科学发展的进程才能发挥效能。伦理价值需要科学发展为其提供施展效能的空间,使其不致成为空中楼阁而丧失效力。更重要的是,在终极价值目标上,科学发展的最终目标和发展伦理研究的根本宗旨都是为了全体人民的幸福美好生活,这就逻辑地得出一个结论:发展伦理的核心理念只能是科学发展观。

6.1 科学发展的定位

从始于18世纪中期的工业革命,到20世纪50年代科技化进程的加速,再到1972年以《人类环境宣言》为标志,人类进入了追求政治、经济、文化等各社会要素和谐平衡发展的阶段。在经历了传统的以"物"为中心的发展观之后,人们逐渐从异化的物质财富增长观中解脱了出来,把发展的目光投向了人之自由的拓展和人之能力的发展上,形成了"坚持以人为本,树立全面、协调、可持续的发展,促进经济社会和人的全面发展"的科学发展观。其丰富的内涵体现在:首先,强调"以人为本"是科学发展的本质及核心,将人民群众物质和精神的利益需求作为一切发展实践的出发点和最终归宿。在此,它强调"以人为本"但反对"唯人为中心"。其次,强调全面发展,即,要以经济建设为中心,全面推进物质文明、精神文明、政治文明和生态文明建设,实现经济发展、道德提升、社会进步和生态良好。第三,要求协调发展,即要统筹城乡发展、统筹区域发展、统筹经济社会发展、统筹人与自然和谐发展、统筹国内发展和对外开放,推进生产力和生产关系、经济基础和上层建筑相互协调、相互促进,推进物质文明、精神文明、政治文明和生态文明建设的各个方面、各个环节相互协调、相互促进。最后,坚持可持续发展,走生产发展、生活富裕、生态健康的文明发展道路,促进人与自然的和谐,实现自然资源的永续利用和经济社会的恒久发展。正是以上这四个方面,我们将科学发展定位于:科学发展是公平发展;科学发展是全面协调可持续发展;科学发展是和谐发展。

6.1.1 科学发展是公平发展

发展的最终目标应该是为了全体人民的幸福美好生活,这是不言而喻的。但是,人类在现代化进程中的第一个发展阶段,秉持的是通过挥霍自然资源聚敛财富的西方工业文明发展模式。后来的事实说明,这一发展模式由于缺乏伦理层面的公平理念和规约机制,迅速扩大了贫富两极分化,导致了发展结果与生命原理相冲突,与绝大多数人的幸福美好生活相悖。发展伦理学认为,发展的好处应当惠及社会上的每一个人,为所有人提供基本需要应优于满足少数特权阶层的任意需求。简言之,应该保证发展中的公平。发展中的公平问题凸显出人类在现代化进程中生活方式及交往活动方式的转变所带来的伦理问题。由资本所推动的世界历史的形成，同时也造成了人类生产和生活资源分配的两极分化。在现代发展进程中，人类创造了巨大的财富，但主要财富被少数人所拥有，大多数人不仅没有得到发展的实惠，反而陷入更加贫困的境地。不可否认的是，经济发展会伴随着代价的付出，但如果这种代价是少数人受益多数人沦为贫困的话，这种发展就是"假发展"、"反发展"、"伪发展"。为了将这样的代价降到最低，我们必须将人、社会、自然三者搁置在公平的平台上，保证三者的共同发展，不以牺牲任何一方为代价，以此保持三者的和谐状态及和谐发展。

当然，公平不是平均，公平与平均有着本质的差别。公平发展涵盖社会生活的各个方面、各个领域，涉及活动的每一环节。涉及经济、政治、社会进步、文明发展等各个层面。古今中外，"公平"常常作为伦理学的最高范畴而存在。在西方伦理史上，它包括了一切美德，"是一切德性的总汇"。① 在中国伦理史上，"公平"常被称为"天理"而高于"仁、义、礼、智"诸范畴。公平与发展的关系是互动的：首先，发展为公平提供了现实的物质基础。发展涵盖经济、政治、文化等广泛的领域，其中，经济的发展是一切发展的基础和前提，这是马克思早已解决了的问题。后来的福利经济学通过对福利的区分和诠释，也强调了经济发展对公平等社会道德的基础性作用。福利经济学认为，广泛意义的福利包含着非经济的政治和道德等多方面的内容。而要增加社会经济福利，就必须增加社会产量，将公平与效率统一、协调起来，使资源在各个生产部门的配置达到最优状态。其次，公平规约着发展的方向。公平机制缺失势必扩大和加速贫富两极分化，这样的社会不可能有真正的发展。当社会缺乏公平时，发展不仅不能给个人带来任何利益，反而带来灾难，这时，社会就会矛盾重重、混乱无序，发展也只能是纸上谈兵，流于空想。

社会公平是科学发展的当然之义。以"以人为本"为内核的科学发展观为实现社会公平提供了价值依据，同时为实现社会公平指明了实践路径。社会主义制度下的科学发展能够有效实现社会公平的内在依据在于：科学发展力图通过社会主义和谐社会的构建，实现人们自由而全面的发展，创建幸福美

① 周辅成：《西方伦理学名著选辑》，商务印书馆1987年版，第6页。

好的生活。如果让不公平成为少数人获取财富的前提，同时让一部分人成为不公平的牺牲品，那就势必造成离心倾向，就无法凝聚人心。社会不和谐，人心不齐，岂能有进步和发展！科学发展与社会公平具有内在的统一性，以社会不公平为代价的发展不是科学的发展。真正科学的发展不仅不会带来社会不公平，相反，因为它的科学性必然能实现社会公平。社会主义制度下的科学发展开辟了人类寻求公平的有效途径，在促进经济发展，不断提高人民物质生活水平的同时，社会主义制度有能力通过种种努力，实现社会公平的最大化。而科学发展，能够有效地"解决我们前进道路上的困难，解决我们存在的问题，能够实现我们的预期目标，其中包括实现社会公平"①。

6.1.2　科学发展是全面协调可持续发展

科学发展的基本要求是全面发展、协调发展和可持续发展。在此，全面、协调、可持续发展是相互联系的整体。

全面发展就是以经济建设为中心，全面推进经济、政治、文化建设，实现经济的健康发展、社会的全面进步。科学发展是人类在理性支配下为达到一定目的而进行的建设性活动，其目的是提高人民生活水平、改善人民生活质量。因此，科学发展不仅是物质生活的改善，还包括精神文化需求的满足；不仅体现在人均收入的增长，更应该是在消费结构、生活环境、社会保障、公共服务、医疗保健、精神需求等诸方面的完善，是人民生活质量的真实提高。这样的发展战略是全方位的全面发展，它贯穿着人民利益高于一切的指导思想和发展目的。可是，在我国过去的一段时间，发展几乎仅仅局限于经济发展，而且对经济发展的分析也只是纯经济和技术性的，对人文历史、社会、政治、法律、制度等等非经济因素对经济发展进程的影响以及互动效应并不重视。从理论渊源上看，这种观照视野和分析方法来自新古典主义经济学，其研究基本局限于商品的供给与需要的狭隘领域。其狭隘性和发展的异化，使人们开始从多方面包括经济与非经济因素来观照发展问题，开始把人口、资源、环境和代际关系、人文关怀等因素纳入发展战略的视野。这是经济学的进步，更是发展理念

---

① 贵州省邓小平理论与"三个代表"重要思想研究基地：《落实科学发展观实现社会公平》，《理论与当代》2007 年第 12 期。

的进步。新发展观的涵盖更加广博，内容更加丰富，视野更加开放，这是以往的发展观所不可比拟的。

协调发展就是强调发展的各个方面和各个环节要互相协调、互相均衡、相互适应、相互促进。具体落实在统筹城乡发展、统筹区域发展、统筹经济社会发展、统筹人与自然和谐发展、统筹国内发展和对外开放，推进生产力和生产关系、经济基础和上层建筑相协调，推进经济、政治、文化建设的各个环节、各个方面相协调。随着改革开放的深入和现代化建设的推进，我国面对的利益主体和利益关系更复杂。我国经济社会的发展还不够全面，城乡二元经济结构和地区发展还很不平衡，面对这样的现状，很难完全依靠市场和市场主体的自发力量协调各种利益关系。这就要求我们的发展必须通过体制改革和机制转换，全面履行政府经济调节、市场监管、社会管理和公共服务等方面的职能，①正确处理经济与社会的发展、城市与农村发展、东部与中西部的发展、人与自然的发展、国内发展与对外开放等各方面的重大关系；要求我们统筹安排和处理好消费与投资、供给与需求，发展的速度和结构、质量、效益，科技进步与人力资源优势的充分发挥，市场机制与宏观调控等经济发展的重大问题；要求我们必须坚持把社会主义物质文明、政治文明、精神文明、生态文明建设、人的全面发展和和谐社会的构成，看成是彼此相互联系、相互促进、不可分割的过程。②

可持续发展强调通过“促进人与自然的和谐，实现经济发展和人口、资源、环境相协调，坚持走生产发展、生活富裕、生态良好的文明发展道路，保证一代接一代地永续发展”③来保持发展的持久性、连续性、可再生性和长远性。可持续发展是人类实现美好生活、实现代内代际良性互动的手段。所以，我们要在可持续性的发展进程中进一步树立人与自然和谐相处的理念，在技术创新的基础上，努力吸收各国在可持续发展方面的科技成果和成功经验，通过节约资源、寻求替代资源、环境保护等实现可持续发展。

---

① 王炳林：《“三个代表”重要思想精神实质研究的回顾与思考》，《高校理论战线》2005 年第 2 期。

② 《科学发展观学习读本》，参见 http://www.cnii.com.cn/20080623/ca499881.htm。

③ 《胡锦涛同志在中央人口资源环境工作座谈会上的讲话》2004 年 3 月 10 日，参见 www.cctv.com/news/china/20040404/100323.shtml。

综上,全面协调可持续发展的基本要求具有丰富的内涵。全面,是指发展要有全面性、整体性,不仅经济发展,而且各个方面都要发展;协调,是指发展要有协调性、均衡性,各个方面、各个环节的发展要相互适应、相互促进;可持续,是指发展要有持久性、连续性,不仅当前要发展,而且要保证长远发展。①简言之,“全面、协调、可持续发展”要求我们必须处理好发展中的每一个环节和一系列关系,必须坚持一切从实际出发,坚持唯物辩证法,因地制宜,因时制宜,牢牢把握经济建设这个中心,促进经济社会全面协调可持续发展以实现人们的幸福美好生活。

6.1.3　科学发展是和谐发展

辩证地看,发展是通过解决前进过程中的新问题,以实现共同利益的最大化,而和谐则是通过化解矛盾,消除障碍,整合各种资源,缩小不同群体之间的利益差距。因此,和谐发展是在多样性基础上和有序状态下各要素的提炼、整合与创新,是各要素在发展基础上的协调与平衡。和谐发展的实现就是一个化解冲突、规避紊乱、建立秩序、实现社会整体更为稳定、健康、持续发展的过程。

发展伦理学源于对以往发展模式、发展理念、发展目标的理性反思和深刻批判,试图在克服传统发展观片面性的过程中,重新思考人与人、人与自然、人与社会、个人与人类的和谐发展问题。并通过对发展终极价值目标的探究以及评析各种发展模式对现代社会发展的意义,追寻在发展进程中实现和谐发展的路径,以协调人与人、人与自然、人与社会之间的相互关系,实现人文生态和自然生态全方位的和谐。人与自然的和谐是现代社会价值体系的核心概念之一,关注生态健康,促进人与自然的相融是人类现代文明的最高表现。自然环境是人类社会赖以存在的重要物质基础,走人与自然和谐之路改善生态环境,提高自然利用效率,是重新审视人与自然关系的理性选择。人与自然和谐既是社会和谐的基础,也是社会和谐的保证。

科学发展观所强调的人与自然的和谐发展是一个系统工程,是一种以环境资源承载力为基础、以自然规律为准则、以可持续社会经济文化政策为手

① 《科学发展观基本要求是全面协调可持续》,新华网,2008 年 10 月 11 日。

段，合理地调节人和自然的关系，实现人与自然和谐发展的发展观。它重视人类向自然生态圈的索取与生态圈对人类的满足能力之间的和谐性，强调人类价值的实现要与整个生态系统的价值相统一，强调尊重自然规律、按照自然规律办事的前提下实现生态平衡与人的发展。这样的和谐发展坚持了整体性思想，它要求人们充分认识并处理好经济、环境、资源、人口和发展之间的关系，使其协调一致、互动互利，促进经济、社会、政治、文化、生态等各个方面的共同发展；它还要求我们应该协调代际之间的利益关系，达到现代人和未来人利益上的统一，并且要求经济和社会发展在资源和环境的承受能力之内，追求经济和社会发展与资源和环境的协调发展。和谐发展以唯物辩证法为根基，把“自然—社会—人”看成是一个不可分割的有机整体，要求在社会发展的过程中，努力实现“自然—社会—人”的有机和谐发展，努力实现物质文明、精神文明、政治文明、生态文明的整体发展。和谐是在不同层次整合力的作用下不断升华的结果，不同事物内在与外在关系的和谐既是事物存在的最佳状态，也是事物发展的最佳途径。当然，从根本上看，人与自然的和谐有赖于人与人的高度和谐。没有人与人的和谐，就很难有人与自然的真正和谐。

和谐发展包括个人的身心和谐发展、人与自然的和谐发展、人与人的和谐发展以及人与社会的和谐发展。个人的身心和谐发展，就是个人的生理和心理、物质和精神、主观和客观两个方面的协调发展，个人的身心和谐发展是社会和谐的基本条件；人与自然的和谐发展，就是建立人与自然的共生共荣关系，确立生态意识，建设生态文明；人与人的和谐发展，就是以诚信和爱心为纽带构建和谐的人际关系，人与人的和谐发展是和谐社会的内在要求；人与社会的和谐发展，就是强调人与社会的互动关系，强调经济、政治、文化等方面的协调发展，重视社会的整体发展和持续发展。和谐发展就是发展的各方面的关系处于最佳状态，协调平衡、互动共振。努力形成和谐发展的基本途径是以科学发展观为引导，处理好人与自然、人与人、人与社会以及人与自身的关系。

和谐发展，是和谐与发展的天作之合，二者密不可分。和谐是发展的基础，发展是和谐的必然结果；发展是各个子系统实现新的更高层次和谐的必要条件，发展之后的和谐则又是实现可持续发展的高一级平台。在发展与和谐的关系中，和谐发展内涵的天、地、人之间的和谐精神，蕴涵着科学发展的最佳境界，是科学发展的第一目标，科学发展同时又是实现和谐发展的措施和手段。脱离发展讲和谐容易导致教条主义,离开和谐讲发展容易迷失方向。科学发展与和谐发展是从根本上破解当前我国改革发展中深层次矛盾的关键。科学发展是和谐发展主题中的应有之义,和谐发展是科学发展的顺理之章。和谐发展和科学发展的内在统一体现在:二者有共同的时代背景、共同的现实课题、共同的实践本质、共同的核心理念和共同的社会价值等。

6.2　科学发展的基本内涵

科学发展被高度概括为:“坚持以人为本,树立全面、协调、可持续的发展观,促进经济社会和人的全面发展”。其最终目标就是要以实现人的全面发展和自然的可持续发展为目标,从人民群众的根本利益和自然的发展需要出发谋发展、促发展,在保证自然能够持续发展的前提下,不断满足人民群众日益增长的物质文化需求,切实保障人民群众的经济、政治和文化权益,让发展的成果惠及全体人民,使全体人民真正过上幸福美好生活。在终极价值目标上,科学发展的最终目标和发展伦理学的根本宗旨都是为了全体人民的幸福美好生活和自然生态的可持续发展。

6.2.1　发展的适然性——科学发展

“适然”就是适中、合适。发展的适然性是对科学发展选择的践行和评估,是发展伦理应然性和实然性之间的连接中介。如果说发展实然性旨在阐述“发展现实是什么样的”;发展应然性旨在预设“发展应该怎么样”;那么适然性则在实践层面回答了发展如何做到“应然”,在理论层面回答了“如何评析和检验发展的合理性及科学性”。发展适然性是努力做到“应然”的过程,不是片面追求经济指标、以破坏生态环境为代价的假发展、反发展,而是在保护生态环境前提下,实实在在提升所有人利益的真正发展,“任何真正的发展都应该是内源发展”。[①] 内源性发展的要求就是各国的发展都要结合本国的实际情况,从民众的根本利益需求出发,充分考虑社会人力、财力、物力及技术资源,同时也要认识到限制发展的各种因素,结合具有本土特色的文化特征,

---

① 刘森林:《发展哲学引论》,广东人民出版社 2000 年版,第 22 页。

探索适合本国发展的道路。"一个社会要获得发展,首先必须从一开始就不停地保存自我,因为凡不复存在的东西,就无发展可言。其次,发展的过程不应导致破坏、变质或(和)丢掉各民族的个性。"①发展不应破坏本民族的文化资源、自然资源,而是保有民族特性的特色发展。发展适然性是从实践角度对发展是否具有合理性和科学性进行的评估。发展问题的内核在于无论是发展的目的还是发展的手段及过程都应该满足人与自然的可持续需求和发展的终极价值目标。人不仅是发展的推动者和实践者,更是发展的最终受益者。倘若发展的结果偏离了人类的共同利益,就失去了它的内在价值。所以,发展应该是促进人的美好生活实现,增加人的幸福指数。发展的价值最终应体现为有利于人与自然可持续发展需要的实现,二者的全面健康发展是社会发展的根本价值尺度。

发展离不开合理的伦理规范引导,在发展伦理看来,发展的合理与不合理的衡定标尺在于是否能够实现人的自由而全面发展、社会的全面协调发展、生态的可持续发展和全体人民的幸福美好生活,只有符合这些因素的发展才是合理的发展,否则就是不合理的发展。某种特定的意义上,发展既是一种目的又是一种手段,只有目的与手段都正当的发展才是合理的发展,目的不正当或者手段不正当的发展都不是合理的发展;发展既是一种存在又是一种价值,而存在和价值之间并不可以画等号,存在是一种"是",价值是一种"应当",科学发展是"是什么"与"应当是什么"的内在统一体。发展伦理的价值一方面孕育于人类对自身在发展进程中面临的各种困境的理性反思中,另一方面孕育于人类对各种发展观的伦理审视和批判继承中。换言之,一方面,人类在对发展的经济学困境、生态学困境、社会学困境、人类学困境的理性反思中,发现了发展伦理的价值;另一方面,人类又在对各种发展观的批判继承和伦理审视中提升了发展伦理的价值。自由、平等、正义、和谐、民主、幸福等是最基本的政治理念和社会发展应该努力追求的价值目标。

和谐公正的社会构建要以科学的发展观为引导。科学发展观最充分地体现了以人为本的核心价值理念,因此,坚持科学的发展是硬道理,寻求全面协调可持续的发展方向,能够对发展做出合理的科学规范。不管是经济制度还

① 联合国教科文组织:《内源发展战略》,社会科学文献出版社 1988 年版,第 2 页。

是政治制度的重构，都要体现科学发展理念，体现各个社会群体的利益要求，促进经济又好又快的发展。所以，实现自由、平等、正义、和谐、民主、幸福等社会价值目标，不仅要处理好人与自然的关系，更要处理好经济发展与社会发展的关系。科学发展观强调的是全面发展，而不是单一发展。把科学发展观贯穿于发展全过程，目的就是更好地推动经济建设、政治建设、文化建设、生态建设以及和谐社会的全面建设。

6.2.2　科学发展的物质基础——发展经济

发展经济是兴国之要，是一个国家和民族兴旺发达和长治久安的根本要求。历史唯物主义认为，生产力的发展是人类社会发展的最终决定力量。全体人民的幸福美好生活必须建立在发达的生产力基础之上。经济的发展不仅意味着国民经济规模的扩大，更意味着一个国家摆脱贫困落后状态，走向经济和社会生活现代化，意味着经济、社会和全体人民生活素质的整体提高。所以，经济发展涉及的内容超过了单纯的经济增长，比经济增长更为广泛。处在社会主义初级阶段的中国，社会的主要矛盾始终是人民日益增长的物质文化需要与落后的生产力之间的矛盾，因此，解放和发展生产力始终是我们国家的中心任务，也始终是科学发展的首要任务。国家的兴旺发达，人民的富裕幸福，归根结底都有赖于一个国家的经济实力。甚至国际竞争，本质上也不过是经济实力的竞争。所以只有经济发展了，经济实力和综合国力增强了，人民的生活才能不断改善，国家才能长治久安，才可能实现社会的全面进步、人的全面发展和人们的幸福美好生活。所以，胡锦涛强调："全党全国都要增强促进发展的紧迫感，在任何时候任何情况下都紧紧抓住经济建设这个中心不放松，充分调动和切实保护广大干部群众加快发展的积极性，坚定不移地推动经济持续快速协调健康发展。"①

科学发展不是对经济建设的否定，而是以经济建设为中心的发展。胡锦涛在诠释科学发展观时就讲过："科学发展观，是用来指导发展的，不能离开

---

① 新华社：《党的基本路线是党和国家的生命线》，参见 news. xinhuanet. com/newscenter/2007-11/15/content_707904。

发展这个主题,离开了发展这个主题就没有意义了。"①尤其是在当前世界上综合国力竞争日益激烈的形势下,大力解放和发展生产力,实现经济上的可持续发展对于中国特色社会主义的建设具有重要的战略意义。只有经济发展了,才能不断增强综合国力,为全面协调可持续的科学发展打下坚实的物质基础,并最终实现社会主义现代化的宏伟目标。可见,科学发展的"第一要义是发展",在发展进程中,必须坚持"发展"的主题,坚持以经济建设为中心,而不能偏离这个中心。

6.2.3 科学发展的必然要求——实现人与自然的和谐

科学发展是人与自然和谐发展的理论前提,人与自然和谐发展是科学发展的必然要求,二者密切联系不可分割。

科学发展是人类发展经验、教训的总结,是历史的必然。二战结束后,以美国为代表的西方发达国家经济迅速发展,物质财富急剧增加,社会步入现代化。但是,由于社会发展价值向度的偏离,社会发展和人的发展被人为割裂与分离,社会物质文明的发展也带来了人与自然、人与社会、人与自身的重重矛盾。从自然方面看,社会发展破坏了人和自然之间的和谐关系,随着人类征服自然能力的逐渐提高,随着人们追求物质功利目的观念日益膨胀,对自然资源滥采滥用以及对环境的破坏和污染日益加剧,导致了全球性的环境危机如森林破坏、土壤沙化、能源紧缺、物种锐减。全球变暖,酸雨出现,大气中臭氧层的受损预示着生态平衡的被破坏。与人类对自然粗暴践踏结伴而来的必然是自然界对人类的报复,两者同步增长,并开始动摇人类自身的生存根基。从社会方面看,科学技术的进步一方面带来了社会的进步,造就了一个富裕的社会,并使主体得到了很大的发展,但另一方面也带来了社会与人类关系的紧张乃至破裂。技术使现代社会畸形化,使得人对自然的统治与社会对人的统治并行不悖,人成为技术社会、物质资料的生产与消费的奴隶,陷于全面的异化之中。科学技术把社会变成一架庞大的机器,人只不过是消极被动听命于这部机器的仆人,或者充当这部机器的零件,失去了生命的乐趣和个体的自由,成为了马尔库塞所描写的单向度的人。从人自身看,片面的发展导致了人的

---

① 姜汉斌:《科学发展观是用来指导发展的》,《人民日报》2004 年 5 月 27 日。

本质丧失。社会财富增长的同时，也带来了人的精神贫困结果必然是人和社会的畸形发展，人也愈来愈丧失个性而走向平均化、标准化和普遍化。与此同时，人与人之间的关系也开始变得功利化、经济化、商品化，缺少亲情与爱意、理解与信赖、交往与关怀。人的精神世界日益匮乏，人与人之间日益疏远。正如弗洛姆尖锐批评的："经济条件毫不留情地使现代人变成了一个没有自由、没有信心、没有独立性的存在物，总之使人具有各种缺陷以至缺乏人性的那些品质。"①

科学发展从人与自然、人与社会和谐统一的高度，明确揭示了在人类实践过程中坚持"人与自然和谐发展"的重要性。指出，只有以正确处理人与自然和谐发展为基础的发展，才是科学的发展；只有遵循大自然的规律，建立在生态环境平衡基础上的发展，才是科学的发展。科学发展充分反映了人们对发展及实践问题认识的深化，反映了人与自然统一的必然。科学发展是人与自然和谐共存的发展、没有人与自然的和谐共存，发展就不是科学的发展。所以说，人与自然和谐共处的实践理念，是科学发展的题中之义，是实现科学发展的根本要求。

6.2.4　科学发展的核心本质——以人为本

在一个不短的时期内，当我们沾沾自喜于经济快速增长的时候，却把就业保障、社会福利、国民教育、医疗卫生、环境状况、社会安全等与人民生活质量密切相关的社会发展事项当成"经济增长的代价"被忽视了。同时，在激烈的市场竞争中，普遍缺乏诚信的社会氛围，人与人之间不信任感、陌生感的强化，使人们感觉不到社会的温暖。所有这些导致了人们内心的极度空虚与失望。在以往的发展实践和发展理论基础上，我们对人类发展本质的认识有了质的飞跃，形成了"以人为本"的科学发展观。它将发展的本质与核心定位在"以人为本"上，关注发展的意义和终极价值，即"为什么发展"、"什么样的发展才是好的发展"、"依靠谁来发展"以及"发展的成果应该由谁来享受"等发展的本质问题。这一问题对于人类的生存和可持续发展来说是至关重要的。对这些问题的正确解决，可以使我们的发展实践保持生机勃勃的求真意识、向善意

---

① ［美］弗洛姆：《健全的社会》，中国文联出版社 1988 年版，第 232 页。

识和创美意识，从而不断推动社会向未来敞开自我超越和自我创造的空间。

从内涵上看，“以人为本”通常都是相对于“以神为本”还是“以物为本”而言的。西方早期的人本思想，主要是相对于神本思想，主张用人性反对神性，用人权反对神权，强调把人的价值放在首位。而中国历史上的人本思想，则重在强调人贵于物。“天地万物，唯人为贵”。到了现代社会，作为一种发展观，东西方大都是相对于物本思想提出人本思想的。在此，“本”的概念可以有两个视角的理解：本体论意义上通常指世界的“本原”。而伦理学意义上它通常是与“末”相对的一个概念。它是人伦关系中的一种排序，主要解决人和人或人和某事物谁更重要的问题。显然，“以人为本”的“本”，不是本体论意义上的“本原”，而是伦理学意义上的“根本”。具体说，“以人为本”，不是要回答人、神、物之间，谁是第一性的问题，而是要回答这三者之间什么最重要、什么最根本、什么最值得我们关注的问题。而“以人为本”的精要之处就在于：与神和物相比，人是最重要、最根本的，不能本末倒置，不能舍本求末。正是在这个意义上，我们说“以人为本”是一个价值论概念，而不是本体论概念。

科学发展观强调“以人为本”，是中国共产党人摒弃了旧哲学人本思想中历史唯心主义的理论缺陷，针对现代社会发展中存在的突出问题和以往“以物为本”等不科学的发展观提出来的。科学发展观中的“以人为本”，不仅回答了为什么发展、发展“为了谁”的问题，而且回答了怎样发展、发展“依靠谁”的问题。“为了谁”和“依靠谁”是分不开的。人是发展的根本目的，也是发展的根本动力。一切为了人，一切依靠人，二者的统一构成了以人为本的完整内容。犹如胡锦涛同志所强调的：“相信谁、依靠谁、为了谁，是否始终站在最广大人民的立场上，是区分唯物史观和唯心史观的分水岭，也是判断马克思主义执政党的试金石。”①可见，虽然以“人”为出发点和中心，是马克思和西方人本主义对“以人为本”的共同回答，但二者因对“人”的理解的不同又存在着本质差别。科学发展观坚持以马克思的唯物史观为指导，把具体的、现实的人作为“本”，把人看成是社会发展的根本出发点和最终归宿。强调发展的终极价值不是经济的单方面增长，而是实现人的全面发展，是使全体人民获得幸福。

① 李慎明：《“以人为本”的科学内涵和精神实质》，《政治学研究》2007 年第 4 期。

在科学发展观看来,发展如果不同时导引社会与人的进步,就毫无价值可言。以人为本的发展符合社会发展的最终目标和价值标准,因为只有把人自身的发展作为社会发展的根本目标,社会各方面的发展才有意义。社会发展与人的发展,较之于社会发展与经济、政治和文化的发展,更带有总括的性质。因为社会是由人组成的,人是社会的主体,社会的发展是由人来实现的;人在改造自然和社会的过程中,同时也改善着人自身。所以社会的发展包含着人的发展过程,两者互相依赖、互相促进、互相制约、互为因果。要想从本质上回答社会发展的性质、动力、方向、目标等根本性的问题,都不可避免要立足于人本身。人既是社会发展的积极创造者,又是社会发展的最终受益者;既是社会发展的前提和动力,也是社会发展的结果和目的。以人为本的思维方式要求我们在认识和解决一切问题时,都要与人的本质、需要、使命、尊严、权利等联系起来,把是否对当代人和后代人都有利作为决策的根本出发点,作为检验发展决策对否的最高评价尺度。在对社会发展作出评价的时候,既要坚持历史的尺度、物的尺度,又要建立和运用主体的尺度、人的尺度。

"以人为本"的发展宗旨,本质地揭示了人与发展合乎客观规律并且合乎与人目的相统一的科学关系及其现实意义:(1)以人为本是科学发展的根本目的。以人为本,就是以最广大人民群众的根本利益为本。坚持以人为本,就是要从人民群众的根本利益出发谋发展、促发展,不断满足人民群众日益增长的物质文化需要,让发展的成果更多地体现到改善民生上,更好地惠及全体人民;就是要坚持在全国人民根本利益一致的基础上关心每个人的利益,满足人们的发展愿望和多样性需求;就是要尊重和保障人权,关注人的价值、权利和自由,关注人的生活质量、发展潜能和幸福指数,切实保障公民的经济、政治和文化权益,最终实现人的全面发展。(2)以人为本是科学发展的根本动力。实现科学发展,必须尊重人民群众的主体地位和首创精神。科学发展就是要善于从人民群众的创造性实践中汲取智慧、经受检验,善于依靠群众的智慧解决发展中的矛盾和问题,善于依靠群众的力量实现发展目标,善于在群众的实践中总结发现规律,善于在发展进程中实现人民群众的利益。(3)科学发展是以人为本的必然要求。以人为本是发展的目的,以经济建设为中心是达到目的的手段。坚持以人为本,必须努力实现科学发展。科学发展,社会和谐,是发展中国特色社会主义的基本要求,是实现经济社会又好又快发展的内在需要。① 显然,作为建立在价值判断基础上的发展实践,科学发展将以人为本作为最基本的价值取向。人们不断探寻的和谐之路,孜孜以求的美好生活,其指向可归结为“人”。实现社会的持续发展,坚持国家的科学发展,其核心亦可归结为“人”。如果失去了“人”这一坐标,和谐与发展将无法衡量和确认;如果忘却了“人”这一归宿,和谐与发展将失去意义和价值。

“人”作为发展的指向与归宿,科学发展观中的以人为本,是以广大人民群众为本。这里的人,不是抽象的人,而是具体的人和人民。从人权的角度看,“以人为本”中的“人”,指的应是受我国法律保护的一切社会成员,是这一切社会成员中的“每一个”个人。② 既包括当代人,也包括后代人。正因为“以人为本”包括社会的每一个成员,所以,以人为本的科学发展观,必然要求我们通过处理好效率和公平的关系,形成合理有序的收入分配格局。这一格局的合理有序性至少应该体现在两个方面:一是绝对贫困现象基本消除。“在社会主义初级阶段,相对贫困现象的长期存在是难以避免的,但是,绝对贫困现象必须消除,否则,就意味着一部分人民群众没有共享发展的成果,这不仅不利于建设和谐社会,而且,有悖于中国共产党的根本宗旨”;二是中等收入者占多数。这是合理有序收入分配格局的题中应有之义。国际经验表明,“中等收入者占多数,是走共同富裕道路的阶段性特征,是现阶段收入分配政策的重要目标之一。”③因此,实现科学发展就是要坚持人民是历史创造者的历史唯物主义观点,把人的全面发展作为最终目的,将经济发展作为手段,在科学发展的进程中做到:(1)围绕保障群众的根本利益,建立关爱人的机制,坚持全心全意为人民服务,做到权为民所用、情为民所系、利为民所谋,从群众最关心、最现实、最直接的问题入手,多为群众办好事、办实事,统筹兼顾全体社会成员的利益,努力使全体人民学有所教、劳有所得、病有所医、老有所养、住有所居,共建共享发展成果。(2)围绕满足群众的政治需求,建立凝聚人的机制。要维护人民群众的社会主体地位,通过发展民主政治,促进党

① 于建伟:《以人为本与科学发展》,《中国党政干部论坛》2007 年第 11 期。

② 同上。

③ 陈宪:《把握以人为本的发展内涵》,《解放日报》2007 年 11 月 1 日。

群、干群和社会各阶层之间各种关系的和谐;要通过扩大人民民主,保证人民当家作主,保障人民的知情权、参与权、表达权、监督权;要引导人民依法直接行使民主权利,管理基层公共事务和公益事业,实行自我管理、自我服务、自我教育、自我监督,对干部实行民主监督;要尊重和保障人权,依法保证全体社会成员平等参与、平等发展的权利。着力实现民主法治、公平正义、诚信友爱、充满活力、安定有序、人与自然和谐相处的和谐社会,最终实现科学发展的最高目标——广大人民的幸福美好生活。同时还要通过科学发展,引导人们加强自身修养,提高精神境界,完善自我人格,确定高尚的志向和目标,从劳动创造和对社会的关爱中获得幸福。

6.2.5　发展是硬道理——中国需要科学发展

历史地看,18 世纪末期之前,中国古代文明一直领先于世界,然而,此后欧美资本主义国家凭借着工业革命迅速发展起来,中国却因为闭关自守,不仅被甩在了世界的后面,而且沦为了列强侵略的对象。近代中国饱含辛酸血泪的屈辱史告诉了我们一个真理——“落后就要挨打”!然而,在过去的 100 多年里,当世界在以几何递增的速度发展时,我们却错失了历史性的产业革命和世界范围内产业结构调整的重大发展机遇,我国落后于发达国家近 100 年。在“革命与战争”的主题渐行渐远,“和平与发展”之势越来越强劲的今天,当代中国步履蹒跚的艰难发展历程也在告诫我们——落后就有危机!中国需要发展!在经济全球化的浪潮中,虽然人类的文明进程在加快,但是,国际间的交往并不会因为我们的落后而降低交易标准,相反,我们仍将会因为落后而不得不饱尝实力不对等交往的苦果。今天,不加快发展,就会加剧落后;不加快发展,就有可能被淘汰出局。落后仍将挨打!我们只有加快发展,才能缩短与世界的差距,赢得更加有利的国际地位。发展是人类的时代主题,更是中国走向现代化的必然要求。

除了历史和国际社会发展的原因,更主要的是社会主义的性质决定了中国需要科学发展。首先,社会主义的本质和根本任务决定了中国需要科学发展。社会主义的本质是解放生产力,发展生产力,消灭剥削,消除两极分化,最终达到共同富裕。科学发展突破了把计划经济当做社会主义本质特征的传统观念,为我们坚持社会主义的基本制度,发展和完善社会主义市场经济条件下的分配制度指明了正确的方向。社会主义的根本任务决定了发展生产力是中国现阶段一项重要而迫切的任务。中国社会主义建设的经验教训以及社会主义的主要矛盾,决定了解放和发展生产力是解决当代中国一切问题的关键。历史唯物主义告诉我们,生产力是社会进步的最终决定力量。尚处于社会主义初级阶段的人民群众日益增长的物质文化需求和落后的社会生产力构成了当前的社会主要矛盾,要解决这一矛盾,只有通过科学发展来提高生产力水平。其次,社会主义初级阶段的时代特点决定了中国需要科学发展。处在社会主义初级阶段的中国仍然是发展中国家,具有发展中国家社会生产力不发达,而且发展不平衡的特点。东西部的差异仍然比较大,沿海地区的经济虽然已经有较大的发展,但仍然有许多地区生产力还有待开发。而幅员辽阔的西部地区尤其迫切需要通过发展提升地区的生产力水平赶上沿海地区的发展水平,加上农村和城市之间差距的不断扩大,都迫切要求我们应该把经济发展作为最紧迫的中心任务来对待。因为通过科学发展才有可能大力发展生产力,增强综合国力,缩短同发达国家经济发展程度的差距,使社会主义中国立于不败之地;也只有通过科学发展才能不断提高人民物质文化生活水平,有效协调社会矛盾和实现社会公平,为幸福美好生活的最终实现创造不可缺少的物质条件。

在中国未来更长时期的经济和社会发展的进程中,科学发展势必成为更理性的"硬道理"。这是我国发展实践得出的必然结论。发展是执政兴国的第一要务,已成为全国上下的共识。而"十一五"规划提出的"提高自主创新能力,转变经济增长方式,发展循环经济,建设资源节约型、环境友好型社会,走新型工业化道路"这一战略目标,更具体地描述了科学发展的新型模式。这些全新的发展理念,正在成为中国经济社会前进的动力源。

6.3 科学发展的价值向度——追寻公正

科学发展是从非均衡发展向均衡发展的重大转折,其理想的社会状态是和谐社会,其制度底线是社会公正。和谐社会既是稳定、井然有序的社会,又是发展、繁荣昌盛的社会。然而,中国共产党努力要构建的和谐社会并不仅仅是以"稳定、井然有序"或"发展、繁荣昌盛"为标志的。汉唐"盛世"是稳定、井然有序的社会，但却是一个公正缺失、集群本位的“虚假”和谐社会；西方资本主义的“物化世界”是发展、繁荣昌盛的社会，但却是一个贫富分化、功利至上的“形式”的和谐社会。社会主义和谐社会是融社会主义市场经济、民主政治、先进文化于一体的社会，这是传统“盛世”所无法比拟的真实的和谐社会；社会主义和谐社会还是与中国共产党执政地位相适应，以人为本的社会，这是西方资本主义“物化世界”所无法望及的实质的和谐社会。追求和谐必须首先追问和谐的正当性。社会主义和谐社会的正当性就是它的公正性。追寻公正是它的精神底蕴和价值向度。这一向度主要包括制度公正、经济公正、政治公正和环境公正。其中，制度公正是和谐社会的首要基础；经济公正是和谐社会的核心要求；政治公正是和谐社会的重要保证；环境公正是和谐社会的基本前提。

6.3.1　公正是科学发展的前提

社会公正是保证经济与社会协调发展的关键，是社会得以科学发展的重要前提条件。社会不公正是科学发展进程中的不和谐因素，必定会危及社会稳定和科学发展的进程。一个公认的规律：当一个国家的人均 GDP 从 1000 美元向 3000 美元迈进时，往往是产业结构剧烈变化、社会格局重新调整、利益矛盾不断增加、经济收入加速分化的时期，也是社会矛盾尖锐化时期、社会问题多发时期、社会最不稳定期。中国目前正处于人均国民收入由 1000 美元向 3000 美元跨越的关键时期，这“既是黄金的发展期，也是矛盾的凸显期”。

20 世纪 90 年代以来，中国一直是世界上经济增长最快的国家之一。到 2003 年，与改革之初相比，中国人口增加了 3 亿，却实现了人均国内生产总值 1000 美元的历史性突破。但同时，中国也是财富向少数人集中最快的国家之一。根据《2004 年度全球财富报告》上的统计，“2003 年，在中国拥有超过 100 万美元金融资产的人有 23.6 万。这些人占有的财富已经超过了 9690 亿美元。而 2003 年中国的 GDP 是 1.4 万亿美元。这是个惊人的数字。”“这个报告的统计不见得非常准确，但贫富差距拉大，中国已成为当今世界上财富向少数人手中集中最快的地区之一，却是不争的事实。”①改革发展 30 年来，虽然

① 《委员称我国成财富向少数人集中最快国家之一》，《中国青年报》2006 年 3 月 8 日。

经济发展持续增长,但社会发展却相对滞后。在“效益优先”理念的引领下,演绎出了较严重的起点不公、公共资源分布不均衡、分配不公矛盾凸显的现状,贫富差距、城乡差距、地区差距日渐拉大,并已形成不同的利益格局和不同的利益群体。波士顿咨询公司(BCG)副总裁邓俊豪说,“在中国,财富的聚集程度很高。不到0.5%的家庭拥有全国个人财富的60%以上。”①另有统计显示,强势利益群体只占中国社会总人口的16.4%,而他们拥有的资源总量却占社会资源总量的80%以上。问题的症结是:贫困并不是因为穷人不努力或观念落后,而是因为政策性歧视造成的。结果,边缘群体和弱势群体日益成为改革代价的承担者。一个由农民、农民工和城市下岗失业者所构成的底层社会正在形成。

回眸反思,30年来,我们在全力以赴抓经济发展的时候,却忽略了社会公正,从一个极端走向另一个极端,从绝对平均主义走向严重的利益分配不公、资源占有不公、不同群体之间的权益不公、发展的起点、环境、条件不公等等,以至于在短时间内暴发了一批超富群体。问题不在于超富群体产生的结果,而在于超富群体是如何产生的。客观地看,这批超富群体并非都是通过辛勤劳动和合法经营富裕起来的,其中相当一部分人是通过传统经济体制和不完善的市场经济体制弊端的力量得以致富的。尤其令人担忧的是,政府权力部门化、部门权力个人化、个人权力商品化(中纪委总结的“权力三化”),使得以权谋私的权势群体和依权谋发展的强势群体得以形成并日渐壮大。显然,起点不公,即使程序合法,仍然不可避免地会出现严重的结果不公。只要结果不公,任何合法的程序客观上都无法被认为是公正的。

至今为止,没有哪个社会可以完全消解贫富差距,但是一个公正的社会能够给底层民众提供向上流动的渠道,穷人有机会和可能通过自己的努力改变命运。而且事实上,社会充满生机和活力的重要源泉之一就是正常的社会流动,而贫富的代际转移却堵塞了这个泉眼。结果在起点上,穷人的孩子被富人的孩子远远甩在了后面,贫富之间的差距也必然越来越大。贫富的代际转移造成了一个割裂的社会,富裕被垄断,贫穷被“世袭”,社会的贫富状况被凝固

---

① 《财富聚集度高中国0.5%家庭拥有60%以上财富》,《中国证券报》2005年12月14日。

了。资料统计,中国的基尼系数早在 2000 年就超出了国际公认的警戒线 0.40,目前甚至超过了 0.45。贫富两极如此悬殊的发展,其所包含的社会危机因素远大于所包含的发展势头。两极分化严重的社会不可能实现公平竞争和资源有效配置,而且势必会导致社会投资能力下降、以至社会再生产能力被削弱、影响社会发展等严重后果。更令人不安的是超富群体、权势群体和强势群体的存在,形成并扩大了新的弱势群体。社会不公使得贫穷与富裕成了泾渭分明的两个群体并且长期保持的时候,会使低收入的弱势群体因为"相对剥夺感"的心理失衡导致并加重"仇官"和"仇富"的社会情绪,容易激化社会群体之间的矛盾,引发一系列社会问题,使社会处于动荡不安,社会也会因为不稳定而面临解体的威胁。"如果发生通货膨胀,再加上收入分配不公,以及贪污腐败,足以影响社会的稳定,甚至政权的巩固。"①

贫富悬殊引发的诸多社会问题昭示:发展进程中的普遍公正如此意义重大。任何领域任何地区一旦公正缺失,就必然会产生矛盾,产生冲突,就无共同发展,更无科学发展可言。没有公正的发展是畸形的,缺失社会公正的发展,是少数强势群体和权势群体掠夺社会财富的发展,其速度越快,社会不公就越普遍,社会动荡也将会越激烈。无疑,诉诸社会公正,是实现社会和谐的基石,是科学发展的基本前提和重要条件。倘若公正缺失,在日渐加深的不满和矛盾中取得的改革发展成果越大,对那些凌驾于公正之上的社会群体来说,只会是攫取成果的机会越多、私欲膨胀越大;对被排斥在公正之外的社会群体来说,只会是生活压力越大、怨愤情绪越多。没有公正,就不可能有协调、统筹、均衡。缺失公正的社会,无和谐可言;不和谐的社会,不可能有科学的发展。

6.3.2　制度公正:科学发展的首要基础

"正义是社会制度的首要价值,正像真理是思想体系的首要价值一样。"②因此,制度公正是和谐社会的首要基础。在马克思看来,制度的本质是社会分工协作中不同集团、阶层和阶级的利益关系。制度就是节制这种关系的尺度。

① 温家宝:2010 年 3 月 14 日在人民大会堂答中外记者问。

② [美]罗尔斯:《正义论》,中国社会科学出版社 1988 年版,第 1 页。

制度化了的规范或制度化了的措施对社会成员的价值目标的确立和行为方式的选择都具有重要意义。① 因此,制度一旦形成,就会对人们产生一种普遍的约束力和影响力。人们的生活状况、价值观念、道德意识和行为方式等无不受制度的作用与影响。“制度好可以使坏人无法任意横行,制度不好可以使好人无法充分做好事,甚至会走向反面。”②无疑,制度并不仅仅是社会运作的整合机制,还是社会行为的引导机制。而制度作用的积极与否,取决于制度本身是否公正。制度公正就是以权利义务关系为核心的人与人之间相互关系的合理状态。一个社会如若缺乏制度公正也许在一定时期可以暂时维持某种稳定,但却不可能是可持续性的和谐。就个体来说,当制度本身不公正或不完善时,人们的权利是难以实现的,个人很难获得尊严和幸福。就社会而言,当制度有失公正时,社会的利益关系就要出现混乱,社会的发展就要出现断裂。

制度公正是合规律性与合目的性的统一。马克思从认识论的视野认为,制度只不过是服从人类理性的自然规律和社会规律,是人的行为本身必备的规律,制度不应是主观观念和权力意志的任意构造,而是客观事实的综合表现。制度的本质及其内在生命力,就在于它是以制度的形式确认和反映社会物质生活的真实内容和发展规律。制度的功能不仅在于现实地调整现有的利益关系,使之整合、均衡,而且在于理想地引导社会秩序的发展趋向,使之稳定、和谐。要实现这种具有“实然性”和“应然性”的价值目标,前提是制度公正。正义所关注的“是法律规范和制度性安排的内容,它们对人类的影响以及它们在增进人类幸福与文明建设方面的价值”③。制度的精神实质就是公正。

制度公正是实质公正和形式公正的统一。制度的内容及其调整对象是实质性的,是涉及具体利益,具有现实效力的,其公正与否不仅直接关系到大众、阶层的福祉,而且对于社会矛盾的抑制和社会的发展起到明显的作用。正因为农民增收减负的制度是公正的,它才在十亿农民中激发了新的创造力。实

---

① Robert K. Merton: *Social Structure and Anomie*, *Social Theory and Social Structure*, The Free Press, 1957, pp. 131–160.

② 《邓小平文选》第2卷,人民出版社1983年版,第333页。

③ [德]博登海默:《法理学——法律哲学与法律方法》,中国政法大学出版社1999年版,第252、265页。

体有效的制度首先必须是普遍、平等的。其普遍性是指社会的所有成员都被赋予权利,其平等性是指所有成员都被赋予相同的权利和被要求相同的义务。换言之,它是一种赋予每一个社会成员以平等权利和根据权利要求平等义务的公共规则。因此,社会公正的制度要求是让所有的个体、群体在政治、经济等方面都拥有相同的基本权利,绝不允许某些个体、群体享有特别的、独占的政治经济权利或其最基本的生存自由权利被剥夺。作为公共产品生产者和提供者的政府,在免费教育、卫生保健和特殊困难补助等公民的基本权利方面,应当更多地向社会弱势群体倾斜,这将有利于加强社会弱势群体的自保能力和竞争能力,改善他们在机会利用上的不平等地位。改善弱势群体的社会地位是和谐社会的内在要求。其次,它应当是透明和明确的。由于公正的制度作为一种公共规则,是公民公共意志的表达,是对公共社会生活领域中社会行为的规范限制,所以它必须是透明、公开、明确和具体的,只有这样它才能被社会成员所理解所接受,并形成公民自己的意志。制度的制定和运行又是形式性的,既然制度不是主观的任意行为,它的制定和施行就需要遵循公开、公平、对话的原则,程序公正和运行公正不仅是形式正义的体现,也是实质正义的保障。程序正当的制度是公民社会的必然要求。作为公共意志的表达,国家机关的决策必须在代表公民意志的正当程序下被通过。在公民社会,正当程序就是协商对话。协商对话是平等和自由的一种体现。专制社会的制度是自上而下的单向性要求,公民社会的制度是自上而下与自下而上相结合的双向性表达,只有在这一程序下通过的意志才有可能真正成为公民意志。

制度公正是现实性和理想性的统一。面向现实、面向社会、面向具体的矛盾是制度赖以存在的必要条件,制度不是无的之矢,只有在现实中它才有生命力;但是,制度又具有超越现实、超越社会、超越具体问题的价值导向,它对现实总是带有批判功能、审视功能和辩护功能,制度不是权宜之计,只有在超越中它才有根本性。现实性和理想性的统一使制度公正在建构和谐社会中具有工具性和价值性作用。作为工具性,制度公正是解决现实问题的手段,是批判现实社会的武器;作为价值性,制度公正是人们探求的目标,是引导人类追求崇高精神的方向。

制度公正是扬善与抑恶的统一。任何制度总是在追求某种目标,总是内蕴着公共善,对公共善的弘扬和倡导总是基于某种正义价值的肯定和承诺,因此,它总是在使人们的行为选择控制在一定的范围之内,平衡各种相互冲突的利益关系,满足各种不断发生的社会要求,维护的是与公共善内在一致的社会秩序,惩罚的是与公共善逆悖背离的社会行为。如果说,扬善是制度建立的根本目标,那么,抑恶则是制度运行的主要功能。

制度公正的活力在于创新。在现实生活中,并非所有的制度都自然而然地具有道德上的合理性和正义性,这就要求我们在科学发展的进程中,重新审视现有的社会政策、公共政策,加强制度创新。制度创新的基本要求是遵循社会强有力的道德和伦理法则,这是使制度可行的社会稳定的要素。人类文明发展史表明,社会公正作为人类的一种永恒追求,首先要通过制度加以确认。尤其是"领导制度、组织制度问题更带有根本性、全面性、稳定性和长期性"①。制度可以通过一定的规范和规则来约束并调节人们的行为,从而形成一种稳定的社会秩序。如果制度是出于维护特权,保障强势利益,那么这种制度不仅难以被社会成员广泛接受,同时也失去了普遍的价值有效性,因为社会本身得以形成和发展的伦理条件是公正基础上的社会合作与参与,否则,社会将会由于公正的缺失而分裂甚至消亡。显然,制度公正通过对社会权利和义务的公平分配和安排,以及与此相应的道义品质,来体现完善社会制度体系的重要性,它能确保社会秩序的稳定,保证社会的正常运转,是科学发展的首要基础。

6.3.3 经济公正:科学发展的基础内核

市场经济的活力在于解放人们追求利益的观念束缚。市场经济活动虽然具有高度的自主性和相当的自由度,但绝不是没有约束的,它必须符合公正原则。只有符合公正原则的经济行为才能最终真正实现合理高效,并保证发展的科学性。一般认为,经济公正是指最能增进人类的福利、最符合按个人应得分配、最大限度地促进个人自由和尊严的经济行为和经济制度。② 它反映的是经济发展中人与人之间的关系,涉及经济制度、经济活动中的正义问题,涉及处理人们在社会经济活动相互利益关系中所应当遵循的原则和规范,以及对经济制度、经济活动的道德评判。

---

① 《邓小平文选》第2卷,人民出版社1983年版,第333页。

② Stephen Nathanson: *Economic justice. Upper Saddle River*, N. J. : Prentice Hall, 1998, p. 27.

毋庸赘言,经济公正的前提是经济制度、经济体制的公正。任何经济秩序的内在本质都具有自身的伦理基础,只有当一种经济制度、经济体制内在地具有道义上的正义性,它才能为全体社会成员、至少是绝大多数社会成员接纳并给予最大的支持,科学发展才会因为社会经济秩序合理性、合法性的长久持存而成为可能。经济公正必然伴随着经济活动的全过程——生产、交换、分配和消费,这些环节都渗透着行为主体的经济正义追求。其中,分配公正在整个社会公正领域具有基础性地位,因此,经济公正的核心部分是分配公正,即在经济利益分配上达到共同富裕,防止两极分化。和谐社会必然要求分配公正。分配公正不是指均等的分配,而是关注分配原则、分配形式的公平性,关注在社会成员或群体之间进行权利、权力、义务和责任配置的问题。① 实现分配公正就是要使分配尺度与人的发展尺度相统一,使公平与效率相统一,使初始收入和社会保障制度相统一,使分配正当与分配矫正相统一。

经济活动表现为经济主体的行为选择。这种选择是在经济主体的自由意志支配下,受社会经济外部环境制约下的一系列的经济过程。因此,从过程来看,经济公正具体体现为社会在经济活动中对每一经济主体在机会(起点)的分配方面是公正的,即起点公正;在获得利益过程中,保障经济活动的规则是公正的,经济主体恪守与市场经济相适应的伦理秩序,即过程公正;在经济活动结果的分配方面是相对的、有限的公正,即结果公正。

起点公正强调的是经济竞争起点的均衡与合理。在实践层面,起点公正是指智力和劳动能力等大致处于同一水平中的行为主体,在占有、使用劳动资源和生产资料上应享有大致同等的机会和权利,这是由社会成员在市场中享有平等的权利和地位所致。起点公平属于社会经济和谐的底线公平。它对和谐社会意味着:和谐社会不应当剥夺任何人在同等机会上享有同等的权利或同等权利上享有同等的机会,这是形成和谐社会的基本要求。

过程公正强调的是人们在追求利益的经济活动过程中要信守道德准则、遵守法律和规章。就其内容说,保障过程公正首先需要有一系列合乎伦理的、可操作的规则或规章,这包括市场进入和退出的规则;限制垄断市场的规则;

① [德]博登海默:《法理学——法律哲学与法律方法》,中国政法大学出版社1999年版,第265页。

通过供求关系自由决定价格的规则;保持市场竞争公平化的规则;尊重知识产权的规则等等,并且这一系列规则是充分的、平等的。其中,市场准入规则和限制垄断市场的规则是作为其他规则有效发挥作用的首要前提,尤其需要强调其公正性和充分性。市场准入和退出规则就是在经济活动的过程中,赋予市场主体参与市场竞争的资格,将进入市场和竞争的机会给予每一个经济主体,既不为某些经济主体在竞争中获胜创造特别优越的条件,也不为其他经济主体在竞争中制造障碍使其失败,它保护所有经济主体获得相对公正的机会进入市场。例如,随着"三农"问题的展开和深化,我们的市场准入规则内容就应该涵盖推进城乡劳动者平等就业制度的建立,保证城乡之间发展机遇更加合理地分配,提供给农民更多的生产性就业和竞争的机会及条件等等。限制垄断市场的规则在过程公正中之所以格外重要,主要是因为我们在由计划经济体制向市场经济体制转型的经济活动过程中,一些特殊行业、国有企业和特权阶层还很不和谐地呈现出十分浓厚的行政保护色彩,它们享有由行政性垄断带来的优越于其他经济主体的竞争条件。结果,这些领域几十年来不但经济运作成本很高,设备更新缓慢,无法进入国际同行业的竞争行列,而且还孕育和扩展了腐败的温床。这一切不仅损害了我国经济结构的平衡,延缓了经济发展速度,更令人担忧的是它们在和谐社会的建设过程中埋下了极不和谐甚至是社会动荡的隐患。因此,无论是为了保护消费者权益,加强行业本身的竞争力,保护民族工业,还是为了和谐社会的建设,我们都必须消除竞争上的门坎,切实引入竞争机制,打破垄断,使市场经济真正成为自由、有序、效益良好的规律经济、科学经济,以保证和谐社会的顺利进行。就其形式而言,过程公正还应该确保各经济活动过程中主体竞争条件的大致相同,只有处于相同或大致相同的条件下,市场主体之间才有所谓"竞争"可言,也才有所谓"公正"可言。为此,过程公正应该消除不正当竞争和垄断行为,反对政府的歧视性待遇。就行为主体来讲,经济主体对自己的经济行为承担着责任,包含着一种价值承诺。维护市场的公共规则和伦理规范是它们不可推卸的义务。过程公正对于和谐社会的意义在于:如果说起点公正只是给予市场主体一张同样门票的话,那么过程公正强调的则是每个经济主体都拥有同等的权力去选择座位,选择是自由性和约束性的统一,这是构筑和谐秩序的前提条件。

结果公正强调的是经济活动的结果符合经济运行的内在本性,而不是说这种结果是平均式的。把平均主义作为建构和谐社会和满足人权的基本需要曾经是中外“大同社会”、“理想国”的根本标志，实践证明，这是一种“乌托邦”。结果的差异是必然的。问题是，结果的差异究竟在何种程度上是合理的？贫富的差距在何种程度上决定或影响着社会的和谐？如何来制定、制定一套什么样的分配社会整体福利的公平原则？如何来确保弱势群体不致沦为市场竞争的牺牲品？解决这些问题不仅具有经济上的、社会上的意义，更具有伦理意义上的价值。因此，如果说拥有机会并不等于就能实现目的的意义，机会或起点的公正还只是形式上的公正；那么，过程公正就可以理解为条件的公正，它是由决策部门制定各种经济规则赋予经济活动主体公正的竞争条件；而结果公正则是实质意义上的公正，不仅是经济公正本质价值的最终体现，也是经济公正的目标所在。根据我国的国情，建立、健全、完善赋税制度和社会保障制度，是实现结果相对公正的有效途径。在社会主义市场经济条件下，按劳分配只是理论上的理想设计，在实践层面其实确保不了结果的公正，健全的赋税制度和社会保障制度正是为了弥补这一不足所必需的公正。结果公正的内涵丰富，辐射广泛。对个体而言，它既意味着从市场经济中得到公正合理的回报，也意味着对各种资源、信息、环境、公共设施、医疗保障等的平等分享；对社会整体而言，它可以是整个经济的协调发展，也可以是社会财富的不断增长，还是社会各方面的可持续发展，等等。结果公正对于和谐社会的效用在于：提高社会整体福利分配的公正性就是提高社会成员共享经济发展成果的最大化，就是提高社会的和谐度、稳定度。因为起点公正和过程公正给予了“最强者最大的福利”，而结果公正则需要保障、惠顾“最少数最不利者”的“最起码”利益。

在我国经济转型时期，经济结构及经济运行机制的改革带来了利益格局的调整，同时打破了传统体制下平均主义的低水平公正，确立了效率优先的原则。然而，效率原则形式上的平等常常掩盖了事实上的不公平和贫富分化的隐患，这一隐患在经济快速发展的今天非常不幸地成为了现实。进入 20 世纪 90 年代以来，我国居民收入总体差距逐年扩大，已经超过国际公认的承受线，因收入差距拉大而导致的贫富两极分化，已严峻地呈现在社会面前，更令人不安的是，经济上的不公正在逐步蔓延并影响到整个社会的公正性，越来越成为科学发展的重要障碍。改革开放以来的实践说明，经济公正是科学发展的基础内核,没有经济公正,社会就不会有稳定的局面,就不会有和谐的状态,就不会有科学的发展。

6.3.4 政治公正:和谐社会的重要保证

政治公正是国家正义的内涵。在科学发展的过程中,政府起着主导作用,而这种主导作用就是促进政治公正——通过政治制度的安排和权力的运作,使"一切人,或至少是一个国家的一切公民,或一个社会的一切成员,都应当有平等的政治地位和社会地位"①。历史地看,社会公正首先体现为政治公正。西方资本主义革命兴起时所提出的"自由"和"平等"主要是政治内涵方面的:自由与专制相对,平等与等级对抗。在这面旗帜下,政府越来越具有平民性或公共性:遵从公意;限制权力的运作并保证它的为民众服务的性质。因此,在现代社会中,国家权力是公有物,国家的治理是所有公民的共同事业。现实地看,政治权力仍然是一种必要而有风险的事业,尽管它已寻找到自己所追求的价值目标——民主、自由、平等、公正等,但这些价值目标没有无可置疑地成为一切政治行动,反而内蕴着一种张力:他们既是政治追求的价值信条,也是政治实践的现实困境;既是政治前进的方向和指南,也是某种可争辩的东西;既是政治的内在价值,也是政治的外在形式。换句话说,这些价值准则成为政治文明的驱动力,政治文明的构成因子,又成为审视政治的正当性、合法性的伦理标准。其中,政治公正不仅代表着政治制度体系、政治组织体系的规范,也行使着国家正义的内涵,因为"由正义衍生的礼法,可凭以判断(人间的)是非曲直,正义恰正是树立社会秩序的基础"②。由于人类的生活实质上就是一张由政治编制的网,人天然地是政治动物,因此,建立和谐社会仍在于以政治正义为基准和公理。正是凭借这个基准,人们可以判断一个社会的生活秩序;正是凭借这个公理,人们可以诊断一个国家的价值状况。

科学发展所追求的人人享有"平等的政治地位和社会地位"同样需要政治公正来保证。政治权力在各种利益主体之间实际上起着分配或重新分配社会利益的作用。维护公正与促进发展,是政府最基本的职能。政府作为公共

① 《马克思恩格斯选集》第3卷,人民出版社1995年版,第444页。

② 亚里士多德:《政治学》,商务印书馆1965年版,第8页。

权力,所表达是"公共性",这种公共性在于此权力本身是公共的,因而,其目的与内容均是公共的,是为了公共的善与正义。[①] 政府是公共的权力机构,其正当性在于保障公民的权利和利益,即,政府天然地担负着公正守护人的角色;一个社会的政治失去了这种角色资格,它就失去了赖以继续生存的根据;失去了生存根据的政治导致的结果必然是社会的混乱,而不可能促进社会的和谐。显然,为了保障个人自由和权利而创设的公共权力一方面内在地具有这种职能,另一方面又对这种职能的实现存在着潜在的或现实的威胁,并不必然地体现"公意"。这就要求政治公正既体现权力的本质要求,又要代表社会公正的基本精神。

政治公正是对执政能力的考验。社会主义和谐社会既不同于传统的和谐社会,又异于西方资本主义的和谐社会。历史形态的更替就是社会公正的进化。从此而言,社会主义之所以取代资本主义,之所以具有历史的必然性和合法性,就在于它比资本主义更体现了一种普遍的实质性的社会公正,是一种公正、自由、平等的社会制度。人们对社会主义制度和共产党执政正当性的价值判断,也缘于社会公正程度的高低。因此,能否以政治公正促进社会公正,能否以科学发展促进社会和谐,就成为共产党执政的一个正当性条件,就成为共产党执政能力的重要内容。当共产党取得执政权时,人们信赖新制度能给予他们一个富裕、幸福的新生活,并由此保持对共产党执政正当性的认可。然而,当计划经济作为国家经济制度时,共产党的执政受到二律背反的强烈挑战:一方面,这种制度防止了两极分化,在一种低水平上维护了社会公正,共产党执政的正当性得到新的辩护;另一方面,这种制度不能长期保持持续稳定的经济增长和不断提高人民的生活水平,在资本主义市场经济面前受到明显对比,共产党执政的正当性在一定程度上受到怀疑。因此,能充分调动社会资源、迅速创造社会财富的市场经济取代计划经济就成为历史的必然,这种经济体制为共产党执政提供了新的正当性资源。但是,它同样受到二律背反的强烈挑战:一方面,这种体制使经济状况明显好转,物质文明飞快发展,人民生活迅速改变,为共产党执政的正当性增添了有力依据;另一方面,市场经济带来的贫富分化和阶层割裂,使人民在心理上产生"不公""不服"的不良反应,从

---

① John Rawls: *Political Liberalism*, Columbia University Press, New York, 1996, p. 213.

而对社会主义国家共产党执政的社会公正性提出新的质疑，对共产党执政产生疏离感，甚至产生不满。贫穷落后不是社会主义，贫富分化同样不是社会主义。所以，要确立和巩固共产党的执政正当性基础，就需要在一个更高的经济水平上来维护和保证社会公正，否则，共产党执政的正当性就会受到挑战。可见，能否在社会主义市场经济条件下促进社会公正，实现科学的发展就成为检验共产党执政能力的一个重要基准。

政治公正是人们追求的生活理想。但是，它不是社会的终极价值，政治正义能够提供一种普遍公正和持久稳定的生活秩序，满足人们对稳定生活的期待；然而，它能否同时为全体社会成员提供一种安宁和谐的生活环境？能否满足人们对幸福生活的持久增升的价值期待？这仍然是一个疑问——至少作为国家正义的政治公正只限于社会公共生活领域，无法触及和深入私人生活领域。而事实上，明晰公共生活和私人生活的界限，正是公民社会有别于专制社会的重要标志，而且，现代社会所谓的不和谐现象，诸如婚姻危机、心理疾病、精神贫乏等多属于私人生活领域，或跨越公共生活领域与私人生活领域的。在消除这些不和谐的因素时，政治正义的效能是有限的，难以发挥作用。① 当然，政治公正无疑是促进科学发展的主导手段。因为，作为国家主导下的社会工程，科学发展必须借助国家、政府、政党的力量才可能真正实现。

① 万俊人：《从政治正义到社会和谐——以罗尔斯为中心的当代政治哲学反省》，《哲学动态》2005 年第 6 期。

第 7 章

思路扩展Ⅰ:从经济伦理到发展伦理

20 世纪 70 年代,作为学科的经济伦理从欧美诞生之后,其研究范围基本上界定在经济学视阈中经济行为的伦理和文化。现代社会市场经济的迅猛发展所导致的调控失灵而带来的一系列道德难题,使得经济伦理的理论研究范围也逐渐扩展到企业伦理的社会契约、经济主体的超范和道德自由度、全球普世伦理的可能性与现实性、生态伦理和经济可持续发展等问题。研究者试图从经济的视角来探讨经济发展的合理性、经济与道德的关系等经济伦理问题,试图解决经济进程中企业和政府的道德责任、义与利、效率与公平、“经济人”与“道德人”之关系等一系列经济伦理难题。然而随着研究的不断深入和扩展,研究者们发现经济伦理学由于过度单一地集中在对经济行为的伦理研究,逐步陷入自身的泥淖而难以自拔,无法全面、整体地认知社会的公平和发展。因为社会发展的进程实际上是一种涉及经济、政治、社会、价值观等诸多方面综合性、整体性的过程,这是曾经显赫一时的经济伦理所无法单独面对和解决的。伴随着发展进程中矛盾的日益凸显,关于发展公平问题的新研究视阈——发展伦理面对发展过程中的效率与公平这一主要矛盾给予了全新和全方位的审视和探讨。

7.1 效率与公平之间:发展的内在悖论

20 世纪下半叶以来,发展成为人类最大的社会和经济挑战之一。为了更加全面地反映经济的发展状况和人民的生活水平，国际上多种衡量社会发展状况的标准相继提出。诸如，哈根(E. E. Hagen)的五项指标(基本必需品的消费量、收入和分配的均等程度、识字率、健康水平和就业状况)、莫里斯(M. D. Morris)的实际生活质量指数(识字率、预期寿命指数、婴儿死亡率等)以及联合国计划开发署的人类发展指数(预期寿命、受教育程度等)。① 这些标准说明越来越多的非经济要素作为发展的题中之义，被渗透在发展的各个方面和所有的阶段。发展的内涵也因此而逐渐超越了传统的经济学意义，越来越多地融入了伦理的指导。

在发展伦理的视阈，发展被看做是涉及经济、政治、社会、价值观念众多方面的一个综合过程。而经济发展中无法回避的首要问题之一就是效率与公平之间的矛盾，当我们从经济伦理视角倡导效率价值观的同时，无可否认地出现了公平的缺失问题。这是经济伦理无法单独面对的悖论。从发展伦理的视角对其进行新的诠释，有助于经济伦理难题的解答，也有助于我们对发展伦理有更为深入的理解。这一研究视角的转换是新颖的，它反映出了主导伦理观的演变。

7.1.1 发展中的效率内涵

效率是公平的物质基础，公平的发生和发展都离不开效率这一前提条件。因此，在谈论公平问题的时候，必然要涉及对效率的讨论。何谓效率？可以从不同的角度给予不同的阐释。一般意义上，效率是一种比例关系，是人们对于人类活动的投入与效果之间比例关系的一种认识。② 效率在西方经济学里被当做是资源配置的概念，是指配置效率，包括劳动、土地、资本等生产要素配置的效率。

对于经济活动而言，资源的有效配置自古有之，但明确提出效率概念并加以界定的，是意大利社会学家、经济学家帕累托在1906年出版的《政治经济学教程》中提出的。他力图证明：完全竞争的均衡能够导致资源的有效配置。

① 韩丹：《当代西方发展伦理学初探》，《哲学动态》2003年第10期。

② 王海明：《公正、平等、人道——社会治理的道德原则体系》，北京大学出版社2000年版，第108页。

因此,经济学一般把效率称为帕累托效率或帕累托最优状态。现代西方经济学对帕累托最优状态主要倾向于这样两种解释:“一是指已经没有任何方法重新组织生产和分配来增进每个人的满足状态;另一种解释是指任何改变都不可能使一个人的境况变好而不使他人的境况变坏的状态。”①帕累托效率实际指的是资源配置的最优状态,其实现需要一系列严格的前提条件,其核心应是完全竞争的市场体系。但至今,市场经济还未出现过理想的完全竞争状态。萨缪尔森指出:“实实在在地说,毫无疑问,绝对的有效率的竞争机制从未出现过,将来也不会出现。”②因此帕累托效率采用的是一种抽象的静态分析方法,它不是在经济过程中形成而是在过程之外预设的一种状态。在现实中,这种最优状态不可能真正实现。1986 年诺贝尔经济学奖获得者,美国经济学家詹姆斯·麦基尔·布坎南一针见血地指出了这一点:“经济学家们对他们在有关资源配置‘效率’的定义上所造成的混乱是负有责任的。在他们关于资源配置效率的通常论述中,仿佛‘有效配置’是完全独立存在于产生出市场交易结果的市场交易过程之外的。”③按照布坎南的看法,“有效率”必须存在于市场过程之中,而且它要反映市场参与人的个人评价。相比较而言,布坎南对效率的规定更具有现实性和操作性。生产活动的本意就是要以高效的手段来实现消费的目标,但是社会生产和消费之间存在一个交换的过程,这样生产和消费的分离,使得消费不再是其生产的直接目的,而生产效率的提高则成为与生产者利益直接相关的事。在社会化生产中,相对于生产而言,效率必然表现为效益;相对于消费而言,效率又表现为效用。可见,要正确把握这一概念,就要从两个不同的方面来考察:从经济的视角看,它是指衡量社会资源的有效配置程度,即在尽量少的劳动时间里创造出尽量丰富的物质财富来;从社会的视角看,它是指衡量社会个人福利状况满足的程度,即在既定的资源条件下,如何实现社会福利的最大化。

此外,20 世纪 60 年代在美国经济学界有相当影响力的美国经济学家阿瑟·奥肯有关效率的论述也颇具代表性。他指出,“效率意味着从一个给定

---

① 吕俊杰:《公平效率论》,首都师范大学硕士学位论文,2005 年 3 月。

② [美]萨缪尔森、诺德豪斯:《经济学》(14 版)(上),北京经济学院出版社 1996 年版,第 547 页。

③ [美]布坎南:《自由、市场和国家》,上海三联书店 1989 年版,第 73 页。

的投入量中获得最大的产出。”“所谓效率，即多多益善。但这个‘多’须在人们愿意购买的范围内。”①这表明，在人类的社会生活中，效率还内在地包含着一定的价值标准和道德规范的含义，并不是任何投入与产出都有“效率”，都能满足人们正当的物质和文化生活需要。例如，严重污染环境的生产活动，或者对人类健康生活无益的毒品和奢侈品的生产，在某种意义上就无“效率”可言。效率必须以商品和劳务符合社会需要为前提，否则，生产得越多，浪费越大，效率就越低。

在我国学术界，对效率的论述有诸多观点，知名学者厉以宁教授在《经济学的伦理问题》中指出，“效率是一个经济学范畴，这是指资源的有效使用与有效配置。”并把它描述为三种情况：其一，“正如通常所说的，一定的投入有较多的产出或一定的产出只需要较少的投入，意味着效率的增长；一定的投入有较少的产出或一定的产出需要多的投入，意味着效率的下降。”其二，“通常所说的效率增长表现为劳动生产率提高或资金利润率提高。”其三，“通常所说的效率增长表现为人尽其才，物尽其用，物畅其流。”②以上关于效率内涵的界定应该说是经济学视角最完善的解读了。但是，由于这些界定都没有对“效率”进行本质上的辩证抽象，因此，长期以来，经济学家们只能在经济学领域这样一个狭小的圈子里就“投入”和“产出”热议效率。以至于直到现代社会，经济学关于效率的讨论虽然很热烈，但却难以真正解决现实中由效率的上升或下降引发的诸多经济问题和社会问题，尤其无法单独面对和有效解决效率与公平的关系问题。

与经济学从具体的微观层面对效率的肤浅解读有所不同，道德哲学视域对效率的解读站在高屋建瓴的层面，将其抽象为人的本质力量的外在呈现，认为效率本质上是作为实践主体的人在改造自然和社会的过程中所表现出来的能力大小和高低。道德哲学对效率高度抽象的解读，使我们走出了经济学意义上效率的表象，深入到了效率内在本质意义层面对其进行解读和界定。这时我们才发现，效率不仅仅是生产过程中投入产出之间的比率，更是人类整体

---

① [美]阿瑟·奥肯：《平等与效率—重大的抉择》，王奔洲译，华夏出版社1987年版，第2页。

② 厉以宁：《经济学的伦理问题》，上海三联书店1995年版。

能力发展水平的重要标示和衡量社会发展的主要尺度之一。尤为重要的是，效率如果仅仅只是追求投入与产出之间的比率,枉顾人类整体能力的发展,其最终结果就是效率的降低,乃至无效率。因为,效率的实际含义是人的本质力量的表现,也就是说,效率的实现要取决于人的能力与作用,长久而持续的高效率需要人之能力的长久持续的发挥。效率如果不以人的能力与发展为主旨,不考虑人类整体的未来,这样的效率仅仅是暂时的高效率,是经济指标的暂时提升,不仅不能代表真正的“有效率”,甚至还可能出现以牺牲环境和后代人的利益为代价而导致虚假高效率的恶果。从最终结果来说,这样的效率造成的恶果需要人类花费更多的时间与精力来弥补,从长期作用来看,其导致的是低效率乃至无效率甚至是负效率。所以,我们这里讲的效率是指人类社会有效的改造外在条件以满足人类生存发展需要的能力和程度。在当前社会主义市场经济条件下,社会发展是以提高效益为核心的,而提高发展的效益就必须讲求效率。在直接的价值目标导向下,实践主体也必然会把效率放在第一位。

7.1.2　发展中的公平内涵

何谓公平？恩格斯曾经特别指出:资本主义社会的所谓公平,实质上是在金钱平等和交换平等掩盖下的不平等。“平等应当不仅是表面的,不仅在国家的领域中实行,它还应当是实际的,还应当在社会的、经济的领域中实行。”①根据他们的理解和看法,要在社会和经济领域实行真正的平等,就必须在生产力极大发展的基础上,消灭私有制和阶级,最终实现充分体现平等的按需分配。今天,在我国的具体历史条件下,由于受生产力水平的制约,市场经济中多种所有制、多种分配方式和阶层差别将不可避免地长期存在,这就决定了我国要在短时期内从根本上解决社会公平问题是不可能的。

虽然世界上从来就不曾有过也永远不可能存在绝对的公平,但人类对于“公平”的追求却从来没有停止过,在人类社会发展的任何历史时期都会有公平的观念和思想。根据马克思主义的经典著作,“公平”从来就不是一个抽象的概念,它始终具有历史性和阶级性等特征,其内容是由“这一时期的经济的

① 《马克思恩格斯选集》第 3 卷,人民出版社 1995 年版,第 448 页。

生活条件以及由这些条件决定的社会关系和政治关系来说明"①的。换言之，公平的标准随着经济关系的变化而变化，不能脱离生产力的发展水平。要把握公平的含义，离不开与之相关的几个概念的比较，最为基本的有正义、公平以及平等②。

正义(Justice)指善(Good)的事物和信念，它意味着一种道德上的"应当"，是一个社会的首要价值。如亚里士多德所说："政治学上的善就是正义，正义以公共利益为依归。"③当然，正义和善又不完全相同，否则这一概念的存在就没有必要了。正义从属于善，是协调各种利益关系、为社会健康发展所必需的(但不是最高的)善。比如：政府通过转移支付等方式，加大对西部贫困地区的支持力度，这是社会健康发展所必需的，是政府"应当"的作为，因而是正义之举。但是，某些个人出于善良的意愿，自愿捐助贫困地区的学生读书，则已经超越了正义层次的要求，不是一种行为上的"应当"和"必须"，而应更多地看做是一种仁爱之举。仁爱的道德层次高于正义，但是对社会而言，正义的实现更为基础因而也更为重要。公平(Impartiality)与正义一样，所针对的都是社会成员之间利益与权利的分配合理性问题，但公平含义比正义更为宽泛、更为中性，主要是指在既有的游戏规则之下对相关各方的一视同仁。至于这种游戏规则的依据是什么，它有可能产生什么样的社会效应和道德效应，则往往不是当事人所关注的事情。比如："金融大鳄"索罗斯前些年在东南亚金融市场上的投机行为，一般看来，就是遵循市场游戏规则"公平"竞争的做法，并不违反任何法律。但他的行为实质上是利用市场规则的漏洞损人利己，很难说是正义之举。由此可见，符合公平要求的不一定是正义的。

公平(Impartiality)作为主德或百德之王，在人类道德发展史上具有"照射和带领"的群德之效，"公平是一个社会的全体成员相互间恰当关系的最高概念"，"公平就是建立个人权利同他人(社会、公众、政府或个人)权利的和谐关

① 《马克思恩格斯选集》第3卷，人民出版社1995年版，第335页。

② 按照王海明的理解，"公正、正义、公平、公道是同一概念，是行为对象应受的行为，是给予人应得而不给人不应得的行为"。参见王海明：《公正、平等、人道——社会治理的道德原则体系》，北京大学出版社2000年版，第3页。

③ 亚里士多德：《政治学》，商务印书馆1981年版，第148页。

系”。[1] 在此,公平内含个人的正直美德和社会的正义秩序。[2]《美国百科全书》条目释义“公平”时指出:公平是一个社会的全体成员相互间恰当关系的最高概念,它不取决于人们关于它究竟是什么的想法,也不取决于人们对自己认为公平之事的实践,而是以一切人固有的、内在的权利为基础的;这种权利源于自然面前人人皆有的社会平等。显然,公平既指社会制度的合理适当,也涵盖了个人的正当无私,是人类追求的具有永恒价值的基本理念和基本行为准则。在伦理领域,公平和公正基本上是处于同一层次的概念。但在法律领域,就二者所指向的对象不同,这两个概念似乎又有一些细微的区别。以法律裁判为例,公平主要是就当事人利益得失状况而言的,它常常体现在最终的结果上。而公正则主要指法官在解决问题的过程中,所采取的不偏不倚、客观独立的态度。在法律裁判时侧重于对法官(也就是第三方)行为的合理性评价,指其行为独立、不受干扰、不偏不倚。当然事实上,公平与公正实际上很难完全分开。如果法官不公正,也就无所谓对当事人的公平,如果对当事人的公平不能实现,往往意味着第三方的不公正。在现实中,如果没有明确针对对象而只是泛泛而论,公平、公正这两个概念常常被人们通用。

平等(equality)通常是指社会相关者之间利益与权利分配的完全相同和相等,彼此没有差别。平等这个词的含义是明确的,歧义较少。萨托利说:“平等表达了相同性概念……两个或更多的人或客体,只要在某些或所有方面处于同样的、相同的或相似的状态,那就可以说他们是平等的。”[3]这种相似性往往指的是与人们相互间利益获得有关的相同性。在现实中,它也会经常以平均的形式表现出来。比如,在民主选举中实行的一人一票制,表明了人们依法享有平等的选举权;同时从数量上看,一人一票的规定无疑是一种平均的规定。平等是公平的一种特殊状况。但在更多情况下,平等同公平之间存在着矛盾。比如在我国实行计划经济时期,正因为很多人认为“大锅饭”的这种平等分配方式不公平,才存在消极怠工,以至出现“大锅饭”没有效率的现象。可见,公平和平等两个词差别较大,不可混淆。当二者发生矛盾时,平等应从

---

① 程立显:《论社会和谐与公平正义》,《江苏大学学报(社科版)》2007 年第 3 期。

② 卢风、肖巍:《应用伦理学导论》,当代中国出版社 2002 年版,第 58 页。

③ [美]乔·萨托利:《民主新论》,冯克利、阎克文译,东方出版社 1993 年版,第 340 页。

属于公平。

综上所述,正义是指社会发展所必需的、一切有助于福利增进的善的事物。它超越于既定的法律规则,高于公平。公平主要是指社会成员的利益和权利的分配符合公认的、既定的标准。平等则是指利益和权利完全相同或相等的分配,是公平的一种特殊形式。它们之间的关系是:正义优先于公平(公正),公平(公正)优先于平等。公平作为调整人们相互利益和权利关系的规范和原则,它和平等绝不是同义词,而是两个差别很大的范畴,甚至有时候会导致完全相反的结果。平等意味着权利和利益的相同分配,而“公平”意味着人们付出什么就相应地得到什么,它本身承认可以有一定的差距。①

由此,可以认为,公平是指人与人的利益关系及利益关系的原则、制度、做法、行为等都合乎社会发展的需要。社会公平是指人类社会着眼于社会成员的共同发展,而对人们参与社会活动平等权利的认可和对已获得的物质财富相对合理的分配方式。我们这里要讲的公平应该主要是指在利益和权利的分配上要兼顾全体公民的利益,防止过于悬殊的贫富分化,以利于共同富裕的逐步实现。这种结果的公平虽说是事后的公平,但是仅仅做到权利公平、机会公平和规则公平,还只是一种形式上的而非实质上的公平。只有在权利、机会、规则公平的基础上,通过对社会贫富状况的调剂实现了结果公平,才意味着公平的真正实现。需要引起我们注意的是,公平的最终目的是需要兼顾全体公民的利益,这一目的的伦理合理性与目的性何在?是为了人类的发展。公平必须在发展的视野下去考虑与看待,也只有在发展的视野下去看待公平,公平才具有其正当与合理性。如果不是考虑人类整体的发展,公平就会流于形式上的平等,其实质意义就是不公平,违背正义的价值追求与取向。以人类整体的发展看待公平,也就在内容与形式上都使公平满足了正义的价值追求与取向,获得了真正的公平。

7.1.3 效率与公平的二律背反

德国哲学家康德的“二律背反”,指的是两个相互排斥但同样是可论证的命题之间的矛盾。社会发展中效率与公平的关系问题,始终是人类社会面临

---

① 贾可卿:《“公平”辨正》,《云南社会科学》2006 年第 6 期。

的重大问题,也是人类经济增长和社会发展过程中所面对的一对矛盾。现代西方一些经济学家认为这对矛盾是不可调和的,二者之间存在着二律背反的关系,并因此提出了"公平与效率不可兼得"的理论。认为在公平与效率之间存在着此消彼长的交替关系,要公平就得牺牲效率,要效率就得牺牲公平。美国著名经济学家萨缪尔森就发出疑问:"当各国试图把收入在它们的公民中间平等地分配时,它们遇到了越来越大的对积极性和效率的影响。越来越多的人问道,为了更公平地分割社会馅饼,需要牺牲它的多大部分?"①

学界有关效率与公平互动关系的研究可以划分为效率优先论与公平优先论两个基本派别。

在效率优先论看来,公平理念必须服从效率理念。此观点认为,公平是效率的目标,但更是效率的手段,其工具意义甚于其价值意义。著名经济学家A. 奥肯在其名著《平等与效率—重大的抉择》中充分而深入地阐述了效率优先论的观点,"平等和效率之间的冲突是我们最大的社会经济抉择,而且它在社会政策的各个方面困扰着我们。我们无法在保留市场效率这块蛋糕的同时又平等地分享它","随努力上的差异而来的收入上的差异,一般被认为是公平的","所谓的不平等是指一个人有同样多的收入却有更多的闲暇"。② 奥肯的观点在弗里德曼等人那里得到了呼应。弗里德曼等人更为鲜明地指出,"在过去一个世纪里,流传着一种神话,说自由市场资本主义,即我们所说的机会均等,加深了过去的不平等,在这种制度下富人剥削穷人。没有比这更荒谬的说法了";"一个社会把平等——即所谓结果均等放在自由之上,其结果既得不到平等,也得不到自由"。③ 印度诺贝尔经济学奖获得者阿玛蒂亚·森认为,"特别是在处理严重的剥夺和贫困问题时,必须正视不均等问题,在这个领域,社会干预,包括政府扶助,应该发挥重要的作用……但是,仍然需要同时注意这个问题的效率和公平层面,因为以公平为目的来干预市场机制的运

① [美]保罗·A. 萨缪尔森、威廉·D. 诺德豪斯:《经济学》中国发展出版社 1992 年版,第 1247 页。

② [美]阿瑟·奥肯:《平等与效率—重大的抉择》,王奔洲译,华夏出版社 1987 年版,第 2、39 页。

③ [美]米尔顿·弗里德曼等:《自由选择—个人声名》,胡骑译,商务印书馆 1982 年版,第 149、152 页。

作,尽管促进了公平,却影响效率的实现”,因此,“在存在冲突的范围内,需要把效率和公平这两个层面放在一起同时考虑,以达成社会总的优先排序,兼顾效率与公平”;“市场机制对效率的贡献是无可怀疑的……但是,效率结果本身并不保证分配公平。这个问题在实质自由的不均等层面上会变得更加严重,因为处境劣势具有配对效应(例如一个残疾或缺少训练的人既有挣得收入的困难,又有使用收入以实现良好生活的可行能力困难)。为了社会公平和正义,市场机制的深远力量必须通过创造基本的机会来补充”。[①] 哈耶克是一位彻底的自由主义经济学家,他毫不讳言地指出,“在安排我们的事务时,应该尽可能多地运用自发的社会力量,而尽可能少地借助于强制,这个基本原则能够作千变万化的应用”。[②] 在奥肯、弗里德曼、森以及哈耶克等人看来,国家干预以结果公平或收入均等化为价值目标,而这一价值目标违背了机会平等的市场法则,从而会极大地损害经济效率,而以巨大经济效率为代价的结果平等最终是无法企及的,因而即使公平的理念具有终极价值意义,也不能以看似平等的纯粹形式公平来作为所有政策的基点,因为维持纯粹形式公平的努力,既有损于效率,也无利于获得真正的实质公平。这与萨托利的论断是基本吻合的。萨托利断言,“平等的结果要求不平等的机会”。[③] 根据萨托利的论断可以推出一个初步的结论,即平等的机会将会导致不平等的结果。换句话说,初始公平与结果公平无法同时兼得,一种形式的公平与另一种形式的公平不可能在同一个场合有效兼容。

而在公平优先论者看来,效率的理念必须服从公平的理念。推而言之,效率是公平的基础,又是获得公平的手段。如果说效率优先论者坚持机会平等,那么公平优先论者则坚持权利平等。恩格斯曾经对“机会平等”和“天赋人权”的观点提出了一语中的的批评,“平等应当不仅是表面的,不仅在国家的领域中实行,它还应当是实际的,还应当在社会的、经济的领域中实行。”[④]美

---

① [印]阿玛蒂亚·森:《以自由看待发展》,任赜、于真译,中国人民大学出版社 2002 年版,第 118、136 页。

② [英]弗雷德里希·奥古斯特·冯·哈耶克:《通往奴役之路》,王明毅等译,中国社会科学出版社 1997 年版,第 24 页。

③ [美]乔·萨托利:《民主新论》,冯克利、阎克文译,东方出版社 1998 年版,第 396 页。

④ 《马克思恩格斯选集》第 3 卷,人民出版社 1995 年版,第 448 页。

国著名学者罗尔斯在其巨著《正义论》中指出,“某些法律和制度,不管它们如何有效率和有条理,只要它们不正义,就必须加以改造或废除。每个人都有一种基于正义的不可侵犯性,这种不可侵犯性以社会整体之名也不能逾越。因此,正义否认了一些人分享更大利益而剥夺另一些人的自由是正当的。不承认许多人享受的较大利益能绰绰有余地补偿强加于少数人的牺牲”。①

美国社会学教授戴维·波谱诺认为,“构成资本主义社会阶级不平等的基础就是机会平等,但对机会平等这一虚假意识形态观念的接受,使工人阶级不能有效地组织起来追求他们真正的阶级利益。”②而罗尔斯在后来的研究中进一步发展了他的公平的理念。罗尔斯在其新著《作为公平的正义——正义新论》中先后强调指出,“‘按其优势分配’(或者按照他们论效率与公平视角下的公共事业民营化的实际政治权力、财富或自然天赋来分配)不是政治正义的基础”;“正义不仅必须是受到了公平对待,而且必须也被看做是受到了公平对待,这个道德箴言不仅对法律是有益的,而且对公共理性也是有益的”;“在一个由作为公平的正义之原则所调节的秩序良好的社会里,在最高的层面上,在某些最基本的方面,公民是平等的”;“在最高的层面上,平等体现在,公民相互承认是平等的并相互视为是平等的。在他们是其所是的存在——公民中包含着他们作为平等者的存在,而他们作为平等者的存在既是他们是其所是的一个组成部分,也是他们被别人承认为是其所是的一个组成部分”。③ 在这里,罗尔斯对公平的强调和关怀暗含着他对效率优先论的批评与回应。

从上述理论反观我们当前的发展,我们以往所坚持“先增长,后分配”的效率优先论往往是从经济学的角度来考虑的效率与公平之关系的。而在我国经济转型时期,相对于西方发达国家我们更需要从价值层面来看待这个问题。因为,效率与公平结合的程度如何,不仅折射出一个社会经济生活的基本价值取向,而且更能体现出一个社会的发展目标和发展理想。

---

① [美]约翰·罗尔斯:《正义论》,何怀宏等译,中国社会科学出版社 1988 年版,第 2—3 页。

② [美]戴维·波谱诺:《社会学》,李强等译,中国人民大学出版社 1999 年版,第 257 页。

③ [美]约翰·罗尔斯:《作为公平的正义—正义新论》,姚大志译,上海三联书店 2002 年版,第 26—27、189、217 页。

7.1.4 效率与公平的辩证统一

效率与公平都是人类经济活动追求的目标，如上所述，西方一些经济学家们将二者的关系诠释为“鱼与熊掌”的关系或“斯芬克司之谜”，甚至有人将这一问题的解决视为经济伦理研究中的“哥德巴赫猜想”。辩证唯物主义认为，效率与公平是矛盾的统一体，二者相互联系、相互制约，在不同的历史条件下，矛盾的内涵也不同。例如，中国改革开放之初，面临的是十年浩劫后人民生活水平的极其低下，国民经济走向崩溃的边缘。在这种情况下，高度重视生产力的发展和经济效率的提高，具有重要的战略意义。但随着单纯经济增长速度的加快，拉大了贫富差距，由不公平引发的一系列社会问题制约了社会的进一步发展，于是从效率与公平的内在联系上认识和解决社会的公平与正义等道德问题，就成了效率进一步提高、社会进一步健康发展的当务之急。

经济社会发展视角中效率与公平的关系问题，本质上是在优化资源配置，提高劳动生产率，增加社会财富总量的同时，保证财富在社会群体和成员之间合理分配的问题。这是经济发展以来就一直困扰着人们的一对矛盾。将这对矛盾控制在适度的范围内，是有效降低社会发展成本，缓解社会冲突，保证社会相对平稳发展的重要条件。马克思主义强调效率在社会发展中的先导作用。效率问题主要是一个投入与产出的关系问题与生产力的发展和社会财富总量的增加相关联。马克思主义反对脱离社会经济关系和生产力的发展来谈社会的公平问题。因为只有生产力的发展，社会财富的增加，才能提供满足人类需求的物质条件，才有可能去谈公平分配问题。没有效率也就没有生产力的发展，而生产力的发展既是社会发展的主要表现，又是社会全面进步的基本动力。因此，离开效率和生产力的发展，人类社会就不可能真正进步与发展，也不可能实现公平。

然而，关于公平，无论人们多么希望它是永恒的、普世的，但事实上，在不同社会有着不同的公平内涵。世界上不可能存在抽象的、普世的公平标准。恩格斯当年在批评法国小资产阶级社会主义者蒲鲁东的永恒平等观和公平观时，就曾阐述过公平的丰富内涵，指出公平“始终只是现存经济关系的或者反映其保守方面，或者反映其革命方面的观念化的神圣化的表现。希腊人和罗马人的公平认为奴隶制度是公平的；1789 年资产者的公平要求废除封建制度,因为据说它不公平。在普鲁士的容克看来,甚至可怜的行政区域条例也是对永恒公平的破坏。所以,关于永恒公平的观念不仅因时因地而变,甚至也因人而异”。[①] 事实上,人类历史发展至今也从来就没有存在过绝对的永恒的公平。但这并不是说公平是纯主观的东西,尽管人们对社会现象是否公平的看法存在很大的差异,但在一定社会,公平与否的评价标准并不取决于不同个体的主观愿望和意志。显然,公平具有相对性、历史性与客观性的特征,人们总是从特定的立场出发、“依据经济规律”、“经济关系”来评判公平问题。因此,评价的标准总是具有强烈的主观性和巨大的差异性。科学的公平观必须符合历史的规律性与历史的合理性,并随着历史的发展而变化。如果违背经济社会发展规律,置基本的社会公平于不顾,那么真正的效率也不可能实现。例如,尽管资本主义在不到一百年的时间里,创造出的生产力比过去世世代代创造的生产力还要大、还要多,但是,由于资本主义信奉“以无情的效率创造财富”,遵循弱肉强食的“丛林法则”,因此,资本主义的快速发展是以贫富两极分化和缺乏社会公平为基本特征的。其结果,社会冲突不可避免,社会发展难以持续。当下,发端于资本主义社会、影响遍及全球的金融危机便是有力的证明。马克思主义的效率公平观,既不是简单的经济效率决定论,也不是抽象的社会公平论,而是效率先导基础上的效率公平兼顾论。因为社会发展必须坚持效率优先的原则,舍此就不能解决社会问题,更不可能提高人民的生活水平。如果我们离开活生生的社会经济关系去谈所谓平等、公平,就会陷入蒲鲁东式的空想。

对于发展中的中国而言,地区发展很不平衡,历史沉积的问题很多,当前的社会问题也非常复杂,因此,我们必须在坚持效率优先的同时,从经济发展规律的角度,从历史合理性的角度,从有利于社会稳定发展的角度,高度重视社会公平问题。否则,就可能加剧利益的严重冲突和贫富分化,危及社会的可持续发展,甚至使已有的发展成果丧失。邓小平曾经明确指出“社会主义不是少数人富起来、大多数人穷,不是那个样子。社会主义最大的优越性就是共同富裕,这是体现社会主义本质的一个东西。如果搞两极分化,情况就不同了,民族矛盾、区域间矛盾、阶级矛盾都会发展,相应地中央和地方的矛盾也会

---

① 《马克思恩格斯选集》第 3 卷,人民出版社 1995 年版,第 212 页。

发展,就可能出乱子。”①

事实上,效率与公平的矛盾对社会的发展有着极为重要的影响,两者之间均衡也是衡量发展好坏的重要标尺。而社会发展是目的和手段、平等和差异、竞争与协作等等的统一,我们只有在社会发展的进程中才可能寻求并实现效率与公平的均衡。效率与公平的均衡统一于发展进程之中的同时,也是这一进程中一个极为重要不可或缺的推动力。总体说来,效率与公平应该是一致的。公平促进效率,不公平导致低效率。一般情况下,一个有效率的社会,其资源配置、管理体制、运作机制应该是合理的、公平的;而一个公平的社会,其资源一定能得到合理的配置,人的积极性、创造性也能够得到最大限度地发挥。在此,效率的提高有助于公平的实现,社会的公平也有助于效率的提高。“注重经济效率与维护社会公平相协调”的原则,充分体现了社会主义的优越性,是社会主义与资本主义在发展理念上的重要区别,是为社会主义社会解放和发展生产力、消除两极分化,最终实现共同富裕的根本目的服务的。因此,在建设社会主义现代化的进程中,我们既要大力发展生产力,注重经济效率,又要从最大多数人的根本利益出发,为最终实现共同富裕的目的,坚决有效地维护社会公平。只有做到效率与公平的统一和协调,在全社会树立注重效率、维护公平的价值观,坚持公平的原则,保障人们利益和分配的合理化,使每个社会成员既有平等参与的机会又能充分发挥自身潜力,实现全体社会成员的共同前进。毋庸置疑,“注重效率、维护公平”既是精神文明建设和思想道德建设的应有之义,也是社会主义社会健康发展的内在要求。

7.2 经济伦理:关于人类经济活动的伦理

关于经济伦理的诸多争论自从其提出至今就没有停止过,尤其是对于经济伦理的学科性质和定义更是争议颇多。纵观国内研究,大致有以下观点:(1)经济伦理学是关于经济制度伦理和经济行为伦理的学说;(2)经济伦理学是经济活动中的伦理精神、气质和看法的理论化形态,或者说是从道德角度对经济活动的根本看法;(3)经济伦理学是研究社会经济和人的全面发展的关

① 《邓小平文选》第3卷,人民出版社1993年版,第364页。

系以及直接产生于人们经济生活和经济行为中的道德观念的科学;(4)经济伦理学是研究对经济行为的合理性的价值论证的科学;(5)经济伦理学是研究人们在社会经济生活中完善人生和协调各种利益关系的基本规律以及明确善恶价值取向及其应该不应该行为规定的学问;(6)经济伦理学是一门经济实践的道德科学,它以研究经济与伦理的关系、经济活动中的伦理道德的形成、发展规律以及经济行为的伦理正当性等问题为对象;(7)经济伦理是人们在生产、交换、分配和消费等经济生活中产生的道德观念、道德规范以及对社会经济行为的价值判断和道德评价。①

这些观点基本上反映了国内理论界关于经济伦理的研究成果和认识现状。那么究竟什么是经济伦理?我们认为可以把经济伦理归结为关于经济行为的伦理:经济伦理主要是探讨经济制度和平等、效率等经济范畴以及这些范畴中个体经济行为的价值判断问题。即从伦理学的角度研究经济活动和经济行为,以及由此所产生的人们之间经济利益关系中应该与不应该的问题;研究经济制度、经济秩序的合理性以及经济主体的伦理关系等问题。所以说,经济伦理是关于人类经济活动的伦理,其主要任务是探究人类经济活动中出现的道德问题以及经济活动中应该秉持的伦理要求与道德规范。

7.2.1 “经济增长”优先论

长期以来,包括中国在内的发展中国家把经济增长视为国家财政政策优先考虑的目标,尽管公平分配、经济稳定对于发展来说也很重要,甚至在一定时期,也可能把公平分配或经济稳定放在政策考虑的优先位置,但就整个发展过程而言,发展中国家的财政政策始终在挖掘着经济增长“加速器”的作用。在转向市场经济体制的发展过程中,首先通过发展生产力的水平提高经济的总体供给能力。这是发展中国家面临的主要矛盾,也是中国经济长期发展所要解决的根本性问题。

“经济增长”优先论认为,人类社会是一个有机整体,只有经济发展得到认同和肯定,个体才能有效地发挥作用,整个社会整体才能够处在一种有序的

① 王小锡:《世纪之交的经济伦理学》,《江苏社会科学》1999 年第 2 期;王泽应、郑根成:《关于经济伦理学研究的几个问题》,《经济伦理与经济发展学术研讨会论文》2001 年,南京。

状态下发展。个体间相互协调形成很好的团队精神,能够提高社会整体效率,产生巨大的凝聚力、向心力,创造高效率。人类社会进步的因素中,生产力的作用是巨大的,生产效率的提高推动社会的进步,随着社会由低级向高级的进步和发展,社会公平实现的越来越充分。宏观地看,生产效率越低下,社会公平的实现就越不充分,社会就越缺少自由、民主、公平;反之,生产效率越高,社会财富越丰富,在社会物质文明增强的基础上构建的社会秩序就越完善,人们所享有的自由、民主、公平就越充分,实现自我、完善自我的机会也就越多。这也是很多时候坚持经济增长优先的伦理支撑点。

在"经济增长"优先论看来,应该坚持经济增长优先。实践中,在处理经济增长与社会公平的关系时,他们往往将经济增长作为社会公平的前提,在面对二者之间矛盾的时候,将经济增长作为了优先考虑的因素与对象。这反映了这样一个指导思路:只要经济增长了,社会财富得到了极大的增长,社会公平才具有实现的物质基础,相对于社会公平而言,经济增长是更需要考虑的对象。当然,"经济增长"优先论也并不因此而否认公平。他们认为,在经济保持持续增长的同时,必须坚持公平原则,因为只有坚持公平才能够调动经济增长的创造者,即主体参与创造的积极性和主动性;只有坚持公平才能真正促进经济的增长。从经济增长优先的视阈来看,对于社会上存在着的弱势群体,出于人道主义关怀,政府应当通过种种措施向高收入者征收个人所得税,把这部分资金转移给弱势群体;发放失业救济金,帮助下岗职工再就业;帮助失学儿童重返课堂……只有这样,才能使这部分人得到应有的帮助,以获得应有的教育机会和参加职位竞争的机会,挖掘这部分人的潜力,避免人力资源的浪费,实现经济的真正发展。但是这一切的帮助都是建构在社会财富基础上的,如果没有社会财富,对弱势群体的救济就是纸上谈兵。也就是说,在"经济增长"优先论那里,尽管经济增长与社会公平都有同等重要的地位,但事实上,经济的增长还是更为主要,是第一位的。

7.2.2 效率价值观

如何实现经济的快速、高效增长,还不可避免地会涉及效率问题。在"经济增长优先"论者看来,必须把"效率"作为价值观中的主要内容,让全社会都重视效率问题,使经济效率得以最大限度的提高,从而促进经济的快速增长。

在这个思路的引领下，长期以来我们认为，发展社会主义市场经济，深化经济体制改革，必须把效率作为优先考虑的价值目标。因为效率优先意味着人们以经济建设为中心，以实现生产力的发展为目标。其逻辑结论是：效率提高了，生产上去了，社会财富就增多了，人们享有的社会公平也就更多了。

效率价值观的哲学基础是：生产力决定生产关系，生产力的发展是衡量一切社会进步与否的标准。效率属于现实生产力范畴，公平属于生产关系和上层建筑范畴，从效率与公平在社会发展诸因素的序列来看，虽然兼顾公平是必要的，但效率优先却是必然的，因为它是公平的物质前提。因而在二者的关系中要以效率为先，兼顾公平。社会主义的根本任务就是解放生产力，消灭剥削和两极分化，实现全体人民的共同富裕。而生产力的发展必须通过提高效率。只有效率的真正提高，才能消除分化，实现真正的公平，走向共同富裕。所以，把效率优先放在第一位，最大限度地提高效率，是社会主义本质所要求的。而且，坚持效率优先原则也是公平能够实现的物质基础。

效率价值观的理论依据是：我们曾经在改革开放前因为过分重视公平而忽视了效率，误以为公平就是分配领域的平均主义，这种公平的薪酬体系直接妨碍了效率的实现，结果国人长期生活在经济困窘的状态中。对此，早在1975 年邓小平就指出：“如果不管贡献大小、技术高低、能力强弱、劳动轻重，工资都是四五十块钱，表面上看来似乎大家是平等的，但实际上是不符合按劳分配原则的，这怎么能调动人们的积极性？”①十一届三中全会以后，他多次指出：“搞平均主义，吃‘大锅饭’，人民生活永远改善不了，积极性永远调动不起来。”②邓小平之所以坚决反对平均主义，不仅在于平均主义违背了社会主义分配原则，更深层的原因是它严重阻碍了社会生产力的发展，直接妨碍了效率的实现。

效率价值观的现实支撑是：改革开放之后实行的社会主义市场经济体制，通过改变原有经济体制中过分高度集中的计划经济体制，提高了生产效率，促进了经济的高速发展。在原体制内，资源的配置是通过国家的行政部门依靠行政计划来下达行政命令调节的，其直接后果是导致了我国社会经济运行的

① 《邓小平文选》第 2 卷，人民出版社 1983 年版，第 30—31 页。
② 《邓小平文选》第 3 卷，人民出版社 1993 年版，第 157 页。

低效率。而在社会主义市场经济体制条件下,经济运行以市场为轴心,实行竞争机制和优胜劣汰的法则使生产效率得以提高。优胜劣汰,适者生存,效率优先原则是符合这一市场经济规律的。保持市场经济充满活力,其重要一点就是要在竞争中创造机会公平、效率优先的市场环境。对于企业来说,在竞争中,在同一市场条件下,效率是决定企业生存和发展的关键,所以应以效率为先,企业在制定发展战略时要根据市场需求制定切实可行的营销战略;在企业内部,要尽可能降低成本,提高产品质量;充分挖掘人力资源,调动员工的积极性,从而提高生产效率。

显然,效率优先的发展战略实质上是一种经济增长战略,这种战略的价值取向和政策目标是效率优先,这种观点表现在经济生活中,就是对 GDP 的努力追求,对高速度的强烈攀比。为达到这一目标,需要大规模地增加投资,而大规模投资,要求有较高的资本形成和储蓄率。这方面的理论代表是“哈罗德—杜马模型”①。这一理论模型的伦理支持是在国际经济学界曾流行一时的看法:生产先于分配,发展和公平不可兼得。尤其是在第三世界国家,尚不足以从社会公平方面思考并付出平等改革的代价。要想达到经济发展,必须牺牲社会公平。这种思路在我国改革初期被演绎成如下理念:在经济发展初期,收入分配不公平有利于资本形成和经济增长,腐败也有利于消解旧体制,GDP 的高速增长就是一切,为此甚至可以付出社会、政治、文化方面的代价。只要把蛋糕做大了,经济增长的效益就会通过“涓滴效应”自动流入社会下层,一些社会经济问题就会迎刃而解。可是,这一理念和策略不仅没有在实践中解决社会的经济问题,反而在事实上导致了纯经济发展的异化——我们并没有因为生产效率的提高和经济的快速发展实现全体人民共同富裕的目标,相反,我们看到了贫富差距正在日益迅速的拉大,由此恶性循环般地进而引发了社会各方面的问题,愈益严重地阻碍了经济社会进一步的发展。倘若任由其发展下去,那么以破坏法律制度和社会公德从而达到互利目的的社会性腐败必将使我们辛苦取得的改革成果付诸东流。无疑,我们正面临着一个新的

① 哈罗德 1939 年发表《论动态理论》和 1948 年出版《动态经济学》时提出:在分析经济增长时,考虑投资增加社会总需求的同时,还需考虑投资增加供给的另一方面,从而从需求和供给两方面完善了凯恩斯国民收入决定理论中有效需求理论。哈罗德经济增长模型是以凯恩斯理论为基础,使凯恩斯采用的短期静态均衡分析所提出的国民收入决定理论长期化和动态化。

抉择——放弃过去单纯以效率优先为目标、没有健康发展的经济增长战略,重新选择具有社会内涵的发展战略。

总之,效率价值观及其支持者的共同特点就是将政治参与和社会参与丢在一边不予考虑。也正因此,先增长后分配的发展战略在今天的发展中国家的实施结果令人失望,因推行这一战略而陷入困境的典型就是拉丁美洲以及南亚诸国。这些国家以高通胀、高失业率、高度腐败、严重的收入两极分化和累累外债为代价,虽然换得了 GDP 的高速增长,但由此引发的社会矛盾如贫穷、人口激增、资源短缺、分配恶化、政局不稳等问题却使这些国家陷入了苦难的深渊。这些国家共同的特征是:民众只是政治的对象而不是政治的主体,政府亦不能有效地通过法律和民主手段来进行利益整合。官僚、商人等组成数个剥削民众的联盟,这些具有垄断性的利益集团,垄断了国家的经济,影响政策制定,操纵舆论,权力寻租,其结果是经济增长的好处广大民众没能共享,相反却流向富裕阶层,种种社会弊病反过来又严重阻滞了社会发展。先增长后分配的发展战略也因此而成了没有发展的增长战略。

这一战略在我国实践的结果:一方面是诸多社会问题的出现;另一方面是诸多经济问题的日益严重。如果将这种在经济领域内推进的改革历程梳理一下,可以作出如下概括:经济发展仍未摆脱"膨胀—紧缩—萧条—再膨胀—再紧缩—再萧条"的不良循环。政府的改革思路也未跳出"只有国有大中型企业才能救中国"的局限。这种思路注定企业改革只能沿着放权让利的路子走下去。而 30 年来的改革实践告诉我们,放权让利救不活国有企业。由于国有企业在我国经济中占有相当重要的位置,国有企业的改革因此也就成为中国经济改革进程中一个相当危险的瓶颈口。在"需求过热"病症之后,中国现在正面临着有效需求不足的痛苦。从实际情况分析,贫富差距过大,民众整体购买力不足是有效需求不足的真正根源。承认这一现实,就会发现目前通过刺激消费来启动市场的政策目标有可能无法达成。

要想解决"效率价值观"所带来的这些矛盾,使中国真正走上富强之路,唯一的出路是深化改革和继续加大改革力度。如因为改革进程暴露了种种问题而否定改革,"倒洗澡水时连浴盆里的婴儿一起倒掉"的做法,必将使我们再度陷入深重的灾难之中。但是对改革中出现的上述问题,尤其是腐败对改革侵蚀的严重性估计不足,甚至视而不见,那种权钱交易、以破坏法律制度和社会公德牟取私利的社会性腐败必将使改革夭折。基于此，我们需要对已持续30年的改革进行真正的反思。首先一定要放弃那种没有发展、以效率价值观为导向的经济增长战略，重新选择具有社会公平内容的公平发展战略。对改革的认同不应只认同"名"，更要注重其实质内容。

7.2.3 经济伦理思维视界的局限

由于"人们自觉地或不自觉地，归根到底总是从他们阶级地位所依据的实际关系中——从他们进行生产和交换的经济关系中，获得自己的伦理观念。"①因此，社会转型必然会对传统的伦理道德和价值观念产生巨大的冲击。改革开放使中国社会迅速走向现代化的同时，也使中国社会日益变成一个商业和技术占主导和支配地位的世俗社会：一方面，经济体制的转变使经济至上主义在商业技术社会中得以完全确立；另一方面，中国根深蒂固的官本位思想并没有因此受到根本性的动摇。在这个世俗性社会中，经济至上主义和官本位思想这两种强势价值观并存且深刻影响着国人的生存和发展。中国经济伦理面临的困境也随之产生。

中国社会转型的幅度之大，所涉及的范围之广，所遇问题之复杂，在这之前是难以想象的。自改革开放以来，我们所坚持的"经济增长优先论"与"效率价值观"的经济伦理思想带来的一些负面因素日益显现。受这两种价值观的影响，中国的经济伦理在道德层面遭遇了困境：劳动者职业道德和职业操守日益淡漠；企业社会责任和社会意识日益缺失；政府不能有效依法履行其职能，等等。这些困境正越来越明显地影响到了中国经济和社会的持续、快速、健康地发展。在这样的经济伦理思维指引下，人们普遍相信：发展经济就是人类社会的最高目标，赚钱发财就是人生的根本意义和根本指向。折射在社会价值观中，能够促进经济发展、提高经济效益的措施和政策就被认为是好的，而其负面影响则被刻意淡化，甚至被刻意抹杀。反映在个人价值观中，钱成了所谓的"硬通货"——通用的价值标准，追求经济利益甚至成为支配许多人日常行为的唯一强势动力，拜金主义思想和贪污腐败现象不断蔓延。随着市场的日益成熟和资本的不断扩张，经济利益至上的观念甚至可以掀起整个社会

---

① 《马克思恩格斯选集》第3卷，人民出版社1995年版，第434页。

价值体系市场化的狂潮,它凭借商业和技术占据的强势地位把一切非市场的价值观扫荡到社会价值体系的边缘,甚至将其排挤出这个体系。

从单向度的经济伦理关系来看,经济伦理的核心是利益为本、效率第一,而不是以义务和责任为中心,更不是以人为本。不受限制的经济增长和效率优先在给人类带来福利的同时也给人类带来必须面对的灾难。西方的新教伦理在促进市场经济发展的同时也约束着个人。“当时人们工作是因为负有天职义务,或为了遵守群体的契约。”①按照贝尔的理解,新教伦理在西方市场经济的早期就已经能够在不同程度上限制极度个人主义的扩张,这种职责意识和契约精神体现为现代社会中诚信这一普遍伦理原则。而中国社会恰恰缺乏这种西式的宗教传统,于是,在市场经济大潮的冲击下,个人主义被当作叛逆传统的心态迅速蔓延到社会的各个领域。在日常实践工作中,人们对自己的职责往往被理解为每一个人都是别人或自己赚钱的工具,工作不是人生目的,只是挣钱的手段,从而在个人追求自我利益时很容易不择手段甚至铤而走险。这种思想突出反映在对自然资源的掠夺和破坏、对社会公平的践踏和藐视,全球性贫穷、生态恶化、资源短缺等问题对经济持续增长的影响,引起了越来越多的学者对传统经济伦理思想进行审视、反思和挑战。

以往的经济伦理通常更多的是从纯粹经济的角度去研究经济行为中的公平等伦理问题,由于视角的过于狭窄,使得它无法为社会的发展明示方向,而发展伦理视阈中的社会公平却内在地规定甚至决定着社会发展的性质和趋向。这里蕴含着三层意思:“一、公平是社会发展的核心价值;二、公平是社会发展的根本动力;三、公平是社会发展的最佳状态。”②社会公平是人类社会发展到现代文明时所形成的共同理想和追求目标,一个没有社会公平的社会无法保持长久的繁荣与稳定。因此,如何认识社会的公平和发展,是每个国家都必须面临的重大课题。在社会领域,发展的进程事实上是一个涉及经济、政治、社会、价值观念等多方面的综合发展过程。毋庸置疑,如果我们一味地把视域局限在传统的经济伦理之中,而忽视对其进行发展伦理层面的研究,那

---

① [美]丹尼尔·贝尔:《资本主义文化矛盾》,生活·读书·新知三联书店 1989 年版,第 67 页。

② 景天魁:《社会公正理论与政策》,社会科学文献出版社 2004 年版,第 3—7 页。

么，我们所讲的社会公平肯定是有缺陷的，至少是不全面和片断性的。

7.3 发展伦理：关于可持续公平发展的伦理

社会的发展应当是以人为本的发展，这已得到当下人们广泛的认同。无疑，“以人为本”的发展是绝大多数社会成员而不是少数人的发展。“以人为本”的发展充分体现了社会发展的基本宗旨——人人共享、普遍受益。“必须将正义观念归并于一种基本结构的理想形式，而持续发展的社会过程之积累性结果正是按照这一基本结构来加以限制和调整的。”①一个社会遵循公平的基本规则，就能够使绝大多数社会成员都受益，从而实现真正意义上的发展，避免只有少数人受益的“有增长无发展”的情形。发展主体绝非单纯的“自然”主体，更应该是道德或伦理的发展主体，人们能够做的并不是应当做的，发展的现实性并不等于发展的天然合理性。发展必须考虑其价值追求和伦理规范，其中一个重要的方面就是必须立足于发展伦理的视角去研究公平发展的问题，即在发展中如何坚持和实践公平。这是发展伦理研究的首要问题也是其核心问题。

7.3.1 从经济伦理走向发展伦理

既然经济伦理存在着自身无法克服的思维视界的局限，其成果无法解释发展过程中诸多经济领域中的伦理问题，那么我们就应该转换研究的视角——从发展伦理的视阈而不是单纯经济的视阈来重新审视发展以及发展中的终极价值等更深层的问题。作为反思发展合理性的一门交叉学科，发展伦理学不仅要诊断以往至今的发展弊端（实然性），还要恰到好处和旗帜鲜明地提出适时的伦理原则和应然的道德之维，也就是说必须对发展的实然性、适然性和应然性的问题做出回答。而所谓发展伦理学，就是对近现代以来发展观所推崇的发展模式，对当今社会人们追求发展的实践行为所作的一种反思、评价和规范的应用伦理学。

传统发展模式是引发当今一系列问题的罪魁祸首，它不但导致环境破坏

① [美]约翰·罗尔斯：《政治自由主义》，译林出版社2000年版，第298页。

和生态危机，而且还引发人自身的生存危机。这种发展模式只有动力机制——一个不断自我强化的正反馈机制，而没有发展的自我评价机制。它关注的只是“如何发展”的技术问题，而对于“什么样的发展才是好发展”和“为什么而发展”的目的论、价值论的问题熟视无睹、漠不关心，忽视了对之进行哲学——伦理学的思辨审视。

发展是人类共同的理想和愿望，发展伦理赋予人们关于全面发展、协调发展和可持续发展的道德理想，比以往任何一种发展理论都更加直接地从伦理层面反映了社会发展的趋势和要求，反映了人们对发展终极价值目标的向往和追求，也比以往任何一种发展理念更能激励人们进行理性的道德选择，以提升整个社会的道德修养水平。现实社会中，人类梦寐以求的全面发展和完善的精神需求，决定了不断提升社会道德修养的必然性、必要性和可能性。人们为了早日实现共同的目标，应当而且必须关注发展伦理、认知发展伦理、实践发展伦理；按照发展伦理的原则和规范，在个人利益和社会整体利益等方面的关系上，自主选择并形成正确的道德动机、道德行动、道德效果和道德评价。①

传统发展理念预设的价值是：发展即是向上的、进步的前进方向，其目的就是生产的高效率、经济的高增长和产品的高消费。这种发展观将发展本身作为目的而乐不思蜀，而淡忘发展的价值本源和目的职位，对于手段的迷恋（事实上发展只是一种手段而已，现代人对发展的真正目的的认识模糊不清）和对价值的遗忘直接引发发展的价值危机。结果，我们的物质产品日益丰盈的同时，我们的精神空间却日益走向萎缩和平庸，古朴的幸福渐趋远去，现代人在歇斯底里的生理发泄过程中寻求“凡人的幸福”，人被遗忘在真实发展的视野之外，发展迫切需要找寻一座精神城堡，一个价值之基，一个内在的自我免疫机制。由此，我们就从经济伦理的困境中走出而向发展伦理。而发展伦理中一个非常关键的问题就是对发展是否公平的探究。

7.3.2　可持续公平发展的内涵

可持续公平发展是实现社会和谐的基本准则和人类不懈的价值追求，也是一个令人困惑的亘古难题。为了解开这个人类自己所系的“戈尔地雅斯难

① 康化椿：《关于发展伦理的思考》，《苏州科技学院学报（社会科学版）》，2005 年第 5 期。

结”,人类的实践也付出了很大的努力。改革开放以来,中国的经济获得了举世公认的发展。但是,令人遗憾的是,社会却没有能够获得同步的发展,以至于经济与社会之间出现了严重的发展不平衡,甚至加速了贫富差距的两极分化。这一切都已成为中国现代化进程的瓶颈。为了经济和社会之间的协调发展,必须大力着手解决很多方面的事情,而实现可持续的公平发展则是其中的一个关键环节。

公平是一种道德意识和行为方式。关于公平,恩格斯曾经说过:“一切人,或至少是一个国家的一切公民,或一个社会的一切成员,都应当有平等的政治地位和社会地位。”①当公平的行为主体是社会时,即表现为社会公平。它强调社会在分配权利和义务时必须遵循公平的道德准则,也要求在调节人与人之间的相互关系时必须遵循公平的道德要求。从我国转型期社会来看,可以从两个维度来理解社会公平:一是从经济学角度提出的公平观,即经济公平;二是从社会伦理学角度提出的公平观,即道德公平。经济公平主要是从微观层次对市场经济中的收入分配进行的评价,是指经济主体在生产过程中权利与义务、作用与地位、付出与报偿之间的平等关系。具体地说,在市场经济运行中,经济公平要求在生产过程的起始环节,每个企业和劳动者应有同等的地位和机会支配社会资源,有同等的机会参与社会经济活动;在生产过程中,竞争的规则对所有参与者都应当是平等有效的;在生产的最后环节,参与竞争者的收入应与他的劳动收入相适应。经济公平的起点是机会均等,即是指每一个人或每一个企业,在市场竞争中都享有同样大小的参与机会、获胜机会。社会给予每一个人或每一个企业的机会都应该是平等的,每个经济主体的努力程度不同,付出的劳动不同,报酬也就不同。由此也就决定终点(收入)不均等性,成为激励勤奋、鞭策懒惰的一种机制。经济公平的实现机制是市场分配机制,依据的是价值规律和市场规律。道德公平则是对现存各种关系包括分配关系在内的一种价值判断。基于这样的价值判断,道德公平要求我们在发展进程中尽量做到“行使道德权利与履行道德义务的基本对称,协调好各种利益关系并达到利益和谐,消除个体与社会的对立并使两者保持良性互动。维护“道德公平性”不仅是社会主义和谐社会的内在发展目标和必然要求,而

① 《马克思恩格斯选集》第3卷,人民出版社1995年版,第444页。

且是它的伦理基础。从操作层面,必须建立一套包括引导、约束、奖惩、补偿四位一体的道德运行机制。”①道德公平要求对于过分悬殊的收入差距在一定程度上缩小,让所有公民都具备维持一定生活水平的物质生活条件,消除贫富悬殊和两极分化,实现共同富裕。事实说明,确立和构建道德公平性原则和机制,有利于人们更好地接受和践行道德规范,有利于更好地建立起良好的社会道德秩序。可见,道德公平是从社会道德和社会发展出发,以现实的收入不均等为起点,通过一定的机制和政策适当缩小这种不均等,实现终点(分配结果)悬殊差距在一定程度上缩小,以达到实现共同富裕的目标。道德公平借助的是政府分配机制或非市场机制,在二次分配中调整、平抑微观社会主体之间的收入过分悬殊的问题,实现市场分配难以完成的公平要求。②

中国现阶段的社会事业没有得到应有的重视,因而其发展处在一种明显滞后的状态之中。由于片面地重视经济而忽略发展的公平,社会在转移支付力度方面十分薄弱。社会保障事业严重欠账,致使大量离退休和失业人员的基本生活难以得到有效的保证;农村社会保障体系的建立至今仍然滞留在呼吁的层面,几乎还没有启动。文化教育事业也没有得到应有的发展,1998—2000年公共教育支出经费只占GDP的2.7%,义务教育和职业教育的发展严重滞后。③ 应当看到,发展是社会机体各个环节、各个层面以及各种成分的相互促进、共同发展。其中任何一个环节、一个层面的滞后,都势必导致整个社会肌体的滞后。研究可持续公平发展的内涵,必须强调与可持续公平发展密切相关的社会事业的重要性,必然要着力于社会事业的发展,从而改变社会事业发展滞后的情形。在改革开放之前,中国被认为是典型的城乡二元结构。经历这些年的发展,城乡之间的差距不但没有缩小,而且更加拉大。农民收入的增长极为缓慢,城乡居民收入之间的实际差距差不多居世界之首位。造成这种现象的主要原因在于整个社会人为地将城市居民和农村居民分为两种身份序列,并且依据不同的身份实施两种不公平的对待政策。所以,推动城乡协

① 葛贤平:《构建和谐社会中的“道德公平性”及其实现路径》,《当代世界与社会主义》2007年第5期。

② 朱宏军:《中国转型期社会公正研究》,中共江苏省委党校硕士学位论文,2006年5月。

③ 联合国开发计划署:《2003年人类发展报告》,中国财政经济出版社2003年版,第272页。

调发展的一个关键就在于实现城乡之间的公平,消除不同的身份等级序列,促进城乡一体化进程的顺利展开。

可持续公平发展的基本规则应包括基本权利的保证、机会平等、按照贡献进行分配和社会调剂的公平。而遵循公平的基本规则,对于各个层面社会成员经济创造力的有效形成,无疑是至关重要的。只有遵循公平的基本规则,才能够充分激发"大众"层面上社会成员的经济创造力。拥有平等的基本权利,对于"大众"层面上的社会成员来说,是其能够形成基本的生存能力和发展能力的必要前提。基本的生存能力和发展能力的具备是至关重要的,它可以保证大多数社会成员最为基本的生活和发展状态,进而有助于机会平等以及按照贡献进行分配的公平规则充分兑现,否则,机会平等和按照贡献进行分配的公平规则便难免流于空话。可持续公平发展的基本含义是"给每个社会成员所应得",也就是实现人人共享。2005 年 12 月 14 日,胡锦涛同志在青海考察工作时就突出强调,必须坚持"发展为了人民、发展依靠人民、发展成果由人民共享"的基本发展理念。① 坚持这一理念就是坚持马克思主义的社会发展观。按照马克思主义的社会发展理论,发展的终极目标应该是人人共享、普遍受益。其基本的含义是:随着社会发展进程的推进,每一个社会成员的尊严都应该予以保证;每一个社会成员的潜能都应当予以开发;每一个社会成员的基本需求都应当予以满足;每一个社会成员的生活水准都应当随着发展相应地不断得以提高。诚如恩格斯所言,应当"结束牺牲一些人的利益来满足另一些人的需要的状况"。② 这就告诉我们,真正意义上的公平,必定会从直接和长远的意义上去促进发展。发展离不开公平,只有立足于公平,才能实现经济与社会的协调发展;只有立足于公平,才能促进经济和社会持续、有效、健康地发展。

7.3.3 可持续公平发展与社会发展

社会发展不仅是受利益驱动规律作用的纯"自然历史进程",而且是内含着道德价值意蕴的"社会历史进程"。这表明,发展实践蕴含着两种理性,一

① 新华网,2005 年 12 月 16 日。

② 《马克思恩格斯选集》第 1 卷,人民出版社 1995 年版,第 243 页。

种是反映社会发展客观必然性的认知理性，另一种则是体现社会发展“合目的性”的价值理性，或曰人文理性。认知理性或科学实证理性，主要关心的是社会发展“是什么”、“怎么样”及社会如何发展得更快等问题，因而认知理性又可以被称作“工具理性”。相对而言，这种理性所驾驭的世界，基本上是一个“实证”的、“真”的领域，是一个不以人的意志为转移的领域。而以人文理性或道德理性体现出来的价值理性，主要解决的则是社会发展“为了什么”、“应当是什么”、“怎么样发展才能更合道德性”一类的问题，它主要给发展实践一个善的、美的基础和价值引导，给人的发展活动一个长远的合理的计划导引。①

可持续公平发展的社会结构，一般来讲应具有以下两个明显的特征：第一，社会各个阶层之间可以自由、平等地进入。在现代社会条件下，社会性的天赋因素理应被消除，否则，阶层之间的公平就无法实现。任何阶层特别是具有较高社会地位的阶层都不应以任何理由人为地设置障碍，来排斥其他阶层的社会成员进入本阶层，以达到维护本阶层特有利益的目的。事实上，社会成员的平等权利和自由追求在很大程度上是通过公平的社会流动机制来实现和保证的，一个人只要是具备了某种能力，就应当有机会按照自己的意愿得到相应的社会位置。第二，社会各个阶层之间应该并能够实现互惠互利。这种互惠互利是指，处在较高位置阶层的利益增进不能以损伤处在较低位置阶层的利益为必要的前提条件，相反，在较高位置阶层的利益增进的同时，较低位置阶层的处境应当随之得到改善。社会的各个阶层应当通过互惠互利型的合作以获得一种“共赢”而不是“共损”的状态。

由此可见，可持续公平发展坚持的如何，将直接影响社会发展。中国正处在社会的急剧转型时期，就总体而言，旧的、与计划经济体制相适应的规则体系在瓦解，新的、与市场经济体制相适应的规则体系在逐渐形成，但是尚未系统地建立起来，特别是人们的规则意识尚未系统地得以确立。从某种意义上讲，中国社会现在是一个规则的真空期，也是一个新旧规则并存、规则混乱的时期。规则的匮乏和混乱，必定会对经济的有序发展造成多方面的负面效应。人们现在之所以常常采取短期化的行为，一个重要的原因就在于，由于没有系

① 邱耕田：《发展伦理学视域中的社会发展》，《自然辩证法研究》2006 年第 9 期。

统的规则体系作为基本的保证,因而人们的"长期行为"是一种不确定、难以预知的成本投入。因此,与其选择不确定的"长期行为",倒不如采取"短期行为"方式更为实际和更具操作性。正常的经济互动需要遵循规则,而规则的匮乏和混乱,会使得人与人之间难以形成信任,进而使人们难以进行正常的互动,难以形成有效的合作。相反,倒会造成社会成员之间的紧张状态,加重社会焦虑现象。现代化和市场经济使得社会分工日趋专业化和复杂化,使得新的职业群体不断增多。每一个职业群体都应具有自己特有的规范、规则。所以,在社会发展的进程中我们必须也有必要坚持可持续公平发展的理念,坚持在以人为本为核心的科学发展观指引下实现社会的良性发展。

一个相对理想的社会,应当最大可能地满足其所有个体成员的正当利益,并最大可能地使社会共同利益得到最大限度的发展,以进一步提高所有个体成员的利益所得。这是社会发展合理性的要求,同时也是可持续公平发展指引下社会良性发展的集中表现。

第8章

思路扩展Ⅱ:发展的生态之维

太大的环境成本带来的财富扩张和经济发展,使人类面临着更深层的生存困境与危机。人与自然的对立使得人类以傲慢的唯物质霸权主义和绝对经济技术理性,最大限度地发挥自己的意志力量向大自然宣战,并从深度和广度两个方面掏空地球、毁灭生物圈,拔掉人和自然共同的生存之根。宣战的结果是自然以“悄然层累的方式”集聚报复的能量,最终在当代爆发出了全球性的生态断裂与生态危机,人类正在丧失应有的生存环境。① 单纯的经济发展不仅没有带给人类幸福,反而使环境日渐恶化,人心不再安宁,社会不再祥和,伦理进入了一个空前无奈的尴尬困境。当发展与自然环境的矛盾渐趋激化时,人们开始从生态伦理的视角思考发展的环境代价问题,并力图通过生态伦理的建构来消解发展与环境的二律悖反现象。但是,无论偏颇于人类中心论还是生态中心论的生态伦理,都无法真正公正地对待和处理人与自然的关系,也不可能解决发展的代价和发展的异化问题。“投之亡地而后存,陷之死地然后生”②,生态伦理的困境使人类逻辑地走完了传统伦理—生态伦理—发展伦理的理论发展路线。发轫于20世纪90年代的发展伦理从一开始就在试图化解经济发展与环境保护的悖论,而且不仅非常重视人际正义的实现问题,更对

---

① 唐代兴:《发展与协调:平等视域中的生境伦理构建(上)》,《湖南科技学院学报》2009年第1期。

② 参见《孙子·九地》。

种际正义给予了格外充分的关注。发展伦理的建构，不仅从理论上完成了人与自然关系中种际正义和人际正义的逻辑论证，而且还可能指导我们在实践中走出生态伦理的困境，以实现人与自然共同的可持续发展。

8.1 人与自然：无限性与有限性

科学技术的双刃剑使人类在享受科技发展带来安逸生活的同时，也日趋感受到人与自然关系的紧张，感受到生态环境的急剧恶化。工业化伴随城市化的发展背景，造成了环境污染危机的全面爆发，急剧膨胀的物欲，异常危险地把人类带入了严重的生态危机之中。当人类面临生态危机时，人们开始深刻反思人与自然的关系。长期以来，自然都是作为人类改造和征服的对象而存在的。在改造与征服自然的过程中，人类创造了灿烂的文明，但对自然的破坏也足以使文明重归寂静。因为人类发展的无限性与自然存在的有限性之间始终存在着矛盾，在解决这对矛盾的过程中，给予有限性以前提地位和优先考虑是矛盾的主要方面。

8.1.1 人类发展的无限性

由于远古时代的人类一直受到自然的生存威胁，所以几千年来，人类每次征服自然的胜利都会给人们带来无比的欣喜，都可使人类通过获得更多的物质财富进行种的繁衍，人类物质财富的不断发展使人种的繁衍以几何倍数在急速地增长。发展至今，人口增长正在趋向无限性，其蕴含的危机已远远超过了生命的延承问题。与此同时，人类发展的欲望也随着物质财富的增加而无限膨胀。

8.1.1.1 人口无限增长和环境有限承载的矛盾

生命的延承是自然物种进化的本能。人类是地球生命最丰富、最活跃的种群。作为一种高等动物，人在几百万年的进化过程中具有了比其他物种更能适应自然的能力，也具有了更强的繁衍能力，并因此而成为了地球上最有生命力、最强大的物种。由于人具有其他物种所无法拥有的思维和劳动能力，所以人不但选择了适合自身进化的群落状态，而且还进一步形成了部落、氏族公社、进而组成国家，以有组织的形式在地球上生存，不但能从有效的社会分工向自然索取更丰富的资源，而且也不断改变环境，提升自己的生活质量，显示生命的价值。但作为自然资源的一部分，人口增长速度过快也给人类的生命延承带来了巨大的挑战。

随着生产力的不断提高，人口的增长速度越来越快，呈现无限膨胀的趋势。过去了的 20 个世纪，世界人口的增长呈现两个特点：一是增长速度很快。公元元年，地球上的人口只有 2.5 亿，经过大约 1800 年之后，到 19 世纪全世界有 10 亿人，自此以后，人口增长开始加速，1930 年 20 亿，1960 年 30 亿，1974 年 40 亿，1987 年 50 亿，20 世纪末超过 60 亿。目前，世界人口已超过 67 亿，而且 2008 年还将增加 7300 万（年均增长 7800 万，相当于每年增加一个德国的人口数量）。① 在 20 世纪最后的 60 年中，地球上的人口整整增加了 40 亿，这是一种多么令人震惊的速度！更可怕的是，这种增长的趋势尚无减缓的迹象。科学家估计，世界人口达到 100 亿时，地球上的水、土地以及其他资源的承载能力将达到极限。而据目前的生育率估计，到 2050 年，即 43 年后，全球人口将增长到 93 亿，若生育率有所提高，将超过 100 亿。二是分布不均。在现有的 60 余亿人口中，发达国家有 18 亿，占 11%，发展中国家有 49 亿，占 82%，主要分布在亚洲、非洲和拉丁美洲，世界人口 5 大国为：中国（13 亿）、印度（10 亿）、美国（2.97 亿）、印度尼西亚（2.23 亿）和巴西（1.81 亿）；从增量看，当前世界人口平均增长率为 1.13%，相当于每秒就有 2—3 个婴儿出生，每年净增人口 7800 万，其中 90% 出生在发展中国家。对世界人口年增长“贡献”最大的 7 国为：印度（21%）、中国（13%）、巴基斯坦、尼日利亚、孟加拉、印尼和美国（均为 4%）。世界各主要地区的人口排名依次为：亚洲（38.7 亿）、非洲（8.69 亿）、欧洲（7.26 亿）、拉美和加勒比地区（5.5 亿）、北美（3.29 亿）、大洋洲（3300 万）。其中，非洲人口增长最快，年增长率为 2.3%。而欧洲人口在过去 10 年中一直在减少，每年平均负增长 0.02%。② 人类按照经济水平的发展通常走过三个阶段的人口增长：高出生率、高死亡率、低自然增长率；高出生率、低死亡率、高自然增长率；低出生率、低死亡率、低自然增长率。人口增长对环境的影响主要表现在两大方面：

---

① http://nkyfx.jjtang.com/blog/blog.php?do-read-uid-498700-tid-157250.html.

② http://www.chinapop.gov.cn/中国人口网 2005-06-20。

一方面是人口增长对生存环境的巨大压力。表现在:(1)环境的生存空间及承载力是有限的。理论上,宇宙环境是无限的,但现实中,适合人类生存的环境空间却是非常有限的。被誉为第一个称量地球的人,18 世纪的英国科学家亨利·卡文迪许(Henry Cavendish),根据万有引力公式计算出了地球的重量为60 万亿亿吨。现代测量的结果为59.76 万亿亿吨。① 另据测算,地球表面的总面积约5.1 亿 km^2,其中海洋的面积为3.6 亿 km^2,占地球表面总面积的71%。陆地面积:仅占地球表面积的29%。② 纵观人口增长史,我们发现,社会文明的发展速度越快,人口增加1 倍的时间就越短。公元初期,人口增长1 倍约用450 年,后来逐步缩短为400 年、100 年、45 年,一直到现在的35 年左右。有人以1970 年世界人口为36.8 亿做基数,按每35 年人口增长1 倍的固定增长速度计算,到公元2705 年,整个地球表面每 m^2 将有10 个人,到公元3535 年全世界人口的总重量超过地球的重量。这是难以想象的情景。而地球对人口的容纳量,也主要不是指单位面积所能够容纳的人数,而是指人类在地球上维持永久生存下去的最多人口数。有专家经过计算后得出结论:地球上的植物总产量仅能养活82 亿人口,况且地球上以植物为食的不仅仅是人类,所以,地球对人类的人口承载力是非常非常有限的。(2)地球的气候会因为人口的增长而出现恶化。人口的增长,会因呼吸、燃烧、工业发展等使排入大气的 CO_2(二氧化碳)、NOX(氮氧化物)、SO_2(二氧化硫)增加,引起酸雨和光化学烟雾、温室效应等发生。这些有害污染物会对人们的呼吸器官和肝、肾、心脏等产生极大危害,而温室效应则会给地球带来病虫害增加;海平面上升;气候反常,海洋风暴增多;土地干旱,沙漠化面积增大等多种重大灾害。近百年来,全球地面气温已经增加了0.3°C—0.6°C。80 年代为20 世纪最热的10 年,1988 年平均比1949—1979 年增加0.34°C,估计到2030—2050 年,全球年平均气温比近几十年还要高1.5°C—4.5°C,将比过去一个世纪高5°C 左右。而据相关领域的科学家预测:如果地球表面温度的升高按现在的速度继续发展,到2050 年全球温度将上升2°C—4°C,届时,南北极地冰山将大幅度融化,导致海平面大大上升,一些岛屿国家和沿海城市将淹于水中,其中包括

① 《地球的重量是多少》http://zhidao.baidu.com/question/16151083.html。

② 《海洋的面积和陆地的面积》http://zhidao.baidu.com/question/20218013.html。

当今著名的国际大城市:纽约,上海,东京和悉尼等。①

另一方面,人口增长还会对自然资源产生极大的负面影响。具体表现在:(1)水资源极度有限。地球上水的总量虽然有 13.8 亿 km^3,但其中 96.53%以上为海洋咸水。其中 3/4 是在南、北极的冰帽和冰川中。因此,人类所利用的淡水约占全部淡水的 20% 左右。而直接能取用的河、湖淡水又仅占全部淡水的 0.5%。在淡水资源如此有限的情况下,人口的增长使得某些国家某些地区对水的需求量已达到本地区供应能力的极限。据统计,全世界每年用水总量接近 3 万亿 m^3,目前许多地区缺水问题十分严重。每年消耗水资源的数量远远超过其他任何资源的使用量。我国水资源总量为 2.8×104 亿 m^3,但人均占有量仅为 2693m^3,居世界第 109 位,被列入全世界人均水资源 13 个贫水国之一。(2)粮食和土地问题日趋严重。人口的增加导致了对粮食需求量的日益增加。美国国际粮食政策研究所的研究表明,现在世界粮食的增长速度赶不上人口增长的速度。结果,很多国家的人民不得不处于饥饿和营养不良的状态。之所以会造成粮食短缺,主要是因为,一方面是人口的迅速增加;另一方面,世界上的可耕地面积又十分有限,而且分布不均。尤其是随着人口的增长和城市化与现代化的进程加速,可耕地面积不仅没能扩大,反而在加速缩小。虽然人们可以通过改革耕作技术和增加农业投资等措施来提高单位面积产量,使粮食获得较高的收获,但目前粮食增产仍然是非常有限的。所以,各国专家都在呼吁控制人口的增长。(3)能源等自然资源呈现耗竭的趋势。自然资源的耗竭是指不可更新的资源,包括矿产、化石燃料(煤、石油、天然气等)。世界能源消耗正在以超出地球再生能力的速度迅速加剧。目前消耗最多的是石油、煤炭等化石能源。石油年能源消耗量占总量中的 38%,发达国家最多。如日本石油、天然气消耗占总耗能额的 65.8%;美国石油、天然气消耗额占总额的 65.6%。我国能耗特点是以煤为主,1990 年煤耗占 75.06%,石油、天然气仅占 19.4%。中国的矿产资源虽然总量比较丰富,但人均占有量很少,不足世界平均水平的一半。而庞大的人口数量对矿产资源需求,已使我国在允许的人均矿产消费很低的情况下,成为一个资源消费大国。例如,我国的

---

① 《人口增长》http://zhidao.baidu.com/question/120282586.html。

矿石采掘量达 50 亿吨,年人均 5 吨。总量超过了美国的采掘量。① 这一切,不仅造成资源的异常紧张,而且还诱发出严重的生态环境问题。随着人口数量的增加,不仅自然资源的耗竭呈现加速趋势,而且还引发了非常严重的生态危机。进入 21 世纪,这些危机已经严重地威胁到人类和其他物种的继续生存。

人口的快速增加除了上述对环境的影响之外,还不可避免地带来了众多社会问题、国际争端甚至战争。随着经济与社会的发展,发达国家在追求时尚消费和保健消费的同时,发展中国家特别是一些落后国家快速增长的人口每天却在为温饱犯愁。在同一个时空里,对少数富人而言,财富已不再是生存的需要,而是一种炫耀的浪费,他们在为过奢靡的生活无休止地开发有限的自然资源,而发展中国家为了众多人口的生存也不得不向有限的大自然索取。两个世界的人正在为争夺有限的资源而处于无限的争斗中。进入 21 世纪,急剧膨胀的人口数量,已经导致了地球资源、能源更加过度的消耗,人类赖以生存的环境已经遭到破坏,并仍然在继续恶化,地球生态系统受到人类掠夺式的破坏。地球不是万能的庄园,它所能承载的人口数量是有限的。届时,地球资源将被消耗殆尽。人口的无限增长造成了生态金字塔的变形,使生态系统的能流、物流不通畅:生态网络破损,物种大量减少,生态格局趋向简化;生态的动态平衡被打乱,稳定性、有序性、代谢功能都逆向演变;人与自然的矛盾激化,自然与社会关系的失调引发了自然灾害频繁、社会问题丛生。马尔萨斯曾在《人口原理》中早有论述:人口按几何级数增长,粮食生产按算术级数增长,这种不平衡最后要引起灾难。为了不导致最终的灾难,必须对人口的增长采取有效措施。②

一定的环境范围只能承载一定的人口。人口对环境依赖或环境对人口的承载力被国际人口生态学会定义为:在不损害生物圈或不耗尽不可更新资源条件下,世界资源在长期稳定状态基础上供养人口数量的大小。联合国教科文组织把它理解为:一国或一地区在可以预见的时期内,利用该地区的能源和其他自然资源及智力、技术等条件,在保证符合社会文化准则和物质生活水平的条件下,所能持续供养的人口数量。不管如何定义,人口容量的概念表明,

---

① 《人口增长》http://zhidao.baidu.com/question/120282586.html。

② [英]马尔萨斯:《人口原理》,商务印书馆 1992 年版,第 179 页。

环境支持人口的生存是有限的,这种有限性就是一定环境系统的最大潜力,它取决于三个方面:一是由于人口增长的无限性,若不控制,人类繁衍的能量是无穷无尽的;二是由于自然资源的有限性,从生物学意义上讲,自然承载人口的数量可以根据资源的数量和质量来确定;三是由于经济发展的相对性,任何国家或地区的物质生产总是处在一定阶段上的,人口的生存是与社会物质生产达到相互平衡和协调的人口规模。人口是多生还是少生应根据一定地区、一定时段来调节,即增长率保持在自然的可承受范围内。有学者计算过,人口每增长 1%,约需国民收入平均每年增长 4%。不少发展中国家的人口平均增长率高达 3%—4%,仅为保障新增人口的最低需要,就要求国民收入平均每年增长 12%—16%。但这些国家的经济十分落后,就是经济递增 3%—4%,从目前来看也不太可能。有效地控制人口增长的主要途径就是改变人们的生育观念,实行少生优生,增强人们对社会发展的责任感,帮助人们树立全新的家庭幸福观和价值判断标准。

8.1.1.2　人类发展欲望的无限性

当人类跨进 21 世纪的历史门槛之后,越来越关心自身发展的历程,也越来越着迷于研究自身发展的动因。社会历史发展的动力究竟是什么?古往今来,不乏苦苦的思索者和不懈的探究者,诸如“生产方式说”、“阶级斗争说”、“社会基本矛盾说”、“生产力说”、“社会合力说”等等理论都从不同的视角做出了自己的诠释。马克思主义的社会发展动力理论则认为,人类社会是在众多“合力”交织作用下发生和发展起来的,生产力和生产关系、经济基础和上层建筑之间的矛盾构成了社会发展的基本动力。其中,生产力的发展目的始终是人之需要的发展,人之需要的形成又源于欲望的产生,生产力创造的“物”之进步的终极目标都是在为不断满足人的欲望创造条件。正是在此意义上,我们说社会历史发展的原初动力归根结底是人的欲望。马克思主义从来没有否认过个体欲望的社会作用。恩格斯曾经明确地说过:“鄙俗的贪欲是文明时代从它存在的第一日起直至今日的起推动作用的灵魂;财富,财富,第三还是财富,——不是社会的财富,而是这个微不足道的单个的个人的财富,这就是文明时代唯一的、具有决定意义的目的。”①对欲望最直观的理解,

① 《马克思恩格斯选集》第 4 卷,人民出版社 1995 年版,第 177 页。

就是人们想得到自己匮乏的东西的欲求和期望。教科书上对欲望的界定,则是指当生命有机体处于缺乏状态时,对能够满足自身需要的客观存在和价值目标产生渴求的一种倾向性的心理状态。它是人类一切实践的动因和目的。纵览人类发展史,人类所有对自然和社会的认识及改造,都根源于人类对自然和社会现状的不满意,源于人类对舒适、安逸、丰裕物质生活的不倦追求,对多彩、文明、美好精神生活的强烈渴望。作为人类社会发展的动力,无穷的欲望足以引发惊天地、泣鬼神的人类壮举。正是人类永远难以满足的发展欲望,使我们的祖先从旧石器时代迈进了铁器时代和机械化时代;从刀耕火种的劳作方式过渡到了大规模机械化的生产方式;从原始社会进入到文明社会。放眼望去,生产工具的改进、生产力的发展、生产方式的迁跃、科学技术的革命、价值取向的嬗变,本质上无一不是人类欲望最终驱动的结果。"由于欲望,蛮荒时期的人类,走下树巢,走出洞穴,从茹毛饮血改为食不厌精,造华屋宫殿,以车代步,进而还要上天入地,细微至粒子广袤至宇宙,都要穷尽其奥妙。由于欲望,使我们今天的普通百姓都享受着电灯、电话、空调、彩电、洗衣机的现代生活。由于人类的欲望无止境,未来的科学技术会有更大进步,经济会有更快增长,肯定会有更多崭新的商品和劳务出现,人们可以拥有消费的商品和劳务的种类与数量肯定会更加丰富、更加充足①,这全都有赖于发展欲望的推动。无疑,没有发展的欲望就没有社会进步的动力。只要有欲望产生,人们就会通过自己的行为为解决自己的匮乏满足自己的欲望而努力。换言之,有欲望才有追求,有追求才有动力。欲望会影响人们的思想,指导和支配人们的一切行动以改变人生的轨迹,欲望一旦产生就会激发人类所有潜在的力量,通过积极的实践活动,去实现因欲望而产生的目标。需求欲望总是在不断地更新、递进,推动人们去不断地奋斗。所以说,人类社会发展的动因客观上是人类的欲望,正是人类的欲望产生了人类实践的冲动和力量,推动了社会的发展。

作为人类的本能和天性,"嗜欲之情,愚智皆同"。欲望人皆有之,与生俱来。即使苦禅寂寥面壁之徒,尼庵道观方外之人,虽然谆谆教诲"四大皆空",木鱼钟磬敲之不歇,竭力抑制七情六欲,伴随青灯终其一生,其实又何尝真的断得了人间烟火,绝得了世欲之情?因为,是人就有需要,有需要就势必要通

① 刘永丰:《人类欲望及其社会作用》,《天府新论》2005 年第 6 期。

过欲望表现出来。四大皆空也罢,禁欲绝情也罢,无不也是一种需要,它反映了曾经被情欲所苦所困的尼庵道观者们想做方外之人的欲望。人的欲望和需要是紧密联系在一起的,欲望是主观的,需要本质上是客观的,但“欲望”是“需要”最直接的主观表现形式。所以一般情况下,欲望决定需要,需要引发欲望,有什么样的需要就有什么样的欲望。宏观上看,人类的需求欲望不外乎物质的和精神的两大类,无论哪一类欲望,无一不是从低级向高级递进的,呈现无限性的特点。然而,欲望却是一把双刃剑,欲望秉持的是“一半天使,一半野兽”的双重特性,决定了人皆有欲却不可纵欲。因为,“天使”的特点,使欲望通过永不满足的追求、优胜劣汰的竞争、朝气蓬勃的活力和创造力,成为了促进人类积极向上奋发进取的强大动力,并因此而促成了社会的进步和文明,推动了社会的发展。但“野兽”的特点,不仅蒙蔽了欲望的天使面孔,而且使欲望因为失去理性的控制而如洪水猛兽,桀骜不驯、放荡不羁、肆无忌惮,导致了社会罪恶的产生,给社会带来巨大的负面效应:欲望之船满载着当代人航行在功利的海洋里逐渐驶入遮天蔽日的物质大雾中。这大雾既包裹着肉体享乐的笑声,又包裹着精神迷惘的痛苦。于是,欲望之船上的现代人既看不到此岸,更看不到彼岸。

从人类走过的发展历程,我们看到人类最初的欲望,仅仅是为了维持人的生物需要或生理本能的需要,包括生存需要及其安全需要,如吃、穿、住、行、性等;随着社会的进步,人的欲望开始发展到对社会需要的渴求,包括归属需要及其权力需要,如对社群的需要、互助互利的需要、秩序和规则的需要、地位和身份的需要等等;再随着社会文明程度的提高,人的欲望又进一步发展到了对精神需要或心理需要的追求,如情感需要、认知需要、审美需要等等。就这样,社会的文明进步和发展,导致了人类发展欲望的不断扩展。尤其是 16 世纪以来西欧社会各个领域发生的各种变革,如技术的创新、知识的增长、经济的高速发展等等,使得现代人的发展欲望开始进入了一个以几何级数迅速扩张的时代,欲望开始迅速走向失控、泛滥和无限膨胀。于是,为了侵占更多的土地,为了攫取更多的资源,为了获取更大的经济发展,生态环境迅速而彻底地遭到了破坏——洁净的湖泊变得浑浊、清新的空气受到污染、大片的绿洲变为荒漠……欲望无限膨胀的最终结果就是毁灭现存的一切文明,毁灭人类自身,毁灭世界。在自然资源十分有限的蓝色星球上,欲望在推动现代社会不断向前发展的同时,也成为了破坏社会秩序、毁灭文明和地球的始作俑者。

8.1.2 自然资源的有限性

曾几何时,遥望苍穹,星空如此美丽,天空如此湛蓝!从太空传回的地球照片,它是迄今为止最出色的画家都不能描绘的。感谢宇宙给予我们如此美好的家园,滋养着一代又一代地球人。但人类何时在幸福的同时感恩过大自然呢?自地球诞生以来已有46亿年了,最早的微生物和蓝藻大约出现在34亿年前,至少33亿3千万年后地球上才形成植物与哺乳动物,但直到大约900万年前才出现了人类(肯尼亚考古)。虽然自然的进化在时间上久远于人类的进化,但是,自从人类完成了从猿到人的进化之后,就以远快于自然发展的速度发展着,迄今已触及了地球的全身:珠峰成功登顶、海洋深度作业、南北极科考、分子微生物学、地球的内部结构,并向外部不断延伸:卫星升天,飞船登月,空间站建立,航空飞行器火星着陆,人类已在向深空发展呈现出探索的无限性。但自然环境却仍然处于一个相对静止的范围,不仅没有发展,甚至其绝对数量也在快速地日益缩小。这实在令人堪忧,因为地球是我们唯一的家园,但这个家园适宜我们居住的可生存环境是非常非常有限的。加上人口的增加和欲望的膨胀,人类一直在挤占有限的可耕地、森林、草原、水域等地球空间,同时消耗的污染物又使地球环境遭到严重的破坏,引起的冰雪融化,将迅速吞噬人类的生存空间。

8.1.2.1 人类可生存的环境有限

目前,人类可生存环境的有限性主要表现在两个方面:

首先,地球是人类生存的唯一家园。尽管人类的科学技术发展日新月异,人类的设想令人神往。据目前科学深空探测,类似地球这样适宜人类生存的星球还没有发现,即使是探测器着陆的火星也只有人类生存所需要的水而已。地球是太阳系的一个行星(我们的绝大多数能量都来自于太阳),与其他七颗行星共处一个有机系统中,如果太阳消失了或其中一个星体"死亡",那么我们的地球会怎样呢?科学研究也证明了太阳的寿命是有限的,人类是否能造出真正的"太阳"呢?目前"人造太阳"还仅处于能量转换(太阳的部分功能)研究阶段。可见,有限的生存空间要求人类必须爱护地球,善待地球。

其次,可居住环境有限。因为地球既有人类生存适宜的温度、大气、海洋、水域、高山、陆地,又有人类赖于活命的草原、森林、湖泊、矿产等,因此,地球是人类迄今为止发现的最理想的生存空间。然而这个家园适宜我们居住的可生存环境又是有限的,一方面,地球本身有 3/4 被水覆盖,还有冰山和大片的荒漠;地球上动植物的繁衍以及现有森林、草原的再生也都是极其缓慢的。另一方面,自人类形成部落以来,尤其是人类进入农业时代以后,大量的垦荒放牧,使原有的草原变为沙漠,曾经的风吹草低见牛羊的美景不再呈现。近代的工业文明使人类向自然进一步推进,可耕土地越发稀少;工业进程中所造成的污染使大气层穿孔,南极的冰盖、北极的冰川、高山的积雪不断融化,海平面不断升高,陆地面积逐步缩小,南太平洋的斐济、图瓦卢两国 50 年后将从地球上消失,日本岛居民筑堤而居,格陵兰的爱斯基摩人将没有冰砖造房。人为的破坏和掠夺式的索取,使地球越来越不堪重负,也造成了人类可居住的环境空间越来越小。

8.1.2.2　环境资源的可再生性有限

同为大地的生灵,今日人类进化的速度与其他物种繁衍是不可同日而语的。人到成年只要 18 年,而一棵柏树却要几百年,在地球上再也找不到宋朝人建造棺木的成片柏树了。不仅是树木,地球上很多动植物的繁衍和再生都是极其缓慢的。首先是不可再生性资源。如煤炭和石油的形成远慢于人类开采的速度,人类用不到 100 年时间开采了几万年时间形成的煤炭、石油。其次,现有森林、草原虽是再生的,可它们的繁殖跟不上人类需求的步伐。现有这些资源的有限性人类有目共睹:中国的黄土高原;非洲荒漠面积的日益扩大;南美亚马逊平原曾是人类的恐怖区,如今木材商贩胆敢冒被巨蟒吞噬危险无孔不入,因为人类每日一次性的木制品消费为他们创造了巨大的商机。再次,由于森林、草原面积的缩减,引起大范围的干旱,地貌进入了恶性循环状态。

自然环境资源的有限性表现为:(1)可供利用的自然资源非常有限。地球上的资源虽然丰富,但人类可开发利用的资源却并不丰富。人类对可再生资源的只利用不治理导致了环境的恶化。原来丰富多彩的自然界由于人口增加、工业发展、科技利用的两面性致使人类可利用的自然资源日益减少,而对于非耗竭性资源的研究开发还只处于起步阶段。日趋紧张的人类发展局面加速了地球自然资源的贫化和衰竭。(2)自然资源的再生能力非常有限。自 20

世纪80年代以来,人类对自然资源的消耗量已经超出了地球的再生能力。美国有研究人员在21世纪初就通过自己的研究向人类发出了警告:如果人类不控制过度消耗自然资源的行为,地球可能会陷入"生态破产"的境地。加州"重估进步"组织的科学家在2002年25日发表于新一期美国《全国科学院学报》的文章中介绍说,他们对过去40年来人类对自然资源的需求量与地球供给能力进行了比较……还分析了为满足人类的各种需求和行为所需的地球面积。研究人员对这二者进行比较的结果表明,1961年人类对自然资源的需求相当于地球再生能力的70%,20世纪80年代出现持平,随后人类需求开始逐步增加……自20世纪80年代以来,人类活动已经超出了生物圈的生产能力。1999年,人类自然资源的需求量比地球再生能力多出至少20%,人类在12个月中消耗掉的自然资源,地球生物圈需要花15个月才能再生。换言之,每年需要1.25个地球才能满足人类对资源的消耗。研究还发现,以1999年的统计数据计算,平均每个地球居民要消耗掉相当于2.3公顷地球面积可提供的资源。发达国家居民是资源消耗"大户",美国和英国的这一数字为9.6公顷和5.3公顷。① 自然环境是人类文明大厦建立的基础,人类为了所谓的文明发展从来就没有停止过对自然资源的索取。然而自然资源的再生能力无法满足人类前进过程中能量的需要,其速度与人类的强烈欲望无法同步。从量上讲,自然资源相对于人的开发能力的无限性和需求欲望的无限性,其始终是给定的、有限的。自然资源的给定性和有限性决定了人在开发它的同时必须考虑它的再生长问题。② (3)自然环境的自我还原能力是有限的。人类对地球自然资源的索取导致自然环境污染,生态失衡,在有限数量和强度范围内自然资源还可自我净化、修复回原来的大致面貌,恢复应有的功能,但人类在超出自然环境承受的强度范围之外的索取致使其无力还原其应有的面貌。因此从可持续发展及自然自身夯实还原方面来看,人类要呵护和善待自然,使蓝天白云共享于代际之间。

8.1.2.3 人类欲望的威胁放大了自然资源的有限性

人类对自然的威胁之大是不容置疑的,诸如,顷刻间一座大山被移为平

---

① 毛磊:《人类自然资源消耗量超出地球再生能力》www.cnelc.com/News/ShowArticle.asp? key=100039397.

② 唐代兴:《公正伦理与制度道德》,人民出版社2003年版,第188页。

地；水泥外衣可以让土地寸草不生；高毒药液可以让花草虫兽死于非命；为了尽饱朵颐之快，人类可以让华南虎不再野生，中华鲟不再洄游……迄今，人类似乎除了癌症和天灾无所不能。加上人口的增加和欲望的膨胀，可耕地、森林、草原、水域等一直受到挤占，同时消耗的污染物对环境的破坏进一步缩小了有限的生存空间。世界上有10多亿人过着绝对贫困化的生活，8亿人口在挨饿。贫困是社会的压力，也对环境构成了压力。陷入生态和经济枯竭恶性循环中的贫困者，在绝望中无计可施地滥用土地，通过损害未来而拯救现在。面对人口增长与消耗的速度，与之相比弱小的自然资源正在被人类的"物质文明"肆意宰割，当然，犯罪者同时也在对自己犯罪。如长江环境的恶化："上游越窄越垦，越垦越窄；下游越险越加，越加越险；上游人把生态义务扔进了长江，下游人把生态权利冲进了大海。"①犹如恩格斯所说："我们每走一步都要记住：我们统治自然界，决不像征服者统治异族人那样，决不是像站在自然界之外的人似的，——相反地，我们连同我们的肉、血和头脑都是属于自然界和存在于自然之中的；我们对自然界的全部统治力量，就在于我们比其他一切生物强，能够认识和正确运用自然规律。"②在马克思主义者看来，自然作为人类赖以生存的物质基础，既为人类发展提供了物质保障，又是连接人与人、人与社会的中介，因为只有在社会中，自然界对人来说才是人与人联系的纽带。毫无疑问，自然是人类生存和发展的基本条件，作为自然的产物，人是在自己所处的环境中并且和这个环境一起发展起来的，因此，人必须通过认识和正确运用自然规律来处理人与自然的关系。而今天，发展的异化已经严重威胁到了人类的生存与发展。这充分说明人不是自然的"中心"，更不是自然的"主宰者"，人不过是自然大家庭中平等的一员。人、社会、自然共同构成了社会发展的有机系统，系统内部各个子系统的优化与和谐，是社会系统的良性运行与协调发展的基本保证。三者互惠互利、共同发展的特点，要求我们必须走出人与自然对立的误区，树立珍爱和善待自然，保护自然的理念；必须在发展的进程中做到经济、社会、科技、资源和生态环境的协调与整合，建设生态文明。通

① 网文：《二十世纪中国重灾百录》www. ewen. cc/books/bkview. asp? bkid = 9199&cid = 15331.

② 《马克思恩格斯选集》第4卷，人民出版社1995年版，第383—384页。

过不断吸收自然界中的物质和能量来维持自身的生存,并实现可持续发展。无疑,人与自然的和谐是和谐社会的题中之义,自然界在和谐社会中充满生机地真实发展,是人与自然界相互作用、相互依存的完美统一。也只有协调好代内之间的人、社会、自然之间的关系,人类才能拥有更好的生存和发展境遇。

8.2 社会发展与自然环境

随着经济持续高速增长,经济社会发展与资源禀赋、环境承载能力严重失衡,发达国家上百年工业化过程中分阶段出现的日渐恶化的环境使我们不得不思考:人类与环境应该是什么样的关系?发展的结果必然会导致环境的恶化吗?发展的加速一定要以环境的破坏为代价吗?……显然,通过清醒地认识自然环境的现状并获得对未来环境的预知,辩证地认识发展与环境的关系问题,以期消除发展与环境之间的紧张关系,是我们在发展进程中必须解决的一个重大课题。

8.2.1 发展的环境制约

环境问题通常是指人类向环境索取资源的速度超过了自然资源再生的速度,以及向环境排放废弃物的数量超过了环境自我净化、自我修复的能力。发展是人类社会不变的主题,人类在不断扩张并延伸主体能力的同时,对自然的控制力也达到了超乎想象的地步。工业革命以前,人类的生产活动与自然生态系统之间始终保持着相对平衡,随着工业革命的到来,生产力的迅猛发展从根本上改变了环境的组成和结构,打破了原有的物质循环系统,人类在谋求自身发展的同时非常不幸地带来了一系列的环境问题:湖泊的污染、酸雨的增多、荒漠化的加速、江河的断流、电子垃圾等诸多愈演愈烈的环境问题,严重影响了人类的生活质量,极大地制约了经济和社会的发展。当人们在欣喜自己对自然的驾驭能力之时,自然却以其自己的方式——自然灾害向人类敲响了一次次的警钟。导致环境被破坏的根源大致可分为两类:一类是自然演变引起的原生灾害,即第一环境问题。诸如,地震、海啸、洪涝、干旱、台风、滑坡、泥石流等。另一类是人类活动引起的次生灾害,即第二环境问题。次生环境问题一般又分为环境污染和生态环境破坏两种。原生环境问题和次生环境问题在现实中其实是很难截然分开的,它们常常是相互影响和相互作用的。据估计,由于生态的恶化所造成的损失已由 50 年代的百亿元上升到 90 年代的千亿元。① 环境的恶化已经成为中国社会、经济发展的巨大障碍,同时也是社会经济发展的沉重负担。造成这些问题的直接原因是中国长期以来依靠高投入、高消耗来实现经济发展的粗放型发展模式。这种发展模式的环境成本极高,最终会因环境的极度恶化而使发展难以为继。面对愈来愈恶劣的环境现状,人们首次真切地感受到了发展与环境的二律背反,并开始质疑、反思、探究发展与环境的关系。

8.2.2　发展与环境的辩证关系

客观上,发展离不开环境,环境是发展的物质条件。无论是经济发展还是社会发展都离不开环境。解决生态环境问题不仅要涉及人与自然的关系,更要涉及人们相互间的关系以及由发展水平不同带来的矛盾与问题。梳理二者之间的辩证关系,有利于我们建立并健全保护自然环境的各项举措,使生态环境的治理长期、有效地开展。

8.2.2.1　经济发展与环境互为条件,互相依存

随着经济发展日益明显地受到环境的制约,人们对经济与环境之关系的认识也越来越深刻。经济发展的前提条件取决于自然环境与资源状况,环境是发展的基础,对经济发展起到保护和促进的作用,它们互为条件,互相依存。② 但现实中,人们在经济利益的诱惑与驱使下,总是目光短浅,不能认识到经济发展与环境之间的对立统一关系,以浪费资源和牺牲环境为代价来发展当前的经济。对资源的无情掠夺使发展与生态价值的背离越来越大,使得环境和经济不能互相合作,更无法良性发展,进而遭到大自然的报复引发各种灾害。事实证明,良好的环境可以对经济发展产生潜在的内动力。因此,从 20 世纪下半叶开始,环境保护成为各国议事日程的重要内容。

对于经济发展和环境保护的关系问题,主要有两种观点:一种观点认为应当把环境保护放在首位,凡是对环境造成危害的经济发展项目,均应放弃开发

---

① 网文:《我国的环境状况》http://zhidao. baidu. coml question/14701397. html? fr=qrl.

② 王新宇:《中国经济发展与环境保护》,《合作经济与科技》2007 年第 8 期。

建设。因为随着人口的迅猛增加,工业的迅速发展,科学技术水平的提高,人们改造自然的能力越来越强,人类对自然所欠下的环境债也将越来越多。另一种观点则认为应当把经济放在首位,认为只有经济上去了,老百姓手中有钱了,就可以力所能及地进行环境治理。① 前一种观点把环境置于优先的位置,不允许对自然环境的任何伤害,理论上的准确性是毫无疑问的,但实际上这其实是一种理想主义,不太合乎现实发展和社会历史发展的事实。后一种观点遵循的是一些发达国家"先污染,后治理"的老路。

在唯物史观看来,发展是硬道理。经济发展始终是人类社会的主旋律,但经济发展必须与生态环境的承载能力和再生能力相适应,我们应该以科学发展观为指导,在加速经济发展的进程中,正确处理经济发展与生态环境保护的关系,保持生态环境承载能力及再生能力与经济发展规模的基本平衡。为此,我们必须更新发展理念、创新发展模式、提高发展质量;通过科技进步和创新,推动产业结构优化升级,实现经济增长方式由粗放型向集约型的根本转变;淘汰那些高能耗、高排放、低效益的落后生产能力,从源头上减少对环境的破坏,形成有利于资源节约和环境保护的产业体系;严格执行产业政策和环保标准,大力发展循环经济,推行清洁生产,缓解资源供给不足的矛盾,减少污染物的排放,以此推进节能、节水、节地、节材和资源综合利用、循环利用,努力实现增产减污,实现从资源消耗型经济向资源节约型经济转变;保护生态环境,治理环境污染,实现由以生态环境为代价的增长向人与自然和谐相处的增长方式转变,促进经济社会全面协调可持续发展。

正确处理发展与环境的关系,必须实现三个转变:一是实现由重经济增长轻环境保护向保护环境与经济增长并重的转变,在保护环境中求发展;二是实现由环境保护滞后于经济发展向环境保护和经济发展共同进步转变,彻底改变先污染后治理、边治理边破坏的状况;三是实现由行政办法保护环境逐步向既依靠行政手段,又依靠法律、经济、技术等综合手段来保护环境。这三个转变是环境保护工作的历史性转变。这也是当前中国政府在环境问题上最重要

---

① 田忠华:《正确处理经济发展与环境保护的关系》,《平顶山工学院学报》2005 年第 3 期。

的政治主张和指导思想。① 国外的经验教训和国内改革开放的实践证明，实现社会全面发展的战略目标，不能单纯追求 GDP 的增长。依靠拼资源、拼投入、高消耗、高污染和不计环境代价带来的经济增长方式，是竭泽而渔、杀鸡取卵的虚假发展。

正确处理经济发展与环境的关系，还要树立两个理念：一是要树立“绿水青山就是金山银山”的环境价值理念，实现以环境换取经济增长向以环境优化促进经济增长的转变。它可以大大减少因环境污染和生态破坏造成的各种损失，大大减轻因污染治理和生态恢复所需付出的巨大代价，大大缓解生态环境问题引发的各种社会矛盾，维护社会稳定；二是要树立资源节约、环境友好的循环经济发展理念。通过坚持“减量化、再利用、资源化”的原则，逐步形成企业小循环、园区中循环、社会大循环三个层次的循环经济发展方式，加快构建资源节约型和环境友好型的循环经济体系。以此解决资源危机，培育新的经济增长点，实现全面、协调、可持续发展的战略抉择。②

8.2.2.2　社会发展与环境互相影响、互相制约

由于社会发展是包含了经济、政治、文化等诸多方面的综合发展，所以，社会发展过程中的政治与文化、人口与贫困等问题都会与环境产生互相影响的关系。一方面，良好的生态环境和充足的自然资源是社会健康发展的基础和条件，而恶劣的生态环境则会破坏这一基础。社会发展的最终目的是富民强国，良好的环境是高质量社会生活的必要条件，而环境污染和生态破坏则有悖于社会发展的初衷。首先，环境污染和生态破坏会造成巨大的经济损失。以中国为例，研究表明，进入 21 世纪，环境污染造成的经济损失约占 2001 年 GDP 的 3%—4%。据中国环保总局 2001 年的调查显示，中国西部 9 省区生态破坏造成的直接经济损失高达 1494 亿元，占 9 省区 GDP 的 13%。仅水质污染就导致饮用水和企业生产用水处理成本增高；超标的污水用于农灌，既减少农作物的产量，又降低其品质，还带来人类较普遍的亚健康现象。其次，环境污染对身体健康的损害日益成为社会关注的焦点问题。中国与美国的一项

① 周生贤：《如何正确处理经济发展和环境保护的关系》news. sohu. com/20080324/n255876661. shtml。

② 戴备军：《正确处理经济发展与生态环境的关系》news. sina. com. cn/o/2006-05-15/08468927295. shtml。

联合研究证明,中国一些城市的大气污染已影响到儿童的肺功能。世界银行20世纪末一项研究表明,中国主要城市中,每年约有17.8万人由于大气污染的危害过早死亡,每年由于大气污染致病而造成的工作日损失达740万人。最后,环境问题影响社会稳定。经常发生因污染问题导致企业与周边群众产生尖锐矛盾。上下游水污染和跨界污染纠纷近年来日益增多,甚至造成不同地区之间的冲突。法院审理涉及环境保护的各类刑事、民事和行政案件呈上升趋势。① 无疑,环境污染和资源短缺,极大地阻碍了社会的经济发展,并最终通过影响社会发展的质量和效益制约社会的正常发展。另一方面,社会的欠发展也会因为环保观念的滞后进一步恶化生态环境,这也是造成环境污染、资源枯竭、生态破坏的重要原因之一。例如贫困地区毁林开荒、陡坡种粮造成了水土大量流失、土地迅速荒漠;草原过度放牧和过度开垦、植被退化、草场沙化提供了足够多的沙尘源,使得沙尘暴一路走强。落后社会和欠发达地区通行的粗放式经济发展方式,大都不会考虑资源更新的速度及生态服务价值。可见,环境问题的产生和解决与社会发展程度密切相关,只有社会发展了,才有可能真正重视并妥善解决环境保护问题。

社会发展与环境之间的天然联系,使得任何形式的发展最终必然要依托自然环境条件。社会发展与自然环境之间相互促进、互相作用的辩证统一关系,决定了社会发展并不仅仅是经济水平的提高,它内含着个人、社会的全面发展,也内含着自然环境的良性循环,因此,社会发展必定要考虑到环境问题,正确处理社会发展与环境的关系是社会健康发展的前提。这是当代人类在遭到巨大生存危机之时的文化觉悟,也是当代人类谋求整体协调发展过程中对自身的生产、生活方式自觉反思的结果。②

综上所述,人类发展的无限性和自然资源的有限性的矛盾运动,发展与环境之间的辩证关系,都势在必然地催生了生态伦理的建构,使人类开始认识到自己必须承担的生态环境义务和责任。生态伦理以尊重和保持环境的生态为宗旨,以未来人类继续发展为着眼点。强调人的自觉和自律,强调人与自然环境的相互依存、相互促进、共存共荣。生态文明比以往任何一种文明都更加强

---

① 网文:《社会发展与生态环境的关系》zhidao. baidu. com/question/6888943. html。

② 杨楹:《论发展与代价的关系》,《广播电视大学学报》2002年第1期。

调尊重环境、保护环境、维系生态平衡。坚决反对吃祖宗饭,断子孙路,反对竭泽而渔以牺牲环境为代价取得当代人物质的丰裕,这是生态文明不同于以往任何文明的重要特征。可以说,生态伦理的建构标志着人类道德的自觉和完善。

8.3　从生态伦理到发展伦理

日益频繁和严重的自然灾害作为一种报复性行为以一种独特的自然语言警告人类不要轻视大自然的主体地位。随着人类社会与自然环境矛盾的日益尖锐化,人类刻不容缓地开始重新认识、评价并调整自身与自然界的关系,并产生了以“生态伦理”或“生态道德”为研究对象,以研究生态的伦理价值和规范人类对待生态行为的交叉学科——生态伦理学。它力图从伦理学的视角审视和研究人与自然的关系,并强调人类必须将其道德关怀从人类社会延伸到人种之外的其他物种,包括整个自然存在物或自然环境,呼吁人类应该把人与自然的关系确立为一种道德关系。现代生态伦理学的始祖当属李奥波,其经典之作《沙乡年鉴》被人们视为 20 世纪最重要的自然主义经典作品。在《沙乡年鉴》的《大地伦理篇》中,李奥波认为,在生物社区内,人与自然界的一切生态和谐共存,各个物种之间均有关联和依赖性,人与生态共同构成交融共舞的生命共同体。“一种最终极的民主已经实现,它把所有植物和动物都视同人类。”①显然,生态伦理是因应生态危机而发展起来的道德运动,它致力于消除“人本主义的自大”,建立一个没有冲突的生态系统。

生态伦理学通过打破仅仅关注如何协调人际利益关系的道德传统,使人与自然的关系被赋予了真正的道德意义和道德价值,丰富了伦理学体系的理论宝库。显然,在处理人类与生态环境的关系以及人类在进行与自然生态有关的活动中所形成的伦理规约和道德准则等方面,生态伦理对保护环境的贡献是毋庸置疑的。但是,由于生态伦理本身过于局促的视角所导致的诸多局限性,更由于人类的自然生态活动既反映人与自然的关系,又蕴藏着非常丰富

---

① Roderick Frazier Nash: *The Rights of Nature: A History of Environmental Ethics* (*History of American Thought and Culture*), University of Wisconsin Press, 1989, p. 146.

的人与人、人与社会的关系，表达出其特定的伦理价值理念与价值关系，这就使得人类发展的视野不能仅仅停留在保护生态平衡与生物多样性、保护与合理使用自然资源等层面，而应该超越生态伦理单一和狭窄的眼界，以更广阔和开放的发展伦理的视阈来认识和处理人类与自然、发展与环境之间的关系。这样，人们才可能在发展的进程中，处理好人类需求与自然需求、发展目标与环境保护、社会系统与生态系统等一系列对立统一的价值关系。可见，从生态伦理到发展伦理是自然环境与人类社会可持续发展的需要，更是历史的必然。

8.3.1 生态伦理的基本派别

在处理人类和自然的关系中，界定人类与自然的价值地位是一个核心问题。20 世纪中叶以来，面临着日益严重的环境和生态恶化现状，诞生了生态伦理理论。围绕应该以人类为价值中心还是以自然生态为价值中心的问题，生态伦理内部展开了激烈的对峙，对峙的结果是两大对立流派的形成：人类中心论和生态中心论。

8.3.1.1 人类中心论

人类中心论出现于西方传统的伦理思想，其历史演变是根据人与自然关系的发展变化展开的。传统人类中心论的源头可以追溯到古代思想家。原始社会早期，人类与自然浑然一体，缺乏主体意识，这一时期漫长而混沌。是古希腊普罗泰戈拉“人是万物的尺度”将人类从自然界中剥离了出来，将人和自然对立了起来，并进而把人的判断看成是宇宙万物最后的标准。这是人类中心论的原初形态。此后，以古罗马天文学家托勒密为代表的“地球中心论”进一步发展了古代的人类中心论，其核心观点是人类在空间方位的意义上是宇宙的中心。至此，首次明确地确立了人是万物的主宰的思想。这一思想不仅对古希腊时期的社会发展产生了积极影响，作为思想资料，它还为后来席卷了整个欧洲的文艺复兴运动提供了复兴的借口和理论的帮助。近代的人类中心论观点则随着 17 世纪近代自然科学革命的发展而不断形成。科学技术迅猛发展，人类理性力量随之加强。人类征服自然、改造自然、挣脱自然的束缚，做自然的主人或主宰自然的欲望越来越强。17 世纪笛卡尔把思维和理性作为万物的尺度，主张用理性的力量寻找事物的本质，提出“借助实践哲学使自己成为自然的主人和统治者”。① 此后,德国哲学家康德完成了“人是目的”的命题,认为“人是自然界的最高的立法者”,最终在理论上形成了近代完备的人类中心论。其核心思想是:人不再是神的奴仆和工具,人具备改造自然的伟大力量。近代人类中心论充分强调了人的主观能动性,唤醒了人类的主体意识,体现了人类对自身价值的信仰和对自身创造力的发现,为农业文明和工业文明奠定了意识论基础。这是近代人类中心论所包含的合理内核。

尽管人类中心论的合理内核是一个不争的事实,但是,作为宇宙观的人类中心论又有其自身不能克服的局限性。犹如不能否认人类中心论在人类进化和发展进程中起过的积极作用一样,我们同样不能否认对这一理论片面夸大而导致的恶劣后果。

首先,人类中心论在强调人类中心地位时,忽视甚至无视自然界对人类生存和发展的基础地位,否定人类是自然的有机组成部分,割裂人与自然的统一关系,单方面强调人类征服、改造自然的主体性,忽视自然环境、自然规律对人类自身活动的制约和限制,必然导致我们在处理人与自然的关系时,在认识和实践的过程中,走向狭隘性、片面性、盲目性和短视性。正是在人类中心论关于征服自然、主宰自然理念的误导下,工业革命造成了科学技术在物质生产上的盲目和泛滥,人类对自然粗暴和贪婪地掠夺与征服,引发了自然对人类的疯狂报复,并最终危及到了人类自身的生存。

其次,人类中心论把自然界当作人类实现自身经济目的的手段和工具,强调符合人类整体利益和长远利益的一切行为都是道德的,认为道德权利只是属人的,只具有社会性,反对把道德权利扩大到人以外的自然界。因此,只要是有益于人类,破坏甚至毁灭自然都无需进行道德的评判。结果,人类社会发展的结果必然是对自然界的平衡和完整造成伤害,此论的长期奉行必然造成环境灾难和生态失衡。

工业革命带来的生态危机,使人类开始意识到:环境问题不仅是经济和技术问题,更是道德问题。要想彻底消除环境危机,首先必须在思想上树立以自然和人类共同发展为标志的环境伦理观念,并通过对人与自然之间伦理关系的研究,为人类的经济活动提供新的价值导向。

---

① 周辅成主编:《西方伦理学名著选辑》(上卷),商务印书馆 1964 年版,第 593 页。

8.3.1.2 生态中心论

生态中心论的构建源于生态环境的恶化和对人类中心论价值层面的批判。工业革命增强了人类改造自然的能力,也强化了人类中心价值观的强势话语权,人的存在和人的发展成为了唯一的尺度。除了人之外的一切都是毫无价值的认知,人为地把自然搁置在了人的对立面而被当成了被人类征服和统治的对象,自然资源也因此被强制性地当成了馈赠品,被人类任意地索取和掠夺。由此带来的对自然资源的滥用和浪费,最终导致了自然资源的枯竭、环境的污染和生态的破坏,并引发了威胁人类生存与发展的生态危机。早在20世纪30年代,存在主义哲学家海德格尔就开始对自柏拉图以来的西方哲学提出了批评,指出人类中心论的哲学传统为统治自然的技术决定论思想铺平了道路。他看到了这种技术决定论对现代世界存在的巨大危险,发出了"拯救地球"的呼吁,他也因此常常被人们看成是现代生态伦理学的思想先驱之一。20世纪70年代以后,由于全球生态危机的日益加剧,人类中心论愈来愈受到人们的质疑与挑战,被当今西方社会看成是一种有缺陷的伦理,必须加以深刻反省。

针对人类中心论对自然价值的否定,产生了生态中心论的伦理观。在这种伦理观的支配下,人类道德共同体的范围从人类扩展到动物、再从动物扩展到植物和所有生命共同体,进而扩展至大地、岩石、河流乃至整个生态系统。由此,人们开始走出人类中心论,并开始重新认识人和自然界的关系,确立了一种从动物权利解放论到生物中心论再到生态中心论的新的环境伦理观。这一理论认为,超越人类中心论的重要途径就是肯定自然的内在价值,唯此才能彻底否定并超越人类中心论。它强调人高于其他自然存在物的不同之处不在于否定其他物种自身的价值,而是在于:人不仅能站在自己的价值立场上肯定自身的价值,而且能够站在其他存在物的立场上肯定它们的价值。显然,生态中心论是作为人类中心论的对立面而出现的,其提倡者认为人类中心论夸大了人的地位和对自然的作用,在本质上违背了人与自然的关系,为人类对自然肆意掠夺提供了思想基础。生态中心论以生态系统为中心来理解和处理人与自然的关系,认为自然界中的任何生态不仅具有对人而言的工具性外在价值,而且具有其自身的内在价值。其内在价值是自然生态以自身为尺度评价自身的价值,这种价值并不从属于人类,而是其本身所固有的。同时,生态中心论强调自然生态是一个不可分割的有机整体,人作为一个物种,只是其中普通的一员。人没有掠夺、毁灭其他物种的权利,也没有超出和控制整个生态系统的资格和权利。各个物种都是生态系统中的一员,平等共生,对生态系统整体地和谐发展都有价值。其中人类作为一个具有强大技术能力的物种,在整个生态系统中必须采取措施克制自身的扩张,为其他物种的生存发展留下必要的空间,以使整个生态系统能够和谐进化。毫无疑问,在改善人与大自然的关系、保护生态环境等方面,生态中心论做出的贡献是十分突出的。

生态中心论从动物权利解放论到生物中心论再到生态中心论,将道德关怀的范围扩展至整个自然世界,其理论的发展推动了环境保护运动的进行,也为正确处理人与自然的关系开辟了新的视野,确立了新的理念。在当前生态环境愈来愈恶劣的状况下,生态中心论的提出起到了协调、缓解人与自然之矛盾的作用,有利于维护生态平衡、保护动物、避免环境的恶化,其积极意义是不言而喻的。然而,由于生态中心论与人类中心论一样都各执一端,片面地理解人与自然的关系,其局限性也同样是不言而喻的。

首先,由于它对动物和整个生态生存价值和意义的肯定,是建立在否定人类利益基础上的,因此,它从根本上否定了人类的存在和全面自由发展的合理性。在此,生态中心论忽略了一个根本的问题,就是:我们为什么要保护环境、保护动物?如果当人类的生存受到动物的威胁,在生态中心论者看来人类是否只能恪守动物保护的教条而牺牲人的利益甚至生命?果真如此,我们也不必再去保护环境、保护动物,因为到了那个时候,世界将是动物的天下,而非一个人类的社会。显然,生态中心论是自然整体主义的价值论,由于这种理论过分强调自然整体的价值和意义,从而使人类个体的价值和意义被弱化。在实践生活中,生态中心论对生态圈和生物圈的完整性和稳定性的过度强调,使之甚至走向为了自然生态而牺牲人类的环境极权主义。

其次,生态中心论在反对以人为自然界唯一中心的理论时,同样忽略了和自然界中其他生命体一样,人也有生命的自然权利。同时,还忽略了人类的特质决定了人类是可以协调人与自然生态之关系的。由于它将生态系统的价值无条件地置于人的利益之上,所以,势必将生态平衡视为绝对不可改变的状态。但是,生态平衡事实上每天都在被打破,自然界每天都在进行着变化。从人类文明史前史来看,生态领域已经发生过无数次现有种群为新的优势种群所取代的现象，这就是生态演替。它体现为旧的生态平衡被打破，代之以新的生态平衡。面对这样的客观状况，人类还是可以有所作为的，人类可以通过控制某些不可再生资源的开发利用，来保持生态之间的互相平衡。生态中心论对这一切的否认有失偏颇。

再次，生态中心论打破了人类中心论的伦理价值观，从整体出发强调了利益主体的多元化，为人与自然的和谐发展起到了铺垫作用。但是，生态中心论认为“人并不是最高主体，更不是绝对主体，自然才是最高主体，甚至是绝对主体”①。这种观点显然过于强调自然的客观性、先在性，从而降低了人的能动性、批判性，贬低了人的主体性，混淆了人与其他生物的本质区别。这种抽象强调和尊重自然的价值和权利，忽视人类的合理需求，无视人类社会的发展的观点，是不符合历史事实的。

最后，生态中心论在处理人与人、人与自然这两大重要关系时，过分强调了人与自然的关系，反而忽视了人与人之间的关系。它看到了人与生物、物种、自然之间的不平等，却没能深入思考隐藏在这一不平等背后的恰恰是人与人之间的不平等。正是人际间的不平等导致了种族问题、贫困问题、社会公正问题以及发达国家与发展中国家之间在资源占有、资源利用等问题上的不平等，这些实际上在更深层的意义上影响着人类与自然的关系。

综上所述，辩证地看，“人类中心论”的缺陷，不在于它看重人的需要、人的利益和人的实践能动性，而因为它没有摆正人在自然中的位置，把人与自然的关系，看成是“主—仆”关系，未能重视和恰当地把握自然界的存在及其对人的价值和意义；而“生态中心论”的偏颇之处，也不在于它强调自然界的价值和意义，而是从根本上否定了人在自然界面前的主体性和人在与自然界关系中的主体地位，把人与自然的关系看成是“仆—主”关系，对自然物进行“拟人化”描述和“人格化”的理解，在所谓“平等”原则下彻底否定了人之为人的本质属性。而在唯物辩证法看来，应该将人与自然的关系放在“主—客”关系的框架内进行分析和理解。事实上，人与自然是在两者之间的“相互”关系（相互作用、相互制约、相互规定）中分别获得主、客体的地位和作用的。这里，人与其他自然物不同之处在于，人除了与其他自然物构成主、客体关系外，

① 卢风：《社会伦理与生态伦理》，《河北学刊》2000 年第 5 期。

人类内部的个体与个体之间、个体与群体之间、群体与群体之间也构成主、客体关系。以上说明,以生态系统的生物链遭到破坏为标志的生态危机是生态伦理产生的动因,生态伦理无论在内涵方面还是在外延方面,都不同于传统意义上的伦理。生态伦理扩展了道德的范围,超越了人与人的关系,并要求人类必须重建与自然之间的和谐关系。这一切都是生态伦理在环境保护方面做出的巨大贡献。然而,无论是人类中心论还是生态中心论都存在自身无法回避的局限性,都无法全面、科学地协调和处理人类社会发展与自然环境发展的关系。因此,从生态伦理走向发展伦理,实施与贯彻科学的可持续发展战略成为了历史的必然。

8.3.2　发展伦理建构的必然和可能——从生态伦理到发展伦理

通过之前对生态伦理困境的分析,我们不难发现,无论生态伦理在保护环境方面的贡献有多大,它都永远无法独自面对和解决两个最现实也最棘手的实践课题:一是在生态危机日趋严重的今天,如何处理当代人利益与未来人利益的关系;二是如何公正地分配与协调发达国家与发展中国家在保护自然环境上的责任与义务。而且,无论是人类中心论还是生态中心论,虽然在种际正义的问题上各执一端,但是,它们却有着共同的局限性:首先,它们都无视一个显而易见的事实——现实中的所有环境问题都是具体的而非抽象的,根本就不存在对所有人而言完全一样的一般环境问题,任何环境问题都是因人因地因条件的不同而不同,不同地区和不同人群在不同的政治、经济、文化条件下的生存状况决定了他们所面对的具体环境问题是完全不同的。生态环境伦理要想真正解决种际正义和人际正义问题,首先就必须转变被抽象的“类”概念遮蔽的视线,认识到现实中不同主体之间的差异性,使生态伦理不至于在高呼保护环境的同时,却无视发生在身边的由于“生态不公正”造成的某些人群的生活和生存危机。其次,在现实生活中,并不存在绝对客观的、统一的对生态环境的理解。以西方生态伦理为主体的当代环境视野中的纯然的“自然”,实际上是强调超然的现代生态学和强调超验的西方浪漫主义文化传统的结合。在发展伦理看来,要想真正理解生态环境,就必须摒弃西方视角和特定阶层的偏见,了解不同阶层、不同地域、不同文化传统下人们对环境的不同理解和需求,将作为生活自身的自然和作为生存自然的自然都纳入到伦理考量的视野。

此外，由于存在着利益主体的差异和对环境“想象”的不同，所以在不同地理、历史、文化条件下存在着不同的人与自然相处的模式。因此，当代生态伦理及其指导的环境保护实践应该避免将所有现存的人与自然的关系都看作是二元对立的，将所有人都看作是自然的他者，将一些本是与自然保持和谐的生存方式评价为对自然的破坏，进入人与自然分离的保护误区。

如果说发展伦理的必然性是从发展理论上来论证的话，那么发展伦理的可能性就可以从实践的层面得到证实。要实现科学的可持续发展就必须正确处理人与自然的关系这一前提。人与自然的关系包括彼此分化和相互统一的两个方面。一方面是当人在自然界中总是有计划地只向着人的利益目标前进时，人离自然就越来越远；另一方面，人又越来越离不开外界自然，因为“人本身是自然界的产物，是在自己所处的环境中并且和这个环境一起发展起来的”。① 因此人们在改造自然的实践活动中不能破坏自己赖以生存的环境，这样才可能实现人与自然的和谐统一。在此，发展伦理和生态伦理一样，强调为了维系人与自然的和谐，人类在快速的发展进程中必须做到：(1)控制人口增长，使人口增长与地球的人口生态容量相适应。如前所述，根据科学家们的测算，地球可容纳的人口最多为80亿。世界现有人口已达60亿，若不加控制地继续增长，在2050年将突破100亿，超过地球人口生态容量的警戒线。因此，控制人口增长，以保障人类的需求与自然再生产的供给相协调，是一项异常紧迫的任务。(2)把改造自然的行为严格限制在生态运动的规律之内，使人类活动与自然规律相协调。改造自然不应是人类对大自然的掠夺性控制，而应是调整性控制、改善性控制和理解性控制。(3)把排污量控制在自然界自净能力之内，促进污染物排放与自然生态系统自净能力相协调。否则，污染物就会在大气、水体、生物体内积存下来，对生物和人体产生持续性危害。(4)促进自然资源开发利用与自然再生产能力相协调，以保证在较长时期内物种灭绝不超过物种进化，土壤侵蚀不超过土壤形成，森林破坏不超过森林再造，捕鱼量不超过渔场再生能力等，使人类与自然能够和谐相处，为人类的持续发展留下充足空间。总之，人类应摆正自己在大自然中的道德地位。只有当人类能够自觉控制自己的生态道德行为，并理智而友善地对待自然界时，人类与自

① 《马克思恩格斯选集》第3卷，人民出版社1995年版，第374—375页。

然的关系才会走向和谐,从而实现生态伦理的真正价值。① 除此之外,发展伦理优于生态伦理的积极价值还表现在:它不仅和生态伦理一样反对破坏自然生态,而且它还反对人类在自然面前消极无为。在人类对自然的态度上,它既不赞成"人类中心论",也不认同"人类无能论"。在发展伦理看来,倘若人类在自然面前真的无能为力,那人类就不可能作为一个物种存在于现在,"人类无能论"的荒谬是显而易见的。而"人类中心论"的思想渊源可以追溯到古希腊先哲普罗泰戈拉的著名命题:人是万物的尺度。这一命题强调人是现存事物的最终尺度,它把人类看作判断一切事物是否存在的评判者。源于此,"人类中心论"强调人对自然的权利,强调人是宇宙之灵,是万物之主。认为道德只对人而存在,在人类之外既不存在道德关系也不存在道德义务。结果,"人类中心论"最终很容易逻辑地走向"人类沙文主义",并肆无忌惮地对自然资源进行无限度、无休止的索取和掠夺,完全无视自己对自然应该担当的道德责任和道德义务。正是这样反自然的价值观,成为了导致今天严重生态危机的伦理根源。然而在发展伦理看来,社会发展过程中除了生态环境的问题之外,还常常面临社会上许多重大的价值冲突与挑战,如传统文化、宗教信仰、人生价值观、生活习惯等。发展伦理正是力图通过公正的价值度量以选择适合人类社会的发展方式来缓解这些冲突与矛盾,由此观之,发展伦理的出现不仅是可能的而且是必然的。

发展伦理理论的建构是对人类社会发展实践不断反思的结果。事实上,发展并不是一种自我生效的绝对目标,而是一种相对较好的、在某种特定生活意义上较为可取的状况,但是许多人都把发展这一工具性目的错认为是目标性目的。虽然在某些方面,发展本身是追求目的,但在更深层方面,发展从属于美好生活。② 要从根本上改变人们的生活质量,得到幸福,提高人们自身的道德素质,那么在社会发展中加以伦理的追问就是不可或缺的。真正"发达的"国家是它的人民即使并不拥有很多的财富但却生活得丰富的国家。那些被称为发达国家的社会有足够的条件保证其公民的最佳生计,但是它们另两

① 网文:《生态伦理》http://baike.baidu.com/view/351159.htm。

② [美]德尼·古莱:《发展伦理学》,社会科学文献出版社2003年版,第43页。

项发展目标——尊重与自由的得分却未必令人满意。① 发展伦理学通过对传统发展理念的批判、反思与扬弃,通过对发展与代价、发展与公正等伦理问题的阐释,形成了自我约束机制的科学发展理念。它强调人不仅在实践中创造财富、创造历史以满足人类日益丰富的各种需要,而且要不断地在这一过程中,使自我发展与创造是合理的,是基于伦理的角度来展示发展终极价值的。

如果说,建构生态伦理特别强调人与自然的平等观,主张人与自然的生存平等、利益平等和发展平等的话,那么发展伦理除了和生态伦理一样也强调人类的发展不能以牺牲自然的发展为代价,而且更进一步地强调一部分人的发展不能以牺牲另一部分人的利益为代价;当代人的发展不能以牺牲后代人的利益为代价,既要实现代内正义,也要做到代际正义。代内正义的发展目标不是财富的简单增加,而是全体人民真正幸福的生活。它"意味着在理解、团结和同情中生活,在不受剥削、辱骂和歧视的条件下生活"。"发展主义是以西方为中心的理性化造成的结果",因此,"应突破和超越为发展制定方向和标准的西方的经济、文明和文化模式",这实际上是对全球范围内的现代化等于西化这一观点的批判。事实上,传统发展模式在全球的蔓延,正是西方文明扩展的后果。② 代际正义的道德原则强调当代人与后代人在享用自然、利用自然、开发自然中的权利均等;强调我们今天的发展应该功在当代,利在千秋,不能吃祖宗饭,断子孙路,要尊重和保护子孙后代享用自然的平等权利。

当然,结束代内和代际的不平等现象,建立生态文明和人态文明一同步入良性循环系统,走科学发展的道路,不是哪个单一的学科能够独自解决的。它依赖于三大领域的有力支撑:一要依赖科学技术;二须依靠法律保障;三是建构发展伦理。科学技术是工具,法律保障是约束,发展伦理是理念。三者有机结合,互为补充,互相制约,科学发展才有可能。无疑,发展伦理的建构不仅力图解决当代生态危机的问题,而且还格外强调当代人态危机的问题,因为生态危机的始作俑者是人,发展伦理能够用理性和德性约束人类的行为,树立可持续发展观念,求得社会发展、经济效益和生态效益的统一。发展的生态伦理之维能够使人类站在科学发展的高度,正确行使人对自然的权利和义务,使人类

① [美]德尼·古莱:《发展伦理学》,社会科学文献出版社2003年版,第238—239页。

② 黄力之:《对科学发展观的价值观解读》,《光明日报》2004年9月28日。

由牺牲环境和后代人利益为代价换来的“黄色文明”、“黑色文明”转变为人和自然和谐发展为特征的“绿色文明”。使人类进入一个生态和人态共同文明的新时期。

8.4　种际正义

种际正义是关于人类与其他动物、植物、微生物等生态自然物种之间和谐、平等的理念。对种际正义的关注是生态伦理的核心问题之一。生态伦理中的生态中心论认为在生态系统中的所有物种都和人类一样具有不容轻视的生态价值,和人类一样具有平等的权利。种际正义基于不同物种之间的相互关系应该是平等的理念,强调人类对生态系统中其他物种的责任。认为人类应当把自己看成是生态系统中平等的一员,应该将所有的生态都纳入伦理共同体中,世界上所有物种的平等和权利都应该得到和人类一样的保护。人应该尊重自然,热爱大地,保护环境,不能对其他物种任意蹂躏摧残。

8.4.1　生态伦理视阈中的种际正义

生态中心论认为,正是长期以来对种际正义的忽视,人类才陷入了环境危机。为了走出危机,人类必须进行一场伦理革命,把伦理共同体由人类共同体扩展到所有物种的大生态系统。换言之,我们不仅要对人讲伦理,还要对人之外的一切物种讲伦理。澳大利亚伦理学家辛格的“动物解放论”认为伦理共同体内不应该排斥人之外的一切动物,虐待动物应该被纳入恶的范畴。就像尊重他人一样,人也应该尊重动物,与动物和平相处。1954 年诺贝尔和平奖获得者阿尔贝特·施韦泽则进一步认为除了动物之外,还应该把植物和微生物也纳入伦理共同体。由此,他提出了“敬畏生命”的著名口号。

8.4.2　种际正义和生态伦理的局限

在生态伦理看来,种际正义的存在与否取决于其理论前提是人类中心论还是生态中心论。在人类中心论那里,人类是自然的主人,生态环境不过是满足人类利益的工具和手段,人类优越于自然万物,可以随意支配自然,且与其他生物不存在伦理关系。显然,在人类中心论的理论内核中,种际正义失去了其生存的土壤。而在抽象的种际正义那里,无论是生物中心论者施韦泽“敬畏生命”的思想,还是生态中心论者莱昂波特的大地伦理学、罗尔斯顿的自然价值论和“盖娅假说”,都把道德关怀的对象扩大到了所有的自然生命体。他们认为生态是一个有其自身生存规律的系统,各生命体都有平等的生态价值和权利,人类只是生态系统中的普通一员,没有高于动植物和其他生命体的任何权利。他们不否定自然界的弱肉强食,并因此而主张生态的权利、平等和正义。他们认为人类中心论是生态危机的始作俑者,是生态恶化的罪魁祸首,因此,只要抛弃人类中心论,一切生态问题便都迎刃而解了。

可见,作为生态中心论的核心思想,种际正义的理论缺陷是显而易见的:首先,从以上论述中我们发现,生态中心视野中,种际正义本质上不是具体的而是抽象的,其目的不是为了建立人与其他物种共生共荣的和谐社会,而是为了退回到没有进化的史前社会。无疑,这是一个历史的倒退,既不符合历史事实,在实践层面也是不可能的。其次,生态伦理视阈中的种际正义还很有可能得出另一个与之相悖的结论——既然在生态系统中任何物种和生命体都有发展的权利,那么作为生态系统一员的人类也应该有其发展的权利。自然界的进化说明,任何物种的发展都需要利用其他自然体,甚至是其他自然体的生命,那么人类也应该拥有这种为了发展而利用其他自然体的权利。弱肉强食是生态系统的铁律,那么同为生态系统中的人类为什么就不能“弱肉强食”利用自然呢?所以,尽管生态中心论有其合理的方面,但我们仍然无法全盘接受生态中心论的基本理念,因为它的单向度思路似乎并不太考虑人的生存和发展需求,主张为了保护生态,人应该以不为的态度对待自然,甚至把人类的消亡看成是提高动植物福利的方法,这其实是人类文明发展所不能也不可能接受的。最后,抽象的种际正义在理论上或者在人和动物没有冲突的前提下都是可以成立的,但是这里似乎忽略了一个更重要的并非虚构的现实冲突问题。这就是:当人和动物不产生冲突时,一切关于动物权利、种际正义的理论和要求都不为过,但是,当人和动物处在你死我活这样生死抉择的关头时,当人类的生存受到动物的威胁时,何以能够按照那么完美的种际正义理论既保护动物又保护人自己呢?例如,当一头濒临灭绝的华南虎要吃人时,人应该开枪打死老虎保护自己,还是放下枪让老虎把自己吃掉呢?如果打死老虎那就违背了种际正义原则,但如果让老虎吃人,那么人类存在的意义又在哪里?而且,这似乎也同样违背了生态伦理所强调的“一切物种都是平等”的种际正义理论,因为,既然一切物种都是平等的,那么,老虎吃人不也是对人种的一种不平等吗?! 显然,这是一个两难抉择的悖论。

可见,尽管生态伦理建构的初衷是想在人类与自然生态之间和平共处的基础上,强调对自然环境的保护,并力图从正义的立场来思考和解决人类与环境日趋恶化的关系,力图在不断反思和批判传统生态理念局限性的基础上,获得种际正义。但是,由于生态伦理内部人类中心论和生态中心论这两大基本派别重大的理论分歧和无法解决的矛盾,导致了生态伦理自身无法克服的缺陷,使得生态伦理在事实上走进了一个尴尬的困境。首先,生态伦理中的两大基本派别人类中心论和生态中心论都是在抽象意义上讨论自然环境和生态问题,都是用“人类”这样一个无阶级差别和贫富差异的全称中性概念,来代替贫富之间、南北之间、东西之间、发达与不发达之间具有不同需求群体的代表权和发言权。换言之,它总是以抽象的“类”主体掩盖了现实世界中不同利益主体的多样性和复杂性,模糊和遮蔽了现实生活中有差异的利益主体对生态问题的责任和义务。以至于使得生态环境伦理学成为部分国际环境歧视的借口。比如哈丁的“公用地悲剧”和“救生艇理论”就为发达国家的环境侵略提供了借口。“公用地悲剧”提倡各国要把对环境的利用控制在一定范围内,但它却回避了一个前提,正是发达国家的发展消耗了大量的资源,造成了世界环境的巨大污染。现在发达国家富裕了,却要求不发达国家和它们一起共同承担它们造成的污染结果(例如“碳排放”)。无疑,这一理论为发达国家限制欠发达国家的发展提供了借口。而“救生艇理论”更是对欠发达国家的公然侵略,这一理论认为发达国家和欠发达国家就像是航行在有限资源大海中的两只救生艇,欠发达国家人口的增多和资源的消耗,会使欠发达国家救生艇上的人掉入大海并想登上发达国家的救生艇获救,此论认为这是不能允许的。因为,如果允许掉入大海的人登上发达国家的救生艇,终将导致两只救生艇全部沉没。其结论是:维持欠发达国家的生存必然会导致“公用地”的毁灭,所以,应该限制欠发达国家的发展。其次,生态伦理是在形上意义上理解生态问题的。它以现代西方科学作为自己的知识基础,满足于在精神象征意义上对生态的把握,忽视了现实世界中不同群体在生态保护口号中不同的利益诉求。结果,发轫于西方的生态伦理几乎看不到在非西方文化背景下存在的人和与自然生态的问题及其相处模式，使人们在追寻种际正义的征程中陷入了人与生态二分的片面困境。人与生态二分的片面保护这一抽象化、普遍化的缺陷，对于生态伦理而言是根本性的，它使得生态伦理缺乏对现实的关注，使得生态伦理将极具社会现实性的生态问题局限在道德形上的层面，使生态伦理缺乏对具体现实问题的敏感，无法把握具体的、活生生的现实中人们对生态危机的解决以及人与自然关系的缓解等等丰富的见解。

总之，生态伦理中两大基本派别的对峙凸显了生态伦理的困境和局限性，使得生态伦理逻辑地过渡到了发展伦理。发展伦理为环境保护实践提供了可靠的道德基础与伦理支持，其理论建构不仅要有对共同道德理想的勾画，也顾及了道德实践的现实可能，使其真正具有理论和现实的生命力。发展伦理所表现的从社会现实的角度关注生态问题的态度，正是发展伦理的生态伦理维度。

8.4.3 发展伦理视阈中的种际正义

在发展伦理看来，既不应该无视自然界中其他物种的存在和价值，也不应该矫枉过正，在坚持种际正义时忽视甚至否认人类存在的意义。种际正义是必需坚持和倡导的，因为种际正义是实现可持续发展的基础性条件。但不能膨胀种际正义的理论内核，不能过度夸大种际正义的作用范围，更不能以坚守种际正义之名否认人类存在的价值和意义。在发展伦理的视阈中，应该对生命物种的价值和生存权利予以足够的重视和尊重，应该坚持适度的种际正义，应该公正地对待人与生态的关系。在与自然和其他物种交往时，种际正义必须遵循如下原则：(1)平等性原则。它要求人类不应该单向度地仅仅以人的利益标准来衡量其他种群的生命价值，种际正义价值层面的根本支撑点是任何生命都是一种合理并平等的存在；(2)多样性原则。多样的生态系统是物竞天择的结果，人类作为生态系统中的强者，不应该是超越于其他物种之上的“判官”和破坏者，而应该是生态系统的保护者、完善者和发展者；(3)和谐性原则。人类必须与其他物种和谐相处，以此建立一个人类与生态共存的和谐世界。发展伦理视阈中的种际正义并不偏颇于任何一方，它从维护生态系统的稳定性和多样性为出发点，承认自然万物作为一种客观存在所具有的特殊价值，人类与自然万物处于平等的位置，并没有凌驾于万物之上的特权。同样，它也并不因此而否认人在自然界中应有的地位和价值。它强调，人作为自然的一部分，应该与自然和谐相处，共同发展。①

人与自然的和谐是和谐社会架构中不可或缺的组成部分。发展伦理的美好理想是：人类通过秉持种际正义，通过能动遵循自然规律，限制对自然环境的过度开发，保持与自然环境的生态平衡，积极改善与优化人与自然的关系，建设节约型社会，走向生态文明。最终实现人与自然界的互利互惠、相互依存、共生共荣，让山川秀美、河水清澈；让蓝天、青山、碧水、白云、鲜花、绿草交相辉映，实现“人同自然界完成本质的统一”及“人的自然主义和自然界的人道主义”的理想境界。中国共产党在总结 30 年改革发展历程之经验与教训的同时，把“社会更加和谐”纳入“四位一体”的发展理念，使社会和谐发展与经济、社会、文化一并成为新时期建设的目标之一。社会和谐发展的一个重要方面就是人与自然关系的和谐，胡锦涛多次强调“自然界是包括人类在内的一切生物的摇篮，是人类赖以生存和发展的基本条件”，“不能以牺牲环境为代价去换取一时的经济增长，不能以眼前发展损害长远利益，不能用局部发展损害全局利益。”②胡锦涛明确地把“人与自然和谐相处”作为构建社会主义和谐社会的重要内容之一，特别是党的十七大再次明确地提出要建设“生态文明”的发展理念，为实现全面建设小康社会的奋斗目标提出了新的要求。“生态文明”的提出丰富了人们的发展理念，也揭示了人们对自然价值的肯定，表现了中国在发展史上的进步。同时，“生态文明”也在于指引人们从“征服自然”—“敬畏自然”—“尊重自然”态度的转变，从而为树立科学发展观指明了方向。

8.5　人际正义

发展伦理讨论的是什么样的发展是正义且合乎伦理的发展，这不仅涉及人与自然生态之间的关系问题，更涉及人与人的关系问题。而且，和种际正义

---

① 王巧慧：《自然内在价值新论》，《北京青年政治学院学报》2005 年第 6 期。

② 胡锦涛：《在中央人口资源环境工作座谈会上的讲话》，丰子义主编：《树立落实科学发展观专辑》，中国人民大学出版社 2005 年版，第 8 页。

相比较,人际正义与否是发展伦理的核心问题,因为,人际正义不仅是种际正义得以秉持和践行的前提,更是人类社会发展的基本条件之一。

正义指行为的正当性与合道义性,它是社会首要的价值取向,也是保证人际和谐的基础和关键,更是人类社会文明进步的标志。一个社会如果不是正义的,就根本谈不上真正的人际和谐。从发展伦理的视角去寻求人际正义,是人与人以及人与所有生态之间互存、互助、互养、同构的道德承担。人际正义是发展伦理的关键所在,它既可以规避人类片面地把自然当作实现自身利益工具的弊端,又能化解抽象种际正义的形上局限。在发展伦理看来,无论是人与自然的关系,还是人类社会的一切关系,其处理最终都必然要归结到人与人之间的关系上来,也就是说实现人际正义是各种矛盾关系处理的宿点。

8.5.1 发展伦理视阈中的人际正义

人际正义的本质问题是如何有效防止各种人际冲突、如何正确处理人与人、人与社会的各种关系问题。客观地说,人类至今并未找到有效解决人际冲突的社会组织形式。资本主义是个人占统治地位的社会组织形式,其无法化解人际冲突的阶级局限性已被历史所证明。在《共产党宣言》中,马克思和恩格斯深刻揭示了笼罩在资本主义生产方式上的面纱:“资产阶级在它已经取得了统治的地方把一切封建的、宗法的和田园诗般的关系都破坏了。它无情地斩断了把人们束缚于天然尊长的形形色色的封建羁绊,它使人和人之间除了赤裸裸的利害关系,除了冷酷无情的‘现金交易’,就再也没有任何别的联系了。……它把人的尊严变成了交换价值,用一种没有良心的贸易自由替代了无数特许的和自力挣得的自由。”①在那里,人的价值、人的尊严全都被抹杀了。而与资本主义相对立的社会主义,虽然针对个人主义原则的困境正努力在用集体主义取而代之,进而克服资本主义社会的种种弊端。但严峻的现实是,我们正在摸索如何规避“虚假集体”,实现“真实集体”的有效形式,但遗憾的是这一过程不是一蹴而就的,而是漫长的,至今我们并未真正找到。集体的“虚假”与“真实”之分,最早见于马克思的《德意志意识形态》。针对“虚假集体”对个人自由的压抑、背离和异化,马克思提出了“真实集体”的概念——

① 《马克思恩格斯选集》第1卷,人民出版社1995年版,第274—275页。

“只有在共同体中，个人才能获得全面发展其才能的手段，也就是说，只有在共同体中才可能有个人自由。在过去的种种冒充的共同体中，如在国家等等中，个人自由只是对那些统治阶级范围内发展的个人来说是存在的，他们之所以有个人自由，只是因为他们是这一阶级的个人。从前各个人联合而成的虚假的共同体，总是相对于各个人而独立的；由于这种共同体是一个阶级反对另一个阶级的联合，因此对于被统治的阶级来说，它不仅是完全虚幻的共同体，而且是新的桎梏。在真正的共同体的条件下，各个人在自己的联合中并通过这种联合获得自己的自由。”①在此，马克思强调了真实集体是个人获得自由和发展的前提和条件，这一观点是从个性自由和社会发展的视角来界定的。在虚构的集体中，表面的利益宣誓是普遍的、大众的，而其实质则是特殊的、阶级性的并与个人利益异己的、背离的。其最终结果是，一方面绝对地排斥了个人，变成了一种专制主义；另一方面扼杀了人的积极性和创造性，使人丧失了对社会、集体的信任感、归属感和依赖感。今天，在人们的物质世界逐渐变得富裕的同时，人们的心灵世界却在日益变得空虚和贫乏。我们忽然感到了人际交往因为缺乏正义和诚信而显得异常的艰辛和困难，人类正面临着严重的精神危机。本质上，现代社会出现的颓废、沦丧、抑郁、失望、空虚、绝望等问题，既根源于个人缺乏价值信仰和值得为之献身的东西，也根源于社会缺乏正义之绳的规约和保障。

传统意义上的人际正义只限于个人与个人之间的各种关系。最早关于正义问题的探讨可以追溯到柏拉图，柏拉图关于正义的理论论述是从个人的生活开始的，探询什么东西给人的生活带来公正。他把个体的正义看做是灵魂的和谐，灵魂中理性、意志、情欲三种成分和谐相处，就会造就正义的人。其学生亚里士多德则认为，由于个人的行为、活动、意识，都是与其他事和人相联系的，因此，发展中合乎秩序与规则的正义问题既是个人生活伦理的核心问题，也是社会正义的实质性问题。而正义与否则取决于人的德性。当代西方美德伦理学的领军人物阿拉斯代尔·麦金太尔在其著作《德性之后》中，继承并发展了亚氏的这一思想，认为“德性是一种能使个人负担起他或她的社会角色

① 《马克思恩格斯全集》第 3 卷，人民出版社 1995 年版，第 119 页。

的品质”也是“接近实现人的特有目的的品质”。[①] 可见，人际正义是发展伦理的题中之义，也是弥久常新的伦理现象。在人与自然、人与生态的冲突已危机四伏之时，发展伦理格外关注和强调在平衡人与其他生态的利益之时，必须把握人际正义原则的“度”，并赋予了人际正义以新的内涵。在发展伦理看来，判定一个人行为是否正义不仅要置身于个体时代和与未来时代的关系来考量，而且还要置身于人与自然的关系来考量。判定现代社会人际关系是否正义，撇开人与自然的关系显然不能涵盖其所有的内容。

在发展伦理视阈中，不仅涵盖了传统社会意义上和生态伦理意义上的人际正义，而且丰富和超越了以往的狭隘理解。发展伦理认为“人际”不仅指人与人之间的关系（包括个人与个人关系、代内关系和代际关系），而且还包括人与生态之间的关系（包括地域、文化、种群、环境等等生态之间的关系）。人际正义应该维系人与人之间合乎道义的关系，也应该维系人与所有生态之间的正义合理、同构守衡与互养循环的和谐关系。虽然发展是人类一切行为和观念的出发点，但在阶级利益、集团利益、个人利益诸种利益的推动下，发展进程中的私心物欲引发的不平等和非正义最终将导致人际之间的全面冲突，它是人际间的局限性和不完整性。范围广泛、影响深远的人际冲突已演绎成为今天世界的主要问题，迫切需要发展伦理内涵的正义精神加以化解。人际冲突是不同人群、不同阶层之间的利益冲突，它在破坏人际关系的同时，也破坏、分离、肢解了生态环境的完整性、逻辑性、合理性与和谐性。对待自然、对待环境、对待生态，人类应该学会控制自己的欲望，学会尊重人类之外的所有生态，科学合理有节制地利用、保护并发展生态环境。

一般而言，发展伦理的人际正义是由伦理良知而外化的道德规范要求，它以德性善为核心，促使人在处理人与人以及人与生态之间的关系时做到利他、去私、合群、责任、义务，通过善待他者的正义取向，提供人类依归善的资源，实现人际之间的同构性与亲和关系，建构良好的社会秩序。无疑，在社会发展的进程中，人际正义是伦理善的原则化、具体化，它将伦理的含义落实到任意一类、一对、一列、一域的事件、行为、关系之中，以追求人际之间和天人之间的公平、公正、合理、正当和有效。可见，人际正义就是扶持、规范人心之向往和内

① ［美］阿·麦金太尔：《德性之后》，中国科学出版社 1995 年版，第 234 页。

秉，通过内心善念制约外在行为。对此，不可简单地将其理解为迫于无奈的他律，而应看做是良知、觉悟、禀赋等自律要求。这种自律一旦形成，便有向外无限扩散的功能，直接决定外在的行为，甚或影响周遭的环境和他人。所以，人际正义不仅是个人所不能缺失的，也是人群、社会乃至生态同构所不能失去的。

8.5.2　从人际正义到社会正义

当社会发展进入到现代，人类的生存处于一个显见的“悖论”层面——人不改造自然就不能生存，但人类过度地、无约束地改造自然，最终也使人不能生存。此时，人们除了探究“如何发展”的问题之外，真正意识到“为何发展”才是首要的问题，而且“为何发展”应该成为发展伦理的理论基础，它是“如何发展”的理论前提。这一点在现代理论中无疑得到很好地澄清与证实，发展并不是为了发展而发展，发展的主体是不可忽略的价值论主体，同时发展主体的目的论是否合理也存在相当大的质疑空间。对于社会发展的方向、目的、方式等一系列的发展伦理的价值论问题的设定不是社会的单个主体所能够决定的，社会为何发展与如何发展的问题也不是单个个体所能够主宰的。在现实的层面，多个个体的行为汇合成社会发展的主流进而成为历史的潮流。这就自然关系到社会发展主体之间的利益问题，不仅仅是当前的利益，还有至少是在很长一段时间内可以预见的未来者的利益问题。显然，只有经过社会正义理论来考量的社会发展理论，才不至于偏离社会发展的方向，至少不会因违背社会主体整体的意志而形成自我束缚的局面。在现实中，许多国家在发展理念上的我行我素，给整个人类带来的不稳定和不协调的自然与社会的种种尴尬局面，就是非常明显的例子。可见，在发展伦理的理论空间太需要社会正义的思想给予充实，表面上这是建立在人与人之间的正义，但在世界范围内，人与人的正义统辖着人与生态之间的正义，它对于人与社会、人与自然之间关系的处理有着意义非凡的价值和作用。

第9章

思路扩展Ⅲ:可持续科学发展的时空维度

自然进化到今天,人类发展的无限性与自然发展的有限性正在进一步扩大,如果不及时作出调整,二者必将走向死亡。人类面临的发展问题因各种国情有所不同,但无论是传统的发展模式还是经济伦理抑或生态伦理无法解决的发展困境却是一个全球性的重大问题。因而,可持续性的科学发展是当今世界各国的核心诉求。可持续的科学发展观既重视人类特有的能动作用和人的主体价值,也强调人类在自然界所处的道德代理人和环境管理者的地位。在强调人与自然和谐统一的基础上,它承认人对自然的保护作用,在理论上对人类中心论和生态中心论进行了有效的价值整合,在实践上则力图通过科学发展协调人类发展无限性与自然发展有限性之间由来已久的矛盾。科学发展强调发展的可持续性,超越了人类中心论和生态中心论的局限,强调既要尊重自然的客体价值,又要保护人类的主体价值,实现二者的辩证统一。尤其要注重通过代际发展和代内发展,一改过去单纯追求当下利益的传统发展模式,转向注重发展质量和后代人幸福的可持续的科学发展模式,以促进社会与自然共同的和谐发展。这是发展伦理的基本价值向度。

9.1 关于自然优先的若干思考

自然不能获得足够的发展,人类发展就没有创造价值的基础,没有生存的环境。地球上资源的有限性,自然发展速度的缓慢性,使得自然目前无法承受人类发展带来的压力,自然生态正面临失衡的危险,无法修复自身的机能。为使人类与自然的每一个主体获得持续发展,首先就要发展最原始的基础——自然。只有优先发展自然,恢复自然的机能,平衡生态系统,丰富自然资源,人类发展才有赖以生存的物质基础,才有滋养下一代的环境,人类发展才会无限持续下去,否则终有一天会走到有限的终端。

9.1.1　自然优先的价值分析与论证

传统的经济价值理论认为,有使用价值的东西不一定有价值,因为没有劳动参与就没有价值。然而,随着人类对自然认识的深化,人们越来越清醒地看到,世界上很多没有社会劳动的东西却在事实上存在着其不可替代的独特价值,诸如矿产、森林、土地等稀缺性和不可缺性的自然资源等等。自然资源是由"自然资源物质"和"自然资源资本"两部分构成的。长期以来,人们只看到自然资源资本的价值,忽视了没有人类劳动参与但却有价值的自然资源物质。正是这种把环境成本外在化的看法,导致了传统生产和贸易主体不但毫不吝啬地攫取资源,而且毫不可惜地污染环境,导致河流不再洁净,空气不再清鲜,四季不再分明,天空不再湛蓝。这是环境问题和生态危机的经济学根源。历史总是在对过去进行不断地批判与反思的进程中得以前行的,当人类对自然价值有了全新的认识之后,我们也愈益清醒地认识到了自然的优先价值所在。

9.1.1.1　自然界具有价值创造性

美国环境伦理学家霍尔姆斯·罗尔斯顿指出:"自然系统的创造性是价值之母;大自然的所有创造物,就它们是自然创造性的实现而言,都是有价值的。"①人类面对的是一个创造万物的自然;一个永不停息、充满各种创造物的自然,在此,自然既是创造主体又是创造客体。我们说自然具有内在价值,就是指它能够创造出有利于有机体发展的差异,使生态系统丰富起来,变得更加美丽、和谐、复杂;使人类具有赖以存在的"场"。人类所创造的最初价值均来源于自然,因为人类自身是自然界创造的,它的价值依附于整个自然界。由此现代价值论应该体悟到价值的主体既有人类也有自然。价值主体具有多样

① [美]霍尔姆斯·罗尔斯顿:《环境伦理学》,中国社会科学出版社 2000 年版,第 269—270 页。

性,多样性的价值主体具有需要和满足的多样性,从而使得价值意义在自然界的各个层次上展开。动植物及其所有的生物其实一直都在进化中更替着它们新的生存策略,完善各自物种自身的设计。[①] 以植物为例,从自然进化史来看,当人类还在费劲地锻炼自己的意识,还在学着用双脚走路时,植物靠着物竞天择的自然选择,已经通过光合作用,完善自然界的有机过程了。犹如《纽约时报》的撰稿人迈克尔·波伦所说:“植物是自然界的炼金术士,是把水、土和阳光改造成为一系列珍贵物质的专家,它们中的许多都超越了人类的想象能力,人类的生产力比它们低得多”。

9.1.1.2　自然价值具有增殖性

在自然进化中,随着自然物有序度的提高,自然价值也会不断增值。地球从形成太阳系的星云中刚刚分化出来时,处于混沌状态,这是熵占主导的自然价值;随后相继形成了地壳自然价值、地质自然价值、有机自然价值、生物自然价值、乃至人工自然价值和人类文明价值的进化,从而形成了自然价值的层次结构。[②] 纵观几十亿年的生物进化史,人类根本就没有任何理由傲视万物。自然价值的优先性是不以人的意志所改变。

9.1.2　自然优先的意义

承认自然有限的优先性并不是要否定人类存在的价值和人类欲望的无限性,而只是劝导人类在满足自己欲望的发展进程中首先应考虑到自然发展的问题:没有自然的优先发展,人类的发展将失去其客观基础,人类欲望的实现也将成为不可能。

9.1.2.1　自然物承担着地球机体的各种功能

自然物是自然界的有机组成部分,它承担着地球机体自我净化、自我修复和自我再生的各种重要功能。例如,森林是地球之肺,没有森林,生物所需之氧就无从产生;湿地是地球之肾,没有湿地,干涸的地表地球无法排泄。自然物的存在都有其合理性和必然性,它们在生态中构成了一个有机系统,相互承

---

① [美]迈克尔·波伦:《植物的欲望:植物眼中的世界》,王毅译,上海人民出版社 2005 年版,第 7 页。

② 陈其荣:《自然哲学》,复旦大学出版社 2004 年版,第 234 页。

担着不同的功能,否则,地球就要失去平衡,有机体就会病变,人类也难以生存。这就要求人类的发展进程应在自然界可以承受的自我净化、自我修复和自我再生的能力之内。只有这样,才不至于影响到自然界有机系统功能的正常发挥,人类社会与自然世界才能和谐相处,人类的发展才可持续。

9.1.2.2 自然价值优先有助于人类的发展

很长时期内,人类可以认识自然规律和社会发展规律,但却很难调和人类社会与自然世界的关系,因为人类在发展过程中总受到欲念的干扰。这些欲念的膨胀已经超出了自然界的承载能力。对自然价值优先性的认识是一种自然能量向人类精神力量的上升,它可以使人类在尊重自然价值的优先性之基础上改变人类社会与自然界不和谐的关系,通过改善、协调、持续发展,提升人类自我价值。大自然可以宽容少数人的过错,但不能宽容人类的集体堕落。对自然价值的创造性与增殖性的认识,使人类发展尊重自然发展,而不是自然发展让位于人类发展,这是自然与社会的发展规律,这是人类改变自我的必经之路。对自然价值的认识是人类的环境智慧,没有这种认识智慧,人类难以改善自然与人类在发展中的关系。

历史地看,人类所有的发展都有赖于自然价值的实现。这体现在人类的生存与发展无论是从物质的还是从精神的层面上都要依赖自然界,自然是人类社会一切财富和文化的源泉。一方面,自然界是人类生存与发展的物质前提,人类的一切生活资料和生产资料都直接或间接的来源于大自然;另一方面,自然界还为人类提供了精神食粮。无论是人的思维感觉还是包括美感和良心等在内的人的精神生活都来源于大自然。正如马克思在《1844年经济学哲学手稿》中所论述的:“人(和动物一样)靠无机界生活,而人和动物相比越有普遍性,人赖以生活的无机界的范围就越广阔。从理论领域来说,植物、动物、石头、空气、光等等,一方面作为自然科学的对象,另一方面作为艺术的对象,都是人的意识的一部分,是人的精神的无机界,是人必须事先进行加工以便享用和消化的“精神食粮”;同样,从实践领域来说,这些东西也是人的生活和人的活动的一部分。人在肉体上只有靠这些自然产品才能生活,不管这些产品是以食物、燃料、衣着的形式还是以住房等等的形式表现出来。在实践上,人的普遍性正表现为,它把整个自然界——首先作为人的直接的生活资料,其次作为人的生命活动的对象(材料)和工具——变成人的无机的身体。

自然界,就它自身不是人的身体而言,是人的无机的身体。人靠自然界生活。这就是说,自然界是人为了不致死亡而必须与之处于持续不断地交互作用过程的、人的身体。所谓人的肉体生活和精神生活同自然界相联系,不外是说自然界同自身相联系,因为人是自然界的一部分"①,这从正面说明"自然价值优先有助于人类的发展"。

强调自然优先的真正意义并非要把自然抬到高于人类利益的程度,其实质是在自然发展的可持续性的同时达到人类发展的可持续性,如果不加以重视,人类必将为有限的自然资源展开杀戮而最终进入坟墓。如今人类必须在有限与无限中寻求一种平衡与和谐,只有这样才可能有真正的可持续的科学发展,否则有限与无限的失衡最终将毁灭人类的一切文明。翻开历史长卷,许多文明的衰败与湮灭,都缘于生态系统的劣化——人类发展与自然环境的失衡。两河流域(幼发拉底河、底格里斯河)曾是古巴比伦文明的发源地,这里曾是树木蔽天、郁郁葱葱、风调雨顺、富饶美丽之地。曾几何时,两河流域成了一片寸草不生的荒漠,和她一起消失的,还有她孕育的古人类文明。还有中国的楼兰古城,也曾是水草肥美的大草原,如今变成了戈壁。蔓延800多万平方公里的撒哈拉沙漠并非天生就是地球上的不毛之地,它一度是古代非洲人民的美丽家园。只是到公元前15世纪逐渐变得干燥,然后加剧了沙漠化的进程。今天的人类困境实际上是"三分天灾,七分人祸"这从反面说明"自然价值优先有助于人类的发展"。

9.1.3 自然优先何以可能

首先,必须控制人口的增长。有效控制人口增长以降低人口增长速度,减少人口总量以达到人口与社会发展、经济增长相适应。

其次,要重新调整人类消费行为的取向。只有改变奢靡的消费观念和消费行为,逐步、全面提倡绿色消费,合理消费地球有限的资源,保护有限的生态,实现人的全面自由发展。绿色消费是可持续性消费,即从消费的数量来说,要倡行适度消费,反对过量消费;就消费的方式而言,要力行文明消费,反对奢靡消费;从消费的内容来讲,要施行绿色消费,反对不当消费。

---

① 《马克思恩格斯选集》第1卷,人民出版社1995年版,第45页。

第三,还自然本真面目。控制人口增长和提倡绿色消费只是减轻了自然的压力,但人类还要在此基础上改善自然的造血功能,还自然本真面目。可以通过诸如退耕还林、退田还湖、退牧还草等举措,逐步扩大和加强自然资源的再生范围和能力。

第四,为环境立法。通过为环境立法巩固已有的环保成果,规范人类对自然的行为,使人与自然处于一种和谐的秩序之中。

第五,走可持续的科学发展道路。要想使自然获得充分合理的发展,没有人类自身的发展与提高是很难做到的。所以在两者同步发展的基础上怎样去寻求更好的机制来协调两者关系是问题的切入点。所谓可持续的科学发展就是要辩证地处理人与自然发展的内外部联系和发展与增长的关系。

9.2　可持续性在科学发展中的意蕴

可持续科学发展观的重要特点是使发展成为在今天是现实的、合理的,同时又能使明天的发展获得可能的空间和条件。因此,可持续的科学发展也是为未来发展创造条件的发展。

9.2.1　可持续科学发展的伦理价值

传统发展模式是以挥霍性消费为前提的增长,其本质是以破坏生态为代价的非节约型经济,与可持续的科学发展是相冲突的。尤其是以工业文明为主导价值的人类中心主义,崇尚人对自然的主宰地位,视自然为人的仆役。在此价值观的误导下,人与自然的价值关系发生倾斜和失衡,导致了恶性循环的两个结果:人类对自然空前的掠夺开发和征服;自然对人类空前的反抗和报复。发展伦理立足于人类的整体利益和长远利益,将自然纳入伦理的调整范围,并通过“人为自己立法”的积极行动,实施有约束的发展模式,不仅要实现代内发展的可持续性,还要确保代际发展的可持续性。

可持续的科学发展是指既满足现代人的需求以不损害后代人满足需求的能力。它是经济、社会、资源和环境保护的协调发展,其宗旨是:“不能吃祖宗饭,断子孙路”。它要求我们既要实现经济的快速发展,又要保护好人类赖以生存的大气、淡水、海洋、土地和森林等自然资源和环境,使子孙后代能够永续发展和安居乐业。可持续的科学发展与环境保护既有联系又有区别:环境保护是可持续科学发展的重要方面,而可持续的科学发展不仅仅是环境保护,其核心是发展,是在严格控制人口、提高人口素质和保护环境、资源永续利用的前提下进行的经济和社会的发展。

可持续性发展的伦理价值使发展的可持续性成为科学发展观处理代际和代内关系的重要道德准则。可持续性发展是解决代际公正和代内公正问题的必要途径,它内在地要求建立与其适应的代际伦理,并以代际伦理作为自身的伦理基础。发展的可持续性是维持代际延续与和谐的基础,不可持续性则是导致代际冲突的根源之一。显然,促进人与自然的和谐,实现经济发展和人口、资源、环境相协调,坚持走生产发展、生活富裕、生态良好的文明发展道路,保证一代接一代的永续发展。这正是可持续性在科学发展中的应有之义和深远意蕴,并使之成为发展伦理的基本价值导向。因此,对发展的可持续性进行伦理审视和道德规约是发展伦理学的重要目标与责任。

9.2.2 现代人的共识——可持续的科学发展

1980 年 3 月,联合国大会第一次使用了可持续发展的概念,随后这个概念逐渐被各国的官方文件使用。可持续发展作为完整的理论,包括了以《增长的极限》为代表的观点,包括了《第二个 2000 年》和《没有极限的增长》中的部分观点,还包括了联合国《人类环境宣言》中阐述的有关理论。联合国世界环境与发展委员会在《我们共同的未来》研究报告中,首次清晰地表达了可持续发展观,即"可持续发展是既满足当代的需求,又不对后代满足需求能力构成危害的发展"。

可持续的科学发展观包括以下主要内容:一是肯定发展的必要性。只有发展才能使人们摆脱贫困,提高生活水平。只有发展才能为解决生态危机提供必要的物质基础,才能最终打破贫困加剧和环境破坏的恶性循环。因此,承认各国的发展权十分重要。二是显示了发展与环境的辩证关系。环境保护需要经济发展提供资金和技术,环境保护的好坏也是衡量发展质量的指标之一。经济发展离不开环境和资源的支持,发展的可持续性取决于环境和资源的可持续性。三是提出了代际公正的概念。人类历史是一个连续的过程,后代人拥有与当代人相同的生存权和发展权,当代人必须留给后代人生存和发展所需要的必要资本,包括环境资本。保护和维持地球生态系统的生产力是当代人应尽的责任。四是在代际公正的基础上提出了代内公正的概念。这是在全球范围内实现向可持续科学发展转变的必要前提。发达国家在发展过程中已经消耗了地球上大量的资源和能源,对全球环境造成的影响最大。因此,发达国家应该承担更多的环境修复责任。

中国作为发展中国家从 20 世纪 90 年代起开始实施可持续发展战略,时至今日,中国正在成为全球推行可持续科学发展战略的重要力量。"可持续发展战略事关中华民族的长远发展,事关子孙后代的福祉,具有全局性、根本性、长期性。实施可持续发展战略,促进人与自然的和谐,实现经济发展和人口、资源、环境相协调,坚持走生产发展、生活富裕、生态良好的文明发展道路,这既是全面建设小康社会的必然要求,也是贯彻落实科学发展观的重要实践。"①特别是十七大以来,我们党明确地把"生态文明"写进党的纲领文件,再次显现了中华民族作为大国履行国际责任、坚持走可持续的科学发展道路的决心与信心。

9.3　可持续的科学发展:代内发展和代际发展

科学发展系统的一个重要架构是可持续的科学发展,可持续发展的传统经典定义是:"既满足当代人的需要,又不对后代人满足其需要的能力构成危害的发展。"②此界定内涵着可持续发展的时间维度和空间维度——时间维度重在解决如何满足未来世代需求的代际发展问题;空间维度重在解决如何满足当代人的需求问题。在发展伦理的视阈,此定义虽然关注了当代人和后代人需求满足的问题,但由于它忽略了代内空间纬度不同群体、不同地区、不同国家之间现实存在的区域公平和贫富差距问题,且完全忽略了发达国家对环境保护应该承担的必要责任,因此呈现出理论和实践层面的片面性和抽象性。发展伦理视阈中可持续的科学发展,无论是在理论上还是在实践上都力图突

① 胡锦涛:《把科学发展观贯彻于发展的整个过程》(2004 年 5 月 5 日),《十六大以来重要文献选编》(中),第 69—70 页。

② 世界环境与发展委员会:《我们共同的未来》,王之佳等译,吉林人民出版社 1997 年版,第 52 页。

破传统可持续发展的经典理解，将人与自然之间、代内和代际之间的公正与和谐原则作为可持续科学发展的基本原则。作为可持续科学发展的两个基本价值维度，代内发展应该秉持公正的原则，联系发达国家和发展中国家的现实讨论人类自由、福利制度、环境正义等发展深层次的发展伦理课题，以解决当代人和现实自然的需求问题；代际发展解决的则是如何满足未来世代发展的问题。从可持续科学发展的价值视角看，代内公正发展和代际公正发展是不可或缺的，它们相互联系、相互促进，是辩证统一的关系。代内发展是代际发展的基础，代内发展问题的解决是解决代际发展问题的前提；而代际发展是代内发展得以延续的充分体现。发展伦理从代内和代际两个角度审视发展的历史过程，既为科学发展的可持续性提供了伦理支撑，又为科学发展主要目标的实现提供了道德导向。可见，讨论可持续的科学发展的问题，无法绕开对代际公正和代内公正的深入研究。

9.3.1 代内发展：可持续科学发展的空间维度

代内发展是指同时代人的发展，不仅包括国内区域间以及个人之间的发展，还包括国际之间、民族之间的发展。代内发展有赖于代内公正的保障，在代内公正看来“发展的好处应当惠及所有的社会，惠及社会上的每一个人。”① 在空间维度，作为发展的现实之维，代内公正所解决的是现时代人类自身的发展、经济的发展与自然资源和自然环境承载能力之间的矛盾。它要求人口适度增长，人口增长不能超过自然的承载能力；要求人类在满足自己的物欲时，不能以掠夺自然资源和破坏自然环境为代价，在追求人与人的和谐与协调发展的同时，还必须追求人与自然的和谐与协调发展，人的发展应该与自然的发展协调一致。在此，代内公正充分体现了同时代人际与天人之间的伦理性。否则，发展将是不可持续的。

9.3.1.1 代内发展视野中的世界

近代西方工业文明是一种只有技术意义上的动力机制而没有人文意义上自我约束、自我评价机制的发展模式。17 世纪中叶，随着科技的迅速发展，以工业革命为标志，西方国家开始步入现代化的快车道。人类第一次异常清晰

① ［美］德尼·古莱：《发展伦理学》，社会科学文献出版社 2003 年版，第 63 页。

地把社会经济增长、物质财富的增加等同于社会发展,把工业化等同于现代化,“GDP 情结”和“增长癖”开始充斥整个世界。恰如丹尼尔·贝尔所言:“经济增长至上论”已成为西方工业化国家的“世俗宗教”和“政治溶剂”,成为个人动机的源泉,政治团体的基础,动员社会以实现一个共同目标的根据。① 但是,由于这种发展模式“只有动力机制(如追求无限占有、消费物质财富的欲望和自由竞争)而没有自我约束、自我评价和自我规范的机制。”②所以,它不仅在理论上是有缺陷的,而且在实践上也有着极大的负面作用。从本质上看,它是一条“通往奴役之路”的发展模式。结果,“虽然我们的世界与以前任何时候相比都无比富有,但它却依然是一个充满着极度剥削和惊人不公平的世界”,“我们生活在惊人的不平等中,患上艾滋病的穷人会因此死去,更普遍的情况是,穷人会因一些别处容易治愈的疾病死去,甚至在穷困国家里为富人提供服务的高级医院和诊所也很容易治愈这些疾病”。③ 在这一发展过程中,发达国家与发展中国家的不公平主要表现在发展的基本资源和发展市场的不均衡,包括生命存活率、健康、教育等诸多方面。“19 世纪初,国家间差别相对较小,但到 20 世纪末,国家间差别在总体不平等中已经占到较大比例”,“全球不平等程度一直在不断扩大,原因是大多数其他低收入国家和富裕国家间的差距越来越大。”④贫困问题成为制约发展中国家发展的重要原因,发展只成为发达国家的特权,这就凸显了国际发展的不平等。在国际关系上,虽然和平与发展是当代世界的主题,但事实上霸权主义、强权政治和文化歧视等依然存在。例如,一些发达国家为了自己的私利,通过种种途径,向发展中国家和贫困地区倾销有毒垃圾,转嫁污染产业,执行双重环境标准等;还有一些主要发达国家以保护环境、资源为借口,限制其他国家尤其是发展中国家的发展。2009 年哥本哈根会议因为发达国家推卸自己应承担的环保责任而导致的诸多遗憾便是说明。

---

① [美]丹尼尔·贝尔:《资本主义文化矛盾》,赵一凡等译,生活·读书·新知三联书店 1989 年版,第 295—296 页。

② 刘福森:《论发展伦理学——可持续发展的伦理支点》,《江海学刊》2002 年第 6 期。

③ 世界银行编:《2006 年世界发展报告:公平与发展》,清华大学出版社 2006 年版,第 55 页。

④ 世界银行编:《2006 年世界发展报告:公平与发展》,清华大学出版社 2006 年版,第 7 页。

“当代世界由西方支配，而且尽管昔日世界统治者的帝国式权威已经下降，西方的支配地位仍然强大如故——在某些方面，特别是在文化事务上，甚至比以前更加强大。在可口可乐和 MTV 的帝国，太阳永不落。”①在全球化的美妙口号下，西方霸权主义以发展的幌子不仅对发展中国家进行生态和资源的侵略，而且更是在文化理念和生活方式等方面，极尽削弱和破坏发展中国家和弱小国家的古朴生活方式、传统价值以及本土文化之能事。很显然，代表西方发达国家话语权和经济文化利益的“全球化”缺乏公平的对话机制和平台，在这样一个非常不平等的国际背景下，许多国家和地区尤其是发展中国家和贫困地区在全球化的进程中无法走“本源性”的发展战略，而是不得不步入西方以牺牲自然环境和人文环境为代价的“现代化”发展之路，最终不仅没有实现发展自己的目标，反而丧失了资源优势和本土文化特色，成为了西方发达国家奴役的对象。如此严重的不平等、不公正，根本无法保证代内的可持续发展。

9.3.1.2　发展伦理视阈中的代内公正

所谓代内公正，是指同代人之间的横向公平与正义。即，在同一时代内，一部分人的发展不能损害另一部分人的发展；一个地区的发展不能损害另一个地区的利益，一个国家的发展不能损害另一个国家的利益，一个民族的发展不能损害另一个民族的利益。简言之，它指当代人不论国籍、种族、性别、经济水平和文化差异，在要求良好生活环境和利用自然资源方面，都享有平等的权利。它是可持续科学发展的公正原则在空间维度的基本要求。可持续科学发展是一个全球性概念。地球是一个不可分割的系统——水域是相通的，大气环流不受国界阻挡，气候是全球动态现象，生态灾难不能人为划定疆界，空气污染并不会只滞留某国某地，而是会产生大范围的乃至全球性的恶果，在这样一个系统中，任何一个国家或地区要想“独善其身”是不可能的。② 这就要求生活在同一时态下的当代人必须建立人际间、域际间、国际间的和谐关系，不能为了自己的发展而损害他人的利益，必须通过实现“代内公正”共同促进全

① [印]阿马蒂亚·森：《以自由看待发展》，任赜、于真译，中国人民大学出版社 2002 年版，第 242 页。

② 孙小礼：《可持续发展敦促传统观念的更新》，《学习时报》，2007 年 7 月 17 日。

球的可持续科学发展。代内公正不仅涉及人与人的关系，还涉及人与自然的关系。从个人的角度，它要求当代人在追求自身利益的同时，要考虑自身及他人生存环境的保护和利益；从国家和地区的角度，它要求一国在开发和利用自然资源时必须考虑到其他国家和地区的需求以及各个国家如何分担环境保护责任的问题。

代内公正的道德原则强调当代不同肤色、不同种族、不同国家、不同民族的人们在利用自然资源，满足自身利益方面的机会是均等的，在谋求生存与发展的权利上是均等的。宇宙只有一个地球，其空间、资源、能源和环境都是有限的，任何国家和地区的发展都不能以损害其他国家和地区发展为代价，特别要注意维护贫困落后国家和地区的利益。然而放眼世界，从历史和现状来看，代内不公正的情况非常严重。全球迅猛发展的结果是南北差距的日益拉大，甚至呈现出差距越来越大的趋势。发达国家在工业化过程中严重污染了环境，它们最先享用了地球资源，也最先破坏了自然的生态平衡。特别是发达国家挑起的战争和核竞赛，施放了大量有毒气体，严重污染了环境并造成生态失衡。一些经济发达的大国不仅垄断着高科技，还垄断着包括认知在内的意识形态权力，并操纵着物种遗传资本。这一切，加剧了大多数发展中国家的贫困现象。发展中国家不仅要在经济上受发达国家的剥削，而且还要忍受他们在政治上和军事上的压迫。从发达国家的发展史来看，其富裕大多是建立在对发展中国家自然资源的掠夺、经济上的剥削、政治上的压迫和发展权利的削弱之上的。与此同时，发达国家无视环保的快速发展也加剧了环境问题的日益恶化，使环境危机危及整个人类的生存。因此，发达国家对“全球生态赤字”理应负有更大责任。当然，发展中国家也要结束杀鸡取卵、竭泽而渔的开发行为，避免重蹈发达国家“先污染后治理”的覆辙。现在人们愈益清醒地认识到，代内公正的实现，有赖于重新调整各国利益，建立新的国际经济秩序和全球伙伴关系。这是一个充满政治、经济、社会困难的长远过程。

9.3.1.3　代内公正与全球科学发展的可持续性

发展伦理认为，发展的最终目的是要实现全人类的真实幸福和全面发展。为此，我们必须通过树立人类整体意识，解决世界性的代内发展不公正的问题，使世界保持公正的有序合理性。所谓人类整体意识，是针对当今人类共同的危机提出来的。全人类共同的危机涉及人类的整体利益，关系到整个世界各个国家的每一个体,需要全人类每一个人的共同努力才能解决。人类只有树立这种整体意识,才不会为一个国家或一个地区的私利所束缚,才有可能积极开展有效的对话、协商与合作,一起面对共同的危机,找到解决问题的路径,实现代内发展的合理目标。代内发展既要求在国家内部实现区域之间的协调发展和共同进步,还要求国际之间的平等协作。国家的发展是各地区间的整体发展,只有人类整体利益的提升才是真实的发展。所以,各国既应该追求本国可持续的科学发展,又不局限于本国的发展。人类发展是一个共同的话题,全球发展应该求同存异,在共同发展中寻求共识:全球发展应是各民族、各地区、各个国家多主体的发展,应是不同主体权利与义务对等的发展;各国政治上应相互尊重,共同协商,而不应把自己的意志强加于人;经济上应相互促进,而不应当贫富悬殊;文化上应相互借鉴,共同繁荣,而不应排斥其他民族的文化;安全上应相互信任,共同维护,树立互信、互利和协作的新安全观等。① 人类共住地球村,应该有一种普世大爱的价值观,使全球发展共同走向和谐化、平等化,构建世界区域相互协调的、科学的可持续发展。

9.3.1.3.1　国际公正与发展的可持续性

20 世纪下半叶以来,以解除贫困为首要任务的发展中国家的发展是人类面临的最大挑战之一。发展中国家贫困问题和发展问题的解决既是国际公正的难题,也是国际公正的有力保障。国际公正是解决人类代内公正问题的关键点。

其一,发达国家与发展中国家的对峙。

全球 60 亿人口中的 90% 集中在发展中国家。因此,发达国家认为,是发展中国家过多的人口、环保观念缺失、为了发展而开发资源、环保技术手段滞后、政府的政策不到位等原因造成了当今世界严重的环境问题并侵害到发达国家。最具代表性的观点是前面提到过的哈丁的“救生艇”理论。此论将地球比喻成一艘拥挤而富裕的救生艇,它只能养活有限的人口,穷国的人口增加,引起了粮食问题与环境污染,破坏了地球的生态系统。因而,富国不应该救穷国,应当让穷国沉入大海。② 所以,发达国家强调,发展中国家应该对环

---

① 参见江泽民:《十六大报告》,人民出版社 2002 年版。

② [美]R. T. 诺兰:《伦理学与现实生活》,华夏出版社 1988 年版,第 448—451 页。

境问题负主要责任是“代内公正”的体现。发达国家甚至要求国际组织首先应该考虑发达国家受伤害的程度,并为他们的正当利益提供正义支持。

与之相反,发展中国家则认为,人口过多并不是产生环境问题的主要原因,发达国家的工业革命和过度消费以及浪费才是环境问题的真正原因。从 200 多年前的产业革命开始,资本主义始终是通过对大自然进行掠夺性的开发和奢侈性的消费实现工业化和现代化的。今天,发达国家仍然是自然资源的主要消耗者和污染物的主要排放者。世界范围内,仅占世界人口 25% 的发达国家,竟然占据了包括能源在内的世界 80% 以上的各类资源。发达国家只占世界人口总数的 1/4,消耗掉的能源却占世界总量的 3/4,木材的 85%,钢材的 72%,其人均消耗量是发展中国家的 9—12 倍,温室气体的排放量也占全球总量的一大半。例如,不足世界人口 5% 的美国,却消费了占全球 25% 的商业资源,排放出占全球 25% 的温室气体。① 美国以环境为基础的物品和服务的人均消费量几乎是中国人的 50 倍。养活一个美国人所需要的农产品是养活一个中国人的 3 倍,按消费总量计算,美国家庭养活 2 个孩子的消费量,是发展中国家抚育 40 个孩子的资源。② 与发达国家奢侈性消费的同时,全球还有 12 亿人生活在温饱线以下,恩格尔系数极高,他们每天的生活费用不到 1 美元,东西方存在着极其严重的贫富分化。另外,占世界人口 1/5 的发达国家释放了全球 53% 的二氧化碳,而占世界人口 4/5 的贫困国家释放的二氧化碳只有 3%。③ 可见,工业化国家是原材料的主要消耗国,但为污染和滥用土地、森林、河流付出代价的,却大多是那些最贫困国家。发达的富裕国家“忧心忡忡”、“振振有词”地指责发展中国家,但他们往往忘记自己是发展中国家生态资源消费的最大顾客。在巨大的差距下,少数发达国家和集团推行的世界标准只能使富国越来越富,穷国越来越穷。富国占据世界先进的生产技术,却用落后的生产技术或高附加值的产品从发展中国家掠夺能源、矿产资源和廉价劳动力,还挥舞着所谓的国际标尺要求发展中国家同它们一道保护环境、节约资源,对来自发展中国家的初级产品设置绿色贸易壁垒。这种不公平是

① 傅华:《生态伦理学探究》,华夏出版社 2006 年版,第 294 页。
② 李培超:《论环境伦理学的“代内正义”的基本蕴意》,《伦理学研究》2002 年第 3 期。
③ 唐任伍:《论全球化带来的两极分化及其对策》,《世界经济与政治》2002 年第 1 期。

当前可持续科学发展的最大障碍:一方面,大多数发展中国家的经济主要以粗放型模式增长,资源日益枯竭,进入恶性循环的怪圈。另一方面,发展中国家始终是发达国家的原料产地和产品销售市场,更有甚者,这些正在为温饱而挣扎的贫困国家甚至要为那些富有的发达国家背上沉重的经济发展债务。例如,为美国金融危机承担风险和债务的大都是发展中国家。事实上,发展中国家的经济总是摇摆于民族发展与富国的操纵之中,这种种不公平现象使的整个人类的发展无法实现可持续性。

其二,寻求差距下的国际公正。

国际公正最可行的办法是建立国际政治、经济、文化、环保等新秩序,各个国家按发展水平的不同共同来承担全球的义务。面对全球难题,所有成员应在发展中处于平等地位,共同制定国际标准。任何对其他国家的援助应是义务而不该有附加条件,对当前的债务实行减免,不干涉他国内政,实行真正的自由贸易,共享全球经济繁荣。当然,在前进的征程中荆棘满壑,面对资源享用与环境保护的不公正问题,发展中国家和发达国家之间存在着严重分歧。在国际环境利益问题上存在明显的不公正现象,正严重制约着国际社会对环境伦理的认同和践行。发达国家所认可的环境伦理和环境期待与发展中国家所需要的环境伦理和环境期待是不可同日而语的:发达国家由于先发展的优势更加强调有条件的环境保护,而发展中国家由于经济发展的强烈需要更加注重现实的改造和环境利用。① 结果,发达国家拼命指责发展中国家不履行环保责任,发展中国家则强烈控诉发达国家在环保问题上的不公正。占据着全球绝对多数人口的发展中国家同样需要青山绿水蓝天白云!但是,由于发展中国家和发达国家的贫富差距不断扩大以及在消耗环境资源上的巨大差异,发展中国家成为贫困和生态恶化后果的承担者,发达国家却是富裕和资源利用的享用者。西方发达国家由于国内环境压力已有所舒缓,它们的环境忧虑主要在于国际层面,因而更多强调“代际公正”;发展中国家面临生存发展与保护环境的双重压力,加之在不平等的国际环境格局中处于弱势,因而更多关注“代内公正”。面对如此难题,“地球峰会”也像以往一样议而不决,决而不行,行而不果。

---

① 曾建平:《环境正义》,山东人民出版社2007年版,第14页。

发展的可持续性必须跨过发展中国家政治、经济、文化和社会落后这道槛,而这道槛没有发达国家的援助与让度将要历经一个相当长的时间。发展的可持续性不可能在发达国家或发展中国家失去其中一方的条件下建立起来,他们是矛盾的统一体,在相互斗争中前进。现代系统论也说明没有局部的发展就不会有整体的稳定和谐。因发展中国家和发达国家两大利益集团对可持续科学发展的解读和伦理责任问题意见相左,可持续的科学发展在人类发展道路上艰难前行。它面临着一个不可回避的问题:究竟是世界的可持续科学发展,还是一国的可持续科学发展?是人类整体的环境保护,还是一个国家一个地区的环境保护?在伦理责任上,这些问题必须取得全人类的共识:原则上我们只能关注前者①。事实上我们也必须为此而迈进。1992 年通过的《联合国气候变化框架条约》(UNFCCC),制定了在气候变化问题上实施"共同而有差别的责任"的准则。原则上说,对于发展中国家,一定时间内需要免除强制性二氧化碳减排;而对于发达国家,则需要对减少排放承担不可推卸的责任。② 在此基础上,2010 年中国政府在哥本哈根会议上更精确地提出了"共同但有区别的责任"原则。现在看来,这一原则应该成为处理发达国家和发展中国家环保矛盾的基本准绳。在发展伦理看来,"共同但有区别的责任"原则是一个关于责任的原则,就共同责任而言,世界各国不论大小、贫富、种族、资源、禀赋等方面有多少不同,都有保护地球环境的责任。因为环境保护问题不只是某些国家的责任,而是全球各国不分大小强弱都应承担的责任。由于发达国家的经济发展是建立在牺牲发展中国家环境基础上的,结果,强化了发展中国家薄弱的基础、滞后的经济和科技的落后等问题的程度。同时,发达国家在贸易和环境、投资和环境等问题上利用发展中国家准入低、相关规范不健全和技术落后等弱点向其转嫁环境污染。③ 发达国家以这种不负责任的态度和不道德的手段将优胜劣汰的"丛林法则"延伸到了对环境的索取和分配上,最终必将葬送地球人所有的发展希望。为了保护地球这一人类赖以生存的蓝

---

① 曾建平:《环境正义》,山东人民出版社 2007 年版,第 61 页。

② 网易:《CHIC2010 推出绿色环保创意为主题展会》gongyi. 163. com/10/0315/14/61QU1FQ100934813. html。

③ 博文:《共同但有差别的责任原则分析》luozexiang2009. blog. 163. com/blog/static/124496988200911221129332 59/。

色星球,全球每一国家、每一个地区、没一个人都不能以人为的疆界、文化、体制、制度等方面的差异阻断环境利益的共同性和保护环境义不容辞的责任。当然,有必要指出的是,"共同责任"不是简单的平均主义。各国虽然负有保护地球环境的责任,但在发达国家与发展中国家之间,这个责任的负担是有区别的。历史地看,发达国家理应比发展中国家承担更大的或更主要的责任,这种限定是由全球环境问题形成的历史和现实所决定的。在此,发达国家不能简单地以环境污染排放量作为标准,也不能单纯以地域为标准,发展中国家是环境的历史受害者,已经、正在或将要蒙受着发达国家造成的环境污染和破坏所带来的损害。在历史上发达国家工业化的实施是以长期过度地消耗地球资源和严重污染地球环境为代价的,也是以世界人民的利益为代价的。当前地球所承受的来自人类社会的压力,大部分仍然来自发达国家,因此,无论是根据公平观念还是污染者付费、受益者补偿的原则,发达国家都应承担比发展中国家更大的保护全球环境的责任。所以说,确立共同责任和有区别的责任是有历史根据的,也是合情合理的。发达国家应该为自己的行为承担生态危机的主要责任,并且有义务对发展中国家造成的生态侵害做出相应的补偿。只有这样,才能实现真正的"代内公正"。

其三,国际贸易与环境保护。

当今世界的经济发展是以西方发达国家为主导的工业化和现代化之路,这是一条大量消耗资源能源、以牺牲生态环境为代价的工业道路。其弊端就是把工业化的实现过程完全变成人类征服自然、统治自然、掠夺自然的过程,严重割裂了经济与生态、社会与环境、人与自然之间的有机联系,导致了人、自然和社会的畸形发展。就在人类追求经济快速发展的同时,人类赖以生存的生态环境被破坏得千疮百孔,能源短缺、生态破坏与环境污染等一系列问题成为制约人类进一步健康发展的严重障碍。保护环境和发展贸易是促进可持续的科学发展、提高人类生活水平的两个重要方面。发展贸易和保护环境之间关系密切,理论上,两者应该是相互促进的。但是由于长期以来人类对二者关系的认识和处理有欠妥当,结果,两者在现实中却总是有矛盾甚至有冲突的。及至20世纪90年代,通过发达国家和发展中国家体现出来的发展与环保的冲突甚至到了白热化的程度,并因此引起了世人的广泛关注。二者的冲突主要在于,当以"先污染后治理"的理念发展起来的发达国家的环境从污染治理阶段进入到了巩固维护阶段的现时代时。发达国家以其强势话语权制定的国际环境条约,通过贸易限制措施制约发展中国家的经济和社会发展,甚至要求发展中国家宁肯不发展也要保护环境,这对发展中国家来说是非常不公平的,导致了当前很多发展中国家在环境保护的问题上与发达国家不合作的态度。为了实现环境与发展共生共荣的目标,国际社会尤其是发达国家应该把贸易发展与环境保护结合起来,通过真正平等的贸易自由促进可持续的科学发展。为此,至少应该从以下几个方面入手:

首先,通过开放的多边贸易制度促进可持续的科学发展。环境与贸易政策是相辅相成的。一方面,建立一个开放的、非歧视的、公平的多边国际贸易制度,可以考虑在不同国家的经济结构、天赋资源和市场机会等因素的宏观经济框架内,使发展中国家的商品部门更加多样化;可以通过制止和扭转发达国家的经济霸权主义和国家保护主义,使世界贸易进一步自由化和扩展,使所有国家尤其是发展中国家得以改善其经济结构;可以通过环境和经济可持续的科学发展,减少贫困,提高发展中国家的生活水平。另一方面,开放的多边贸易制度还可以通过宏观调控减少环境的负荷,减少生态资源的浪费;可以在考虑到可持续科学发展必要条件的前提下,在全球范围内更有效地管理、分配和使用地球的有限资源,在不破坏生态环境的前提下增加生产和收入。可见,一个公开的、公平的、非歧视和可预测的、符合可持续科学发展目标的、并能使全球生产按照相对优势得到最佳分配的多边贸易制度,无论是对发达国家还是对发展中国家而言都有好处。不仅如此,更重要的是,对于可持续的科学发展而言,开放的多边贸易制度在健全的环境政策支持下能够对环境产生积极的影响,而一个健康的环境可以进一步为扩大的世界贸易和持续的经济增长不断提供必要的生态资源。

其次,应该在全球采取符合各国发展的健全的宏观经济政策和环境政策。将国际经济制度的各个构成部分与人类对自然环境的需要联系起来,致力于改进国际商品市场的运作,增加其透明度,改善商品进入市场的条件,特别是逐步消除限制发展中国家加工商品进口的壁垒,并减少无竞争能力的生产政策。这不仅有利于发展中国家进入国际市场的机会,也能够对生态环境的保护产生积极的影响,为可持续的科学发展作出贡献。

第三,鼓励有助于可持续科学发展的经济政策。由于西方一些发达国家掌控着强势话语权,其舆论导向和世界贸易政策的制定常常是对发达国家有利,对发展中国家很不利。因此,发展中国家利用国内资源的调动和有效分配对促进本国的可持续科学发展就显得尤为重要。这就在客观上要求一些发展中国家应当通过制定政策改正不当的公共开支、巨额预算赤字、宏观经济的不平衡、不正常的投资以及创业方面的障碍。而在发达国家也有必要继续进行政策改革和调整,同时还要鼓励有助于发展中国家可持续科学发展政策的制定。

第四,加强环境领域的国际合作。由于在发展进程中,由强势话语国制定的适合发达国家的环境标准可能会使发展中国家付出不必要的经济代价、环境代价、资源代价和社会代价,所以在需要时,发达国家很有必要本着解决全球环境正在迅速恶化问题的人道精神,联合发展中国家制定环境保护措施来保证对环境的公正和保护,以促进全球真正的可持续科学发展。

最后,实施新的国际债务战略。为了使发展中国家能够以可持续的方式取得必要的经济增长,以满足其人民的基本需要并改善其福利,而不致破坏其发展所依靠的生态资源和人文资源基础,加大可持续科学发展的投资是至关重要的。但是,很多发展中国家由于种种内部和外部、历史和现实的原因都背负着沉重的外债负担,这些国家偿债付息的负担已严重限制了它们加速增长和摆脱贫困的能力,并导致进口、投资和消费的减缩。外债已成为发展中国家经济停滞的主要因素之一。对许多发展中国家而言,如果不能及早解决外债问题,就不可能振兴发展,更不可能有持续的发展。所以,国际社会应该继续大力实施新的国际债务战略,以恢复债务国对外的财政生存能力。恢复发展中国家的增长与发展将有助于实现全球真正的可持续增长与发展,在这方面,向发展中国家提供额外财政资源和有效使用这些资源是十分重要的。

应该说,以上举措完全符合《里约环境与发展宣言》和《21 世纪议程》这两个纲领性文件的基本精神。这两个文件的主要含义是:发达国家必须改变目前造成不可持续发展的消费理念和消费方式;发达国家必须通过经济、技术和金融援助帮助发展中国家有能力在环境方面得到改善;发展中国家在满足了本国人民基本需要的同时,还应该积极地把发展与改善环境和保护资源结合起来;积极帮助发展中国家取得经济贸易发展的公平性,等等。

9.3.1.3.2 域际公正与发展的可持续性

随着经济全球化进程的加快,区域合作越来越重要。在不同的国家和不同的地区之间建立一系列公正平等、互惠共赢、无排他性的区域政策,减少摩擦与冲突,促进各地区的经济繁荣、政治合作、文化交流、军事互信等区域合作是人类可持续科学发展的重要保障。

当今世界面临的比较严重的"区域不公正"现象,与资本主义生产关系有着内在的直接联系。西方资本主义社会以产业革命为标志的文明发展,是以牺牲其本国无产者和世界上落后地区人们的生存条件和发展权利为代价的。经济全球化是"区域公正"问题的历史前提。因为,经济全球化的本质是资本主义基本矛盾的全球化,并以发达国家和发展中国家对峙的方式表达出来。资本主义区域性的代内不公正也因此而转变为全球性的环境不公正。突出表现为,进入工业化和现代化的发达国家秉持"生态殖民主义"的霸权逻辑,不惜牺牲发展中国家和落后地区人们的生存利益。它们一方面凭借先进的科学技术向发展中国家掠夺资源;另一方面疯狂地向发展中国家转移环境破坏的恶果,造成了发展中国家资源危机、能源危机和环境污染。出于经济利益的考虑,许多发展中国家引进了发达国家的夕阳工业,吸纳了发达国家有毒有害的"洋垃圾",在发达国家走过的先发展后治理的老路上爬行。显然,资本主义私有制的固有矛盾是"区域不公正"的根本原因,它使全球性的"代内公正"陷入困境,使得"区域不公正"现象凸显,使得"区域不公正"进一步将环境问题逐步提升为全球性问题,并极大地阻碍了全球的可持续科学发展。

逻辑上,区域共享的发展模式,可以带动欠发达区域和落后地区的发展,改变它们陈旧的增长方式,使发展更具科学性。欧盟一体化、北美自由贸易区、亚太经合组织、东盟、非盟等在过去几年、几十年中对所在地区的发展都具有积极的作用。但在区域合作的同时也存在着大量的不公正现象,如进出口配额的限制、许可证制度、技术和环保的贸易壁垒、非成员国有条件参与等。这样一来,参与区域合作的国家和地区只是少数,绝大多数的地区并不能享受这些合作发展的成果。根据经济学中的比较优势原则——任何交易都是有利的,如一味的排他,那么欠发达国家、落后地区就只能走资源消耗型的增长模式,最终只能降低全球的发展质量与速度。因而区域合作应该更开放、更务实,而且,上至全球,下到各国,都应在域际发展上坚持公正性原则。域际差距过大必然使发展不全面，而发展的不全面也势必会影响到发展的可持续性。因为发展的不协调和不全面，无法在不同地区实现人、社会与自然三者之间的平衡，三者失去平衡，必然表现在某一方面发展不健全，引发相应的危机，任何一方的滞后都会造成发展的不可持续。所以，无论是对一个国家、一个民族还是对全球来说，都应该重视各个地区的优势互补，拓展发展的内部空间，使发展实现一定时空上的可持续性。在秉持域际公正方面，作为亚太经合组织成员的中国为世界的可持续科学发展作出了应有的贡献。

9.3.1.3.3　族际公正与发展的可持续性

从生物进化的角度看，每个民族都有生存的权利，都有从地球上获取资源的需要，都是平等的种族；各民族的区别应该只是在进化的过程中对人类作出过不同的历史贡献。历史上以优等民族自居而对其他民族进行侵略、迫害的状况都已被历史否定，（如"日耳曼民族"、"大和民族"等）历史证明在人类发展进程中并没有民族优劣之分。但时至今日仍有一些国家实行民（种）族歧视政策，被歧视者在教育、就业、工作、养老保险等方面受到不公平待遇，失去了与其他"权力"民族公平竞争的机会，他们的发展受到各种限制；他们生活在特定的区域，不能分享社会进步所带来的成果。人类的文明史是由所有民族共同参与、共同创造的，离开了这些民族，历史就要重写。设想没有非洲人的汗水哪来北美的繁荣？而今一些北美政客则把非洲同胞看成无可救药的"无赖"；设问全球发展的可持续性没有这些民族的持续发展而只靠少数大国的发展能维持推进吗？可持续的科学发展，就是要促进整个人类与大自然的和谐，实现经济发展和人口、资源、环境相协调。坚持走生产发展、生活富裕、生态良好的文明发展道路，既保证同一时代中不同种族的发展，又保证一代接一代的永续发展；要让少数民族公平地参与国家政权、社会治理；要让欠发达民族在国际会议上发出他们的声音，在全球的发展进程中受到公平待遇。他们的经济、政治、文化、社会也应该获得和发达国家一样的发展，否则当前部分地区冲突、少数国家的派别之争只能激化民族分离、民族隔阂，导致发展的愈加不可持续，甚至因为冲突和战争导致停滞和倒退。战争和冲突只能使民族分歧越来越大，唯有和平、发展、合作才是共赢。民族区域自治与"一国两制"就是很好的范示。

族际公正不仅是强势民族与弱势民族之间的公正，更应是所有民族之间的公正。世界人民分属于不同的民族,都应获得发展,都是圆桌会议的一员,都要享受权利承担义务,得到公正的待遇是其可持续性发展的必要条件。如若今天得不到公正的待遇,明天就会成为发展的滞后者,世界的发展就将难以实现真正的可持续性。系统论不但适用于工程学,也适用发展学,只有处在地球母系统中的每一个民族实现了普遍公正,才可以为全球的可持续性科学发展提供可能的外在空间环境。

9.3.1.3.4 群际公正与发展的可持续性

群际公正是指当代不同群体之间应该享有的同等权利和应该履行的同等义务。社会群体多种多样,诸如:青少年、中老年群体;男性、女性群体;城市居民、乡镇村民群体;富裕、贫民群体等。群体公正就是指这些群体间利益的合理权衡。群际不公正主要表现在三个方面:话语发言权、制度安排权和资源享有权。当代,这些权利大都被中年群体、男性群体、城市居民、富裕阶层所占有,他们左右着社会的进程,而其他群体只是被调度的对象。群际不公正带来了诸多社会弊病,如性别歧视、大男子主义、"一言堂"、权力异化、稀缺资源被少数掌权者或富人占有等。群际不公影响了社会的发展进程,这样的发展质量必定会受到普遍的质疑。群际不公最大的危害不仅在于代内其他群体利益的被否定或被忽视,更在于它还必将加剧群体代际不公。

群际公正的关键是建立公正的制度、扩大话语权、科学合理地配置资源享用权。公正的制度能够提供一种激励机制,使贫困人口、落后群体积极参与自身生活的改善,从而促进经济增长。公正制度虽然不可能改变自然资源状态,但却可以形成激励机制,使个人禀赋与社会禀赋充分结合,增加社会产出和财富积累。好的激励机制能够把个体、群体的努力程度与报酬、个人和群体的目标与社会目标紧密结合,增进个体、群体福利的同时增进社会福利。解决群际公正的途径是各个群体以平等的角色拥有话语权、分享社会资源、制定公正的制度。发展是属人的发展,人是群体的种概念,只有做到群际公正,科学发展的可持续性才有保障。

9.3.2 代际发展:可持续科学发展的时间维度

发展可持续性的时间维度主要体现在协调好代际发展的关系上。可持续的科学发展是承前启后的发展,既要让当代人过上幸福的生活,又要保证后代享受自然资源的权利。发展伦理强调必须保持科学发展的持久性,延续性,不可持续的发展只能把当代人的幸福建立在后代人的痛苦之上。虽然当代人有发展自己的权利,但是自然资源的有限性,使得即使部分自然资源可再生,它的再生速度与人类欲望膨胀的速度相比仍然是有限的,更何况还未出场的后代也有享用地球资源、欣赏美好风光的权利,这就要求人类的发展应该具有可持续性。否则,我们的发展就透支了后代人的幸福。传统的经济增长发展方式和价值取向已经扭曲了人类的文明进程,我们将承受来自后代指责的沉重,这样的负重感大大冲抵了我们面对丰富的物质财富所产生的成就感。这一切迫使我们不得不面对这样的一些伦理质疑:单纯经济的增长给当代人带来的财富与幸福是否损害到后代人的财富与幸福?

9.3.2.1 可持续科学发展中代际问题的提出

实践中,可持续发展不可避免地面临着一个悖论:首先,有两个"毋庸置疑"是可以达成共识的:一是可持续发展的最终目的实际上是为了我们的后代能够更好的生存和发展;二是在普遍意义上,后代人必然会高于和强于他们的前辈。其次,有两个"无可奈何"是不可否认的:一是尽管可持续发展本质上是为了后代人的事业,但现实中它又是后代人尤其是未来人影响不到、约束不了的事业,未来人只能无奈而被动地接受前辈们的遗产,而无法制约前人的行为;二是虽然谁都知道未来人会高于和强于他们的前代,但是,当下的当权派和强者是当代人,在未来人无法到场的时候,他们很无奈地始终处在听任前代安排的弱者地位。正如《我们共同的未来》所说:"我们从我们的后代那里借用环境资本,没打算也没有可能偿还;后代人可能会责怪我们挥霍浪费,但他们却无法向我们讨债。我们可以为所欲为,因为我们可以毫无顾虑;后代人不参加选举,他们没有政治和财产权利,对我们做出的决定不能提出反对。"①正是这样的悖论,客观并历史地提出了代际公正、代际伦理等一系列代际发展的问题。

代际,指代与代之间的关系。代际伦理,指内在于社会结构中代与代之间的纵向伦理关系。通常有两种类型:一种是生活在"同一时态"中相邻几代人之间的关系,其特征是代际之间的直接交往。如父子关系、祖孙关系;另一种

① 世界环境与发展委员会:《我们共同的未来》,吉林人民出版社 1997 年版,第 10 页。

是现在的人与未出场的后代人——未来人[①]或者是现在的人与以前的人之间的关系。由于“不在场”的未来人还没有出场，而同样“不在场”的先人已经退场，所以必须通过当代人对未来人所承担的单方面义务和公正来协调“在场”的当代人与“不在场”的未来人之间的伦理关系，以体现代际公正。代际公正是发展伦理的时间价值维度，构建代际公正充分体现了发展的伦理性。发展伦理视阈中的可持续科学发展理念将伦理关怀的范围由注重当下拓展到了关心未来，将伦理关怀的对象由本代人扩展到后代人，将本代人之间的内部伦理关系延伸至本代与后代人的伦理关系中，进一步扩大了伦理关怀和伦理思考的范围。这为发展伦理视阈中代际公正的探索提供了重要的理论前提，它是可持续的科学发展公正原则在时间维度上的要求。

9.3.2.2 代际公正对可持续科学发展的伦理支持

代际问题，是伴随着可持续发展战略提出来的。1987 年，《我们共同的未来》正式提出“可持续发展”概念，首次将当代人与未来人的关系问题鲜明地摆在了世界面前。环境污染、资源浪费等现实问题促使现代人从伦理的角度审视未来人的发展权利。如果发展体现了伦理的、平等的价值，那么未来人理应享有这份公正权利。由此，代际公正问题成为了理论和实践共同关注的话题，对这一问题的认识和解决是人类认识能力的增强、认识视野的扩展，是对未来人的道德关怀。所谓代际公正，是指人类世代之间的纵向公正。意即当代人要公正地对待未来人，当代人的发展不能以损害未来人的发展为代价。即当代人和后代人在利用自然资源、满足自身利益、谋求生存与发展上权利均等。它要求当代人在追求自身利益的同时，必然考虑子孙后代的利益，要留给后代人必要的环境资源和自然资源，这是发展伦理中重要的时间维度。未来人的出现是一种历史的必然，他们的存在无法割断与之前历史紧密相连的纽带，未来人需要前代人为他们预留一个良好的生存环境。

然而，当今代际不平等的现象十分严重，到目前为止，人类社会的现代化发展大都是以对非可再生性资源攫取为代价的，当代人对于自然资源的过度

---

① 注：在代际伦理关系中，以往“后代人”的表述常常会模糊两种不同类型的“后代”概念。所以，我认为，对第一种类型的后代可以用“后代人”来表述，对第二种类型的后代，我认为用“未来人”进行表述更准确。

开采和攫取是对未来人资源的透支，这将通过破坏生态平衡，造成环境污染，直接损害未来人的生存环境，完全破坏未来人的发展条件。联合国环境署、开发署、世界银行和美国世界资源研究所联合发表的《1996—1997年度世界资源》报告指出，全球都市化正在改变人类的物质和社会生活环境，加剧了全球的资源危机和环境恶化。如在过去的20年中，世界的能源消耗增加了50%，而到2020年还将增加50%。又据美国矿产局统计，按1990年的生产速度，世界黄金储备只够用24年，钢为65年，铝为35年，石油探明储量只可供开采44年，天然气为63年。大量事实说明，工业文明的发展造成对自然资源的过量开采，已严重威胁子孙后代的生存发展。

作为人类的延续，未来人同样有他们的权利需求，但是，由于未来人的"不在场"或曰"不能到场"的弱势地位，使得他们无法表达和维护自己的权利和利益，因此必须有人作为他们的道德代理人和权利代理人，来表达并维护他们的权利和利益。而这个代理人的角色除了当代人再没有谁能够担当。1984年，美国国际法学者爱迪·布朗·韦丝教授发表了《行星托管：自然保护和代际公平》的论文，首先提出了环境资源的代际公正思想，并第一个使用了环境"托管"的概念。她认为在人类家庭成员关系中有一种时间的关联，当代人作为地球的管理人对后代人负有道德义务。每一代人都是后代人类的受托人，在后代人的委托之下，当代人有责任保护地球环境并将它完好地交给后代人。代际公正由三项基本原则组成：一是"保存选择原则"。即每一代人应该为后代人保存自然和文化资源的多样性，避免限制后代人享有各种资源的权利，使后代人具有和前代人相似的可供选择的资源多样性；二是"保存质量原则"。即每一代人都应该保证地球的质量，在交给下一代时，不比自己从前一代人手里接过来时更差，也就是说，地球没有在这一代人手里受到破坏；三是"保存接触和使用原则"。即每代人应该对其成员提供平行接触和使用前代人遗产的权利，并且为后代人保存这项接触和使用权。① 换言之，对于前代人留下的东西，应该使当代人都有权来了解和受益，也应该继续保存，使下一代人也能接触到隔代遗留下来的东西。

这就要求当代人必须打破"当代中心"的价值观，反对当代利己主义，利

① 转引自曹明德主编：《环境资源法》，中信出版社2004年版，第356页。

用自己所处的强者地位,通过制度安排和意识形态的主导话语权来控制和制约对地球的消耗,尤其要注重非再生性资源的储存,控制人口、节约资源、保护环境、加强生态建设,实现经济发展与人口、资源、环境相协调,坚持走生产发展、生活富裕、生态良好的文明发展道路;通过构建符合人类本性和世界整体生存价值的伦理原则,充分考虑人口承载力、资源支撑力、生态环境和社会承受力,确立可持续的科学发展模式,"既满足当代人的需要,又不对未来人满足其需要的能力构成危害……"①;通过坚持当前目标与长远目标相结合,兼顾当代人与未来人的福利权益,建设和谐的代际伦理关系;通过充分体现当代人对未来人的关怀意识,坚持代际公正。作为人类公正的历史延续,代际公正在历史维度上既体现了人类对公正的追求,也体现了人类对公正的持续需要。这是一种普世的伦理价值观。只有这样,可持续的科学发展才能够寻求到坚强有力的伦理支持。如果对未来人缺乏伦理关怀意识,就会因为对生态和环境的利用缺乏约束力,而在社会决策和环境决策过程中损害未来人的利益,最终致使发展难以持续。而作为伦理关怀对象的纵向延伸,代际公正突破了局限于代内讨论人际伦理的界限,把人际伦理扩展到了代际,这就为可持续的科学发展找到了代际伦理的基础,使可持续科学发展的代际延续性特征充分展现出来。代际公正的理论突破了传统的以当代人际正义为中心的樊篱,将当代人和后代人的共同利益作为伦理的价值取向,提示我们要更加注重保护"未来人的利益",对有限的地球资源要实现代际共享,树立发展伦理的时空观。正是在这个意义上,可持续的科学发展通过代际公正获得了非常充分的伦理支持。显然,没有代际公正就没有代际发展,没有代际发展就没有可持续的科学发展,没有可持续的科学发展就没有真正的科学发展。无疑,代际公正是科学发展观的应有之义。

9.3.3 代内公正和代际公正体现的伦理诉求

贫富悬殊、社会不公无法体现最大多数人的最大利益,进入21世纪,贫富悬殊差距的拉大,以及发展的不可持续性成为了一个世界性的难题,它日益成

① 世界环境与发展委员会:《我们共同的未来》,王之佳等译,吉林人民出版社1997年版,第52页。

为威胁全球稳定的隐患因素。代内公正和代际公正可以缓解贫富悬殊继续拉大,防止两极分化进一步扩大,保证社会稳定,促进发展的可持续性,充分反映了地球人的核心诉求。

9.3.3.1 代内公正消除贫困

代内公正是确保本代人、本代社会、本代自然生态的关系和谐和公正,而公正直接的目的就是消除社会的不公正,解决贫困,促成和谐关系的建立,使人获得全面发展。进入21世纪,贫困与人口、资源、环境等问题紧密相连,构成了发展的难题。该难题的形成既有代内公正的缺失也有对代际公正的抛弃。代内公正的缺失依次表现为社会结构的不公正、社会制度的不公正、社会安排的不公正、社会行为的不公正(包括个人行为不公正和社会管理不公正)。

由于代内公正的缺失发展走向畸形:无法处理好发展的时空维度关系,发展如要可持续就必须接受公正的考量,因为公正是发展走出困境的前提和要件,由它构建的公正平台是可持续的科学发展解决代内贫困的基础。为了消除代内贫困,实现代内公正,我们首先要努力实现社会结构的合理化。通过国家权力结构、社会关系结构、经济结构、教育结构等层面的合理建构保证社会的真正公正,使每个发展主体能够真正地行使自己的发展权利,消除贫困。其次,要努力实现社会制度的科学化。社会制度是否科学,主要是通过对其结构上的合理性和运行上的严谨性给予公正考评后加以确定的。科学化的社会制度通过可依据的法律和可遵循的规则,能够在客观上激发人们的参与热情,有效地协调社会关系,推进社会的发展。再次,要努力实现社会安排的公正化。社会安排公正是社会制度公正的重要途径,是促进社会制度公正的真正实现形式。社会安排事实上也是一种制度安排,它是在社会主要制度基础上进行的一种行为方式的选择。公正地选择安排的方法、方式、途径,可以有效地解决发展进程中的不公正问题。最后,要努力实现行为公正。行为分个人行为与社会管理行为,个人行为的评价标尺常常是善恶与否,而社会管理行为的标尺则上升为公正与否。在公正伦理价值评价体系中,善也是公正的一种伦理价值判断形式。总之,代内公正就是将当代人的行为进行制度的公正化,并将此制度的目标现实化为消除代内贫困。简言之,就是通过社会资源的有效合理的配置,促使社会劳动者不断创新;通过人与自然、社会三者的和谐相处,实现又好又快的发展；通过在有限的资源范围内创造出丰富的物质与精神财富，逐步消除人类的贫困。

9.3.3.2 代际公正消除忧患

据专家称，如果按照当前人类的消费方式及人口增长速度，地球现有资源在不到100年的时间内将被消耗殆尽。如何消除代际忧患是21世纪人类关注的焦点和面临的难点。开源节流是代际公正的关键。开源，即资源的深度开发、运用与广泛再生；节流，则是要求本代人在维系生存、享受生活的同时让度一定的资源给予后代人享用。节流的进一步深化是代际储存，它能使现有的资源不断增值。在资源开发与运用时要有代际考虑，其总体原则是共享共生，是当代人与子孙后代的共同发展。只有人类不断为忧患而诉求代际公正，才能走出透支后代人幸福的旋涡，蓝天白云、青山绿水才得以长在。

无疑，发展并非一代人的诉求，而是人类世代共生共享的事情。人类普遍公正的充分体现之一就是实现代内和代际的共同公平。代际公正使当代人成为后代人的权益代言人，在与自己对话中，打破"本代中心主义"，将道德关怀的对象延伸至后代人，扩大了道德关怀和伦理思考的范围，使后代人处于发展的伦理考量之中，将发展纳入可持续的轨道，使发展更趋科学性。

首先，代内公平和代际公平是相互联系的。对于人类自身的持续发展而言，代内公平和代际公平都是不可或缺的，它们是公平矛盾统一体的两个方面，相互联系、相互促进，是辩证的统一关系。如果不考虑代际公平，代内公平也会失去意义，因为只有代内公平并不能保证发展的可持续性。这就要求我们在实践中既不能为了代内公平损害代际公平，也不能为了代际公平损害代内公平。

其次，代内公平和代际公平问题存在区域差异性。由于各国、各区域的经济、社会、资源、环境等现实情况存在巨大差异，由此导致的代内公平和代际公平问题也表现出明显的区域特征，这种区域特征尤其表现在国与国之间。发达国家自近代产业革命以来，经过近二百年的发展时间，已率先完成了现代化。发达国家在国民生产总值及人均值、科技水平、产业结构、环境状况、城市建设、交通、通讯、社会福利、教育、卫生、文化生活等各方面都处于国际社会的前列。显然，发达国家面临的突出矛盾不是温饱问题，不是当代人自身需要的问题，而是如何活得更环保更好的问题。因此，发达国家为了保护自己的既得利益,常常借用代际公平优先的口号,作为保护既得利益的最好手段。而发展中国家正经受着来自贫穷和生态恶化的双重压力,贫穷是导致环境恶化的根源,环境恶化又更加剧了贫穷。贫穷和环境恶化使发展中国家处于一个十分艰难的困难处境。发展中国家面临的问题既是环境恶化的问题,更是发展的问题。因此,代内公平优先也就成为了发展中国家保护自身利益的最好选择。综上所述,各国总是在根据自身的现实需要协调代内公平和代际公平关系的。但在发展伦理看来,当二者存在尖锐矛盾时,应在考虑代际公平的条件下优先解决代内公平问题。如果代内公平作为一个问题还不能解决,代际公平又如何能够实现?离开代内公平大谈代际公平似乎是即不太现实又过于奢侈的事情。

结语:对发展伦理体系建构的探索

始建于20世纪中期的发展伦理学,是全球伦理学理论宝库中的一枝新秀,虽然晚出,但发展势头甚健,影响也愈益广泛和深刻。由于发展的异化不仅使发展陷入了难以为继的困境,也导致了人自身的工具化、世俗化、边缘化、不完整性和幸福感的缺失,“发展”也因此成为了人们无法回避的亟待反思和厘清的重大理论和现实问题。同时,从发展伦理的视阈去梳理和思考发展异化现象也成为了历史的必然。当我们从伦理视阈对发展问题进行检视时,必然会提出发展伦理学自身理论体系的建构问题。我们认为,之前的发展伦理大都局限于“发展进程中的伦理问题”研究。这一过于狭窄的解读,常常使伦理学在社会的发展进程中面临“英雄无用武之地”的无奈境地,以至于发展实践常常因为缺乏来自伦理视阈的“守门人”,而陷入发展的异化不能自拔。因此,本书努力尝试着开拓发展伦理学的研究触角。认为发展伦理学不能仅限于研究“发展进程中的伦理问题”,而应该从伦理的视角对发展进行终极价值层面全方位的检讨和审视,从而有的放矢地运用伦理规范和道德理念规约发展,使发展不至于迷失方向,偏离终极价值目标。

任何理论的把握都有两个最基本的尺度——真理尺度和价值尺度。发展伦理理论的架构也是如此。从真理尺度出发,逻辑地提出了发展伦理何以可能的问题。发展异化引发的环境问题、社会问题、人文问题和伦理问题成为了发展伦理得以可能的现实之维;从价值尺度出发,则逻辑地提出要对发展的终极目标进行价值梳理和考量的问题。在这个考量过程中,传统发展观的伦理困境,将发展的天然合理性问题作为发展伦理理论架构的切入点被严肃地提了出来,同时,这也成为了发展伦理得以可能的历史必然。而实现社会公平的政治学依据、遵循道德规约的经济伦理依据、人与自然和谐发展的环境伦理依据以及合乎人道发展的道德哲学等学理依据使得发展伦理的形成不仅成为必然,而且具有可行性。这些使得发展伦理学作为人类发展自我控制、自我校正、自我约束、自我免疫的有效机制,成为了保证社会健康、和谐、公正、全面发展的必要基础。显然,从伦理视角全方位地对发展进行检讨和价值审视,并探讨如何运用伦理原则和道德理念规约发展,使发展不至于偏离终极价值目标,是道德哲学视阈本原和终极价值目标的探索。其逻辑结论是:能够带来幸福美好生活的发展有赖于发展伦理学的建构和规约。

在发展伦理的视阈里,由于真假发展的辨析与确证是发展终极价值目标实现与否的试金石,作为哲学的重要分支,以"善"、"恶"作为核心范畴的伦理学根本无法绕开对事物"真"、"假"的鉴别。可是长期以来,在讨论事物的价值维度时,伦理学界的视角过于狭窄。伦理学家们都是习惯于用"善"、"恶"等纯伦理范畴去解读、评判发展的价值问题,并以此作为确立发展价值之维的标尺,进而否认其他的评判尺度。不可否认,重视善恶的评判标尺本身并没有错。问题在于:我们不能将此作为唯一的伦理思维固化之,并因此而排斥其他的价值评判尺度。尤其是对发展价值维度的确立,更不可能是单一的善恶标尺,因为发展本身涵盖了人与自然的各个领域和各个层面,单一的善恶尺度无法客观、科学地诠释发展的价值之维。因此,我们认为讨论发展的价值之维除了传统意义上的善恶标尺之外,无法回避对真实发展与虚假发展的辨析。因此,发展伦理研究的核心内容之一就是在甄别真假发展的实践过程中,对发展进行价值梳理、价值辨析、价值评判和价值确证。一方面,通过对发展进行价值意义上的"解蔽"和"超越",确证真实发展的终极价值目标就是让全体人民过上幸福美好的生活,并以此保持发展的求真意识、向善意识和创美意识。另一方面,通过对真假发展的价值辨析,明确发展的价值取向,肯定那些能够促进真实发展的"实然"和"能是",使之更好的促进社会向善和"应然"发展;否定那些可能制约真实发展的阻碍及破坏因素,对发展中出现的"伪发展"、"虚发展"、"假发展"等反发展的现象进行清理与批判,为真实发展的终极目标和最高目标的实现提供警示性向导。这就将发展的视角从"物"转向了"人",转向了满足人的本真需求和社会的真实发展。坚持整体发展、协调发展、可持续发展、科学发展,将社会发展的伦理价值归结到人类幸福美好生活的总目标上。因此,发展伦理学强调应该跳出单向度的GDP(国内生产总值)崇拜,启动GNH(国民幸福指数)考量体系来检验发展的真实性。但同时也认为在这一过程中,千万不能矫枉过正,不要从GDP崇拜跳到GNH崇拜,不要从一个极端走向另一个极端。在启动GNH考量体系时必须注意以下问题:不要全盘否定GDP在GNH中的作用,对二者的关系要做辩证统一的理解;全面规划GNH考量体系,防止以偏概全;要纠正人们对发展和幸福之间关系的偏差认识;不能将GNH指标简单化;谨防将GNH像GDP那样形式化、庸俗化甚至政绩化。

真实发展对"幸福美好生活"的追求,并不只是物质财富的丰裕,更是人性善的终极真实需求和社会发展的终极价值追求。之前,人们大都是从经济学意义上和个体物质需求的角度去讨论发展对"幸福美好生活"的追求问题,不可否认,这一层面的讨论无可非议而且也是必要的。但是,如果止于这些讨论的形而下特征就难免流于世俗和肤浅,并因此而舍弃了"发展"的本真内涵。所以我们不能停留在对"发展"物质表象的讨论,而应将触角深入到人性善恶与发展的内在关系上对"发展"给予深层次的形上探讨。通过对东西方发展过程中迥异的人性善恶主导理念的比较,我们认为表面上基于物质利益需求的社会发展,本质上都是建立在人性需求之上的。善与恶的矛盾冲突尽管不是人类社会的主要矛盾,但是人类社会的发展却始终存在着"善"与"恶"的交锋。作为前进的运动,发展总是朝着"善"之方向的,但作为一种过程,发展似乎无法避免"恶"。"幸福美好生活"的现实展示有赖于对"恶"的超越,并立足于"善"的基点。发展的伦理意蕴是基于善之前提下人们享有应然的发展权利,但同时也要求我们对"生而入乎内,死而出乎外"的世界承担起自己应尽的责任。发展伦理对传统发展观的价值清理和道德批判,并非提倡禁欲主义,更不是号召退回到前工业状态。它只是在强调发展应当是不同主体权利与责任之间对等的、均衡的发展,是机会平等的发展,是经济公正、政治公正、文化公正和环境公正的发展,是共享社会成果的发展,也是责任分担、利益补偿的发展。公正是发展伦理学的重要原则,也是幸福美好生活的有力保障。正是因为公正原则,保证了发展伦理不断自明的权威性,并通过道德规范的外在规约与个体自律性,使得"恶"并非发展过程中不可超越的因素,也促使发展在对"恶"的否定之否定中趋向"善",并实现其终极目标。

长时间内,由于我们无视对发展伦理的检讨,使得牵一发而动全身的最大的“恶”现象——贫富差距日趋拉大。贫困犹如高悬在人类头上的达摩克利斯之剑,直接伤害了社会的绝大多数人群,严重阻碍了社会的真实发展,使得“幸福美好生活”的实现成为了一种空想。也因此,研究贫困问题、解决贫困问题成为了发展伦理优先考量的对象。现阶段,导致中国贫困问题的因素是多方面的:既有贫困者主客观的原因,又有经济、文化方面的原因;既有落后的生产力和科学技术的原因,又有天灾人祸的原因;既有历史积累的问题,又有现代发展带来的新问题;既有国内因素,又有经济全球化带来的国际因素。可见,作为一个动态的、历史的、综合的概念,贫困绝不仅仅是一个经济问题,而是一个复杂多维的社会综合现象。在贫困形成的所有因素中,现代社会的经济性贫困常常是由制度性贫困直接导致的。在中国,通常是因为城乡二元结构人为地强化了城市和乡村以及权势和平民的差别,并在现实中通过制度使城市与权势始终处于强势,而作为弱势的农村和平民则很难获得与城市和权势同样的平等权利。在发展伦理的视阈,无论如何解读贫困,也无论是何种层面的贫困,就其本质来说都是发展的匮乏,都是发展权利的实现不足。贫困不是天命!发展是人类摆脱贫困的唯一途径和出路。因此,当我们在以科学发展观为指导思想构建社会主义和谐社会时,应该通过发展经济夯实解决经济性贫困的基础;通过制度创新作为消除制度性贫困的保证;通过发展伦理的关照作为消除社会贫困的新思路,从道德责任意识与道德行动中寻求最终真正消除贫困的伦理支持。

传统发展的不科学性导致的“恶”虽然是难以避免的,但却充分说明社会发展需要伦理价值的导向、定位与规约使之趋于科学,并通过科学的发展实现普遍的公正、整体的和谐以及全体人民的真正幸福。科学发展是公平发展、是全面协调可持续发展、是和谐发展,它内在地蕴含着发展伦理学所强调的“正当”和“善”的价值合理性。这说明,作为一种社会发展的公正资源和无形资本,发展伦理学必须依附于科学发展的进程才能发挥效能。伦理的价值需要科学发展为其提供施展效能的空间,使其不致成为空中楼阁而丧失效力。更重要的是,在终极价值目标上,科学发展的最终目标和发展伦理学研究的根本宗旨都是为了全体人民的幸福美好生活,这就逻辑地得出一个结论:科学发展是发展伦理的必经途径。

基于发展伦理视阈,对发展进行的研究并没有囿于一隅,因此,在构建发展伦理学的理论框架时拓展其研究视角也就是顺理成章的学科担当。通过拓展发展伦理与边缘学科的研究思路,在对经济发展观的前提和发展理念进行分析解剖时,我们发现,经济发展中无法回避的首要问题之一就是效率与公平之间的矛盾。当人们从经济伦理视角倡导效率价值观的同时,无可否认也不可避免地出现了公平缺失的问题。这是经济伦理视阈中无奈的两难,也是曾经显赫一时的经济伦理学根本无法单独面对和解决的矛盾。经济伦理学无法克服的思维视界的局限,在客观上要求我们应该从经济伦理学的单一研究视角转向发展伦理学的多维研究视角。在讨论效率与公平的关系问题时,发展伦理学突破了传统经济学和经济伦理学的视野,将效率与公平之关系的思考和研究,搁置在发展伦理的视阈进行伦理审视,以发展伦理的立场与基本原则对其予以考量和诠释。作为反思发展合理性的发展伦理学,不仅可以诊断以往至今的发展弊端,还能够旗帜鲜明地提出适时的伦理原则和应然的道德之维。发展伦理赋予人们关于全面发展、协调发展、可持续发展和科学发展的道德理想,比以往任何一种发展理论都更加直接地从伦理层面反映了社会发展的趋势和要求,反映了人们对发展终极价值目标的向往和追求,也比以往任何一种发展理念更能激励人们进行理性的道德选择,以提升整个社会的道德修养水平和幸福美好生活的高雅品味。毋庸置疑,从发展伦理的视角对效率与公平之矛盾进行新的诠释,这有利于发展伦理学与交叉学科的学术互补,更有利于解决发展实践中的经济伦理难题,还有助于我们对发展伦理有更为深入的理解。这一研究视角的转换是新颖的,反映出了主导伦理观的演变。

进一步拓展发展伦理学与交叉学科的研究思路时,我们发现,不仅是经济伦理无法单独面对经济发展过程中的道德困境,生态伦理同样也无法独自面对和解决人类面临的生存困境与危机。事实说明,仅凭生态伦理的建构来消解发展与环境的二律悖反现象,收效甚微。因为,无论偏颇于人类中心论还是生态中心论的生态伦理,由于各执一端,故而都无法真正公正地对待和处理人与自然的关系,也不可能真正解决发展的环境代价问题。生态伦理的困境使人类逻辑地走完了传统伦理—生态伦理—发展伦理的发展路线。发轫于20世纪90年代的发展伦理学的探索从一开始就在试图化解经济发展与环境保护之间的悖论。发展伦理学认为,生态环境问题表面上是人与自然的关系问题，本质上却是人们相互间利益关系的问题，它直接表现为种际正义和人际正义的矛盾冲突。其中，人际正义不仅是种际正义得以秉持和践行的前提，更是人类社会发展的基本条件之一。因此，在发展的进程中必须寻找与所有者利益兼容的治理机制，在全球范围内实现生态环境的宏观治理，建立并健全干预机制，只有这样才可能使生态环境的治理得以长期、有效地开展，使可持续发展具有现实可能性。发展伦理学的建构，不仅从理论上完成了人与自然关系中种际正义和人际正义的逻辑论证，而且还可能指导我们在实践中走出生态伦理的困境，以实现科学的可持续发展。

科学发展的可持续性是发展伦理的基本价值向度，也是当今世界各国的核心诉求。科学的可持续发展强调人与自然的和谐统一，在理论上对人类中心论和生态中心论进行了有效的价值整合，强调既要尊重自然的客体价值，又要保护人类的主体价值。在实践上力图通过科学发展协调人类发展无限性与自然发展有限性之间由来已久的矛盾。在此，本书拓展了可持续发展的时空维度，从代际和代内的伦理维度来研究发展的可持续性问题，突破了传统生态伦理的一维代际公正理论；运用历史唯物主义的基本观点，立足于现实社会，从人类与自然发展的伦理比较中审视社会发展的可持续性问题，突破了人类中心主义和生态中心主义脱离现实社会各执一端的抽象争论和偏执缺陷；从公正的角度认识发展的可持续性问题，强调人、自然、社会三者之间在代内和代际视阈中辩证统一的和谐伦理关系，突破了传统生态伦理学和经济伦理学研究的局限性。这一视野的拓展，使得科学的可持续发展尤其注重代内的公正发展和代际的公正发展。并强调代内发展的公正性是代际发展的基础，代内发展问题的公正解决是代际发展问题得以真正解决的前提；而代际发展是代内公正发展得以延续的充分体现。为了保证代内和代际的共同发展，可持续发展将代内公正与代际公正作为发展伦理的基本原则之一，强调通过公正原则提升可持续发展的质量，保证后代人的幸福，以促进社会与自然共同的和谐发展。这是真实的发展，是科学发展的主要目标，也是我们必须长期坚持的基本国策。

本书的思维路径和基本脉络：从对发展异化现象的分析作为切入点，提出了本研究的核心论题："发展"不应该逃逸在道德哲学的审视和价值的评判之外，它是一个必须加以伦理检视的问题。本研究力图通过对传统的发展理念、发展目标、发展模式、发展道路等发展问题进行价值梳理和伦理考量,分析发展异化现象对社会发展的负面影响;力图探讨建构发展伦理学理论体系的现实依据和学理依据以及理论内涵和实践功能;力图探究发展的终极价值目标和规约发展的道德原则;力图论证真实发展对“幸福美好生活”的追求,是人性善的终极真实需求和社会发展的最高价值目标;力图通过分析人与自然、人与人、人与社会、人与心相互和谐的科学发展,探寻人类发展得以保持其伦理性的有效途径;力图辨析发展伦理与经济伦理、与生态伦理的关联性和差异性等一系列问题。

由于篇幅和侧重点不同,本书还没有来得及深入到微观层面对发展目标、发展制度、发展模式、发展战略、发展路径、发展手段等实践问题进行伦理研讨和价值审视。此外,对发展进程中的各种责任问题尤其是发展伦理视阈中绿色经济的责任问题;对维护弱势群体的资源与环境权益问题;对在政策层面和实践层面把握社会发展的伦理价值取向问题;对借他山之石建构具有中国特色的发展伦理学理论体系等一系列值得开展的发展课题,都有待于我们去做更深入的研究。无疑,这些都是本书的遗憾之处,但也因此给发展伦理学今后的研究留下了一个更广阔和更深层的研究空间。

参 考 文 献

一、 主要参考著作

《马克思恩格斯选集》第 1 卷,人民出版社 1995 年版。

《马克思恩格斯选集》第 3 卷,人民出版社 1995 年版。

《马克思恩格斯选集》第 3 卷,人民出版社 1995 年版。

《马克思恩格斯选集》第 4 卷,人民出版社 1995 年版。

《马克思恩格斯全集》第 38 卷,人民出版社 1972 年版。

马克思:《1844 年经济学哲学手稿》,人民出版社 2000 年版。

《列宁选集》第 2 卷,人民出版社 1995 年版。

毛泽东:《实践论》,《毛泽东选集》第 2 版第 1 卷 1991 年版。

《邓小平文选》第 2 卷,人民出版社 1983 年版。

《邓小平文选》第 3 卷,人民出版社 1993 年版。

胡锦涛:《把科学发展观贯彻于发展的整个过程》(2004 年 5 月 5 日),《十六大以来重要文献选编》(中),中央文献出版社 2006 年版。

《十六大报告》。

《十七大报告》。

☆ ☆ ☆ ☆ ☆

[奥]弗朗茨·M. 乌克提茨:《恶为什么这样吸引我们》,万怡、王莹译,社会科学文献出版社 2001 年 11 月第 1 版。

[埃]阿卜杜勒-马利克等:《发展的新战略》,杜越等译,中国对外翻译出版公司 1999 年版。

[**古希腊**]亚里士多德:《政治学》,商务印书馆 1981 年版。

[**古希腊**]亚里士多德:《尼各马可伦理学》,廖申白译,商务印书馆 2003 年版。

[**古希腊**]伊壁鸠鲁:《致美诺寇的信》,载《古希腊罗马哲学》,生活·读书·新知三联书店 1952 版。

[**德**]康德:《宇宙发展史概论》,全增嘏译,上海人民出版社 1972 年版。

[**德**]黑格尔:《法哲学原理》,范扬、张企泰译,商务印书馆,1961 年 6 月第 1 版。

[**德**]莱布尼茨:《人类理智新论》(上册),陈修斋译,商务印书馆 1982 年版。

[**德**]维尔纳·桑巴特:《奢侈与资本主义》,王燕平等译,上海人民出版社 2000 年版。

[**德**]康德:《道德形而上学原理》,苗力田译,上海人民出版社 2005 年第 1 版。

[**法**]萨特:《存在与虚无》,陈宣良译,生活·读书·新知三联书店 1987 年版。

[**法**]弗朗索瓦·佩鲁:《新发展观》,张宁、丰子义译,华夏出版社 1987 年版。

[**荷兰**]斯宾诺莎:《伦理学》,贺麟译,商务印书馆 1983 年版。

联合国开发计划署:《2003 年人类发展报告:千年发展目标:消除人类贫困的全球公约》,中国财政经济出版社 2003 年版。

联合国开发计划署:《2005 年人类发展报告:处于十字路口的国际合作:不均衡世界中的援助、贸易与安全》,中国财政经济出版社 2005 年版。

联合国开发计划署:《2006 年人类发展报告:透视贫水:权力、贫穷与全球水危机》,中国财政经济出版社 2006 年。

联合国新闻处编:《联合国手册》,商务印书馆 1972 年版。

联合国教科文组织:《内源发展战略》,社会科学文献出版社 1988 年版。

联合国教科文组织国际 21 世纪教育委员会:《教育——财富蕴藏其中》,教育科学出版社 1996 年版。

[**美**]德尼·古莱:《发展伦理学》,高铦、李继红译,社会科学文献出版社 2003 年版。

[**美**]海因茨·沃尔夫冈·阿恩特:《经济发展思想史》,唐宇华、吴良健译,商务印书馆 1997 年版。

[**美**]丹尼斯·米都斯等著:《增长的极限——罗马俱乐部关于人类困境的报告》,李宝恒译,吉林人民出版社 1997 年版。

[**美**]曼瑟尔·奥尔森:《集体行动的逻辑》,陈郁等译,上海三联书店、上海人民出版社 2003 年版。

[**美**]布莱克:《比较现代化》,杨豫等译,上海译文出版社 1996 年版。

[**美**]吉尔伯特·罗兹曼:《中国的现代化》,比较现代化课题组译,江苏人民出版社 1988 年版。

[美]道格拉斯·诺斯:《西方世界的兴起》,厉以平等译,华夏出版社 1988 年版。
[美]布莱克:《现代化的动力》,张静译,浙江人民出版社 1989 年版。
[美]塞缪尔·P. 亨廷顿:《变动社会的政治秩序》,张岱云等译,上海译文出版社 1989 年版。
[美]丹尼尔·贝尔著:《资本主义文化矛盾》,赵一凡等译,生活·读书·新知三联书店 1989 年第 1 版。
[美]威利斯·哈曼:《未来启示录》,徐元译,上海译文出版社 1988 年版。
[美]赫尔曼·E. 戴利著:《超越增长——可持续发展的经济学》,诸大建、胡圣等译,世纪出版集团 2006 年版。
[美]萨缪尔森、诺德豪斯:《经济学》(14 版)(上),萧琛等译,北京经济学院出版社 1996 年版。
[美]詹姆斯·M. 布坎南:《自由、市场和国家》,吴良健译,北京经济学院出版社 1988 年版。
[美]阿瑟·奥肯:《平等与效率——重大的抉择》,王奔洲译,华夏出版社 1987 年版。
[美]乔·萨托利:《民主新论》,冯克利、阎克文译,东方出版社 1993 年版。
[美]米尔顿·弗里德曼等:《自由选择——个人声名》,胡骑译,商务印书馆 1982 年版。
[美]约翰·罗尔斯:《正义论》,何怀宏等译,中国社会科学出版社 1988 年版。
[美]约翰·罗尔斯:《作为公平的正义——正义新论》,姚大志译,上海三联书店 2002 年版。
[美]约翰·罗尔斯:《政治自由主义》,万俊人译,译林出版社 2000 年版。
[美]阿·麦金太尔:《德性之后》,龚群、戴扬毅等译,中国科学出版社 1995 年版。
[美]霍尔姆斯·罗尔斯顿:《环境伦理学》,杨通进译,中国社会科学出版社 2000 年版。
[美]迈克尔·波伦:《植物的欲望:植物眼中的世界》,王毅译,上海人民出版社 2005 年版。
[美]理查德·韦斯特等:《传播理论引导:分析与应用》,刘海龙译,中国人民大学出版社 2007 年版。
[美]约瑟夫·熊彼特:《财富增长论》,李默译,陕西师范大学出版社 2007 年版。
[美]R. T. 诺兰:《伦理学与现实生活》,姚新中等译,华夏出版社 1988 年版。
[美]赫尔曼·E. 戴利,肯尼思·N. 汤森:《珍惜地球——经济学、生态学、伦理学》,马杰等译,商务印书馆 2001 年版。
[美]埃利希·弗洛姆著:《健全的社会》,欧阳谦译,中国文联出版社 1988 年版。
[美]艾伯特·奥·赫希曼著:《欲望与利益:资本主义走向胜利前的争论》,李新华、朱

进东译,上海文化出版社 2003 年版。

[美]曼昆:《经济学原理》(下册),梁小民译,北京大学出版社 2001 年版。

[美]塞缪尔·亨廷顿等:《现代化:理论与历史经验的再探讨》,罗荣渠主编,上海译文出版社 1993 年版。

[美]梅多斯等:《增长的极限》,于树生译,商务印书馆 1984 年版。

[美]比尔·麦吉本等:《消费的欲望》,朱琳译,中国社会科学出版社 2007 年版。

[美]克里斯托弗·贝里:《奢侈的概念:概念及历史的探究》,江红译,上海人民出版社 2005 年版。

[美]弗郎西斯·福山:《大分裂:人类本性与社会秩序的重建》,刘榜离等译,中国社会科学出版社 1992 年版。

[美]埃里希·弗罗姆:《自为的人:伦理学的心理学探究》,万俊人译,国际文化出版公司 1998 年版。

[美]罗伯特·诺齐克:《无政府、国家与乌托邦》,何怀宏等译,中国社会科学出版社 1991 年版。

[美]埃德加·博登海默:《法理学——法律哲学与法律方法》,邓正来译,中国政法大学出版社 2004 年版。

[美]戴维·波谱诺:《社会学》,李强等译,中国人民大学出版社 1999 年版。

世界银行:《2000—2001 年世界发展报告:与贫困作斗争》,中国财政经济出版社 2001 年版。

世界银行:《贫困与对策》,经济管理出版社 1996 年版。

世界银行:《1996 年世界发展报告》,中国财政经济出版社 1996 年版。

世界银行:《2006 年世界发展报告:公平与发展》,清华大学出版社 2006 年版。

世界环境与发展委员会:《我们共同的未来》,王之佳等译,吉林人民出版社 1997 年版。

[以]S. N. 艾森斯塔德:《现代化:抗拒与变迁》,张旅平等译,中国人民大学出版社 1988 年版。

[英]安东尼·吉登斯,克里斯托弗·皮尔森:《现代性——吉登斯访谈录》,尹毅宏译,新华出版社 2000 年版。

[英]安德鲁·韦伯斯特:《发展社会学》,陈一筠译,华夏出版社 1987 年版。

[英]弗雷德里希·奥古斯特·冯·哈耶克:《通往奴役之路》,王明毅等译,中国社会科学出版社 1997 年版。

[英]马尔萨斯:《人口原理》,王惠惠译,商务印书馆 1992 年版。

[英]杜德利·西尔斯:《发展的含义》国际发展协会第11届世界大会论文,罗荣渠主编:《现代化:理论与历史经验的再探讨》,译林出版社1996年版。
[英]穆勒:《功用主义》,唐钺译,商务印书馆1957年版。
[英]边沁:《道德与立法原理导论》,时殷弘译,商务印书馆2005年版。
[英]亚当·斯密:《道德情操论》,蒋自强等译文,商务印书馆2007年版。
[英]利维斯:《伟大的传统》,袁伟译,生活·读书·新知三联书店2009年版。
[英]E. F. 舒马赫:《小的是美好的》,虞鸿钧等译,商务印书馆1984年版。
[印]阿马蒂亚·森:《以自由来看待发展》,任赜、于真译,中国人民大学出版社2002年版。
[印]苏布拉塔·贾塔克:《发展经济学》,卢中原、王晓东、朱邦宁、王敏译,商务印书馆1989年版。

☆ ☆ ☆ ☆ ☆

刘森林:《发展哲学引论》,广东人民出版社2000年版。
徐嵩龄主编:《环境伦理学进展:评论与阐释》,社会科学文献出版社1999年版。
庞元正:《发展理论论纲》,中共中央党校出版社2000年版。
罗荣渠:《现代化新论》,商务印书馆2004年版。
郑也夫:《代价论》,生活·读书·新知三联书店1995年版。
韩庆祥:《发展与代价》,人民出版社2002年版。
付民主编:《中国政府消除贫困行为》,湖北科学技术出版社1995年版。
陈佳贵:《中国社会保障发展报告(1997—2001)》,社会科学文献出版社2001年版。
陈端计:《中国经济转型中的城镇贫困问题研究》,经济科学出版社1999年版。
秦朔:《告别GDP崇拜——中国发展的一种解读》,浙江人民出版社2004年版。
周怡:《解读社会——文化与结构的路径》,社会科学文献出版社2004年版。
张锋:《自然的权利》,山东人民出版社2006年版。
李小云主编:《普通发展学》,社会科学文献出版社2005年版。
于文俊等编著:《科学发展观——当代中国发展的新理念》,湖北人民出版社2005年版。
唐晓光:《中国贫困与反贫困理论》,广西人民出版社1995年版。
景天魁:《社会公正理论与政策》,社会科学文献出版社2004年版。
陈其荣:《自然哲学》,复旦大学出版社2004年版。
傅华:《生态伦理学探究》,华夏出版社2006年版。
刘福森:《西方文明的危机与发展伦理学》,江西教育出版社2005年版。

王海明:《公正、平等、人道——社会治理的道德原则体系》,北京大学出版社 2000 年版。
厉以宁:《经济学的伦理问题》,上海三联书店 1995 年版。
卢风、肖巍:《应用伦理学导论》,当代中国出版社 2002 年版。
卢风、刘湘溶主编:《现代发展观与环境伦理》,河北大学出版社 2004 年版。
唐代兴:《公正伦理与制度道德》,人民出版社 2003 年版。
周辅成主编:《西方伦理学名著选辑》(上卷),商务印书馆 1964 年版。
丰子义主编:《树立落实科学发展观专辑》,中国人民大学出版社 2005 年版。
徐文渊主编:《可持续发展与世界经济》,学习出版社 2000 年版。
朱步楼:《21 世纪发展战略论纲》,江苏人民出版社 2000 年版。
王路:《“是”与“真”——形而上学的基石》,人民出版社 2003 年版。
章海山:《西方伦理思想史》,辽宁人民出版社 1984 版。
秦朔:《告别 GDP 崇拜》,浙江人民出版社 2004 年版。
曾建平:《自然之思:西方生态伦理思想探究》,中国社会科学出版社 2004 年版。
刘森林:《发展哲学引论》,广东人民出版社 2000 年版。
许先春:《走向未来之路:可持续发展的理论与实践》,中国广播电视出版社 2002 年版。
卢风:《应用伦理学:现代生活方式的哲学反思》,中央编译出版社 2004 年版。
邱耕田:《低代价发展论》,人民出版社 2006 年版。
刘森林:《重思发展:马克思发展理论的当代价值》,人民出版社 2003 年版。
何清涟:《现代化的陷阱》,今日中国出版社 1998 年版。
陈其荣:《自然哲学》,复旦大学出版社 2004 年版。

☆ ☆ ☆ ☆ ☆

《孙子 · 九地》。
《孟子 · 公孙丑上》。
《荀子 · 礼论》。
《孟子 · 梁惠王上》。
《论语 · 为政》。

☆ ☆ ☆ ☆ ☆

Robert. S. Brown: *The Social Scene: A Contemporary View of the Social Science*, Cambrige, MA: Withrop Publishers, 1972.
Atkinson: *The Institution of an official Poverty Line and Economic Policy*, Welfare State Program Paper Series, 1993.

Townsend: *The International Analysis of Poverty*, Allen Lane and Penguin Books, London, 1979.

Oxford Concise Dictionary, Oxford University press. 1989.

Frank Dixon: *Gross National Happiness: Improving Unsustainable Western Economic Systems*, published by Center for Bhutan Studies, 2004.

Robert. k. Merton: *Social Structure and Anomie: Social Theory and Social Structure*, The Free Press, 1957.

Stephen Nathanson : *Economic justice*, N. J. : Prentice Hall, 1998.

John Rawls: *Political Liberalism*, Columbia University Press, New York, 1996.

Herman. T. *Tavani*: *Ethics and technology*, New York John Wiley and Sons 2004.

Richard. A. Spinello: *Ethical aspects of information technology*, Englewood CliffsN. J: Prentice Hall, 1995.

Frank Hahn and Martin Hollis: *Philosophy and economic theory*, Oxford, UK : Oxford University Press, 1979.

Shigeto Tsuru: *Essays on economic development*, Tokyo : Kinokuniya Bookstore Co. , 1968.

Judith. A. Boss: *Ethics for life : a text with readings*, Mountain View, Calif. : Mayfield, 2001.

Nordic Committee on Bioethics: *The ethical issues in human stem cell research organized*, Copenhagen Nordic Council of Ministers, 2001.

John Ruskin: *Ethic of the dust*, London George Allen, Sunnyside Orpington, 1900.

The Free Encyclopedia, www. wikipedia. org.

二、 主要参考论文

胡锦涛:《在中央人口资源环境工作座谈会上的讲话》。

刘长明:《对和谐发展观的再阐释》,《烟台大学学报》,2005 年第 1 期。

刘占峰:《哲学视野中的社会发展代价问题》,《泰安师专学报》,2002 年第 1 期。

唐代兴:《发展与协调:平等视域中的生境伦理构建(上)》,《湖南科技学院学报》,2009 年第 1 期。

陈胜云:《社会发展与代价意识》,《上海行政学院学报》,2003 年第 3 期。

蔡国庆:《解决城市贫困问题与提高党的执政能力》,《边疆经济与文化》,2007 年第 3 期。

陈端计、李云海、刁振强:《21 世纪以来中国反贫困的新特点》,《青海民族学院学报(社会科学版)》,2006 年第 4 期。
钱林:《当前中国城市贫困问题研究》,《经济与社会发展》,2007 年第 1 期。
熊长云、崔飚:《关于西部农村贫困的原因探析》,《农业经济》,2001 年第 6 期。
陈立新、柏秀艳:《解决农村贫困问题是全面建设小康社会的基础工程》,《中央民族大学学报(哲学社会科学版)》,2004 年第 3 期。
孙陆军、张恺悌:《中国城市老年人的贫困问题》,《人口与经济》,2003 年第 5 期。
叶普万:《贫困经济学研究:一个文献综述》,《世界经济》,2005 年第 9 期。
浙大人口研究所课题组:《发达地区农村人力资源开发利用状况及思考》,《浙江学刊》,1999 年第 6 期。
曹明德:《论消费方式的变革》,《哲学研究》,2002 年第 2 期。
李定轶:《论导致我国农民贫困问题的制度性因素》,《北京市经济管理干部学院学报》,2006 年第 1 期。
孟庆瑜:《反贫困法律问题研究》,《法律科学》,2003 年第 1 期。
钟超:《产生我国农村贫困的因素分析》,《前沿》,2005 年第 4 期。
袁军:《斯蒂格利茨论消灭贫困》,《国外理论动态》,1999 年第 7 期。
盛邦和:《"发展"的"异化"与"经济"的"文化"》,《档案与史学》,2005 年第 2 期。
罗开福:《论道德建设为构建和谐社会提供道义支撑》,《天府新论》,2008 年第 1 期。
沈步珍:《技术单向度发展的反思与技术人性化的现实吁求》,《科学理性与科学方法》,2005 年第 5 期。
蔡建波:《佩鲁对发展观的反省与探讨》,《山东工业大学学报》(社科版),1997 年第 4 期。
张兴桥:《人类生存的悖论与发展伦理学》,《理论探讨》,2003 年第 1 期。
陈孝兵:《公平与效率关系的伦理意蕴》,《经济学家》,2003 年第 5 期。
魏博辉:《人与自然:和谐—分裂—和谐》,《北京航空航天大学学报》(社会科学版),2003 年第 9 期。
孙莉颖:《发展伦理学的哲学基础》,《自然辩证法研究》,2005 年第 3 期。
巩固:《可持续发展的道德性解析》,《中国海洋大学学报》(社会科学版),2007 年第 4 期。
刘福森:《存在"发展伦理"吗?》,《哈尔滨师专学报》,1999 年第 2 期。
刘福森:《论发展伦理学——可持续发展的伦理支点》,《江海学刊》,2002 年第 6 期。
韩丹:《当代西方发展伦理学初探》,《哲学动态》,2003 年第 10 期。
林春逸:《发展伦理学的基本问题》,《自然辩证法研究》,2007 年第 1 期。

邓新文:《"贵和"取向与"致和"工夫》,《中国人民大学学报》,2006 年第 3 期。
程立显:《论社会和谐与公平正义》,《江苏大学学报》(社科版),2007 年第 3 期。
贾可卿:《"公平"辨正》,《云南社会科学》,2006 年第 6 期。
王小锡:《世纪之交的经济伦理学》,《江苏社会科学》1999 年第 2 期。
王泽应、郑根成:《关于经济伦理学研究的几个问题》,《经济伦理与经济发展学术研讨会论文》2001 年,南京。
康化椿:《关于发展伦理的思考》,《苏州科技学院学报(社会科学版)》,2005 年第 5 期。
邱耕田:《发展伦理学视域中的社会发展》,《自然辩证法研究》,2006 年第 9 期。
刘永丰:《人类欲望及其社会作用》,《天府新论》,2005 年第 6 期。
王新宇:《中国经济发展与环境保护》,《合作经济与科技》,2007 年第 8 期。
田忠华:《正确处理经济发展与环境保护的关系》,《平顶山工学院学报》,2005 年第 3 期。
杨楹:《论发展与代价的关系》,《广播电视大学学报》,2002 年第 1 期。
卢风:《社会伦理与生态伦理》,《河北学刊》,2000 年第 5 期。
王巧慧:《自然内在价值新论》,《北京青年政治学院学报》,2005 年第 6 期。
李培超:《论环境伦理学的"代内正义"的基本蕴意》,《伦理学研究》,2002 年第 3 期。
唐任伍:《论全球化带来的两极分化及其对策》,《世界经济与政治》,2002 年第 1 期。
叶舒宪:《文明危机论:现代性的人类学反思纲要》,《广东职业技术师范学院学报》,2002 年第 3 期。
冷凇:《"真实"的解构、颠覆与重构——有感于纪录片发展 30 年》,《视听纵横》,2008 年第 2 期。
周正刚:《认识结果论》,《求索》,1995 年第 2 期。
张瑾:《国民幸福指数:社会发展评价的新尺度》,《领导科学》,2003 年第 15 期。
程小宁:《不丹》,《海外文摘》,2004 年第 9 期。
宋希仁:《关于"主观为自己,客观为别人"》,《高校理论战线》,1993 年第 3 期。
万俊人:《从政治正义到社会和谐——以罗尔斯为中心的当代政治哲学反省》,《哲学动态》,2005 年第 6 期。
贵州省邓小平理论与"三个代表"重要思想研究基地:《落实科学发展观实现社会公平》,《理论与当代》,2007 年第 12 期。
温家宝:《提高认识,统一思想,牢固树立和认真落实科学发展观》,《光明日报》,2004 年 3 月 1 日。
蒋一兵:《生存、尊重与自由——关于发展的伦理思考》,《学习时报》,2006 年 1 月

28 日。
缪毅容,陈春艳:《向贫穷宣战——写在全球扶贫大会召开之际》,《解放日报》,2004 年 5 月 24 日。
国家统计局:《2004 年中国农村贫困监测公报》,《经济日报》,2005 年 4 月 22 日。
杨维汉、翟伟:《全国城市逾 2182 万人领取低保》,《经济日报》,2003 年 10 月 9 日。
王庆环:《民族振兴的基石　祖国腾飞的翅膀》,《光明日报》,2008 年 10 月 10 日。
任仲平:《论责任》,《人民日报》,2005 年 9 月 19 日。
黄力之:《对科学发展观的价值观解读》,《光明日报》,2004 年 9 月 28 日。
孙小礼:《可持续发展呼唤绿色的科学和技术》,《学习时报》,2007 年 7 月 17 日。
祝谦:《关于深入学习实践科学发展观札记》,《兵团日报》,2008 年 12 月 15 日。
王兆璟:《应重视真假问题研究》,《光明日报》,2005 年 9 月 9 日。
吴洪森:《不丹模式与幸福总值》,《经济观察报》,2005 年 12 月 19 日。
彭兴庭:《〈幸福星球指数〉报告:经济越发展　人民越痛苦?》,《中国证券报》,2006 年 7 月 16 日。
《科学发展观是用来指导发展的》,《人民日报》,2004 年 5 月 28 日。
《委员称我国称财富向少数人集中最快国家之一》,《中国青年报》,2006 年 3 月 8 日。
《财富聚集度高中国 0.5% 家庭拥有 60% 以上财富》,《中国证券报》,2005 年 12 月 14 日。
《贫富“代际转移”需引起警惕》,《中国青年报》,2006 年 2 月 12 日。
《胡锦涛同志在中央人口资源环境工作座谈会上的讲话》,2004 年 3 月 10 日。
《人民日报》1986 年 12 月 15 日。
《光明日报》2007 年 5 月 29 日。
吕俊杰:《公平效率论》,首都师范大学硕士学位论文,2005 年 3 月。
朱宏军:《中国转型期社会公正研究》,中共江苏省委党校硕士学位论文,2006 年 5 月。

三、 主要参考网站

新华社:《十七大报告解读:党的基本路线是党和国家的生命线》,CCTV. com,2007 年 11 月 15 日。
赵光瑞:《血汗钱如何变成了豪华餐?》,www. zjol. com. cn,2004 年 10 月 11 日。
中国科学院可持续发展战略研究组:《可持续发展的研究历程》,http://www. china. com. cn,2003 年 3 月 19 日。

中国科学院可持续发展战略研究组:《中国现代化战略进程构想》http://www.china.com.cn,2003 年 1 月 21 日。

http://news.sina.com.cn/w/2005-05-13/10025877308s.shtml.

http://hi.baidu.com/yangyanghepengyoudeyumenfaxiedi/blog/item/5bcb1dd19be80dd2572c8417.html.

http://nkyfx.jjtang.com/blog/blog.php? do-read-uid-498700-tid-157250.html.

http://www.chinapop.gov.cn/中国人口网 2005-06-20.

http://www.cnelc.com/News/ShowArticle.asp? key=100039397.

http://zhidao.baidu.com/question/14701397.html? fr=qrl.

http://zhidao.baidu.com/question/32797722.html.

http://news.sohu.com/20080324/n255876661.shtml.

http://news.sina.com.cn/o/2006-05-15/08468927295s.shtml.

http://zhidao.baidu.com/question/6888943.html.

http://blog.sina.com.cn/s/blog_4a97785e010006oy.html.

http://blog.sina.com.cn/s/blog_49380a9e010006f3.html.

http://blog.cz001.com.cn/? uid-2493-action-viewspace-itemid-21530.

http://blog.voc.com.cn/blog.php? do=showone&type=blog&itemid=84125&page=1.

http://baike.baidu.com/view/1613806.htm.

http://www.tt91.com/overseas/wenzhang_detail.asp? ID=110292&sPage=1.

http://www.southcn.com/nflr/dangjian/200603300273.htm.

http://www.cnii.com.cn/20080623/ca499881.htm.

后　记

“寒雪梅中尽,春风柳上归”。“雨雪瀌瀌,见晛曰消”的冬季渐行渐远,惨白单调的苍穹终于迎来了一片新绿,春水潺潺,万物萌生。象征生命的春天悄然而至,带给人们希望、朝气和盎然生机。

春天来了,《发展伦理探究》终于在莺啼燕语的虎年之春杀青了。

本书是2006年国家社科基金项目“发展伦理研究”的最终成果,初始的成果名称拟为《发展伦理引论》,从题目便可知自己当初的野心之狂。所谓“引论”就是要对某学科的来龙去脉、概念厘定、学科内涵、学术宗旨、理论框架、主要内容、基本内核,及其理论体系的应然性、实然性和当然性等进行全方位的科学导引。它有教科书的意义,也有对一门成熟的系统理论进行指导引路的含义。当我深入到这个项目中进行探索之后,才意识到作为一门交叉学科,“发展伦理学”是一个太过恢宏且需要长期进行的开放性的研究课题。别说是构建其完整的理论体系,即便是要对其中的某个方面给予透彻的诠释,也不是一个基金项目或一本书所能够完成的,摆在读者面前的这一成果不过是我在该领域浅显的表层获得的一点探索心得而已,怎么能够以“引论”自诩呢？可以说在对本项目研究的所有心得中,最重要的心得就是为自己当初的张狂汗颜。后接受了专家兼挚友的建议,将成果名称改为现在的《发展伦理探究》。

小书即将封墨于正式出版之时,掷笔前的最大心愿就是想对以下人士表示深深的谢意：

首先,感谢国家社科基金规划办及其那些我至今都不知姓名的通讯评审专家和会议评审专家们批准了我的这个项目。如果没有这个项目的扶持和鞭策,恐怕就不会有现在这一成果的面世。作为一门新生的交叉学科,要对发展伦理学进行学术研究,几乎没有什么可以直接借鉴的现成资料,它是一个现实性很强且有相当难度的开拓性研究课题,任何人要对它进行研究都难免压力之感。但非常荣幸的是,在研究及撰稿过程中,我得到了当代伦理学界许多知名学者和学科精英们的指点、教诲和帮助。中国伦理学会前会长中国社科院的陈瑛研究员、中国伦理学会会长清华大学的万俊人教授、中国伦理学会副会长中国人民大学的焦国成教授、中国伦理学会副会长中山大学的李萍教授、中国伦理学会副会长南京师范大学的王小锡教授、中国伦理学会秘书长中国社科院的孙春晨研究员、中国政治伦理学会副会长中南大学的李建华教授等伦理学界的前贤及同人们,为本书提出了许多非常中肯的意见。尤其是陈瑛先生数次三番从北京打来长途电话,与我讨论项目的立意、方向和指导思想等重大问题,并提出了非常宝贵的建议。他们的真知灼见和精辟见解"令我闻之如饮醍醐"。而万俊人先生不仅在百忙千忙之中拨冗审阅了整部书稿,从标题到内容等诸多方面为本书的完善提出了非常详细且极具价值的修改意见,而且还慨然赐序。对于伦理学界诸位前贤和同人们的无私帮助与慷慨赐教之恩惠,实在无以回报,除了将此大恩时刻铭记于心,唯有衔枚无言,继续耕耘,潜心治学,以求为中国伦理学的发展更尽绵薄之力。上述学者们的开诲诱掖和博大情怀让我再一次感慨:学术的魅力原来不仅在学术本身,不仅是思想逻辑的魅力,更是崇高人格的魅力、道德君子的魅力。

其次,感谢本项目的团队成员以及相关领域专家们的最新研究成果。本成果的最终完成,凝聚了太多人的辛勤劳动。本书的合作者冯皓先生从本项目的最初设想、中后期框架的设计、逻辑结构的梳理以及结题材料的准备等方面提出了非常有价值的建设性意见,并参与了多章节的直接撰写和修改工作,后期又做了大量细致严谨的统稿工作。项目的其他成员吴瑾菁、韩玲、胡可涛、邱显平、淦家辉、肖华平、张溢木等博士,以及我的研究生杨勇、周付林、邓仁伟、涂国红等团队成员,或者根据我的思路和三级写作提纲为个别子项目代为初稿;或者参与了部分田野调研、资料收集工作;或者在分析数据、后期校对及书稿打印等诸多方面做了大量的工作。在此,为他们无私的合作与帮助表示由衷的谢意!此外,在本项目的研究过程中,每当我的思路堵塞时,学界前贤和同人们的研究心得以及相关领域专家们的最新研究成果，都给了我很多的启发。倘若没有这些启迪，我的思路能够一以贯之并成就此书是难以想象的。为了不致掠人之美，我或者以注释的方式，或者以书末所附“参考文献”的方式，尽量一一列出。在此，谨向他们表示最衷心的感谢！在“参考文献”中，尽管自己很想做到面面俱到，但因为记忆的错误仍难免有所遗漏，若此，也在这里表达我特别的歉意和谢意。此外，还要特别感谢曾建平博士，当初因为一些客观的原因，更因为自己主观上认知的误区和怠惰怯场，本不打算申报国家社科基金项目，是曾博士深夜来电说服我申报项目的。不仅如此，他还根据我的研究兴趣、学术积累和已有的研究成果，跟我一起讨论并确定了该项目的题目等内容。可以说，没有曾博士鼓励我跨出申报的第一步，没有课题组成员们的辛勤劳动，没有时贤们研究成果的启迪，就不会有现在呈现在读者面前的这本小书。

再次，感谢结项时众多鉴定专家们的鼓励和我的父母、兄弟姊妹、家人。由于教学任务繁重，最多时一周有近 30 个学时的教学工作，每周还有大量涉及内容非常广泛的学生来信要给予回复。所以，三年多的时间里，每天的睡眠时间最多只有四五个小时。这些年来，不仅没有很好地照顾到儿子和家庭，对父母也几乎没有尽到做女儿的孝道。父母 80 多岁了，坚持不让排行老大的我为他们承担任何家务，恐怕因为照顾他们而耽误时间。父母不仅年事已高，而且患有多种疾病，常常要跑医院，但当我的课题立项之后，就几乎很少让我陪他们去医院，甚至发高烧都不让我知道，唯恐因此而耽误我的教学和项目研究工作。此外，还要感谢我的妹妹妹夫和弟弟弟媳们。他们为了我能够全身心地投入到项目的研究中去，代我承担了照料父母的全部责任。即使是父亲连着两次手术，都是弟弟弟媳和妹妹妹夫们在照顾。尤其是妹妹，身体也不好，本身教学和行政工作的担子也很重，但为了能够支持我，和妹夫一同毫无怨言地承担了照料父母的饮食起居、寻医拿药等所有的事情。即便在妹妹出了严重的车祸，腿上嵌了钢钉之后也仍然如此。对这一切，他们不仅从未提出过让我分担、甚至从未因此而对我有过只字片语的抱怨。每每想到此，常会在背地里唏嘘不已。既感慨于父母的教育有方，庆幸自己有这样了不起的父母和血浓于水的兄弟姊妹之情，也为自己的不孝而愧疚万分。唯有加倍地努力工作，将项目尽量做得更好，不辜负父母和兄弟姊妹们的期望，让他们的所有付出及牺牲都变得有意义和有价值。这成了我尽全力将项目做好的主要动力。值得欣慰的是，项目不仅如期完成了，还承蒙伦理学界诸位德高望重的专家们为了鼓励我继续前行，给予了让我汗颜的好评并将此项目鉴定为了"优秀"。尤其可贵的是，专家们在对本成果给予充分肯定的同时，还提出了许多让我获益匪浅的修改意见。正是这些意见为小书润色不少，使其又少了一些青涩。在此，谨向诸位鉴定专家表示深深的深深的谢意！同时，将"优秀"和这一项目的最终成果献给我的父母及兄弟姊妹们。没有他们为我的付出，就没有这一项目的如期完成和优秀的获得。

最后，感谢人民出版社对出版本书的大力支持，并特别感谢尽职尽责、特别善解人意的责任编辑杜文丽女士以及设计等相关人士为本书的顺利出版所付出的所有辛勤劳动。

除了表达谢意之外，本项目从申报到完成，艰难辛苦自不待言，更难免会因为种种原因在有意无意之间遇到与项目有关联的一些矛盾和摩擦。这些矛盾有些是我知道的，有些可能是我至今都不知道的。但无论这些矛盾有多少原因，也无论孰是孰非，我都在这里道一声"对不起"！也希望相关人士能够以广博的胸襟原谅我、宽容我。若能如此，不胜感激！

本成果的完成虽然最终获得了专家们出于爱护和鼓励的善心给予的肯定和好评，但我似乎找不到那种如释重负和志得意满的感觉，反倒是惶恐之心不期而至：主观上，很想使这一研究成果首尾圆融、浑然一体、逻辑思路明晰，让发展的价值审视和伦理意蕴一气贯通；也很想对发展问题和发展伦理的构建作出更深层和更有效的探讨。但是，由于自己水平和能力的局限性，本书在学术的广度与深度方面均有较大的欠缺，还有太多需要深化和完善的方面，最后结果与期望值似乎还有不小的距离。由于是"探究"，思路的粗糙、论证的稚嫩、内容的不足甚至悖谬之处便在所难免，所以，希望本书能够成为一块引玉之砖，促进学界对发展伦理学给予更为系统的研究和更多的关注与投入，从而构建并完善我国发展伦理学的理论宝库。更企盼学界同人、专家学者和广大读者对本书不吝赐教，给予必要的批评指正。

王玲玲

庚寅仲春于洪城一觉斋

责任编辑:杜文丽
装帧设计:方　亚

图书在版编目(CIP)数据

发展伦理探究/王玲玲 冯 皓 著. -北京:人民出版社,2010.7
ISBN 978-7-01-008993-5

Ⅰ.①发…　Ⅱ.①王… ②冯…　Ⅲ.①伦理学-研究　Ⅳ.①B82

中国版本图书馆 CIP 数据核字(2010)第 101221 号

发展伦理探究

FAZHAN LUNLI TANJIU

王玲玲　冯 皓　著

人民出版社 出版发行
(100706　北京朝阳门内大街 166 号)

北京新魏印刷厂印刷　　新华书店经销

2010 年 7 月第 1 版　2010 年 7 月北京第 1 次印刷
开本:710 毫米×1000 毫米 1/16　印张:21
字数:332 千字　印数:0,001-3,000 册

ISBN 978-7-01-008993-5　定价:45.00 元

邮购地址 100706　北京朝阳门内大街 166 号
人民东方图书销售中心　电话 (010)65250042　65289539